本书第一版为中国物流与采购联合会
指定现代物流管理系列教材

U0749364

GLOBAL LOGISTICS MANAGEMENT

全球物流管理

（第二版）

李怀政 编著

浙江工商大学出版社 | 杭州
ZHEJIANG GONGSHANG UNIVERSITY PRESS

图书在版编目(CIP)数据

全球物流管理 / 李怀政编著. —2 版. —杭州：
浙江工商大学出版社，2019.8
ISBN 978-7-5178-2959-1

Ⅰ.①全… Ⅱ.①李… Ⅲ.①物流管理－研究 Ⅳ.
①F252.1

中国版本图书馆 CIP 数据核字(2018)第 205032 号

全球物流管理(第二版)

QUANQIU WULIU GUANLI(DIERBAN)

李怀政 编著

责任编辑	谭娟娟
封面设计	林朦朦
责任校对	穆静雯
责任印制	包建辉
出版发行	浙江工商大学出版社
	(杭州市教工路 198 号　邮政编码 310012)
	(E-mail:zjgsupress@163.com)
	(网址:http://www.zjgsupress.com)
	电话:0571-88904980,88831806(传真)
排　　版	杭州朝曦图文设计有限公司
印　　刷	虎彩印艺股份有限公司
开　　本	787mm×1092mm　1/16
印　　张	20
字　　数	450 千
版 印 次	2019 年 8 月第 1 版　2019 年 8 月第 1 次印刷
书　　号	ISBN 978-7-5178-2959-1
定　　价	59.00 元

序

物流活动与人类的历史一样久远,物流系统的效率始终制约着人类生活水平与生活质量的提高。世界经济已进入全球化、信息化、网络化发展的新阶段,国际流通体制正经历着前所未有的变革,物流管理全球化趋势不可逆转,一个全新的物流学科发展方向突兀而现。"兵马未动,粮草先行",中国向来就有重视物流管理的基因和意识传承。自 1978 年改革开放以来,中国凭借要素比较优势和经济后发优势逐渐融入全球生产体系,并迅速跃升为经济大国和贸易大国。为了实现社会经济可持续发展,我们必须学习和借鉴世界各国包括西方国家在内的先进国际物流管理学理论与知识。本着这一目的,我们组织编写了《全球物流管理》。该教科书第一版于 2006 年10 月由中国物资出版社出版,历经十余个春秋,国际物流领域发生了翻天覆地的变化,特别是互联网的嵌入及大数据、人工智能等信息技术的变革使物流发展焕发出了勃勃生机,也带来了巨大挑战。鉴于这些新现象和新变化无法在第一版中得以体现,我们对第一版进行了修订,是为第二版。

本书分为三篇共十二章。第一篇对全球物流管理予以概述,第二篇具体分析全球物流系统机能与决策,第三篇阐述全球物流控制与供应链集成管理。第一章旨在梳理物流理论演进轨迹,分析物流管理全球化背景、现代物流管理基本概念,阐述全球生产网络与全球生产流通体制变革。第二章旨在介绍全球物流基本知识,分析全球物流系统设计、系统模式及其构成。第三章旨在分析全球物流系统网络结构与布局,介绍全球物流系统网络节点与网络连线。第四章旨在分析国际贸易流程,介绍国际贸易结算方式与物流单证。第五章旨在介绍全球化采购背景,重点分析全球采购流程,阐述JIT 采购、全球采购计划、成本管理与绩效评价。第六章旨在介绍全球货物运输方式、运输单证,阐述全球物流运输决策。第七章旨在介绍仓储管理全球化背景与现代仓库作业机能、系统技术,重点阐释现代仓储管理和现代物流中心决策原理和规律。第八章旨在分析全球货物装卸搬运合理化问题,介绍装卸搬运工具和工艺,重点探索全球物流配送模式和配送中心决策。第九章旨在介绍流通加工的地位与作用、全球流通加工的特点和方式,阐释商品包装在全球物流中的地位、作用,以及全球物流包装方式,并基于此分析全球商品运输包装的合理化与最新趋势,解读全球物流标准化基本概念与方法。第十章旨在介绍全球物流管理战略背景及流程,分析全球物流管理组织结构优化情况,探讨全球物流管理战略的规划与实施。第十一章旨在介绍全球物流客户服务、国际货物运输代理、外包物流与电子商务物流等基本知识,重点分析和探讨全球物流客户服务管理与物流战略联盟决策。第十二章旨在介绍全球物流绩效评价体系、现代供应链与供应链管理思想,以及供应链管理系统和技术,重点分析供应链集成与供应链网络结构,探究供应链集成管理模式。

《全球物流管理》在内容上体现了学以致用、循序渐进的思想,既系统阐述物流研究领域已经趋于成熟的理论,又把全球物流的先进理念、先进技术和管理决策模式融会其中;既反映全球物流管理前沿思想,又将前沿理论阐释与案例分析相结合。在体系结构上,本书既努力保证了独立性,又避免了主体内容和重点内容的交叉重复。本书重在培养读者的逻辑思维能力和应用能力,不仅可以作为本科院校国际物流、国际商务、国际贸易等经济管理类专业教科书,亦可作为国际物流实际工作者的自学参考书。和第一版相比较,第二版在内容上存在如下变化:删除原第四章中的国际贸易术语与国际贸易惯例、国际贸易结算,以及第六章中的全球物流运输条款等内容;将原来的第九、第十、第十一章合并为第九章,删除商品检验、检疫、物流信息系统等内容;删除原第一、第七、第十三章的案例,并补充了一些电子商务物流、智慧物流案例,分别置于第二版第一章、第七章和第十一章中;基于多年读者反馈信息和教学过程中发现的错漏和问题,对相关内容进行了更正。

本书第一版从构思、搜集资料、讨论、研究到定稿前后花费两年多时间,此次修订又费时半载,其间我们先后得到了不少机构和朋友的鼎力支持。首先,笔者参考或引用了学术界一些既有研究成果,以及不少数据库和网站上的文献资料,前人的智慧为我们提供了丰富的思想源泉;其次,浙江工商大学出版社的同仁们对本书的编写倾注了不少心血;最后,我的家人给予了莫大的理解和支持。在此,本人表示诚挚的感谢!

同时,由于能力和时间所限,虽经反复修改,本书可能仍然存在些许纰漏、错误和不当之处,恳请读者予以批评、指正。

李怀政

2019 年 2 月于浙江工商大学

目　录

第一篇　全球物流管理概论

第二篇　全球物流系统机能与决策

第三篇　全球物流控制与供应链集成管理

第一篇　全球物流管理概论

第一章　全球物流管理导论

物流理论的发展历史不长,物流商业价值真正受到人们的重视充其量只是 20 世纪中期以后的事情。毋庸置疑,经济全球化已经对各国产业和企业产生了长远且颇具挑战性的影响,这种影响表现在两个方面:一是发达国家期望能够用更低的成本来与能够生产同样产品但具有劳动力成本优势的发展中国家竞争;二是许多国际企业开始在全球范围内寻找可以提供较低的生产成本及物流成本的合作伙伴。这些影响尤其是后者使得许多跨国企业进入了一个全新的领域——全球物流。为了深入分析和研究全球物流系统机能与全球物流管理战略,我们必须先系统了解物流管理的一些基础知识。本章旨在梳理物流理论演进的轨迹,分析物流管理全球化的背景,介绍现代物流管理基本概念。

第一节　物流理论演进轨迹与物流商业价值的发掘

一、物流(Physical Distribution)思想的启蒙

"物流"一词最早可追溯到 1844 年,法国技术人员 J. Depuit 在其著作中强调重视供货管理功能,从而保持仓库保管与运输之间成本的均衡,但没有明确提出物流概念,这只是物流意识的萌芽。19 世纪末 20 世纪初,美国一些市场问题专家、学者开始致力于研究如何合理组织产品的分配,美国密西根大学、俄赫俄大学、威斯康星大学等高等学校也先后开设"产品分配学"课程。此时人们已潜意识地感觉到产品的实体分配或配送与产品价值的最终实现有一定联系。1901 年,约翰·格鲁威尔在美国政府的《工业委员会关于农产品配送报告》中提及配送的成本及其影响因素问题;1905 年,美国陆军少校 C. B. Baker 将关于军队移动与供给的科学称为 Logistics;1912 年,美国学者阿奇·肖(A. W. Shaw)在其《市场流通中的若干问题》一书中最早将物质资料从供给者到需求者之间的物理性运动明确界定为"Physical Distribution"(简称 PD),学术界一般认为这是"物流"概念的起源。

1922 年,美国营销专家弗莱得·E. 克拉克(Fred E. Clark)在他所著的《市场营销的原则》一书中开始把 Physical Distribution 这一概念作为企业经营的一个要素加以研究,涉及物资运输、储存等业务。其后,类似 Physical Distribution,Physical Supply 等

名词在当时有关市场学教科书中经常出现。不过当时人们对物流概念的认识仅处于混沌阶段。1935年,美国市场营销协会(AMA)在《市场营销用语集》中最早对物流进行了定义:物流是包含于销售之中的物质资料和服务从生产地点到消费地点流通的过程中,伴随的种种经济活动。学术界一般认为这是物流发展初期比较规范的物流定义。物流开始被企业认识,是因为物流有助于销售,重视物流的目的是保证销售活动的顺利进行,不过当时人们只是把物流看作流通的一个附属机能。

二、后勤管理(Logistics Management)思想的兴起

第二次世界大战期间,美国陆军围绕战争物资供应问题,兴起了对运筹学与军事后勤理论的研究,结果创造出一种将武器弹药及前线所需要的一切物资,包括粮食、帐篷等,及时、准确、安全、迅速地供应给前线的后勤保障系统方法,被称之为 Logistics,确切地说,应是"后勤"或者"兵站"之意。同时,他们开始用后勤管理来指代物流,当时的含义为"军事科学的分支,包括物资、人员和设备的获得、维护和运输"[①]。与之内容相近的还有物料管理(Material Management)、配送工程(Distribution Engineering)、市场供应(Market Supply)等。后勤管理的兴起,是物流发展的一个非常重要的阶段,对现代物流管理的发展起到了不可忽视的铺垫作用。

三、商业物流(Business Logistics)及其价值的发掘

(一)商业物流的萌芽

第二次世界大战以后,一些企业发现后勤管理理论对于指导企业的生产、采购、运输、储存等经营活动同样有益,并能为企业带来丰厚绩效,于是该理论得以广泛运用,并逐步形成了区别于军队后勤管理学的"商业物流"或"销售物流"理论,其意侧重指合理有效地组织商品的供应、保管、运输、配送。基于这种情况,1948年,美国市场营销协会对其1935年所下的定义做了以下修改:物流是物质资料从生产者到消费者或消费地流动过程中所决定的企业活动费用。后来,该协会再次将物流的定义修改为:所谓物流,就是物质资料从生产阶段移动到消费者或利用者手里,并对该移动过程进行管理。从该定义的变化来看,"二战"以后,人们对物流概念的理解开始强调对物质资料移动的管理。尽管仍然用 Physical Distribution 来指代物流,但是其含义已经包括朴素的物流管理思想,体现着对后勤管理理论的借鉴与发展。

(二)商业物流价值的发掘及其管理思想

人们真正对商业物流或销售物流的重视和关注是从20世纪60年代开始的。1962年,美国著名经营学家彼得·德鲁克在《财富》杂志上发表了题为《经济的黑色大陆》一文,他将"物流"比作"一块未开垦的处女地",强调应高度重视流通及流通过程中的物流管理,引起专家、学者及业内人士对物流价值的广泛思考。1963年,美国物流管理协会

---

① *Webster's New Encyclopedic Dictionary*,NewYork:Black Dog & Leventhal Publishers,1993,p.590.

（National Council of Physical Distribution Management，NCPDM）将物流定义为把完成品从生产线的终点有效地移动到消费者手里的广范围的活动，有时也包括从原材料的供给源到生产线的始点的移动。这一定义相对于美国市场营销协会的定义扩展了物流的范畴，不过还不是十分重视物流管理。20 世纪 60 年代，关于后勤管理与商业物流的理论思想开始向加拿大、日本等国传播。日本迅速成为物流发展的后起之秀，尤其在物流经济价值的研究方面，比美国更加深入。20 世纪 70 年代，日本物流成本计算权威、早稻田大学教授西泽修先生提出了著名的"第三利润源泉"学说与"物流冰山"学说。他在《流通费用》一书中，把改进物流系统称为尚待挖掘的"第三利润源泉"（第一源泉是指降低原材料消耗，第二源泉是指降低劳务费用）；在《主要社会的物流战》一书中他指出："现在的物流费用犹如冰山，大部分潜在海底，可见费用只是露在海面的小部分。"

20 世纪 70 年代，人们除了十分重视物流价值以外，还开始关注对物流活动的管理。美国学者鲍沃索克斯在 1974 年出版的 *Logistics Management* 一书中，将后勤管理定义为："以卖主为起点将原材料、零部件与制成品在各个企业间有策略地加以流转，最后到达用户，其间所需要的一切活动的管理过程。"此时的后勤管理概念尽管称谓没有什么不同，但已经超出了"二战"时后勤管理的范畴。1976 年，美国物流管理协会对 1963 年所下的定义做了修改：物流是以对原材料、半成品及成品从产地到消费地的有效移动进行计划、实施和统管为目的的两种或三种以上活动的集成，这些活动包括但不局限于顾客服务、需求预测、流通信息、库存管理、装卸、接受订货、零件供应并提供服务、工厂及仓库选址、采购、包装、废弃物回收处理、退货、搬运和运输、仓库保管等。同年，道格拉斯·M.兰伯特（Douqlas M. Lambert）对在库评价的会计方法进行了卓有成效的研究，并撰写了《在库会计方法论的开发：在库维持费用研究》一文，指出在整个物流活动发生的费用中，在库费用是最大的一部分。以上这些研究促进人们进一步从价值占利润的观念和管理的角度认识物流。

从"二战"后到 20 世纪 80 年代初期，尽管各国仍然使用 Physical Distribution 指代物流，但其内涵已经很大程度上偏向商业物流。人们开始发现，物流不仅对销售有用，而且还是"第三利润源泉"。同时，专家、学者与企业将对物流的研究重点由促进销售转到用户需求管理。

四、一体化物流管理（Integrated Logistics Management）思想与战略物流管理理论的兴起

（一）从传统物流向现代物流（Logistics）转变

20 世纪 80 年代中期以后，随着经济全球化的纵深发展和信息技术的推陈出新，物流概念开始受到前所未有的挑战。美国经营学家彼·特拉卡指出：物流是"降低成本的最后边界"。1985 年，美国物流管理协会将其名称 National Council of Physical Distribution Management 改为 Council of Logistics Management，正式将物流这个概念由 Physical Distribution 改为 Logistics，并将物流定义为"为了迎合顾客需求而对原材料、半成品、产成品及相关信息，从生产地向消费地的高效率、低成本流动和储存而进行的规划、实施与控制过程。这一过程包括但不局限于顾客服务、搬运及运输、仓库保管、工厂和仓

库选址、库存管理、接受订货、流通信息、采购、装卸、零件供应并提供服务、废弃物回收处理、包装、退货业务、需求预测等活动"①。加拿大、英国、日本等国物流团体也陆续效仿，先后改名。这标志着物流概念完成了从 Physical Distribution 向 Logistics 的巨大转变。此后，学术界对物流的称谓存在两种倾向：一种是把 Physical Distribution 看作狭义物流，把 Logistics 看作广义物流；另一种是把 Physical Distribution 看作传统物流，把 Logistics 看作现代物流。世界大多数国家真正统一使用 Logistics 表示物流，是在 20 世纪 90 年代以后。

(二)一体化物流管理及其主要思想

1991 年 11 月，在荷兰举办的第九届国际物流会议上，物流的内涵得到进一步拓展，人们认为物流不仅包括与销售和预测、生产计划的决策、在库管理、顾客订货的处理等相关的生产物流，还延伸到与顾客满意相关的各种营销物流活动。欧洲物流协会(European Logistics Association，ELA)1994 年公布的物流术语中，对物流下了这样的定义：物流是在一个系统内对人员或商品的运输、安排及与此相关的支持活动的计划、执行与控制，以达到特定的目的。这些定义强调顾客满意度、物流活动的效率性，并使原来的销售物流的概念得到进一步的发展。

本阶段企业管理者愈发认识到物流在企业经营中的重要地位，学术界提出了"战略物流管理"的观点，该观点认为狭义物流无论是范围还是侧重点都已不适应企业新的经营环境，不得不把军队的后勤管理系统，即 Logistics，引入企业经营中来，企业重视物流的侧重点也随之转向内部一体化物流管理所需，并把物流的地位由构筑后勤管理系统、提高服务水平，上升为企业生存发展的关键，把一体化物流管理作为企业经营发展战略中最重要的组成部分。一体化物流是指将原材料、半成品和成品的生产、供应、销售结合成有机整体，实现生产与流通的纽带和促进作用。其目标是通过所有功能之间的平衡与协调降低企业整个物流系统的总成本，或者在一定的服务水平上使物流成本合理化。在一体化物流管理系统中，企业物流部门与市场营销、制造生产、计划管理等各个职能部门相互配合，共同保证企业总目标的实现。因此，一体化物流管理关注的焦点是商品的流动，而不是传统物流管理的功能分割或局部效率。

五、基于供应链的物流管理(Logistics Management Based on Supply Chain)理论及其商业价值

(一)基于供应链的物流概念

20 世纪 90 年代中期以后，电子数据交换系统(EDI)、全球卫星定位系统(GPS)、管理信息系统(MIS)、决策支持系统(DDS)及条形码、射频、电子标签等新技术在物流中的应用，使物流管理理论的研究向更高层次发展。1997 年，美国著名的物流公司 Exel Logistics 将物流定义为：物流是与计划和执行供应链中商品及物料的搬运、储存及与

---

① 罗纳德·H.巴罗：《企业物流管理——供应链的规划、组织和控制》，机械工业出版社 2002 年版，第 3 页。

运输相关的所有活动,包括废弃物品及旧货的回收利用。1977 年,日本后勤系统协会常务理事稻束原树在《这就是"后勤"》一文中指出:"后勤是一种对于原材料、半成品和成品的有效率流动进行规划、实施和管理的思路,它同时协调供应、生产和销售各部门的个别利益,最终达到满足顾客的需求。"1998 年,美国物流管理协会将物流定义更新为物流是供应链活动的一部分,是为满足顾客需要对商品、服务及相关信息从生产地到消费地高效、低成本流动和储存而进行的规划、实施、控制过程。90 年代我国物流业也开始起步,1997 年国家质量技术监督局、原国内贸易部立项组织相关机构与团体开始对物流的定义展开研究。2001 年,由国家质量技术监督局发布的《中华人民共和国国家标准物流术语》中对物流进行了这样的定义:"物品从供应地向接受地的实体流动过程中,根据实际需要,将运输、储存、装卸、搬运、包装、流通加工、配送、信息处理等基本功能实施有机结合。"2001 年,美国物流管理协会对物流定义做了进一步修订,修订后的定义是:物流是供应链过程的一部分,它是对商品、服务及相关信息在起源地到消费地之间有效率且有效益的正向和反向移动与储存进行的计划、执行与控制,其目的是满足客户要求。从以上定义可以看出,这一阶段学术界开始将"供应链"概念囊括到物流概念及其理论思想中,确切地讲是把物流管理纳入供应链管理的范畴。

（二）基于供应链的物流管理理论的核心思想及其商业价值

20 世纪 80 年代中期,哈佛大学迈克尔·波特（Michael E. Porter）教授提出的"价值链"（Value Chain）理论,几经发展,逐步完善。20 世纪 90 年代初,在价值链理论的基础上,供应链思想应运而生。90 年代中期以后,学术界开始认识到,物流的作用在新经济环境中还应该继续发展扩大,只有把物流与供应链联系在一起,才能进一步释放物流的能量。因为经济全球化趋势越发强劲,竞争日趋加剧,消费者需求日益多样化,物流成本的转移无法减少整个供应链的物流成本,所以,一些有战略眼光的企业便不再把目光局限在企业内部的物流系统,而是开始把物流管理延伸到企业外部,与供应链伙伴进行物流协作,共同寻求降低物流成本、改善物流服务的途径,即转向实施供应链管理。系统论的观点认为,基于供应链的物流管理是对物流与资金流、信息流等的协调,以满足用户的需求和充分实现用户的商品购买价值。一体化物流管理主要涉及实物资源的企业内部最优化流送,但从供应链的角度看,现代物流管理只有企业内部的合作是不够的。现代物流管理必须是基于供应链的物流管理,如果说部门间的产、销、物结合追求的是企业内经营最优的话,那么基于供应链的物流管理则通过所有市场参与者的联盟追求流通生产全过程物流效率的提高。基于供应链的物流管理的终极目标是,在原材料供应商、生产企业、批发商、零售商和最终用户间,通过业务伙伴之间的密切合作,实现以最小的成本为用户提供最优质的服务。它以实现顾客满意为第一目标,重视整个流通渠道的商品运动,是一种以信息为中心实需对应型的商品供应体系,既重视效率,更重视效果。这种全新的物流管理模式带来的直接效应或商业价值是从原来的"投机型经营"（生产建立在市场预测基础上的经营行为）转向"实需型经营"（根据市场的实际需求来生产）,并且在经营、管理要素上,信息管理成为物流管理的核心。

第二节 物流管理全球化的背景

"二战"以来经济活动的全球扩张的确超出了以往任何历史时期,人们不禁惊叹 21世纪就是"经济全球化"的世纪,各国不得不把经济全球化作为思考或制定对外经济方针政策的基本背景,离开经济全球化的基调几乎难以把握当代世界经济发展的脉搏。为了深刻剖析世界经济发展中的"经济全球化"现象,从现实意义出发,我们将国际贸易、国际物流、国际投资等具体经济活动置于经济全球化背景下予以研究至关重要。循序渐进的市场化改革和稳健的对外开放战略,促使作为发展中国家的中国逐渐融入经济全球化的潮流,但是要想在这诱惑与风险共生、机遇与挑战并存的大潮中胜出,分享应得的收益,将是一场长期、艰难而充满变数的角逐。

一、经济全球化概念的由来与发展

(一)经济全球化的兴起

20世纪90年代以来,经济全球化日益成为世界各国普遍关注的焦点,世界经济正以前所未有的速度紧密结合在一起。经济全球化的浪潮汹涌澎湃,席卷着世界的每一个角落,上至各国经济乃至世界经济的整体运作、各民族文化传统、价值观念,下至普通百姓的工作、饮食起居、休闲和娱乐,都因之而改变。毋庸置疑,经济全球化确实已经成为21世纪非常显著的一种经济现象,也是目前从根本上影响、改变各国经济乃至世界经济的一个大趋势。譬如可口可乐的广告可以在同一时刻传送给数十亿人观看,美国花旗银行的信用卡得到亚洲人的青睐,耐克公司生产的运动鞋穿在全球数以亿计的青少年脚上,美联储主席在美国所说的一句话足以让全球投资者为之疯狂,纽约股市的每次涨落都会波及大洋彼岸的日本和中国香港股市……从广义上理解,经济全球化这一概念代表着经济活动从国内向全球范围扩张的过程及随之而出现的种种经济、社会、政治、生活等诸多方面的改变过程。众所周知,工业革命确立了资本主义机器大生产在西方世界的主导地位。市场经济作为其主导的经济运行机制,在本质上是扩张的、开放的。机器大生产极大地提高了经济的规模,科学技术的进步使得生产力水平不断提高,迅速发展的社会生产力与自然资源及现实市场的有限性间产生着越来越大的矛盾。民族国家界限的存在及民族利益的冲突更加剧了这种矛盾。市场经济的逐利性日益要求摆脱国家疆界等的束缚,以便于在世界范围内更有效、更合理地配置和利用各种资源,共享全球更加广阔的市场。这是一种巨大的、不可抗拒的力量,在这种力量和市场经济内在扩张冲动的作用下,各种资源、商品、服务日益突破民族国家的界限,在全球范围内大规模流动,经济活动从要素投入到产品实现越来越以整个世界为其活动范围。随着要素在全球的流动、配置、重组的规模越来越大,各国经济相互影响、相互依赖、相互促进,进而日益融合。在这种经济相互融合的过程中,原本相互隔绝的各国生产、消费乃至社会生活的各个方面日益走向全球,在21世纪呈现出不可逆转的绚丽多彩的经济全球化大潮。随着经济全球化的兴起,物流活动也逐步全球化。

(二)经济全球化概念综述

然而,什么是经济全球化呢? 学术界对此一直存在诸多争议,至今仍然没有一个统一的定义。但是经济全球化的深入发展迫切要求人们对"经济全球化"尽可能做出合乎实际的诠释。经济全球化有广义与狭义之分。狭义的经济全球化是指经济活动本身的全球扩张。广义的经济全球化还包括经济活动规则的全球扩张和融合,它属于经济一体化的范畴,可以分为微观一体化和宏观一体化两个层次:前者是指经济主体在全球进行生产、投资、贸易等活动时,将其活动规则推向全球;后者是指在经济活动全球扩张的过程中,各民族、各国家或政府为顺应和规范这一过程,展开经济协调活动,自主推动全球经济活动规则趋同。

据马来西亚学者考证,"全球化"一词最早可以追溯到 T. 莱维 1985 年发表的《市场的全球化》一文。在该文中,T. 莱维用"全球化"一词来形容 1985 年前 20 年间国际经济发生的巨大变化,即"商品、服务、资本和技术在世界性生产、消费和投资领域中的扩散"。此后,这一用语被广泛采用,逐渐与"经济全球化"的概念通用,而关于"经济全球化"概念内涵的阐释随之逐渐增多。20 世纪 80 年代以来,国内外学者分别从市场经济、世界经济合作、经济国际化、资本主义制度扩张等不同视角,对经济全球化问题做了大量积极而有益的探讨,将经济全球化解释为传统民族与国家经济边界的消失、贸易障碍的解除,或"地球村"的出现、商业与社会利益的重叠,或基于各种贸易与生产要素如物质、资本、技术、知识、市场、人力资源,甚至政策要素的自由流动与配置的全球经济的整合。客观地说,主流的思想偏向于将经济全球化视为全球经济整合的一种历史趋势与过程。代表性的观点或定义有:国际货币基金组织(International Monetary Ford,IMF)将经济全球化定义为通过正在日益增长的大量与多样的商品和劳务的广泛跨国运动,通过国际资本的大量而多样的流动,通过技术更快捷而广泛的传播,所形成的世界各国经济相互依赖增强的现象。由此可见,经济全球化的基本内涵是世界各民族经济的紧密依存,经济全球化的基本特征是经济资源的全球流动和配置或是全球市场化的大发展。经合组织(Organization for Economic Co-operation and Development,OECD)前首席经济学家 S. 奥斯特雷认为,经济全球化主要是指生产要素在全球范围内的广泛流动、实现资源最佳配置的过程。欧洲委员会将经济全球化界定为由于商品和服务的流动,也由于资本和技术的流动,让各国市场和生产相互依赖程度日益提高的过程。欧洲议会于 20 世纪 80 年代后期专门组建里斯本小组,集中研究全球化问题,并于 1995 年出版了《竞争的极限:经济全球化与人类未来》一书。里斯本小组的专家学者认为,全球化涉及的是组成今天世界体系的众多国家和社会之间各种联系上的多样性,它描述的是如下一个过程:世界上各个地区所发生的事件、所做出的决策或行为,可以对遥远的世界其他地区的人和团体产生巨大的影响。德国科隆大学于尔根·弗里德里希斯博士认为,全球化这个概念描述的既是一种状态,也是一种过程,不仅如此,人们还经常把全球化的后果也作为定义的一个组成部分。全球化的过程是一种不断强化的网络化。他把这种不断强化的网络化归结为三点:①依赖性增强。即经济活动的网络化对所有参与者都产生反作用,全球化经济的发展不仅调控各民族的发展,而且还调控各城市与地区的发展。②转移的便利。由于科技产业革命所导致的信息传递成本、运输成本大幅度降低,跨国公司把它的生产部门及部分服务监督职能机构转移到低工资成本的国家,以便获取更大利润。信息技术、运输技术越是发展,这种国际网络就越是扩大。③集中化趋势。随着全球化势头日见猛烈,企业的各部分业务活动转移到世界各地的许多生产基地,这对于监督控制和协调工作的要求也就越高。而这种协调组织工作的任务也就更多地集中到少数几个国家的主要城市,使这些地方发展成为极其专业化的中心。

这些观点或定义在我国也得到不少学者的认同,譬如李琮认为,经济全球化意味着世界各国间的依赖关系空前密切,以至互相融合成为全球经济整体,各国经济成为全球经济整体的组成部分。高洪力认为,经济全球化是世界各国为了实现公平竞争,迫使它们采用统一的经济体制,遵守统一的运行规则,共同组成世界性的经济组织,彼此享有同等的权利和承担同等的义务,从而使生产、贸易、金融、保险、通讯、运输等各项经济活动,能在全球范围内自由运转。

很显然,经济全球化是一个不成熟的、运动中的概念,如果深究其内涵的科学性,以上关于经济全球化概念的定义均很难令人信服,其具有如下明显弊端:一方面,它们是"超主义的",即至少在表面上撇开了社会意识形态来界定经济全球化的含义;另一方面过于理想化和抽象化。① 我们不难发现,要对经济全球化下一个准确的定义的确非常困难。郭宝宏先生指出,如果一定要为经济全球化的概念做一个概括的话,所谓经济全球化,便是指各国、各地区的贸易、金融、生产、科学技术等经济活动日益突破国家的界限,按照合理或不合理、公正或不公正的运行规则相互交往,并在全世界流动的状况,而且其中每一项具体内容的流动及其运行规则,都会由于各参与国家或地区的人为的努力而发生变化(或者向着有利于各国垄断资产阶级的方向变化,或者向着有利于世界各国人民的方向变化)。②

二、经济全球化的演变路径

经济全球化是一个渐进的历史过程,它的起点可以追溯到很久以前。我们今天所密切关注的经济全球化实际上是基于历史上的经济全球化(确切地说是"经济国际化")对近代以来人类经济活动和活动规则的醒悟与反思。如何确定经济全球化的历史起点呢?主流观点认为,应当从资本主义的商品生产方式出现以后的跨国界经济活动兴盛的时候算起,也就是说,应当从 15 世纪末新航路开通以后的跨国界经济活动算起。从哥伦布发现美洲大陆到"二战"结束,在 450 余年时间里,资本主义从萌芽状态发展成为在世界上居于统治地位的生产方式,即经济全球化的历史大体是资本主义经济的发展史。纵观资本主义社会 500 余年的经济发展史,经历了一个由经济国际化向经济全球化逐步转变的历史进程。经济国际化是经济全球化的前提和基础,而经济全球化是经济国际化发展的最终结果。如果没有长期以来经济国际化的发展,就不会形成今天经济全球化的局面,而经济全球化则将经济国际化推向一个新的发展阶段。从世界经济

---

① ② 郭宝宏:《经济全球化与发展中国家的发展》,经济管理出版社 2003 年版,第 3—8 页。

发展史的角度入手,我们可以将世界经济从经济国际化到经济全球化的历史演进过程大体分为以下几个阶段。

(一)经济国际化开始萌芽(15 世纪至 18 世纪上半叶)

15 世纪以来的地理大发现,诱发了欧洲殖民主义国家对外侵略扩张、殖民贸易的高潮;同时使资本主义在欧洲萌生,拉开了资本主义经济全球化的序幕;也为欧洲新兴的资本主义工场手工业开拓了广阔的新市场。尽管此时的世界贸易仍很不成熟,但是与中世纪的东西方洲际贸易相比,呈现出一系列新的特点。具体表现为卷入世界性商品交换的地区开始具有国际化的特征;参与世界性商品交换的种类,已经突破了奢侈品和非生活必需品的狭窄范围,普通消费品开始进入世界性市场;世界贸易的规模得以迅速扩展;构成近代信用制度的基本要素,如近代国际货币商品流通所必不可少的有价证券汇票、信用票据等开始流行。由此表明,受高额利润驱使的带有疯狂掠夺性质的欧洲殖民贸易、工场手工业的急剧对外扩张构成了资本原始积累的重要源泉,成为资本主义社会化大生产生产方式产生和世界市场最终形成的前奏,也可以将其视为后来资本主义经济国际化的最初准备。

(二)经济国际化初步发展(18 世纪中叶至 19 世纪中叶)

17 世纪欧洲发生的第一次科技革命,不仅极大地启迪了人们的思想和智慧,对封建传统和宗教神学形成了猛烈的冲击,为近代自然科学的发展奠定了基础,而且为近代工业革命的产生做了技术准备。从 18 世纪 60 年代开始,英国、法国、美国、德国,相继发生了工业革命,从而建立了以蒸汽机为动力、以机器体系为生产技术基础的近代大工业,使这些国家的社会生产力水平得到空前的提高。1860 年前后,英国达到了极盛时期,它生产了全世界 53% 的铁、50% 的煤,并且消费了全世界原棉近半的产量;当时英国人口仅占全世界人口的 2%、欧洲人口的 10%,却具有相当于全世界 40%—50%、欧洲 50%—60% 的近代工业能力。与此同时,工业革命的扩散效应,使其他西方国家的经济发展也取得长足的进步。大工业像一门重炮,所向披靡,将一些闭关自守的民族和国家卷入世界贸易的漩涡。机器大工业所提供的产品,以物美价廉取胜,不仅可以征服国内市场,而且可以开拓、占领、扩大国际市场,使其商品源源不断地供应到世界各地。正是在工业革命的推动下,作为工业革命重要组成部分的交通运输业、邮电通信业也发生了革命性的变革,从而大大缩短了世界市场商品货币流通的时空距离,进一步加速了世界市场的扩大和经济国际化的进程。可以说,到 19 世纪六七十年代,真正意义上的近代市场经济终于形成了。

19 世纪六七十年代的世界市场经济呈现出许多不同的特点:工业资本取代商业资本占据了统治地位;资本主义的工厂制度取代了手工工场制度;机器大生产等新的生产方式取代了原有落后的生产方式。世界市场的开拓,使新兴工业摆脱了地方的局限性;它们已不限于加工本地、本国生产的原料,而且还用来自遥远地区和国家的原料;它们的产品不仅满足本国的需要,而且还要供世界各地消费。现今,几乎全球绝大多数国家的生产和消费都成了世界性的了,即使是经济落后的地区和民族,也被日益深入地卷入国际分工之中。

(三)经济国际化快速发展(19 世纪后 30 年至 20 世纪前期)

19 世纪七八十年代,人类社会发生了以炼钢、电力和化学工业为主要内容的第二次技术革命。第二次技术革命所产生的最直接的社会经济后果之一就是,促进了资本主义生产力的迅速发展。1870—1913 年期间,整个世界的工业生产量增长了 5 倍多,这一速度超过了以前的任何时期。如英美德法四国的煤产量,从 1870 年的 18 910 万吨增加到 1913 年的 112 670 万吨,提高了近 5 倍;生铁产量由 1036 万吨提高到 6645 万吨,增长了约 5.4 倍。世界生铁产量,1870 年为 1203 万吨,1913 年达到了 7915 万吨,提高了约 5.6 倍;世界钢产量,1870 年仅为 52 万吨,1913 年则达到了 7635 万吨,提高了约 145.8 倍。与此同时,世界交通运输业也得到迅猛发展。陆路交通铁路网在欧洲、美洲、亚洲、非洲及大洋洲不断扩大,1870 年世界铁路营运里程为 209 789 千米,1913 年达到 1 104 217 千米;海上交通蒸汽船逐渐取代了木帆船,形成了以马力大、安全可靠的蒸汽船为主体的世界航运业,这不仅将世界各大陆更为紧密地联结起来,而且极大地促进了国际贸易,推动了资本主义的工业生产。19 世纪末,汽车作为一种新型的陆地交通工具开始在欧美国家普及,汽车行业以十分惊人的速度迅速发展成为主要资本主义国家的支柱产业。1900 年,全球私人汽车拥有量仅为 1 万辆,到 1913 年已达 151.1 万辆;尤其在美国,1900 年私人汽车拥有量仅有 8000 辆,到 1913 年已有 119 万辆。汽车的广泛使用,极大地促进了城乡经济交流,提高了商品流通和生产的效率。这一时期,电话和电报也被广泛使用,电信业成为世界资本主义经济的一大行业。所有这些,大大加速了资本主义经济国际化的进程。

第二次技术革命所造成的另一重要社会经济后果是促使资本主义从自由竞争阶段进入垄断阶段。生产的集中导致了工业的垄断,工业资本与银行资本的结合使金融垄断资本开始出现。垄断资本为了获取高额利润,一方面继续加强商品输出,使国际贸易的规模大幅扩大。如 1870 年国际贸易额为 106 亿美元,1913 年已扩大为 404 亿美元,40 多年增加了近 3 倍。另一方面,进行资本输出,主要是借贷资本输出,使资本输出成为金融资本对外扩张的重要手段。据不完全资料统计,1870 年主要资本主义国家对外投资仅为 79 亿美元,到 1913 年则高达 385.5 亿美元,净增了约 3.9 倍。大量的商品输出和资本输出,既为主要资本主义国家带来丰厚的利润,同时也将越来越多的国家拖入资本主义的“泥沼”,使资本主义生产方式更深更广地在世界范围内发展起来,使世界各国的经济从流通领域到生产领域更紧密地联结在一起。

第二新技术革命所造成的第三个重要社会经济后果是加剧了各帝国主义国家的经济、政治不平衡程度。美国、德国等后起的资本主义国家利用第二次技术革命提供的有利契机,大力采用新技术,使其经济出现跳跃式发展。1870 年英国的工业总产值居世界第一位;19 世纪 80 年代被美国超过,退居第二位;到了 20 世纪初,又被德国超过,沦为世界第三位。美国在世界工业总产值中所占比重,由 1870 年的 13.3% 上升为 1913 年的 16.0%,同期德国由 13.2% 上升到 15.7%;英国则从 32.0% 下降为 14.0%,同期法国从 10.0% 降至 6.0%;与此同时,俄国、日本、意大利等国的资本主义大工业也获得迅速发展,实力明显增强。这样,就使得资本主义世界原有的平衡被打破了,帝国主义国家之间争夺殖民地和势力范围的斗争更加激烈,新起的资本主义国家要求按照新的经济实力对比重新瓜分世界。第一次世界大战正是在这样的历史背景下爆发的。苏联社会主义国家的建立,在一定意义上打破和中止了帝国主义瓜分世界的进程,为经济落后国家独立自主地发展本国经济、参与世界经济国际化进程开辟了一条新的道路。

(四)经济全球化初露端倪(20世纪50年代至70年代)

"二战"之后,第三次科技革命悄然兴起,为战后各国经济的恢复和发展提供了动力和技术支持。但是,随着社会主义与资本主义两大阵营的产生、冷战格局的形成,整个世界经济的发展出现了新的特点:一方面,不同国家间的经济联系和交往比以前有了进一步的加强;另一方面,不同社会制度国家间的经济联系和交往主要局限于各自的阵营之内,即此时的经济全球化实际上只是"半球化",也就是说,世界经济的发展分别在东西两个半球内单独进行。就西方主要资本主义国家的情况而言,战后英、法、德、意等原有的资本主义列强,无论是战胜国还是战败国,其实力都受到极大的削弱,唯独美国的实力不仅没有受到损害,反而得到极大的增强。"二战"之后,以布雷顿森林货币体系和关税及贸易总协定为主要内容的西方世界经济体制的确立,对于促进战后西方国家经济的恢复、推动世界贸易的发展及西方国家间直接投资的增长起到了重要作用。在此期间,跨国公司得以迅猛发展。此时的跨国公司,几乎是清一色的美国公司,它们先是到欧洲和日本发展,后来逐步发展到韩国等东亚国家和地区,跨国公司使得寡头竞争从国内市场走向国际市场,大大加速了西方国家经济全球化的进程。

就社会主义国家的情况来看,战后一系列社会主义国家的诞生,极大地加强了社会主义的力量。为了防止和打破以美国为首的西方资本主义国家的颠覆和经济封锁,以苏联为代表的社会主义国家之间加强了彼此间的经济合作,于1949年成立了经济互助委员会(以下简称"经互会")。经互会对于发展成员国之间的相互贸易,促进苏联和东欧国家经济的发展起到了一定的作用,特别是随着成员国经济实力的不断增强,苏联同经互会的其他成员国之间的经济联系日益密切,经互会的作用日渐突出,不仅实现了经互会成员国之间的经济一体化,而且还推动了相互间科技、外贸和金融货币等方面的一体化。到20世纪70年代,经互会已发展成为一个拥有10个正式成员国,地跨欧、亚、拉美的经济集团,其成员国人口占世界总人口的10%,国民生产总值占世界的25%,在世界经济中成为一支不可忽视的力量。但是,由于苏联并未真正按照平等互利的原则办事,从而让经互会内部在经济合作得以加强的同时,其矛盾也在加深。与此同时,社会主义国家理论上的失误,严重影响了它们与西方国家的经济交往。冷战时期,在斯大林"两个平行世界市场"理论的指导下,苏联否定了与西方国家发展经贸关系的必要性,基本上中断了同西方国家的经济联系,而且阻止其他社会主义国家同西方国家的经济交往,这严重制约了社会主义国家科技和经济的发展,造成了极其有害的影响和后果。

(五)经济全球化浪潮迅猛发展(20世纪80年代至今)

从20世纪70年代末以来,经济全球化发展的一些新趋向不断涌动,最终于20世纪八九十年代汇成经济全球化浪潮,使各国经济的发展真正具有了全球性的特点。一方面,战后至20世纪70年代中期,西方主要发达国家普遍盛行凯恩斯主义的国家干预经济政策,国家干预经济过度,使资本主义宏观调控与市场机制出现变形,限制了市场机制作用的发挥。面对20世纪70年代西方资本主义国家出现的经济"滞胀"困扰,凯恩斯主义显得无能为力。在这种背景下,西方各国政府逐步放松了对经济活动的管制,取消了种种束缚企业活动的规章制度,把企业推向市场;政府不再介入市场机制发挥作用的部门和领域,只对市场机制不灵或未能很好发挥作用的领域和部门进行干预和调节,尤其是对金融、交通运输、信息通信等服务业采取了自由化政策和措施。这些政策和措施刺激了金融创新和信息革命,增强了企业间的竞争和经济体制的活力。发达资本主义国家宏观调控与市场调节机制的正式确立和完善,在一定程度上缓解了资本主义的内在矛盾,推动了资本主义经济乃至经济全球化的发展。另一方面,广大发展中国家经过长期的探索之后,在20世纪80年代前后对本国的经济发展战略实行重大调整。战后获得独立的发展中国家最初采用的通常都是进口导向、依靠国有企业、以重工业为目标、以计划体制和保护主义为手段的经济发展战略。20世纪80年代之后,一批采取了出口导向经济发展战略、更多地依靠私营部门和市场机制的东南亚国家和地区,成功地实现了经济的持续增长,一跃成为新兴工业化国家和地区,为其他发展中国家寻求现代化之路树立了榜样,提供了启示。在东南亚国家和地区的启发下,以中国为代表的许多发展中国家纷纷改弦易辙,重返国际经济舞台,逐步实行改革开放,并在经济全球化进程中发挥着越来越重要的作用。

三、经济全球化的表现形式

从根本上说,经济主体将其赖以活动的社会范围从国内推向全球,日益在全球范围内展开分工、合作和配置资源的过程即经济全球化。在现阶段,经济全球化主要表现为全球经济的市场化,即市场的边界从国界走向全球,市场经济运行机制的跨国界延伸,形成世界市场,使资源在全球范围内进行合理的配置。从动态过程来看,它是使市场范围不断地打破地域疆界和封闭的民族国家的国界,形成全球经济。在全球经济整体之中,界限分明的国民经济从属于国际交易过程,由于市场和生产已真正成为全球性的,国际关系便趋向自发化,民族和国家的经济行为成为因变量,国内的政策制定者和决策者,包括大公司、公共权力机构必须考虑其经济活动的国际性决定因素。简而言之,现阶段的经济全球化是市场跨国界延伸的动态过程,无论其最终的结果是否真正能形成统一的全球经济,作为经济全球化的参与国理应获得更大的经济利益,这一结论是建立在市场对资源配置的积极作用的基础上的。自市场经济产生之日起,它就在不断地冲破自然村落、封建割据的束缚,推动着社会分工和生产力的发展,发挥其配置资源的作用。因此,当这种市场继续发展到超越民族国家界限之时,其作用性质和方向并不会发生根本性改变。

(一)贸易与资本全球化

经济全球化最初就表现为贸易的全球化及全球无疆界市场的出现。地理大发现引发了在全球范围内展开大规模开拓新市场的活动。自此,国外市场在资本主义再生产过程中的地位日益提高,并逐渐成为其中不可或缺的一个环节,在随后的几个世纪中,推动国外开放市场、发展对外贸易成为各国政府首脑、企业和普通商人的主要活动之一。1870—1913年的40多年间,国际贸易量增长了3.2倍。进入20世纪,尤其是"二战"以来,在第三次科技革命的作用下,生产规模急剧膨胀,国外市场的开发及由此引发的竞争日益白热化,国际贸易从量和质两个方面都发展到了一个新的水平。在各国政府、企业及多边、双边国际组织的推动和参与下,界限分明的各国市场日益融合成统一的全球市场,各种关税、非关税壁垒大幅度削减,人为的制度性及政策性障碍日益减少。从20世纪50年代到20世纪80年代末的40年中,世界贸易额年均增长6%以上,超出世界产出增长速度的50%,货物出口总额增长了11倍。20世纪90年代后,国际贸易飞速发展,1997年国际贸易总额达6.7万亿美元,经过21年的发展,2017年增加到27.5万亿美元。与此同时,贸易结构不断优化,制成品贸易超过初级产品成为贸易的主导产品,服务贸易量及各种无形产品贸易量迅速增加,有望成为国际贸易的核心。近半个多世纪以来,国际贸易在数量和质量两方面发生了翻天覆地的变化。正如一名世界贸易组织的总干事在一次讲话中指出,经济全球化是被贸易发展推着走的一列高速列车。

自资本主义生产方式在全球占主导地位以来,资本实质上已成为全球经济生活中的核心要素。虽然从时间上来说,自然资源及有形商品的跨国流动先于资本而发生,但资本的逐利本性及其在现代工业生产的主导作用,决定了资本的跨国流动必将呈后来居上之势,超过其他要素及产品的跨国流动而成为经济活动全球扩张的中心。在各种流动壁垒面前,资本拥有其他要素和产品无法比拟的穿透力。虽然时至今日,从表面上看,资本的跨国流动只能说是与国际贸易并驾齐驱,但资本流动的扩张势头之猛、之强烈,全球资本市场融合速度之快、程度之深,令人叹为观止。20世纪80年代以来的信息技术革命和金融自由化改革使资本流动日益跨越国界、突破地理和政策障碍而呈全球化之势。我们不得不承认,资本全球化已是今日之经济全球化的核心和杠杆。

(二)生产全球化

自20世纪中期以来,国际生产体系发生了前所未有的变化,这种变化集中表现为企业的国籍越来越模糊,产品的生产越来越趋向全球化。20世纪70年代的石油危机使西方国家陷入了近10年的经济衰退期。为了生存和发展,西方国家的大企业开始在全球范围内安排其生产布局,利用在海外设立分公司、合资企业或是借助授权协议和战略联盟等,来获取别国的合法身份,或者是借以躲避关税壁垒,或者是为了利用别国的法律、制度差异,以追求成本优势和市场机会。这种全球范围内的产业转移大潮从根本上改变了传统的生产体系,甚至改变了人们的观念。各大公司都试图从各国在生产要素(如劳动力、能源、土地和资本)的成本和质量差异中得到好处。以波音公司777型客机为例,它由132 500个主要零部件组成,由当时全世界的545家供应商生产,8家日本供应商制造飞机机身、机门和机翼,1家新加坡供应商制造机头起落架的舱门,3家意大利供应商制造机翼阻力板,等等。波音公司在全球范围内安排生产的主要原因就是,这些厂商在各自专业领域内是最好的,其相对成本也是最低的;或者,这些国家有着诱人的市场机会,在这些国家安排生产有助于波音公司在这些国家赢得订单。

生产全球化从根本上改变了国际分工格局及其背后的利益分配格局。在这种全球化生产的时代,我们已很难说某产品是某国制造的了。美国第一届克林顿政府劳工部长罗伯特·里奇认为,在今天的许多工业部门里谈论美国产品、日本产品、德国产品或韩国产品是不确切的,这些产品只能称为"全球产品"。具体到企业,通用汽车公司是美国的公司,但其生产遍布全球,从世界各地雇用劳动力,产品销往全球,收入来自全球,因此其身份已是全球性的。正如 IBM 的一位高级管理人员所说,从一定程度上讲,IBM 已经成功地摆脱了其美国身份的包袱。现在,越来越多的大公司都在力图实现其"无国籍"的目标,它们把在世界各地的分公司办得就像本地的一个公司。

(三)消费全球化

在经济全球化大潮下,不同的国家和地区,因地理位置的分离、历史文化传统的不同而形成的消费方面的差异日渐模糊,消费习惯、生活方式呈现趋同之势,这是经济全球化的一个重要结果。在这个被称为"地球村"的蓝色星球上,消费者虽远隔千里却有着相同或相近的生活方式。巴黎 18 岁的青年和美国 18 岁的青年有着诸多的共同点,他们购买同样的产品,看同样的电影,听同样的音乐,喝同样的可乐。只要收入水平相近,无论是生活在纽约、日内瓦、马德里,还是在里昂、米兰、北京,人们所用的汽车、家用娱乐设备、酒柜和厨房都将惊人的相似。一家全球性广告公司曾对全球高级官员出席国际会议时的穿戴做了跟踪调查,结果表明,无论是来自东京、巴黎还是布宜诺斯艾利斯,所有的人都穿克莉斯汀·迪奥衬衫、Gucci 皮鞋,使用 Paco Raban 香水,用金十字笔和劳力士表。即使是有着几千年古老传统的东方国家——中国,经过短短 20 多年的改革开放,街头的少男少女也同样穿耐克,喝可口可乐,吃麦当劳,看好莱坞的作品。

(四)物流管理全球化[①]

贸易全球化、生产全球化必然导致物流全球化。随着企业或组织向全球市场扩展,发展世界范围的物流网络和信息系统的需求也随之产生。物流管理者将不得不设法获得涉及多个领域的额外知识(如国际金融、进出口文件、政治学、国外商务实践及全球习俗文化)、技巧和能力。当组织向国际化扩展时,我们对一体化物流管理和总成本的权衡分析变得越来越复杂和难以控制。可能影响组织全球化物流运作的未来趋势包括下列方面:

(1)越来越多的物流管理者拥有国际职责和职权。

(2)国际文书和文件日益标准化,尤其是发运提货单,另外,有纸化交易的数量的减少。

(3)越来越多的小企业通过许可证、合资或直接隶属的方式与大企业从事出口贸易。

(4)越来越多的物流服务供应商是全球性的,并在全球范围内运作。

(5)配送渠道的纵向一体化日渐深化,将会包括来自许多国家的渠道成员(尤其在

---

① 詹姆士·R.斯托克、道格拉斯·M:《兰伯特.战略物流管理》,中国财政经济出版社 2003 年版,第41—42 页。

获取原材料供应资源方面）。

（6）全球化供应链的成长和发展。

当组织在世界其他地方寻找目标市场时，它们必须建立满足各种客户需求的物流系统。影响组织向国际市场扩展的最为关键的因素之一将是物流管理者的熟练程度和专业知识的增长。

四、经济全球化时代的基本特征

（一）经济发展模式转向信息经济

20 世纪 50 年代以前的世界经济在相当大的程度上仍属于工业经济的范畴，它是以大规模的商品货物、劳务及资本的国际交流为其基本形态的；而当今的经济全球化浪潮则是与信息经济相联系的，全球化的世界经济借助于信息技术和计算机网络技术将整个世界更为紧密地联结在一起，为人们提供了一种更为快捷、方便的国际交流手段。可以说，当代信息技术是经济全球化实现的载体，如果没有当代信息技术的快速发展，就不会有如此规模的经济全球化浪潮。

（二）国际分工以水平型或混合型分工为主

"二战"前的世界经济和今天的全球化经济，都是建立在一定的国际分工基础上的。但是，前者的国际分工，基本上是一种垂直型分工，即一些先进的资本主义国家专门从事工业制造业生产；而那些经济落后国家则主要扮演农业国或原料供应国的角色。后者的国际分工，主要表现为一种依据各国经济和科学技术发达程度不同的水平型分工，整个世界经济呈现出角逐、竞争、交叉的新的发展态势，即不仅发达资本主义国家仍从事科技含量已大大提高的制造业生产，大力发展高新技术产业，发展中国家也积极推进本国的工业化进程，大力发展制造业和高新技术产业。当然，由于各国的科学技术水平不同，目前发达资本主义国家主要致力于高科技产业的发展，而一般制造业仍是发展中国家的支柱产业。随着经济全球化条件下的国际分工日益细化，不仅世界各国在制造业、高新技术产业方面有较为明确的分工，而且在同一部门的不同产品生产，同一产品的不同零部件生产和工序方面也有更为细密的分工，突出地表现为当今世界"国际性综合产品"，即全部或部分零部件由许多国家生产而组装合成的产品日益增加。许多产品都是"21 世纪世界工厂的产物"。

（三）连接世界市场体系的纽带呈现无形化趋势

以往世界经济中连接各国经济交往的纽带基本都是有形的方式，即主要表现为商品交换和资本输出，尤其是借贷资本的输出。而今天在经济全球化的条件下，不仅有形方式空前增多，如国际货物贸易、借贷资本、对外直接投资、劳务贸易、人员流动、旅游业等得到迅猛发展；而且无形方式后来居上，如科技成果转让的规模不断扩大，信息技术及其传播的速度加快。这两种方式的相互结合、互相促进，最终形成了一个较为完整、发达的全球市场体系。这一全球市场体系对促进全球的经济贸易量增长发挥了重要作用，并使世界各国被越来越深地纳入这个无所不包的世界市场体系之中。

(四)国际经济交往的模式网络化

以往国与国之间的经济交往基本呈现为一种线性模式,无论是国际贸易还是国际金融活动,大都是一个国家单独同另一个国家直接进行的,经济交往的渠道非常有限。经济全球化条件下的国际经济交往则呈现为一种全方位的网络型模式。一个国家的对外经济交流是以世界上所有国家为对象的,被网罗在全球经济关系的网络之内,直接或间接地与世界各国发生联系。实际上,当今世界各国经济已经越来越成为世界整体经济的一个组成部分,各国的社会再生产过程在很大程度上是在世界范围内进行的,在某种意义上已成为全球再生产过程中的一个环节,从而使各国经济日益交织、融合在一起。诚然,我们决不能以此否定民族和国家经济的独立意义。

(五)参与国际经济交往的主体多元化

以往参与世界市场的主体主要是国家,国际经济交往通常是在国家之间进行的,企业的作用十分有限。当资本主义发展到垄断阶段,一些大垄断组织结成国际垄断同盟,其目的是共同垄断、分割世界市场,对发展国际经济关系、扩大国际经济交往,并未起到明显的推动作用。在经济全球化的条件下,世界市场的主体是多元的,参与世界市场的不仅有国家,而且有企业,特别是现代跨国公司和跨国金融机构,它们在世界经济全球化过程中发挥了重要作用。

(六)国际经济交往的节奏更加快捷

以往的世界经济由于受交通工具和通信手段的限制,交往所需的时间相对较长,发展速度相对平稳。而在经济全球化的条件下,由于交通工具和通信手段的现代化,特别是现代信息技术的迅猛发展,为国际的经济交往提供了非常方便快捷的手段:巨额资金通过国际互联网在瞬间就可以划拨到指定银行的专用账号上;美国华尔街、英国伦敦金融市场的变化在短短几秒钟内就可以传遍世界;跨国企业所需的某些零部件当天就可以从西半球运抵东半球;即使是成千上百万吨的粮食、石油,在短短的几天之内就可以从一个大洲运抵另一个大洲;旅客乘坐喷气客机几个或十几个小时就可以从美洲飞抵欧洲、亚洲……总之,这个蓝色的星球变"小"了,变得更像一个"村落"了。

第三节　现代物流管理概述

近年来,企业对物流管理日益重视,逐渐把企业的物流管理当作一个战略新视角,制定各种物流战略,以期增强企业的竞争能力。管理大师麦克尔·波特在《竞争优势》一书中指出,企业竞争的成功只能通过成本优势或价值优势来实现。当前既能提供成本优势,又能提供价值优势的管理领域是极少的,而物流管理则是这些并不多的管理领域中的一个。一个企业若拥有高效、合理的物流管理,既能降低经营成本,又能为顾客提供优质的服务,即既能使企业获得成本优势,又能使企业获得价值优势。因此,研究现代物流管理具有极强的现实意义。

一、企业物流的分类

（一）在物流活动层面的不同划分

1.基础物流

基础物流主要指铁路、海洋、航空及公路运输。它们涉及铁路、港口、机场、公路的整体规划和建设，是整个物流体系的基础平台。

2.通用物流

通用物流主要指日用工业品、食品、医药、生产资料经过储存、加工、整理、分拣、包装、配送等，把商品送到消费者（企业）处的物流过程。通用物流又可分为系统物流、专业物流、第三方物流、第四方物流。

（1）系统物流，即为本企业服务的物流，如超市的配送中心，企业集团自己拥有的仓库、配送中心，物流公司等。

（2）专业物流，即专门针对一些有着特殊要求的商品的物流，如冷藏品、化工品、危险品等。

（3）第三方物流，即本身拥有较完善的物流设施、较齐全的物流功能和先进的物流信息处理系统，且具有一定规模的物流企业。第三方物流专门接受生产企业或经营企业的委托，为其进行物流服务，因此也称合同物流或契约物流。

（4）第四方物流（Fouth Party logistics，FPL），即第三方物流提供商将供应链管理技术外包给第四方，由第四方来拟订一套供应链总体解决方案，并负责对解决方案的实施，对过程进行监控与评价。

（二）基于物流业务性质的不同划分

1.生产企业物流

生产企业物流要经过原材料及设备采购供应阶段、生产阶段、销售阶段，这三个阶段便产生了生产企业纵向上的三段物流形式。

（1）供应物流。这是企业为组织生产所需要的各种物资供应而进行的物流活动。它包括组织物料生产者送达本企业的企业外部物流和本企业仓库将物资送达生产线的企业内部物流。如生产企业从物资供销企业进货，则外部物流表现为物资供销企业到本企业仓库间这个过程的物流。

（2）生产物流。这是指企业按生产流程的要求，组织和安排物资在各生产环节之间进行的内部物流。生产物流主要涉及物流的速度，即物资停顿的时间尽可能地缩短，周转尽可能地加快；物流的质量，即物资损耗少，搬运效率高；物流的运量，即物资的运距短，无效劳动少；等等。

（3）销售物流。这是指企业为实现产品销售，组织产品送达用户或市场供应点的外部物流；对于双方互需产品的工厂企业，一方的销售物流便是另一方的外部供应物流。生产商品的目的在于销售，能否顺利实现销售物流是关系企业经营成果的大问题。销售物流对工业企业物流经济效益的影响很大，当成为企业物流研究和改进的重点。

(4)逆向物流。一是指返品的回收物流,即由于产品本身的质量问题或用户因各种原因的拒收,而使产品返回原厂或发生节点而形成的物流。二是指废旧物物流,即对生产过程中的废旧物品,经过收集、分类、加工、处理、运输等环节,自废旧物品到转化为新的生产要素的全部流动过程。严格地说,废旧物物流可分为废品回收物流和废弃物物流两个部分。废品回收物流是指对生产中所产生的废旧物品进行回收、加工等使之可转化为新的生产要素的流动过程;而废弃物物流则是指不能回收利用的废弃物,只能通过销毁、填埋等方式予以处理的流通过程。

2.流通企业物流

流通企业物流是指从事商品流通的企业和专门从事实物流通的企业物流。

(1)批发企业的物流。它是指以批发据点为核心、由批发经营活动所派生的物流活动。这一物流活动对于批发的投入是组织大量物流活动的运行,产出是组织总量相同的物流对象的运出。在批发据点中的转换是包装形态及包装批量的转换。

(2)零售企业的物流。它是以零售商店据点为核心、以实现零售销售为主体的物流活动。零售企业的类型有一般多品种零售企业、连锁型零售企业、直销企业等。一般零售企业的销售物流,大件商品多采用送货和售后服务,大部分小件商品则是由用户自己完成。连锁型零售企业物流的特点是集中进行供货的物流,且大多数由本企业的共同配送中心完成。直销企业的物流重点集中于销售物流,直销企业经营的品种较少,故企业内部的物流较简单。

(3)仓储企业物流。它是以接运、入库、储存保管、发运或运输为流动过程的物流活动,其中储存保管是其主要的物流功能。

(4)配送中心的物流。它是集储存、流通加工、分货、拣选、运输等为一体的综合性物流。配送中心是在市场经济条件下,以加速商品流通和创造规模效益为核心,集商流、物流、信息流于一体的现代综合流通部门。

(三)按物流供给方与需求方的关系划分

(1)自营物流,亦称自有物流,即企业通过自己拥有的物流设施与技术,为自身提供物流服务。

(2)交易物流,即物流供给方向物流需求方有偿提供任何形式的物流服务,比如运输、包装、分拣、配送等,但双方之间没有长期的协议与约定。

(3)合同物流,亦称契约物流,即利用现代物流技术与物流配送网络,依据与供应商或需求者签订的物流合同,提供专业化的系列物流服务,一般包括第三方物流和第四方物流。

(4)伙伴物流,即不同企业基于共同的利益,共同的价值取向、目标和企业战略,建立战略伙伴关系,共同提供物流服务。

二、物流企业的类型

物流企业的主要社会职能是通过服务来提高物资的附加价值。这个附加价值的形成,是由物流活动过程中投入的活劳动与物化劳动转化而成的。因此,物流是一种与生产密切相关,但却可以独立于生产之外的和生产劳动有区别的特殊劳动。物流企业是一种新型的服务性企业。由于物流服务种类的多样性和企业物流外包的多样性，物流服务提供者的类型也是多种多样的。

(一)按照提供物流服务的种类分类

(1)综合物流企业。该类物流企业自己拥有资产，并能提供相应的物流管理服务，同时，它可以利用其他物流服务企业的资产，提供一些相关的服务。

(2)以资产为基础的物流企业。该类物流企业自己拥有资产，如运输车队、仓库和各种物流设备，通过自己的资产提供专业的物流服务，如 UPS 公司。

(3)以管理为基础的物流企业。该类物流企业通过系统数据库和咨询服务为其他企业提供物流管理服务或者提供一定的人力资源。这种物流企业不具备运输和仓储设施，只是提供以管理为基础的物流服务。

(二)按照所属的物流市场进行分类

(1)操作性的物流企业。该类物流企业以某一项的物流作业为主，一般擅长某一项或几项的物流操作。在自己擅长的业务上，其具有成本优势，往往是通过较低的成本在竞争中取胜。

(2)行业倾向性的物流企业。该类物流企业又称为行业性公司，它们通常为满足某些需求而设计自己的作业能力和作业范围。

(3)多元化的物流企业。该类物流企业所提供的物流服务是综合性的。

(4)顾客化的物流企业。该类物流企业面向的对象是专业需求用户，物流企业之间竞争的焦点不是费用而是物流服务。

(三)按所承担的物流业务的性质划分

(1)交通运输型物流企业。这类企业是物流业的主体企业，因为运输是物流的核心机能或环节。它不但包括各种不同形式的运输企业，还包含对交通运输起支撑、保证、衔接作用的一些企业，如装卸型物流小企业。

(2)储运型物流企业。这类企业以储存为主兼有多种职能，也包括某些和储存联系密切的运输业，所以统称储运业。

(3)通运型物流企业。这是国外物流企业的主要形式，在我国刚刚诞生，尚未形成气候。这是物流业中发展较快的一类企业，在国外已达到了较大规模和较高水平。通运业是货主和运输业之外的第三者从事托运和货运委托人的行业。各种运输业企业除了直接办理承运手续以外，都由通运业企业办理委托、承办、代办等手续，以实现货主的运输要求。

(4)配送型物流企业。这是以商品代理和配送为主要功能，集商流、物流、信息流于一体的企业，也是物流企业的一种主要形式。

企业物流管理作为企业管理的一个分支，是对企业内部的物流活动（诸如物资的采购、运输、配送、储备等)进行计划、组织、指挥、协调、控制和监督的活动。通过使物流功能达到最佳组合，在保证物流服务水平的前提下，实现物流成本的最低化，这是现代企业物流管理的根本任务所在。

三、现代物流管理的特征、内容及其发展趋势

（一）现代物流管理的概念与特征

1. 现代物流管理的概念

现代物流已经成为当前我国投资重点，不少地区政府正在规划建设本地区具有国际竞争力的第三方物流基地。海运、陆运、航空、邮政、制造、零售业也在组建物流配送中心或将本企业的传统物流向现代化物流转变。

从系统论的观点出发，物流管理是对"市场—企业—生产作业—供应商"的整个过程中物资流与资金流、信息流的协调，以满足用户的需求和充分实现用户的商品购买价值。传统或狭义的物流管理主要涉及实物资源的组织企业内部最优化的流送，但从供应链的角度上看，现代物流管理只有组织企业内部的合作是不够的。要获得供应链理论所要求的那种企业内外的广泛合作，需要一种与传统组织观念不一样的创新的组织定位，从而形成一套科学的、相对独立的科学体系——物流、商流、信息流的统一体系。现代物流管理的最终目标是在产品的生产和流通过程中所涉及的原材料供应商、生产企业、批发商、零售商和最终用户间，通过业务伙伴之间的密切合作，实现以最小的成本为用户提供最优质的服务。

2. 现代物流管理的特征

（1）现代物流管理以实现顾客满意为第一目标。具体来讲，物流行业必须做到：第一，物流中心网络的优化，即要求工厂、仓库、商品集中配送、加工等中心的建设（规模、地理位置等）既要符合分散化的原则，又要符合集约化的原则，从而使物流活动能有利于顾客服务的全面展开；第二，物流主体的合理化，即从生产阶段到消费阶段的物流活动主体常常有单个主体和多个主体之分，另外也存在着自己承担物流和委托物流等形式的区分，物流主体的选择直接影响到物流活动的效果或实现顾客服务的程度；第三，物流信息系统的高度化，即能及时、有效地反映物流信息和顾客对物流的期望；第四，物流作业的效率化，即在配送、装卸、加工等过程中应当运用什么方法、手段使企业能最有效地实现商品价值。

（2）现代物流着重的是整个流通渠道的商品运动。现代物流管理的范围不仅包括销售物流和企业内物流，还包括供应物流、退货物流及废弃品物流。这里需要注意的是，现代物流管理中的销售物流概念也有新的延伸，即不仅是单阶段的销售物流（如厂商到批发商、批发商到零售商、零售商到消费者的相对独立的物流活动），而且是一种整体的销售物流活动，也就是将销售渠道的各个参与者（厂商、批发商、零售商和消费者）结合起来，来保证销售物流行为的合理化。

（3）现代物流管理以企业整体最优为目的。现代物流追求的费用、效益观，是针对调达、生产、销售、物流等全体最优而言的。在企业组织中，以低价格购入为主的调达理论、以生产增加和生产合理化为主的生产理论、以追求低成本为主的物流理论、以增加销售额和扩大市场份额为主的销售理论等理论之间仍然存在分歧与差异。跨越这种分歧与差异，力图追求全体最优的是现代物流理论。

（4）现代物流管理既重视效率更重视效果。现代物流管理具体在哪些行为方面有所变化呢？首先在物流手段上，从原来重视物流的机械、机器等硬件要素转向重视信息等软件要素。在物流活动领域方面，从以前以输送、保管为主的活动转向物流部门的全体，即向包含调达在内的生产、销售领域或批发、零售领域的物流活动扩展。从管理面来看，现代物流从原来的作业层次转向管理层次，进而向经营层次发展。另外，在物流需求的对应方面，原来强调的是输送力的确保、成本的降低等企业内需求的对应，现代物流强调物流服务水准的提高等市场需求的对应，进而发展到重视环境、交通、能源等社会需求的对应。

（5）现代物流是一种以信息为中心实需对应型的商品供应体系。如上所述，现代物流理论认为，物流活动不是单个生产、销售部门或企业的事，而是包括供应商、批发商、零售商等有关联企业在内的整个统一体的共同活动，因而现代物流通过这种供应链强化了企业间的关系。具体来说，这种供应链通过企业计划的连接、企业信息的连接、在库风险承担的连接等机能的结合，使供应链包含了流通过程的所有企业，从而使物流管理成为供应链管理的重要组成部分。如果说部门间的产、销、物结合追求的是企业内经营最优的话，那么供应链管理则通过包含所有市场参与者的联盟追求流通生产全过程效率的提高，这种供应链管理带来的一个直接效应是产需的结合在时空上比以前任何时候都要紧密，并带来了企业经营方式的改变，即从原来的投机型经营（生产建立在市场预测基础上的经营行为）转向实需型经营（根据市场的实际需求来生产），同时伴随着这种经营方式的改变，在经营、管理要素上，信息管理已成为物流管理的核心，因没有高度发达的信息网络和信息的支撑，实需型经营是无法实现的。

（二）现代物流管理的内容

从不同角度看，现代物流管理的内容有所不同。

1. 物流活动机能管理

（1）包装管理。其主要内容为包装容器和包装材料的选择与设计，包装技术和方法的改进，包装系列化、标准化、自动化等。

（2）运输管理。其主要内容为运输方式及服务方式的选择、运输路线的选择、车辆调度与组织等。

（3）装卸管理。其主要内容为装卸搬运系统的设计、设备规划与配置和作业组织等。

（4）储存管理。其主要内容为原料、半成品和成品的储存策略，储存统计，库存控制，养护等。

（5）流通加工管理。其主要包括：加工场所的选定、加工机械的配置、加工技术与方法的研究和改进、加工作业流程的制定与优化。

（6）配送管理。其主要包括：配送中心选址及优化布局、配送机械的合理配置与调度、配送作业流程的制定与优化。

（7）物流信息管理。其主要指对反映物流活动内容的信息、物流要求的信息、物流作用的信息和物流特点的信息所进行的搜集、加工、处理、存储和传输等。信息管理在物流管理中的作用越来越重要。

(8)客户服务管理。其主要指对物流活动相关服务的组织和监督,例如调查和分析顾客对物流活动的反映,决定顾客所需要的服务水平、服务项目等。

2.物流系统要素管理

(1)人力资源管理。人是物流系统和物流活动中最活跃的因素。对人力资源的管理包括:物流从业人员的选拔和录用、物流专业人才的培训与提高、物流教育和物流人才培养规划与措施的制订等。

(2)物质资料管理。"物"指的是物流活动的客体即物质资料实体。物的管理贯穿于物流活动的始终。它涉及物流活动诸要素,即物的运输、储存、包装、流通加工等。

(3)财务管理。它主要指物流管理中有关降低物流成本、提高经济效益等方面的内容,它是物流管理的出发点,也是物流管理的归宿。其主要内容有物流成本的计算与控制、物流经济效益指标体系的建立、资金的筹措与运用、提高经济效益的方法等。

(4)设备管理。它是指对物流设备管理有关的各项内容,主要有各种物流设备的选型与优化配置,各种设备的合理使用和更新改造,各种设备的研制、开发与引进等。

(5)技术管理。其主要内容有各种物流技术的研究、推广普及,物流科学研究工作的组织与开展,新技术的推广普及,现代管理方法的应用等。

(6)信息管理。信息是物流系统的神经中枢,只有做到有效地处理并及时传输物流信息,才能对系统内部的人、财、物、设备和方法等五个要素进行有效的管理。

3.物流职能管理

物流活动从职能上划分,主要包括物流计划管理、物流质量管理、物流技术管理、物流经济管理等。

(1)物流计划管理。它包括对物质生产、分配、交换、流通整个过程的计划管理,也就是在物流大系统计划管理的约束下,对物流过程中的每个环节进行科学的计划管理,具体体现在物流系统内各种计划的编制执行、修正及监督的全过程。物流计划管理是物流管理工作的首要职能。

(2)物流质量管理。它包括对物流服务质量、物流工作质量、物流工程质量等的管理。物流质量的提高意味着物流管理水平的提高,意味着企业竞争能力的提高。因此,物流质量管理是物流管理工作的中心问题。

(3)物流技术管理。它包括对物流硬技术和物流软技术的管理。对物流硬技术进行管理,即是对物流基础设施和物流设备的管理。如对物流设施的规划、建设、维修、运用,对物流设备的购置、安装、使用、维修和更新,提高设备的利用效率,日常工具管理工作等。对物流软技术进行管理,主要是对物流各种专业技术的开发、推广和引进,物流作业流程的制定,技术情报和技术文件的管理,物流技术人员的培训等。物流技术管理是物流管理工作的依托。

(4)物流经济管理。它包括对物流费用的计算和控制、物流劳务价格的确定和管理、物流活动的经济核算和分析等。成本费用的管理是物流经济管理的核心。

(三)现代物流管理的发展趋势

现代物流管理已成为现代企业管理战略中的一个新的视角。把企业物流管理上升到战略的地位,经历了一个过程。从纯粹为了降低企业内部的物流成本,到为提高企业收益而加强内部物流管理(通过向顾客提供满意的物流服务来带动销售收入的增长),发展到现在从长远和战略的观点去思考物流在企业经营中的定位,甚至超越本企业从供应链的角度管理企业的物流。因此,现代物流管理模式是基于供应链的管理。从早期的物流管理发展到供应链管理,经历了仓储与运输管理、总成本管理、物流管理一体化、供应链管理四个阶段。供应链管理包括了物流管理、信息管理、资金管理和技术管理,充分体现了综合、有机的物流集成化管理模式。现代物流管理的发展主要体现出以下趋势:

1. 现代物流管理旨在通过管理库存和合作关系去达到高水平的服务

在开发供应链战略中,大部分企业试图减少供应商和运输商的数量,有时,也包括与他们做生意的客户数量,许多企业为此制订了审慎的计划。这表明从多方购买可以通过供应商间的竞争带来低价与良好服务的传统采购观念发生了根本转变。从某种意义上来说,未来全球物流管理的概念会发展到一个崭新的阶段,其关键是致力于对从原材料到用户的整个过程中的商品流动的管理。现代物流管理需要把所有的连接供需市场的活动作为相互的系统来对待,从而从狭窄的功能定位转向价值增值服务市场。

2. 现代物流管理重点由物资的储存、运输管理转向物流战略管理

企业物流超越了现有的组织机构界限,将供应商和用户纳入管理范围,作为物流管理的一项中心内容,利用物流的自身条件建立和发展与供应商及用户的合作关系,形成一种联合力量,以赢得竞争优势。所以,发展物流一体化就必须以战略管理为导向,要求企业物流管理人员的工作从仅仅面向企业内部,发展为面向企业同供货商及用户的业务关系战略轨道上来。"供应"是整个供应链中节点企业之间事实上共享的一个概念(任何两节点之间都是供应与需求关系),同时它又是一个有重要战略意义的概念,因为它影响或者决定了整个供应链的成本和市场占有份额。物流的一体化活动一般包括即时敏感的需求与销售数据、库存数据、货运状况数据等的共享。数据共享,即经常通过企业的计算机数据库与其供应链伙伴直接相连。供应链方式产生的可见性和灵活性将引起传统的物流流程管理重心的转移。例如,一个零售商可以允许制造商读取他的需求与库存数据,并自动地补充订货,仅在事后通知零售商的采购部门。随着相互满意的质量保证体系在卖方的制造设施中建立,买方可以对卖方的货物免检。供应链方式的应用确定了链中成员的利益共享机制,也带来各层次的成员企业的服务改善和成本降低。与产业界其他不在链中的企业相比,作为一个整体的供应链的成员会变得更具竞争性。

3. 现代物流管理倾向于把供应链中所有节点企业看作一个整体

在一条供应链上的两个或多个企业达成长期共识与协议,彼此就可以在物流流程的高度一体化条件下开展业务。企业致力于发展高标准的信任与合作关系,目的是把买卖关系从对手的、胜利者与失败者的、讨价还价的改变为合作的,彼此能够为对方着想。在供应链方式下,企业按照一套严格的规则,比如,质量保证体系、财务稳定性等,非常仔细地评定潜在的供应商,然后选择一个或少量的供应商,根据密切合作的承诺和保证订货的合理性,与他们建立长期的关系。

第四节　全球生产网络与全球生产流通体制变革

生产全球化是经济全球化的主要特征。第三次科技革命推动了国际分工向更深层次发展,各国在生产领域的合作愈加紧密。在生产全球化的进程中,跨国公司扮演着重要的角色。因为跨国公司是国际化的生产体系,它与外界的交换,如母公司和子公司、子公司与子公司之间的交换都具有跨越国境的性质。因此,跨国公司不仅广泛深入地进入了国际市场,而且把外部市场转变为公司的内部市场。世界经济正逐渐步入网络化、模块化发展的新阶段,跨国公司可以在"地球村"的不同角落安排一个产品价值链不同环节的生产,跨国公司正通过全球生产网络改变着世界各国竞争力的态势,也为发展中国家融入全球生产网络提供了广泛的竞争机会。全球生产网络是全球物流网络的基础,同时全球生产网络要靠全球物流网络来支撑。一个全球性的企业对全球物流活动予以战略管理十分重要。

一、全球生产网络的形成及其对全球生产流通体制的影响

(一)全球生产网络的概念与参与全球生产网络必须具备的要素

1.什么是全球生产网络

21世纪初,世界经济逐渐步入网络化、模块化发展的新阶段,这一阶段国际生产体制的典型特征是跨国公司以"世界为工厂""以各国为车间"的全球生产网络的形成与发展。

阐释全球生产网络首先必须回答什么是全球生产,所谓全球生产有两层含义:一是指一个企业的国际化生产向纵深推进,其跨国经营的分支机构在数量上和地域上极大地扩展,在组织安排和管理体制上无国界规划的动态过程;二是指借助于跨国公司及其分支机构之间多形式的联系,以价值增值链为纽带的跨国生产体系逐步建立的过程。

而全球生产网络就是价值链的地理布局以全球市场为操作平台,不再局限于一国的经济地理范围,具体表现为许多以前原本在一个地方完成生产的最终产品的生产,被分解为若干个独立步骤或模块,而每一个步骤或模块都在那些能够以最低成本完成的地方进行。其目的是通过分布到全球不同国家的不同企业间的密切合作,实现研究与开发、生产制造、采购与销售的全球优化配置,从而使国际贸易和外商直接投资(Foreign Direct Investment,FDI)从原来的最终消费品的交换和生产,转变为产品零配件的交换和生产。国际生产的这一战略变革主要源于三种力量的作用:一是运输、通信和数据处理技术的巨大进步使得跨国公司能够在全球范围内,在优化资源配置的基础上进行各类生产,并协调其生产经营活动;二是国际经济自由化浪潮日益高涨,各国纷纷完善经济政策,减少贸易壁垒,大力吸引外国直接投资;三是全球价值链地理布局及供应链管理竞争的加剧。

2.进入全球生产网络必须具备的要素

(1)知识型劳动力要素。直接生产过程中劳动力具有的是"知",而在研究与开发中的劳动力更多具有的是"识"。正是一个国家知识型劳动力质量与数量的区别构成了这

个国家的产业结构特征。

（2）知识要素。研究与开发重要性的日益提高，使它从作为企业生产的一部分中分离出来，成为国际分工的一部分。

（3）信息要素。经济的信息化不仅会改变一国的产业结构从而改变其国际分工地位，而且会改变该国的经济运行方式，从而改变其在国际竞争中的整体竞争力。

（4）金融要素。由于风险投资成为高新技术产业发展的主要投资形式，社会对这些产业的金融支持力决定了这些产业发展的可能性，一个国家风险投资的能力决定了这个国家发展知识经济的能力，从而长期影响着国际分工的地位。

（5）创新能力要素。创新在很大程度上是一种制度的产物，经济制度可能激励创新，培养出大批企业家，也可能抑制创新，使大量具有创新才能的人被埋没。创新能力会从根本上改变一国在国际经济分工中的地位。

（6）核心技术要素。分工的深化已经使一个产品的核心部件的生产与其他部件及整体产品的生产相分离，这在很大程度上决定着一国的分工地位。与此同时，我们也发现，工业化时代经济要素地位的下降或在性质上发生变化：一般劳动力因全球化而过度供给更甚，土地与自然资源要素在知识经济下不再那么重要，资本在国际市场上已易于获得，生产性管理已有了规范流程。

（二）全球生产网络对全球生产流通体制的影响

跨国公司通过全球生产网络在世界经济中正发挥着举足轻重的作用，改变着世界各国竞争力的态势。尤其是跨国公司可以在"地球村"的不同"角落"安排一个产品价值链不同环节的生产，从而为发展中国家融入全球生产网络提供广泛的竞争机会。发展中国家与工业国家之间工资水平的差异，使得跨国公司一般将生产链中劳动力密集型的生产安排在发展中国家，而将技术密集型的生产安排在本国（Hanson，Mataloni，Slaughter，2001）。比如一辆美国轿车的价值，在美国本国生产的只占 37%，其余 63% 是在其他国家生产出来的。克林顿政府行政部门劳工秘书曾以数字对全球生产网络的影响进行了说明："有个美国人在通用汽车公司购买了 1 辆庞蒂亚克·莱曼汽车，他在无意间促成了一系列国际交易。在他付给通用汽车公司的 1 万美元中，有近 3000 美元付了韩国，作为例行劳动和装配工作的报酬；1850 美元付给日本，用于购买先进的部件（发动机、驱动桥和电子设备）；700 美元付给德国，作为车的款式与设计工程的费用；400 美元付给中国台湾、新加坡和日本，用以购买小零件；250 美元付给英国，作为广告及营销服务的费用……"美国运动服装巨头 Nike、Reebok、Converse 公司价值链的加工环节几乎完全转移到包括中国在内的第三世界国家。瑞士航空公司把票务中心转移到印度，它看中的是印度的软件开发和管理能力。

目前，学术界一般认为，融入全球生产网络有助于发展中国家改善资源配置，便于将资源转移到价值链中具有相对优势的价值活动中去，还会有利于降低不利冲击所带来的影响，推动技术升级，促进技术性劳动力供求的增长。不过国际社会还没有充分确凿的证据证明存在这种经济和社会收益。联合国相关机构通常用零配件出口额及其比例衡量一国参与全球生产网络的程度。联合国商品贸易数据库的数据显示，从 1981 年到 2000 年间,产品零配件出口价值的年度增长率比制成品出口年度增长率要高 2 个百分点。全球生产网络在国际贸易中的比例逐步上升,尤其反映在电子、化学、运输设备和机械等产品上。这些部门在世界贸易中的比例从 1986 年的 27% 上升到 1997 年的43%(Schive,Chyn,2001)。发展中国家在全球零配件出口额中的比例从 1981 年的4% 增至 2000 年的 21%,大大快于其制成品出口额比例的增长幅度。[①] 近年来,这一比例更显著提高。

二、一个国家参与全球生产网络的优势

(一)更好地接近目标市场,满足当地消费者的需求

全球化生产比在一国国内组织生产,通过产品出口的方式进入国际市场更能接近消费者的需求。随着国际时尚和流行周期的缩短,以及随着市场的扩大和更多的季节性、风俗性、时令性消费进入国内市场,国际市场消费的购买模式呈现了一种多样化、个性化的趋势,这不仅要求企业建立起柔性的生产体系,更重要的是能及时对这种市场要求的变化做出反应。而全球化生产体系与国际市场的紧密结合顺应了这一趋势。如快餐食品、饮料和食品原料等,这些商品不能长时间地储存或不适合运输,而顾客却分布在世界各地,为了更好地接近或维持国外销售市场,跨国公司实行就地生产就地消费的模式,以利于提供新鲜食品。

(二)获取资源优势,降低生产成本

全球化生产能充分利用世界上各个国家和地区的生产要素优势以降低生产成本,使企业资源达到最佳的配置。由于自然条件和经济发展的不平衡,各个国家和地区所拥有的生产要素(包括资本、技术、劳动力、土地、自然资源、信息、管理等)存在着一定的差异。只有将本国的优势生产要素和他国的优势与本国的弱势或相对弱势生产要素相结合,才能弥补国内生产要素的不足而获得更大的利益。

(三)避开东道国的贸易壁垒限制,更顺利地进入国际市场

一般来说,各国为了保护本国市场会采取一定的贸易保护措施,最常见的贸易壁垒主要有关税壁垒和非关税壁垒。当企业通过产品出口的方式进入东道国时可能会遭遇贸易障碍,但是生产要素的进入往往不会受贸易壁垒的限制。因为企业生产要素尤其是资本要素的输出是世界上绝大多数国家所欢迎的,为了吸引外资,很多国家都采取了相应的优惠政策及措施,如设立自由贸易区、保税区、出口加工区等,因此全球化生产可以绕过贸易壁垒的限制,顺利地进入国际市场。

(四)降低物流费用,提升产品的国际竞争能力

企业通过全球化生产可以在更接近市场的地方组织生产,缩短产品从生产者到达消费者手中的运输里程,并减少环节,从而大大地节约物流费用。

---

① 世界银行:《全球经济展望与发展中国家》,中国财政经济出版社 2003 版。

(五)获取先进的技术和管理经验

企业通过全球化生产可以获取和利用国外先进的技术、生产工艺、新产品设计和管理经验等。有些先进的技术和管理经验很难通过公开购买的方式获取,而跨国公司可以通过与掌握这些先进技术的其他跨国公司合资建厂或兼并和收购当地企业的方式获取。获取和充分利用这些先进的技术和管理经验,可以提高跨国公司的本地生产能力,提升其核心竞争力。

(六)获得东道国的优惠政策

东道国政府为了吸引外来投资常常会制定一些对外来投资者的优惠政策,如优惠的税收和金融政策、优惠的土地使用政策及创造良好的投资软、硬件环境等,这些优惠政策尤其是税收上的优惠政策会诱导外国投资者做出投资决策。在这些优惠政策的吸引下,跨国公司将某种产品的生产基地设在东道国,实行全球化经营战略。同样,母国政府对对外投资的鼓励性政策也会刺激跨国公司做出对外投资决策,如鼓励性的税收政策、金融政策、保险政策及海外企业产品的进口政策等等。

案例一 "斑马"的跨境电商第三方物流新模式[①]

一、企业背景

跨境电子商务作为一个新生的概念,自"物联网"这一概念诞生起就得到了极大的关注。传统出口贸易不断线上化、信息化,越来越多的外贸企业依托互联网获得商机。同时,围绕跨境电商的各类服务不断发展,其中起到联系卖家和买家作用的物流业前景十分广阔。当前物流行业关注的最主要问题便是如何提高商品物流的效率及降低物流成本。而跨境物流行业又因为其特殊的服务内容,在解决这些关键问题时会遇到比一般物流企业更大的困难。

斑马物联网(360Zebra Group)正是跨境电商物流行业的领军企业之一,是最早开展代收转寄业务的国际物流公司,也是一家专为跨境电子商务提供物流解决方案的集团性企业。2009年2月,汤姆和他的团队在美国俄勒冈州和新泽西州建立了物流中心,次月开始开展代收转寄业务,9月在加州正式成立斑马美国公司,踏出了征程的第一步。2010年,斑马物联网在中国投资成立了中国运营中心,为的便是抓住中美线蕴藏着的巨大市场潜力。自2011年以来,从代收转寄业务开始,斑马物联网深耕市场,积累了丰富的跨境物流业务经验,企业实力不断提升,业务范围也逐渐扩大到涵盖海外仓储、集货转运、跨境干线运输、落地配送、供应商管理库存(Vendor Managed Inventory,VMI)[②]等所

---

① 此案例节选自浙江大学马述忠工作室网络平台公开发布的资料(作者:马述忠、厉佳玮、柴宇曦)。

② 供应商管理库存是一种以用户和供应商都获得最低成本为目的,通过达成共同协议,由供应商管理库存并不断改进协议,使库存管理得到持续改进的合作性策略。

有跨境电商进出口物流及其相关服务。依托现代化物流中心,斑马物联网为跨境电商、电商平台、外贸进出口商家和庞大的海淘客户群体提供一系列量身定制的多元化整体物流解决方案。经过7年的发展经营,在美国、英国、德国、澳大利亚、日本、韩国、中国等多个国家建立物流中心的基础上,斑马物联网整合了各类渠道资源,形成了强大的全球仓配一体化服务能力,向着进一步成为全球供应链物流云平台的目标不断前行。

二、跨境电商第三方物流模式创新

(一)代收转寄——斑马物联网初辟市场

随着跨境电商的不断发展,已经有无数海内外消费者以海外代购的形式买到自己心仪的国外商品。海外代购这一行为在物流领域的体现就是代收转寄业务,而斑马物联网则是这一领域最早的开拓者。让我们把时间回溯至2008年,当时,物流仓配一体化这一过程尚在襁褓之中,哪怕是现在最常见的代收转寄业务也远远没有达到规模化的程度,中国的海淘消费者一直在苦苦寻觅"人肉"①及海外直邮之外其他更经济且更有保障的运输途径。汤姆的一个朋友鲍勃(Bob),之前在美国从事金融行业的工作,自己家有个很大的车库,由于2008年金融危机,鲍勃失去了工作,家庭也失去了主要的收入来源。鲍勃想重新寻找一份工作来维持家庭的日常开支,但是由于经济低迷,他屡屡碰壁。一个偶然的机会,他了解到中国不少消费者希望购买美国商品却苦于没有相关的途径。鲍勃发现只要提供美国的收货地址就可以顺利在网上购物,然后帮助转寄到买家的国内地址。抓住了这一商机,他与亚马逊买家联系,让买家在美国电商网站买下需要的商品,先寄到自己家中,随后自己再联系快递公司,通过跨国物流将物品邮往中国,除物流费用外,鲍勃还向每个买家每单收取2—5美元不等的服务费。经过一段时间的经营,鲍勃抓住中国买家的需求,不断更新商品,吸引了越来越多的买家光顾他的店铺,他一天要处理的订单数也越来越多,从最开始的10单左右到四五十单,一个月之后每日订单量甚至超过了150单,大件商品的数量也在不断增加,鲍勃的仓库时常因为快递公司收件员某一天因故未能过来收件而爆满。一个月过去了,网上接待客户,下单,收货,再联系快递公司手动填单发货,数量不断增长的订单量让鲍勃手忙脚乱,他的妻子和两个儿子都过来帮忙,但还是难以满足不断增长的订单数量。由于夜以继日的工作,鲍勃渐渐感到难以支撑,订单数量的爆炸式增长也使店铺的服务质量与发货速度远不如刚开店的时候,不少买家均表示了不满。鲍勃出于无奈,只能控制每天接单的数量,以此来勉强取得收入、服务和业余生活的平衡,每月由此获得的5000—6000美元的收入也使家庭生活基本回到了他失业前的水平。过了一段时间,经济有好转的趋势,鲍勃又开始在网上寻找金融行业的工作,一心只想摆脱替人代购的劳累生活。鲍勃与汤姆聚会闲聊时说出的这段经历,在汤姆的大脑中点亮了一盏灯。

斑马物联网副总裁乔纳森后来表示,每个有单独车库的家庭都可以开展这类代收转寄业务并以此获得足够的收入,但是订单量一旦超过一定的规模,就很难单纯依靠个

---

① "人肉"是指,买家自行或拜托亲朋好友从国外购买商品,回国时以自用的名义带入国内的一种海淘途径。

体商户的力量继续扩大了。当时并没有大公司在乎这个市场，汤姆抓住了这一契机，一举成立了斑马物联网，建立跨境电商物流平台为海淘买家提供转运业务，开始了作为一家主营海淘转运的第三方物流公司的征程。由于业务实质上并不需要很高的门槛，斑马物联网作为首家海淘转运企业，在刚进入这个行业之后就遇到了很多跟随而来的竞争者。斑马物联网依靠自建的仓库，以及初步规划的系统化运作方案，很快做到了每天1000余单的业务量，这也让汤姆和他的团队看到了代收转寄市场的巨大前景。

企业经营代收转寄业务一段时间以后，规模不断增大，但是增速却有所放缓。之前规划的系统化运行方案逐渐难以应付日益增加的订单量，处理效率似乎已经到了极限。汤姆考察了行业内从事类似业务的公司，发现它们似乎也都存在同样的问题，不断扩张之后达到了现有系统运行的极限，效率似乎再也无法提升了。由于每家公司开展的服务性质高度同质化，很难通过其他方式来提高利润并扩大企业规模，不少公司开始降价，试图以此吸引客户、扩大规模进而提升企业收入。汤姆的团队再度对行业的情况及自身的情况进行了分析，最终决定为了保证每单的服务质量和利润而不加入价格战，坚持处理好业务的每一个细节。

(二)独辟蹊径——斑马物联网的解决方案

2010年3月，斑马物联网运营团队开始筹划研发"e仓储"产品，在进口代收转寄业务竞争日益激烈的大环境下试图率先开拓跨境电商出口物流业务，而海外仓[①]就是出口物流业务中的一种模式，而顺利开展海外仓业务的前提是能够高效率地对仓储进行管理。汤姆认为，要想摆脱进口代收转寄业务的价格战，依托新开辟的出口业务提高企业收入，实现企业发展，一套成熟的物流系统显然是必不可少的。汤姆及负责物流系统研发设计的副总裁卡尔(Karl)坚持自己的初心，试图做出斑马物联网自主的、独一无二的物流管理系统。

物流管理的环节包括很多方面，仓储管理则是中心环节，起着连接采购、运输和配送这三者的作用，管理的核心目标是提高仓库的运作效率。建立一整套有效的仓储管理系统(Warehouse Management System，WMS)，有助于提高物流企业的工作效率，降低物流成本。在物流仓储费约占跨境电商交易额20%有余的当下，一套成熟的仓储管理系统的重要性不言而喻。同时，对于一家第三方物流企业而言，包含配送方案设计与决策制定、配送执行、结果跟踪反馈及应急处理预案的运输管理系统(Transportation Management System，TMS)也显得尤为重要。

之前为某国际快递公司研发过物流解决方案的卡尔及他的团队现在接下了让斑马物联网继续领跑行业的重任，他将WMS与TMS进行了有机整合，提升了整套系统的运作效率。斑马物联网作为一家专门为跨境电子商务提供物流解决方案的企业，整合WMS与TMS，建立新的系统的目的便是提供电商B2C仓的管理工作，符合这一职能的系统主要侧重于仓库管理和配送管理的一体化，而卡尔的团队研发出的这套物流管

---

① 海外仓：在他国建立仓库，将货物批量发送到他国仓库，实现本国货物利用本地配送在他国销售的一种跨境电商出口物流形式。

理系统高效地完成了这项任务。

仅仅花费数月时间,斑马物联网自主研发的物流管理系统就完成了,"e仓储"业务也因此得以顺利开展。2010年5月,斑马物联网"e仓储"业务在洛杉矶物流中心启动。依托"e仓储"业务,卖家只需将商品批量运输到斑马物联网海外仓进行存储,由斑马物联网根据卖家在系统平台下达的指令完成分拣、包装、贴单出库。在"e仓储"推广的过程中,斑马物联网的物流系统也在不断完善,为海外仓的发展打下了坚实的基础。2010年6月,斑马物联网美国纽约分拨中心也启动了"e仓储"业务,同年7—8月,斑马物联网先后对"e仓储"的其他服务进行了完善,分别开通了便于多级商家之间转移货物的库内交易功能及库内件拍照等增值服务,有效满足了商家多元化的仓储需求。同时,斑马物联网也开始进军美国其他州与其他欧美国家,在美国特拉华州、俄勒冈州及英国伦敦也启动了"e仓储"业务。在俄勒冈州的仓库建立之初,每日的订单量不足百余单,但汤姆特别青睐俄勒冈州的免税优势,坚持在该州继续开展海外仓业务。正是俄勒冈州的免税优势加上成熟的物流系统,帮助斑马物联网在阿里巴巴选择北美物流合作伙伴的过程中脱颖而出。

而汤姆和卡尔的目的远不止于此,斑马物联网又将订单管理系统(Order Management System,OMS)与WMS、TMS一同整合为全球物流管理系统(Global Logistics Solution,GLS),为合作电商提供一套标准的应用程序编程接口(Application Programming Interface,API)接入方案,实现了合作伙伴信息系统和斑马物联网信息系统的无缝对接,为斑马物联网物流业务的进一步扩张提供了"软件"上的支持。并且,由于美国极高的人力成本,许多其他开展海外仓业务的物流公司都面临高昂的仓储和配送成本的问题。斑马物联网再一次抓住了市场契机,于2014年在洛杉矶物流中心首次建立了自动化流水线,与GLS解决方案相配合,在物流管理层面独辟蹊径,匹配了国内外不断发展壮大的电商平台的相关需求。

坐在洛杉矶办公室里的副总裁乔纳森与其他同事讨论企业的战略抉择与策略制定之时,就会想起汤姆对斑马物联网"一直被模仿,从未被超越"的坚持。正是因为对企业自身技术和管理的坚持,以及对市场契机的准确把握,斑马物联网才获得了今日的发展,一直走在跨境电子商务第三方物流行业的前端。

(三)精致内芯——斑马物联网的企业管理

斑马物联网质量管理部经理里克(Rick)在最初接任这一职位的时候,由于企业规模越做越大,在多地同时兴建仓库,企业对新员工的需求日益增加。但是,由于物流运输环节的相关操作十分复杂且对精细程度有着极高的要求,他发现,不少新员工要花费数月的时间才能够熟悉相关操作,导致新开设的仓库要延迟很长时间才能正式投入运行,这大大降低了企业的扩展和运作效率。纵使企业拥有先进的GLS,但是新员工无法以最短的时间和最高的质量掌握系统的操作方法,那么这套系统在实际运作过程中也就不能实现效率最大化。里克试图在斑马物联网内部找到合适的解决方案。为此,他对斑马物联网现有的每个物流中心培养新员工及规范操作的办法进行了仔细研究,试图找到最优的解决方案并应用到所有物流业务的开展工作及其他部门的工作之中。

最后,他在与一位日本企业高管的交流中找到了合适的解决之道——标准化作业程序(Standard Operating Procedure,SOP)。

SOP 将某一具体事务的标准操作步骤和要求以统一的、规范化的格式描述出来,用以指导和规范日常的工作。通过对物流与仓储环节每一个步骤的研究,里克和他的部门人员很快制订出了每个岗位的 SOP 流程,并且在一般物流企业 SOP 步骤数量的基础上增长了好多倍。同时,斑马物联网不仅在物流系统的操作中建立了 SOP,也在客户服务乃至管理层等公司其他岗位上建立了 SOP 体系,将业务的操作流程精细化到了极致。2012 年,整个公司的 SOP 管理体系正式建立并全面推广,与 GLS 相辅相成,极大地提升了斑马物联网的运作效率。同时,斑马物联网也打破了复杂的员工培训及低效率的员工管理带来的企业业务扩张缓慢的困局,立足美国与中国的物流中心,在全球开始布局。

此时,新的危机又出现了。斑马物联网的主要业务是跨境电商物流,运输的商品货物在出入境的时候势必会遇到通关的问题,由于单量和规模越来越大,清关①所花的时间和成本变得越来越高,这不可避免地影响到了物流的效率,给客户带来了不好的体验。许多小型的第三方物流公司便在此处做文章,它们通过走"灰色清关"②的途径,仅仅支付正规通关费用 1/2 甚至 1/3 的成本就解决了商品入境的问题,从而能以更低的价格吸引客户。此外,不少其他大型物流平台也抓住电子商务不断发展、跨境电商有利可图的时机,建立了电商平台,开始参与 B2C 与 B2B 的业务,分流走了物联网不少客户。

在全球扩张战略不断推进的这个阶段,面对小型物流公司利用"灰色清关"发起的又一次价格战及其他物流平台自建电商网站夺取上游市场的冲击,斑马物联网再次遇到了客户流失、利润下降、市场被压缩的危机。面对严峻的外部形势,汤姆在高管会议上又一次打出了"不忘初心"这张王牌,这让乔纳森十分不解,他问:"汤姆,可以告诉我你一再强调这句话的原因吗?"

(四)不忘初心——斑马物联网的差异化战略

"这几年一路走来,在别人还专注于国内电商物流的时候,我们一起开拓跨境电商物流;在别人模仿我们争相开展进口代收转寄业务的时候,我们已经着手研发平台合作产品、垂直电商物流产品,并在全球建立物流中心;在别人争相跻身美国市场的时候,我们将海外物流中心建到了世界各地;当别人在扩充仓库、增加人手、靠蛮力提高业务量时,我们已经利用 WMS、TMS 及自动化流水线实现了物流中心的现代化。人无我有,人有我优,不断超越自己。"汤姆简单地回顾了企业的发展历程,便不再多说,向乔纳森微笑着。

乔纳森回想起,从开拓代收转寄业务直到现在,斑马物联网便一直走在行业的前

---

① 清关即结关,是指进出口或转运货物出入一国关境时,依照各项法律法规应当履行的手续。

② 灰色清关,指出口商为了避开复杂的通关手续与高昂的税费,将各项与通关有关的事宜交由专门的清关公司负责,清关公司通过"包机包税"等方式,把进口商品以低于法定水平的关税进入某国市场的行为。

头,从未回头关注过其他企业采取什么样的策略来应对开拓跨境电商物流市场的过程中的行业困局,只专注于做好自己业务和产品的发展。乔纳森发现,斑马物联网如此坚持自我,是对企业在"不忘初心,方得始终"的理念下制定的战略的高度自信。物流企业的客户最在乎的,并不是稍多的清关费用及时间,而是自己托付给企业的商品能否顺利、安全、高效地运送到收货人手中。斑马物联网坚持不通过"灰色清关"的手段解决通关问题,避免暴露在随时可能增大的出入境监管政策风险下,才能保证货物运输的顺利进行及企业自身的合法性。同时,斑马物联网的合作对象主要是各国的电商平台,为它们提供全面的跨境物流服务,如果斑马物联网自己建立平台,势必会对客户的利益产生威胁,反而会造成更严重的客户流失。此外,斑马物联网当前的另一大优势在于拥有完全自主知识产权的物流系统及丰富的报关通关经验,能够在物流运输和仓储管理这一块做到业内最优,保证客户的体验。"斑马自身拥有核心技术,全面考虑客户对于第三方物流行业的需求,似乎全球布局中面临的这一困局也不难破解。"乔纳森此前的困惑已经迎刃而解。首先,斑马物联网独辟蹊径,在美国代收转寄市场先行立足并站稳脚跟,解决了传统国际贸易形式存在的供应品种单调、客户体验差等问题;其次,斑马物联网在完善进口物流业务的同时,也把握住了跨境电商发展趋势,率先开拓跨境电商出口物流业务,已经与多个出口电商平台相对接;第三,斑马物联网整合 GLS 和自动化流水线,为全球跨境电商的物流服务提供了成熟的解决方案,打破了国内外电商平台物流和仓储成本较高、不能专注于产品销售的困局;第四,斑马物联网坚持以纯粹的第三方物流企业的身份将自己的业务做到极致,树立了跨境电商物流企业的标杆。

从 2010 年下半年到 2011 年,斑马物联网的代收转寄和海外仓业务不断向全球扩张。除中国分公司之外,斑马物联网先后在悉尼和首尔建立了物流中心,把中美线的业务扩大到了亚洲和大洋洲。2011 年 7 月,斑马物联网通过整合其他国际快递运输公司的运力开通了近 20 条专线和全球线路的代收转寄业务。2013 年,斑马物联网在原有的代收转寄和"e 仓储"业务的基础上推出了整合集货、检验、出口报关、空海运输、进口清关和当地配送的"e 联运"服务,将物流服务一体化做到极致,全面发挥 GLS 的优势,不断开发诸如配送管道定制、信息批量导入等增值服务。此外,斑马物联网还凭借SOP 超精细化管理在海外扩仓中取得先天的优势,以比其他企业更快的速度占领市场。2014 年,因为斑马物联网拥有自主研发、完善的 GLS 及自动化流水线,加上俄勒冈州仓库带来的免税优势,试图在美国寻找转运公司伙伴开展海外购业务的阿里巴巴从 40 余家同类企业中选择了它作为合作伙伴;同年"双十一"购物狂欢节,与阿里巴巴合作开展业务的斑马物联网取得了 10 万单的成绩,包裹无一破损;2015 年的"双十一"购物狂欢节,斑马物联网更是做到了 80 万单的巨量规模。当满载货物的飞机在中国降落的时候,汤姆一直以来秉承的企业理念得到了最好的实证。

三、结束语

跨境电商这个概念才兴起了几年时间,但是由于激烈的价格战和同质化竞争,传统的经营和扩张模式已经受到了严峻的考验。其间,跨境电商物流企业更是呈现出了两极分化的马太效应,强者愈强,弱者愈弱:大型物流企业凭借自身完善的物流管理系统,迅速开拓市场,满足客户的各类需求;而小型物流企业则面临着"在夹缝中求生存"的困境,缺乏空间与硬件,很难获得更多的市场份额。

斑马物联网自 2009 年创立起,秉承汤姆倡导的"不忘初心,方得始终"的理念,依靠对物流系统的不断发展,一直站在跨境电商物流行业的顶端。在未来,斑马物联网意图通过与更多电商平台的合作,以完善的物流系统为基础,将物流效率最大化、物流成本最小化,将成熟的自动化系统复制到全球各物流中心,提高生产力。依靠自己的互联网基因,斑马物联网试图建立一个以自身产品为核心的生态链,为 B2B 和 B2C 的两端客户做好对接和引流工作;立足最基本的物流服务,建立一套以科技和大数据为基础的相关产业链延伸服务体系,为品牌商提供全球供应链服务,最终打造一个以大数据服务为核心的全球化跨境电商云供应链平台。

复习思考题:

1. 现代物流理论的发展经历了哪些阶段?

2. 经济全球化有哪些表现形式?

3. 现代物流管理具备哪些特征?

4. 现代物流管理发展趋势如何?

5. 一个国家参与全球生产网络具有哪些优势?

第二章　全球物流系统及其模式

　　全球物流是一个全新的概念,客观地说,关于物流的大多数国内外文献一般都将全球物流与国际物流(International Logistics,IL)视为同一概念,不少人认为这只是用词上的不同,没有实质性区别。但本书主张这是两个既有密切联系又有实质区别的概念。全球物流是国际物流得以扩展的结果,国际物流是全球物流的初级阶段,两者产生的历史条件、管理范围、研究视角均有明显不同。我们正是基于这种认识对全球物流活动展开分析和研究的。本章旨在介绍全球物流的基本知识,分析全球物流系统的模式与构成。

第一节　全球物流概述

一、国际物流概述

(一)国际物流的内涵

1.国际物流的定义

　　由于国际分工的日益细化和专业化,任何国家都不能够包揽一切专业分工,当生产和消费分别在两个或两个以上的国家(或地区)独立进行时,为了克服生产和消费之间的空间距离和时间距离,必然要有国际的合作与交流。一方面要将国外客户需要的商品适时、适地、按质、按量、低成本地送到国外,从而提高本国商品在国际市场上的竞争能力,扩大对外贸易。另一方面要将本国需要的设备、物资等商品及时、高效、便宜地进口到国内,以满足国内人民生活、生产建设、科学技术与国民经济发展的需要。实践意义上的国际物流活动可以追溯到国际交换活动的产生,但在很长的时间内其商业价值一直没有受到人们的重视,但这并不能否认其本身的存在。随着国际贸易与投资活动的深入发展,国际物流的现代商业价值日益受到人们的密切关注。

　　所谓国际物流,是指不同国家或地区之间的商品或物资的物理性移动,它是相对国内物流而言的,是国内物流的延伸和进一步扩展,是跨国界的、流通范围扩大了的物的流通。国际物流是国际贸易的一个必然组成部分,各国之间的相互贸易最终都将通过国际物流来实现。

2. 国际物流与国内物流的区别

国际物流的实质是按国际分工协作的原则,依照国际惯例,利用国际化的物流网络、物流设施和物流技术,实现货物在国际的流动与交换,以促进区域经济的发展和世界资源的优化配置。国际物流是为国际贸易和跨国经营服务的,即通过选择最佳的方式与路径,以最低的费用和最小的风险,保质保量适时地将货物从某国(供方)运送到另一国(需方)。在国际物流活动中,为实现物流合理化,必须按照国际商务交易活动的要求来开展国际物流活动。并且,不仅要求降低物流费用,而且要考虑提高顾客服务水平(Service Level,SL),提高销售竞争能力和扩大销售效益,即提高国际物流系统的整体效益,而不仅仅是提高局部效益。

国际物流使各国物流系统相互"接轨",因而与国内物流相比,具有国际性、复杂性和风险性等特点。国际性是指国际物流涉及多个国家,地理范围大。这一特点又称为国际物流的地理特征。国际物流跨越不同地区和国家,跨越海洋和大陆,运输距离长,运输方式多,这就需要合理选择运输路线和运输方式,尽量缩短运输距离和货物的在途时间,加速货物的周转并降低物流成本。在国际的经济活动中,生产、流通和消费三个环节之间存在着密切的联系。由于各国社会制度、自然环境、经营管理方法及生产习惯不同,一些因素变动较大,因而在国际组织货物从生产到消费的流动是一项复杂的工作。国际物流的复杂性主要包括国际物流通信系统设置的复杂性、法规环境的差异性和商业现状的差异性等。国际物流的风险性主要包括政治风险、经济风险和自然风险。政治风险主要指由于所经过国家的政局动荡,如罢工、战争等造成货物可能受到损害或灭失;经济风险又可分为汇率风险和利率风险,主要指从事国际物流必然要发生资金流动,因而会产生汇率风险和利率风险;自然风险则指在物流过程中,可能因自然因素,如台风、暴雨等,而引起的风险。

(二)"二战"以后国际物流发展概况

"二战"以前,国际已有了不少的经济交往,但是无论从数量上讲还是从质量上讲,都没有将伴随国际交往的国际运输或国际物流放在主要地位。

"二战"以后国际的经济交往越来越活跃,尤其在20世纪70年代的石油危机以后,国际贸易量异常巨大,交易水平和质量要求也越来越高。在这种新情况下,原有的仅为满足运送必要货物的运输观念已不能适应新的要求,系统物流就是在这个时期进入国际领域的。

1. "二战"结束至20世纪70年代初

这一阶段开始形成了国际的大规模物流,在物流技术上出现了大型物流工具,如20万吨的油轮、10万吨的矿石船等。20世纪70年代,受石油危机的影响,国际物流不仅在数量上进一步发展,船舶大型化趋势进一步加强,而且有了提高国际物流服务水平的要求,大数量、高服务型物流从石油、矿石等物流领域向物流难度最大的中、小件杂货领域深入。其标志是国际集装箱业及国际集装箱船业的大发展,国际各主要航线的定期班轮都投入了集装箱船,一下子把散杂货的物流水平提了上去,这使物流服务水平获得很大提高。

2.20 世纪 70 年代中后期至 20 世纪 80 年代中期

这一阶段对国际物流的质量和速度的要求进一步提高,在国际物流领域出现了航空物流大幅度增加的新形势,同时出现了更高水平的国际联运。20 世纪 80 年代初期及中期,国际物流的突出特点是在物流量不继续扩大的情况下出现了"精细物流",物流的机械化、自动化水平提高。同时,伴随新时代人们需求观念的变化,针对国际物流中着力于解决"小批量、高频度、多品种"的物流,出现了不少新技术和新方法,这就使现代物流不仅覆盖了大量货物、集装杂货,而且也覆盖了多品种的货物,基本覆盖了所有物流对象,解决了所有物流对象的现代物流问题。20 世纪 80 年代,国际物流领域的另一大发展是伴随国际物流,尤其是伴随国际多式联运物流而出现的物流信息系统和电子数据交换(Electronic Data Interchange,EDI)系统。

3.20 世纪 80 年代末 90 年代初至今

这一阶段 Internet、条形码、二维码及卫星定位系统在物流领域得到普遍应用,而且越来越受到人们的重视。这些高科技成果在国际物流中的应用,极大地提高了物流的信息化水平和服务水平,所以有人称"物流就是综合运输加高科技"。高科技的服务手段和高科技的信息技术成为物流企业保证自身竞争力的必备法宝,因此,近年来各大物流企业纷纷投巨资于物流信息系统的建设。可以说,21 世纪将是物流信息化、网络化、智能化、高度发展的时代。这一阶段国际物流的概念和重要性已为各国政府和外贸部门所普遍接受。贸易全球化,必然要求物流设施国际化、物流技术国际化、物流服务国际化、货物运输国际化、包装国际化和流通加工国际化等。人们已经逐步形成共识:只有广泛开展国际物流合作,才能促进世界经济繁荣。

(三)国际物流的分类

1. 按照货物流向划分

按照货物流向的不同,国际物流可分为进口物流和出口物流。凡存在进口业务中的国际物流行为被称为"进口物流",而存在于出口业务中的国际物流行为被称为"出口物流"。鉴于各国的经济政策、管理制度、外贸体制的不同,反映在国际物流中的具体表现既有交叉,又有类型的不同,因此须加以区别。

2. 按照不同的关税区域划分

依照关税区域的不同,国际物流可分为国家间物流、世界经济贸易集团间物流与世界经济贸易集团成员间物流。这些物流,在形式和具体环节上存在着较大差异。如欧洲联盟成员间物流、欧洲联盟与其他国家或区域间物流的差异。

3. 按照国家间货物传递和流动的方式划分

按照国家间货物传递和流动方式的不同,国际物流又可分为国际商品物流、国际军火物流、国际邮品物流、国际展品物流、国际援助和救助物资物流等。围绕国际物流活动而涉及国际物流业务的企业有国际货运代理、国际物流公司、国际配送中心、国际运输及仓储、报关行等具体企业。

(四)国际物流的特征

1.物流系统范围广

物流本身的功能要素、系统与外界的沟通已经很复杂,国际物流再在这复杂系统上增加不同国家的要素,这不仅是地域的广阔和空间的广阔,而且所涉及的内外因素更多,所需的时间更长,带来的直接后果是难度和复杂性增加,风险增大。正因为如此,国际物流一旦融入现代化系统技术,其效果会十分显著。例如,开通某个"大陆桥"之后,国际物流速度会成倍加快,效益显著增加。

2.物流环境存在差异

不同国家的不同物流适用的法律不同,使国际物流的复杂性远高于一国的国内物流;不同国家的不同经济和科技发展水平会造成国际物流处于不同科技条件的支撑下,甚至有些地区根本无法应用某些技术而迫使国际物流全系统水平下降;不同国家的不同标准,也造成国际物流"接轨"的困难,从而使国际物流系统难以建立;不同国家的不同风俗人文也使国际物流受到很大限制。由于物流环境的差异,迫使一个国际物流系统需要在多个不同法律、人文、习俗、语言、科技、设施的环境下运行,这无疑会大大增加国际物流的难度和系统的复杂性。

3.运输方式复杂

在国内物流中,由于运输线路相对比较短,而运输频率较高,主要的运输方式是铁路运输和公路运输。而在国际物流中,由于货物运送线路长、环节多、气候条件复杂,对货物运输中的保管、存放要求高,因此海洋运输、航空运输尤其是国际多式联运是其主要运输方式,具有一定的复杂性。

4.必须有国际化信息系统的支持

国际化信息系统是国际物流非常重要的支持手段。国际化信息系统建立的难度,一是管理困难,二是投资巨大,而且由于世界上有些地区物流信息水平较高,有些地区较低,会出现信息水平不均衡的情况,使信息系统的建立更为困难。

5.物流标准化要求较高

要使国际物流畅通起来,统一标准是非常重要的。如果没有统一的标准,国际物流水平将难以提高。目前,美国、欧洲基本实现了在物流工具、设施上的统一标准,如托盘采用 1000 mm×1200 mm、集装箱的几种统一规格及条码技术等,这大大降低了物流费用,降低了转运的难度,而不向这一标准靠拢的国家,必然在转运、换车等许多方面多耗费时间和费用,从而降低其国际竞争能力。

(五)国际物流的发展现状、趋势与存在的问题

1.国际物流发展现状与趋势

(1)国际物流发展步伐加快,传统国际物流企业加速转型。传统批发企业逐步转变为以物流中心或信息中心、配送中心为外壳而存在的新型批发企业;连锁企业加速强化物流支撑系统,这些物流支撑系统,要么由连锁企业自己拥有,要么由第三方物流企业向连锁企业提供;许多港口非常重视发展港口物流经济。随着国际贸易的扩大,国际物

流跨国公司也在不断向全球扩张。

（2）国际物流电子化、自动化、数字化程度大大提高。电子商务技术的广泛应用推动了现代化国际物流快速发展，正在使国际物流业发生一场深刻的变革，譬如电脑的普遍使用和自动分拣系统、无人驾驶叉车使国际物流逐步电子化、自动化、数字化，极大地提高了物流运作效率和经济效益。物流设施的改进和物流技术的进步也促进了国际零售业的成熟期不断缩短。

（3）物流规模不断扩张，形式逐步多样化，运营更加集约化。目前，国际上流行的物流形式主要有以下几种：一是将两种以上不同类型的物流中心集中在一起，与铁路货站、公路运输货站等紧密整合，形成具有综合职能并能高效、集约运作的综合物流中心；二是为客户提供全通路、及时性物流服务的专业物流中心，有的国家称为"配送中心"；三是由一家或多家物流（配送）企业在空间上集中布局的物流园区，也称物流团地。往往政府从城市整体利益出发，在小区或城乡结合部、主要交通要道附近开辟专用场地，通过逐步配套完善各项基础设施、服务设施，提供各种优惠政策，吸引大型物流（配送）中心在此聚集，使其获得规模效益，降低物流成本，同时减轻大型配送中心在市中心分布所带来的种种不利影响，从而提供一定品类、一定规模、较高水平的综合物流服务。

（4）配送中心功能多样化。从功能而言，目前盛行的配送中心有专业化配送中心、柔性化配送中心、供应配送中心、销售配送中心、城市配送中心、区域配送中心、储存配送中心、流通型配送中心和加工型配送中心等。

（5）第三方物流发展迅速。第三方物流企业以合同的形式在一定期限内，提供市场所需的全部或部分物流服务，但并不在供应链中占有一席之地，仅是以第三方通过提供一整套物流活动来服务于供应链。现代意义上的第三方物流是一个至多有 15 年以上历史的行业，欧洲目前使用第三方物流服务的比例为 76％，美国约为 58％，且其需求仍在增长。2002 年美国第三方物流业的收入已突破 650 亿美元。

2. 国际物流面临的问题

随着世界经济的迅速发展，国际商品交换活动日益频繁，商品交换数量日益增加，交易的品种及范围日益扩大，国际市场的竞争日趋激烈，这就迫使各国都从本国经济发展的需要出发，高度重视对国际物流这一世界共用的"第三利润源泉"的挖掘与研究。国际物流在快速发展的过程中，也存在一些新的问题，主要有以下几个方面：一是国际物流日趋复杂化。在国际物流经营中，跨越国界线的各种壁垒较多，尤其是一些国家间设置的人为障碍，使国际物流更增添了诸多困难。由于国际物流环节多，加之国际货运运输时间一般较长，使国际物流更加复杂。二是国际物流发展不平衡。物流发达国家的物流管理理念、物流意识、物流基础设施建设、物流管理技术，大大领先于世界水平。而物流落后的国家和地区的基础设施、技术手段都相对滞后，并呈现出在管理技术、经营实力差距方面被物流发达国家不断拉大之势。三是国际物流频繁而批量小，使现代物流的难度加大。四是跨国公司垄断日益加剧。五是土地紧缺和发达国家劳动力不足导致物流成本上升，物流业面临着发展空间不足、物流成本逐渐上升的问题，这对物流经营效益有一定的负面影响。

二、全球物流的概念及其基本活动

（一）全球物流的含义

20世纪末以来，物流管理日益成为跨国公司参与全球竞争的优势来源。尤其是在全球市场条件下，如何以合理的成本将正确的产品在正确的时间送到正确地点的客户手中显得尤为必要和重要。在设计全球物流系统和解决全球物流问题时，企业必须注意到全球范围内多文化的差异，以及商业环境、政治环境、各国宏观经济和具体国情的不同，乃至货币等更多因素。要解决这些问题首先必须回答什么是全球物流，什么是全球物流管理。

一个企业要想在全球化环境中生存下去，仅仅依靠公司本身的资源显然是不够的，只有战略性地将全球公司各个分部、子公司、联盟公司组成全球性的紧密网络，才能对全球任何一个区域市场的需求做出快速反应，并提供相应的优质产品和服务。公司网络中，一部分机构专门负责全球性的物资采购、生产制造、产品更新换代、配送和科研开发，而另一部分机构则负责当地市场上的销售与售后服务，资金、原材料、零部件和产成品、信息、人力资源等公司资源在全球网络中的各个部门之间不断地交换流动着。这种全球化的物流运作就是全球物流，如何以高效快捷的方式组织全球化的运作，其实就是全球物流管理。

根据美国物流管理协会的定义，所谓全球物流，是指为了满足全球范围内的客户需求，对商品、服务及相关信息在全球市场范围内有效率和有效益的移动与储存进行的计划、执行与控制的过程，是供应链的重要组成部分。可见，全球物流是经济全球化背景下国际物流的延伸和扩展，是全球范围的物的流通，其实质在于全球物流管理。

（二）全球物流的基本活动

全球物流需要克服的时间和空间障碍比国内物流大得多。全球物流是保证企业全球经营能否成功的关键因素之一，相对于国内经营来说，物流在全球经营中的作用和承担的责任要大得多。全球物流活动的构成除了包含与国内物流一样的运输、保管、包装、装卸、流通加工和信息等克服时间和空间障碍的活动之外，还有全球物流所特有的报关（包含检查、检疫等活动）和相关文书单据制成等克服国界障碍的活动。

1. 全球物流运输活动

全球物流中的运输活动与国内物流中的运输活动的最大差异在于前者的运输距离长且运输方式多样。例如，海尔采取"3个1/3的经营战略"，即1/3国内生产国内销售，1/3国内生产海外销售，1/3海外生产海外销售，海尔通过代理商或自营渠道将产品销售到世界各地，并且在北美、欧洲和东南亚设立了生产基地。海尔这样的全球物流活动包括从生产地点到销售地点的销售物流和海外生产基地的原材料、零部件的采购物流，无疑这些物流活动的运输距离是很长的。另外，我国的国内物流运输主要采用公路、铁路和水运的形式，而全球物流运输不仅采用公路、铁路的方式，还采用海运和空运的形式，以及现代复合运输方式。

2. 全球物流保管和流通加工活动

由于全球物流保管活动中存在办理进出口手续、海港码头装卸转运货物等作业,与国内物流的保管活动比较起来,全球物流的保管活动所花时间更多。另外,为了适合当地国的标准和满足销售商的要求,全球物流中还需要商品检验、分类、小包装作业、贴商品价格标签等流通加工活动。

3. 全球物流包装活动

由于全球物流运输距离长、运量大,运输过程中货物堆积存放、多次装卸,在运输过程中货物损伤的可能性大,在全球物流活动中包装活动显得非常重要,集装箱的出现为全球物流活动提供了安全便利的包装方式。如德国等许多国家从环境保护的角度出发,对包装废弃物制定了非常严格的规定。在向这些国家出口时,必须使用符合当地标准的包装材料,并注意包装废弃物的回收利用,另外为了提高运输装卸和统计检验等作业效率,需要在包装物品上贴附物流条形码标签。

4. 全球物流装卸活动

装卸活动是伴随运输保管加工等活动而发生的物流活动,由于集装箱的广泛应用而变得高效率和便利。以标准化的集装箱装卸为前提,港口码头装卸设备的标准化和大型化、装卸作业的效率化成为可能。

5. 全球物流信息活动

全球物流活动中信息量和信息来源相对于国内物流活动来说更大和更广。从企业内部角度来看,企业需要把分布在世界各地的生产、销售、物流等子公司连接起来,建立全球零部件采购信息系统、全球制造销售物流信息系统。同时需要与它的全球供应链中的合作伙伴建立物流信息系统,分享信息。从企业外部角度来看,许多国家为了促进海外投资、方便全球贸易,建立了综合的报关信息系统。这种综合报关信息系统把与报关活动有关的货主企业、运输企业、物流服务企业、银行保险企业、商品检验部门、关税仓库、海关等紧密地联系在一起,从而提高报关速度和全球物流活动的效率。

6. 报关和相关文书单据制作

全球物流活动的展开必然涉及报关活动,这是全球物流活动区别于国内物流活动的明显特征。海关是一个国家主权的象征,它主要从事征收关税、取缔违法物品和行为的活动。随着市场的全球化、竞争的全球化和企业的全球化,要求海关能提供高效迅速的报关作业,建立综合报关信息系统和改进海关作业程序是实现这一目标的有效方法。

另外,在全球物流活动中涉及大量的贸易合同和文书,这也是全球物流活动区别于国内物流活动的一个明显特征。这些贸易合同和文书涉及运输、报关、保险、结算等方面。

运输单据是指证明货物已经装船或发运或已由承运人接收、监管的单据。按运输方式的不同,运输单据分为海运提单、铁路运单、航空货运单、邮包收据和全球复合运输单据。在 FOB、CIF 和 CFR 条件下,运输单据是卖方凭以证明已履行交货责任和买方凭以支付货款的主要依据,报关文书有出口许可证,出口货物报关单,商品检验证书,包含货物名称、件数、价格、装运港、装运日期等信息的装货单,原产地证书等。货主在备齐报关文书后,或自己直接或委托专门报关服务业者向海关申报。

在全球物流活动中,由于运输距离长、装卸保管次数多,在物流过程中可能会遇到各种不测的风险,必须办理货物的运输保险,以便在货物遭遇损失时让货主能获得一定的经济补偿。我国涉及海洋运输的基本险分为平安险、水渍险和一切险三种。全球物流活动中的结算支付方式较国内物流活动的结算支付方式复杂,一般使用的支付方式有汇付、托收、信用证、银行保函等,也可以同时将两种或两种以上的支付方式结合使用。

三、全球物流的优势、特征与发展趋势

(一)发展全球物流的重要性

1.有利于降低成本,有效控制供应商和顾客

许多公司为了充分利用国外当地的特殊优势,比如,技术工人、较低的工资劳务成本、较低的原材料成本及企业较低的管理费用,纷纷把自己的产品生产和原材料采购扩展到全球。譬如,在美国,绝大多数的服装都是在远东生产的,这种生产状态极大地阻碍了美国本土纺织业的发展。许多公司为了降低自身的固定资本,都在极力寻找强大的国内或国外公司,并把自己的多项业务外包给这些公司,它们认为这样做可以共同创造丰厚的利润。有些公司甚至在整个系统中保有很低的库存水平,还将生产环节全部都外包出去。有效率的物流系统是货物和服务及时、低成本移动的保证,再加上对信息流的有效管理,就可以很好地控制分散在各处的供应商和顾客了。

2.有利于参与全球范围的竞争

随着经济的全球化,竞争已经不仅仅局限在本国本区域范围内发生了。低成本的进口、外资企业的出现、现有公司的现代化都大大地模糊了竞争的界限。为了在全球内获取利润、成本优势,许多公司需要进行全球范围内的运作,进入未曾开发的市场,减少对已有饱和市场的依赖,并且避开竞争者。企业的竞争优势来源于两个方面,一是成本优势,二是差别战略。有效的全球物流系统可以帮助企业通过有效运作降低成本,并且保证及时交付高质量的服务来使公司成为与其他公司有差别的合作者。

3.有利于扩大公司战略收益

今天,很多公司的战略都是要在全球范围内寻找合作伙伴,要么建立战略联盟,要么建立合作伙伴关系,或是通过信息技术实现产业链上下游的一体化。对于一家跨国公司来说,在这种经济环境中,有效的物流系统可以通过实现它的核心竞争力来扩大战略收益。

(二)全球物流的典型特征

1.全球物流交纳周期长

企业全球化的特征之一是企业从规模经济的角度出发,把生产活动按专业分工集中于少数几个地点,这种生产的集中化和专业化与市场的全球化和分散化之间存在的矛盾直接反映在全球物流交纳周期上。在海运条件下,全球物流运输距离远、花费大量

时间,装卸报关等其他的全球物流活动也需要花费时间,这使得全球物流交纳周期较长。

全球物流交纳周期长往往造成两个后果:一是增加物流过程中的库存投资,占用大量资金;二是在迅速满足顾客需要方面存在困难。有些企业为了能迅速满足顾客需要,往往预先在销售地准备大量的安全库存作为缓冲。这虽然能及时满足各地顾客的要求,但需要储存的商品量大,要占用大量的资金,而且存在因顾客需要变化使库存商品失去原来价值的风险。有些企业为了节约成本,以牺牲及时满足顾客服务为代价,采用长时间的交纳周期来缓冲。目前被普遍接受的方法是在生产厂家和顾客之间建立一个中间库存水平来平衡成本和及时服务的关系。

2. 运送方式多样化——集装(Consolidation)和撤装(Break Bulk)

全球物流活动中运送方式的多样性是全球物流的一个特征。在全球物流活动中,把货物从工厂运送到消费者手中存在多种运送方式。不同类型企业或者同一企业的不同产品或不同的营销渠道的运送方式往往是不同的。企业在全球物流活动中具体采用哪种运送方式需要根据多种因素来做决策,把不同企业的不同产品运送给不同顾客时常用的运送方式有以下四种类型。

(1)在每一家企业内按最终顾客的不同对货物进行分类集装,以整箱货运送(FCL)方式从企业直接运送给最终顾客。

(2)在供应地物流中心对来自不同厂家的货物按最终顾客进行分类集装,以整箱货运送方式从物流中心直接运送给最终顾客。

(3)在每一家企业内把不同顾客的货物(每个顾客的货物都不足一个集装箱批量)进行集装,以拼箱货运送(LCL)方式从企业运送到消费地物流中心(或中间物流中心),在消费地物流中心对集装箱货物进行开箱分装,再将货物分送给不同的最终顾客。

(4)在供应地物流中心把不同顾客的来自不同厂家的货物(每个顾客的货物都不足一个集装箱批量)进行集装,以拼箱货运送方式从供应地物流中心运送到消费地物流中心,在消费地物流中心对集装箱货物进行开箱分装,再把货物分送给不同的最终顾客。

相对来说,第1、第2种运送方式的下一次运送批量大,因此能降低单位运输成本,但是会增加库存成本和降低顾客服务水平。第3、第4种运送方式的下一次运送批量小,能减少库存成本,可以通过频繁运送来提高顾客服务水平,但是会增加运输成本。

3. 运输方式多样化、复合化

全球物流运输方式有海洋运输、铁路运输、航空运输、公路卡车运输及由这些运输手段组合而成的全球复合运输方式等。全球运输方式的选择和组合不仅关系到全球物流交纳周期的长短,还关系到全球物流总成本的大小,运输方式的选择和组合的多样性是全球物流的一个特征。海运是全球物流运输中最普遍的方式,海运的特点是运输时间较长但运输费用低。航空运输是缩短运输时间最有效的方式,但是航空运输的缺点是单位运输成本高,因此,在全球物流活动中是否采用航空运输方式将依据商品的特性、库存成本的大小、对市场变化反应、顾客服务水平要求和空运成本等因素之间的折中权衡来确定。一般来说,价值大、体积小、顾客服务要求高、竞争激烈的商品适合于航空运输方式。

全球物流运输活动中,门到门(Door to Door)的运输方式越来越受到货主的欢迎,使能满足这种需要的国际复合运输方式得到快速发展,逐渐成为全球物流运输方式的主流。全球复合运输指按照复合运输合同,以至少两种不同的运输方式,由复合运输经营企业将货物从一国境内接收货物的地点运往另一国境内指定的交付货物地点的运输形态。全球复合运输方式的目的是追求整个物流系统的效率化和缩短运输时间。中国远洋运输公司、欧洲 DHL、日本邮船公司等世界有名的运输公司在向货主提供门到门运输服务方面走在了前列。在企业的全球物流活动中,运输管理的功能应该拓展为包含整个物流过程中的运输管理,以及从发货开始到收货人收到货物为止的整个运输交纳期(End to End Lead Time)管理。

(三)全球物流发展趋势

(1)物流服务的智慧化、智能化与全球化趋势日益明显,构建合同导向的个性化服务体系将成为物流企业获取竞争优势的关键。为满足全球化物流服务要求,物流企业的规模和活动范围将进一步扩大,并向集约化与协同化方向发展。

(2)世界服务经济的发展,国际服务贸易突飞猛进的增长,对物流服务方式、内容、范围和规模提出了新的挑战,各种能提供系列化服务的第三方物流及第四方物流将在全球物流产业中逐渐占据主导地位。

(3)物流产业的业种、业态、业制均向多元化方向发展,全球物流生态系统日趋优化。

(4)大数据、人工智能等信息技术在全球物流领域的应用更加广泛。

(5)倡导生态物流、循环物流、绿色物流将是全球物流发展的重要方向。

第二节　全球物流系统设计

一、全球市场开拓战略

(一)利用中间商出口

利用中间商出口往往是指利用中间商提供的服务开拓海外市场,这种中间商直接向制造商购买商品,然后再把商品卖到有潜力的市场。另外,中间商也可以或可能充当买卖双方的经纪人,为卖主寻找国外买主。利用中间商出口战略对于首次进军国际市场的公司来说是最佳选择,因为不需要企业完全掌握国际贸易知识。这种战略的优势使公司具有完全的灵活性,不会受到国际市场上货币和合约的约束。如果没有实现预期的销售量,管理者可以迅速终止该商业活动;如果需求量大增,则可以扩大出口量。另外,由于公司没有在外国投资,风险是最小的,加之在通常情况下,企业已经将商品卖给中间商,因此已经将销售商品的责任转移给中间商了。这种战略的主要缺点是管理者无法控制自己产品的销售方式。市场、定价、促销、分销渠道均由中间商决定,长期下去,中间商的决策很可能不利于国内卖主的生产。

(二)许可证贸易

许可证贸易是不增加潜在风险而又拥有市场控制权的一种战略。其实质是指一国的企业(授权方)允许另一国的企业(被授权方)生产产品、使用配方或者投入使用属于授权方的其他生产方式。这种控制来自许可协议,其本质上就是一份合同,由于对授权方没有过分的资本要求,风险较小。可惜的是,如果许可关系发生动摇,合同就限制了双方协议的解除。另外,被授权方很可能成为授权方潜在的竞争对手。

(三)设立合资企业

合资是一个公司购买了另一个公司的所有权收益。基于财务关系,投资者可以通过派驻管理人员加强对被投资者的控制。合资企业利用当地合伙人的专业能力便能直接参与当地的分销配进系统。一些国家禁止国外企业对国内企业完全控股,合资就是最好的方式。但是合资的缺点就是由于股东权益是建立在合伙人的基础上的,增大了风险,降低了灵活性。而且地方企业通常会牺牲外国合伙人的利益而绝对控股。

(四)设立全资控股企业

全资控股企业是外国企业开拓国际市场实行的子公司治理结构,能够提供最强的控制力度,有较大的风险。事实上,这种全资控股使公司拥有全部控制权并拒绝其他合伙人参与管理经营。另外,由于子公司实际上属于别国国内企业,可以免交关税和其他进口税额,然而,由于公司对外国市场的长期依赖,就会丧失经营的灵活度。当地政府对外国企业的同化也增加了一定的风险。

总而言之,市场开拓战略的选择取决于不同市场的具体情况、管理者对风险的承受能力和期望得到的权益控制程度。对变化较快、政局不稳定的市场最好采取出口战略。如果公司已在稳定的市场环境中积累了一些销售经验就可以成立合资企业或建立全资子公司。显然,不同的战略适应不同的市场,一旦整体战略确定了,物流系统就要全力支持。

二、物流系统的基本要素与机能

(一)物流系统的基本要素

1.什么是物流系统

"系统"一词源于古希腊语,原意是指部分组成整体、集合。现代意义上所讨论的系统概念已成为重要的哲学方法论概念和专门的科学概念,可简单地理解为"由两个以上相互联系的元素之间有机地结合起来,且具有一定功能的集合"。根据系统的概念,物流系统可理解为在特定的社会经济大环境里由所需位移的物资和包装设备、搬运装卸设备、运输工具、仓储设施、人员和通讯联系等若干相互制约的动态要素所构成的具有特定功能的有机整体。物流系统是一个复杂、庞大的系统。这个大系统中有众多的子系统,系统间又具有广泛的横向和纵向的联系。物流系统具有一般系统所共有的特点,即整体性、相关性、目的性和环境适应性,同时还具有规模庞大、结构复杂、目标众多等大系统所具有的特征。

从不同角度来看,物流系统可以分为不同的类型。根据研究范围不同,物流系统可以分为宏观物流系统和微观物流系统;根据物流功能不同,物流系统可以分为物流作业系统和物流信息系统,其中物流作业系统又可分为运输、仓储、装卸搬运、包装加工、配送等子系统,物流信息系统又可分为订货、发货、收货、库存管理等子系统。一般而言,狭义的物流系统仅指物流作业系统,广义的物流系统除此之外还包括物流信息系统。

2.物流系统要素

美国物流管理协会认为,一个典型的物流系统包括客户服务(Customer Service)、需求预测(Demand Forecasting)、分拨系统管理(Distribution Communication)、库存控制(Inventory Control)、物料搬运(Material Handling)、订单处理(Order Processing)、零配件和服务支持(Parts and Service Support)、工厂和仓库选址(Plant and Warehouse Site Selection)、区位分析(Location Analysis)、采购(Purchasing)、包装(Packaging)、退货处理(Return Goods Handling)、废弃物处理(Salvage and Scrap Disposal)、运输管理(Traffic and Transportation)和仓储管理(Warehousing and Storage)等活动。

这些活动又细分为关键性物流活动和辅助性物流活动,每一种活动又均涉及一些具体的决策、设计内容。关键性物流活动一般在每一个物流渠道都会发生,而辅助性物流活动视各企业的具体情况而定。关键性物流活动包括客户服务标准的确定、运输决策与调度、库存管理、信息流动和订单处理;辅助性物流活动包括仓储管理、物料搬运、采购、保护性包装、与生产等部门合作、信息维护与处理。

(二)物流系统的基本机能

物流是一系列职能性活动,在渠道中重复多次展开,经过该渠道的原材料转化成产成品,在消费者眼中价值有所增加。因为原材料产地、工厂销售点一般不在同一地点,这个渠道就代表了一系列在产品到达市场之前多次反复发生的生产、物流活动。甚至,当回收的旧货返回物流渠道时,物流活动会再次重复。

物流系统的基本机能包括包装、装卸、运输、存储、流通加工、包装物和废品回收及与之相联系的物流信息等工作,其中实现物质、商品空间移动的运输及时间移动的存储属于核心机能。

1.包装机能

为保证产品完好地运送到消费者手中,大多数产品都需要不同方式、不同程度的包装。包装分为工业包装和商品包装。工业包装既是生产的终点,又是企业外物流的始点。它的作用是按单位分开产品,便于运输,并保护在途货物。商品包装的目的是便于消费者购买,便于以消费地点为单位把商品分开销售,并能最鲜明地显示商品特点,吸引消费者的注意,引起他们的喜爱,以扩大商品的销售。包装形式和包装方式的选择,包装单位的确定,包装形态、大小、材料、重量等的设计,以及包装物的使用次数等,也都是物流的职能。

2.装卸机能

装卸搬运是随输送和保管而产生的必要物流活动,它是对运输、保管、包装、流通加工等物流活动进行衔接的中间环节,包括车(船)、卸车(船)、堆垛、入库、出库及联结以上各项活动是频繁发生的,是产品损坏的重要原因之一。对装卸搬运活动的管理,主要是对装卸搬运方式的选择,装卸搬运机械的选择、合理配置与使用,装卸搬运的合理化,尽可能减少装卸搬运次数等。

3. 运输机能

运输的任务是将物资进行空间移动。它不改变产品的实物形态,也不增加其数量,但它解决了物资在生产地点和需要地点之间的空间距离问题,创造出了商品的空间效用,满足了社会需要。因此,运输是物流的中心活动,在某些场合中,甚至把运输作为整个物流的代名词。运输包括企业内部的运输(厂内运输)、城市(市区)之间物流据点之间的运输(城市间运输)、城市内部的运输(市内运输)。一般,我们把厂内运输包含在工厂物流的范畴里,把厂外的运输称为运输。在市内运输中,由生产厂经由物流企业(如配送中心)为用户提供商品时,生产厂到配送中心之间的物品空间移动称为运输,而从配送中心到用户之间的物品空间移动则称为配送。

4. 存储机能

存储机能也称为保管,包括堆存、管理、保养、维护等活动,目的是克服产品生产与消费在时间上的差异,是物流的主要职能之一。在商品流通生产中,产品从生产领域生产出来之后,到进入消费领域之前,往往要在流通领域停留一段时间,这就形成了商品储存。同样,在生产过程中,原材料、燃料和工具、设备等生产资料和半成品,在直接进入生产过程之前或在两个工序之间,也都有一小段停留时间,这就形成生产储备。当这些物品处于储备过程中时,就会发生能否保存其使用价值和价值的问题,就必须对它们进行保管。保管设施(仓库、料棚、储罐等)的配置、构造、用途及合理作用,保管的方法和保养技术的选择等,都是物流的重要职能。

5. 流通加工机能

流通企业或生产企业在为用户提供商品时,或为本工厂供应生产资料时,为了弥补生产过程中加工程度的不足,为了更有效地满足用户或本企业的需要,更好地衔接产需,往往需要在物流过程中对商品进行进一步加工,以使流通过程更加合理化。这是现代物流发展的一个重要趋势。这种加工活动不仅存在于社会流通过程中,也存在于工厂内部的物流过程中。因此,它实际上是在物流过程中进行的辅助加工活动。流通加工的内容有装袋、定量化小包装、拴牌子、贴标签、配货、挑选、混装、刷标等等。生产的外延流通加工,包括剪断、打孔、折弯、拉拔、挑扣、组装及改装、配套、混凝土搅拌,甚至包括钢材重新轧制等。此外,对流通加工规模、品种、方式的选择,以及加工效率的提高途径等,都是物流的职能。

6. 配送机能

配送是按照用户的订货要求,在物流据点进行分货、配货工作,并将配好的货物送交收货人的物流活动。配送的最终实现离不开运输,这也是人们把面向城市和区域范围内的运输称为配送的原因。

7. 信息一体化机能

为了使物流成为一个有机系统而不是各个孤立的活动,就需要及时交换信息。从本质上讲,信息是事物的内容、形式及其发展变化的反映,它必须通过一定的载体,以某种形式传输给客体(另一个事物)并为其所接受。信息包括与商品数量、质量、作业管理相关的物流信息,以及与订、发货和货款支付相关的商流信息。任何生命物体都不能离开信息联系,否则就无法生存与发展。人类社会的经济活动更不能脱离信息联系,而且经济发达程度越高,信息的作用就越大,越重要。近几十年来,物流信息在整个经济信息系统中占有越来越重要的位置。随着电子计算机和通信技术的发展,物流信息出现高度化、系统化的发展,目前订货、备货、输送,以及入库、在库、出库管理等业务流已实现一体化。

三、全球物流系统设计

(一) 全球战略性采购

当公司进行外包生产和组装及根据成本和地域优势进行全球范围内采购的时候,战略性采购显得尤其重要。在设计全球物流网络的时候,我们必须选择有能力提供高质量的产品和服务、有能力对市场变化和技术发展做出敏捷反应的供应商。信息系统的协调、相互之间的合作与协作、以信任为基础的互利合作关系、工作目标的一致和相互联系对于选择供应商都是极为重要的,因为供应商产品或服务的不完善对于公司来说都是要付出巨大成本的。

(二)确定合理的工厂选址

为减少运输成本和提高反应速度,就必须确定合理的工厂选址。确定厂址,最基本的原则是要么选在靠近供应商的地方,要么选在靠近市场的地方。对于供应商和客户遍布全球的企业,这个原则更加重要。工厂选址可以有很多实现方法,比如最简单的重心法。还有其他的软件工具如模拟法,供应商的商业软件包中的物流工具等,这些方法和软件都可以帮助公司根据产量、需求方式、供应商与顾客的位置和运输方式等各种参数决定最优选址。

(三)选择合适而有效的产品分拨方式

合适而有效的产品分拨方式,不仅可以降低成本,提供更优的服务,而且也是公司竞争力的来源。大多数公司会选择代理商或第三方物流来完成产品的运输配送等,这些代理商或第三方物流要么有全球的网络优势,要么有突出的地域优势。通常人们根据代理商或第三方物流公司的专业性、市场和地理位置、商誉、网络、可提供服务的多样性、信息系统、提供个性化服务的能力、仓储库存管理能力等因素来考虑是否选用该代理商或第三方物流。确定后,双方应签订包含履约条款和其他服务功能的正式合同,这样可以有效避免合作双方可能出现的对于各自预期的混淆或模棱两可的理解。

(四)全球客户服务管理

任何针对供应链的评估都应该从客户开始,然后往上推演,找出各环节是否能够真正满足客户需求。全球物流系统的设计的根本立足点就是根据特定的市场需要,在全球经营战略的指导下,明确服务水平、配送时间及其他的客户服务特点,强化全球客户服务管理,从而有效地使公司产品和服务从竞争者中脱颖而出。

第三节 全球物流系统的模式与构成

一、全球物流系统模式

根据系统论的观点,任何系统模式一般包括系统的输入部分、系统的输出部分及将系统的输入转换成输出的部分。在系统运行过程中或一个系统循环周期结束时,有外界信息反馈回来,为原系统的完善提供改进信息,使下一次的系统运行有所改进,如此循环往复,使系统逐渐达到有序的良性循环。全球物流系统,遵循一般系统模式的原理,构成自己独特的物流系统模式。

全球物流系统输入部分的内容有备货,货源落实;到证,接到买方开来的信用证;到船,买方派来船舶,编制出口货物运输计划;其他物流信息。

输出部分的内容有商品实体从卖方经由运输过程送达买方手中,交齐各项出口单证;结算、收汇;提供各种物流服务,如经济活动分析及理赔、索赔。

全球物流系统的转换部分包括商品出口前的加工整理,包装、标签、储存,运输(国内、国际段),商品进港、装船,制单、交单,报关、报验,以及现代管理方法、手段和现代物流设施的介入。

除了上述三项外,还经常有许多外界不可控因素的干扰,使系统运行偏离原计划内容。这些不可控因素可能是国际的、国内的、政治的、经济的、技术上的和政策法令、风俗习惯等,这是很难预计和控制的。它对物流系统的影响很大,如果物流系统具有较强的应变适应能力,遇到这种情况,马上能提出改进意见,变换策略,那么,这样的系统才具有较强的生命力。

二、全球物流系统构成

全球物流系统由商品的包装、储存、运输、检验、外贸加工和其前后的整理、再包装及国际配送等子系统构成。其中,储存和运输子系统是全球物流的两大支柱。全球物流系统,通过其所联系的各子系统发挥各自的功能,包括运输功能、储存功能、装卸搬运功能、包装功能、流通加工和配送功能、商品检验功能及信息处理功能等,实现其自身的时空效益,共同协力尽最大可能降低全球物流费用,提高顾客服务水平,从而最终达到全球物流系统整体效益最大化的目标。

(一)全球货物运输子系统

1. 全球货物运输系统的特点

全球货物运输系统是全球物流系统的核心,有时就用运输代表物流全体。通过全球货物运输作业使商品在交易的前提下,由卖方转移给买方;在非贸易物流过程中,通过运输作业将物品由发货人转移到收货人。这种全球货物运输具有路线长、环节多、涉及面广、手续繁杂、风险性大、时间性强、内外运两段性和联合运输等特点。所谓外贸运输的内外运两段性是指外贸运输的国内运输段(包括进口国、出口国)和国际运输段。

(1)出口货物的国内运输段。出口货物的国内运输是指出口商品由生产地或供货地运送到出运港(站、机场)的国内运输,是全球物流中不可缺少的重要环节。离开国内运输,出口货源就无法从产地或供货地集运到港口、车站或机场,也就不会有国际运输段。出口货物的国内运输工作涉及面广,环节多,要求各方面协同努力,组织好运输工作。对摸清货源、产品包装、加工、短途集运、国外到证、船期安排和铁路运输配车等各个环节的情况,做到心中有数,力求搞好车、船、货、港的有机衔接,确保出口货物运输任务的顺利完成,减少压港、压站等物流不畅的局面。国内运输段的主要工作有发运前的准备工作,清车发运、装车和装车后的善后工作。

(2)国际运输段。国际运输段是国内运输段的延伸和扩展,同时又是衔接出口国货物运输和进口国货物运输的桥梁与纽带,是全球物流的重要环节。出口货物被集运到港(站、机场),办完出关手续后直接装船发运,便开始了国际段运输。有的则需暂进港口仓库储存一段时间,等待有效泊位,或有船后再出仓装船外运。国际段运输可以采用由出口国装运港直接到进口国目的港卸货,也可以采用中转经过国际转运点,再运给用户。

2.全球货物运输业发展的条件

国际货物运输业的发展将伴随着科技革命的浪潮迅速发展。大宗货物散装化、杂件货物集装箱化已经成为运输业技术革命的重要标志。现代物流的迅速发展无不与运输业的技术革命相关联。如现代运输中,特别是联合运输和大陆桥运输的重要媒体——集装箱的发展与进步更是令人震惊。这种大规模国际货运业的发展又促进了全球物流的发展,二者是相辅相成的。

与运输发展息息相关的运输设施的现代化发展对全球物流和国际贸易的发展起着重大的推进作用,是二者发展的前提。运输设施必须超前发展才能适应全球物流的发展。比如,港口建设方面,在发达国家普遍认为船等泊位是一种极大的浪费,但泊位等船是运输业先导性的客观要求。一般认为,港口泊位开工率达30%,码头经营者即可保本;开工率达50%,可获厚利;开工率达70%,则会驱使他们建新码头。西方工业发达国家在国际贸易中处于有利的和领先的地位,这与其物流运输业的现代化发展是分不开的。

(二)全球物流进出口商品储存系统

进出口商品的储存、保管使商品在其流通过程中处于一种或长或短的相对停滞状态,这种停滞是完全必要的。进出口商品流通是一个由分散到集中,再由集中到分散的源源不断的流通过程。如外贸商品从生产厂或供应部门被集中运送到装运出口港(站、机场),以备出口,有时须临时存放一段时间,再从装运港装运出口。为了保持不间断的商品往来,满足出口需要,必然有一定量的周转储存;有些出口商品需要在流通领域内进行出口商品贸易前的整理、组装、再加工、再包装或换装等,形成一定的贸易前的准备储存;有时,由于某些出口商品在产销时间上的背离,例如季节性生产但常年消费的商品和常年生产但季节性消费的商品,则必须留有一定数量的季节储备。当然,有时也会出现一些临时到货、货主一时又运不走的现象,更严重的是进口商品到了港口或边境车站,但通知不到货主或无人认领,这种特殊的临时存放保管即所谓的压港、压站。可见,这种情况下,全球物流就被堵塞了,物流不畅了,给贸易双方或港方、船方等都带来损失。因此,国际货物的库存量往往高于内贸企业的货物库存量也是可以理解的。

由此可见,全球国际货物运输克服了外贸商品使用价值在空间上的距离障碍,创造了物流的空间效益,使商品实体位置由卖方转移到买方;而储存保管克服了外贸商品使用价值在时间上的差异,物流部门依靠储存保管创造了商品的时间价值。

外贸商品一般在生产厂家的仓库存放,或者在收购供应单位的仓库存放;必要时再运达港口仓库存放,在港口仓库存放的时间取决于港口装运与国际运输作业的有机衔接情况;也有的在国际转运站点存放。从物流角度讲,人们总是希望外贸商品不要在仓库停留太长时间,要尽量减少储存时间、储存数量,加速物资和资金周转,实现国际贸易系统的良性循环。

(三)全球物流进出口商品装卸与搬运子系统

进出口商品的装卸与搬运作业,相对于商品运输来讲,是短距离的商品搬移,是仓库作业和运输作业的纽带和桥梁,实现的也是物流的空间效益。它是保证商品运输和保管连续性的一种物流活动。做好商品的装船、卸舱,商品进库、出库及在库内的搬倒清点、查库、转运转装等,对加速全球物流十分重要,而且节省装搬费用也是物流成本降低的重要环节。有效地做好装卸搬运作业,可以减少运输和保管之间的摩擦,充分发挥商品的储运效率。

(四)全球物流进出口商品的流通加工与检验子系统

流通加工与检验的水平是随着科技进步,特别是物流业的发展而不断发展的,它是具有一定特殊意义的物流形式。流通加工业与检验的兴起,是为了促进销售、提高物流效率和物资利用率及为维护产品的质量而采取的。它是能使物资或商品发生一定的物理和化学及形状变化的加工过程,并可保证进出口商品质量达到要求。出口商品的加工业,其重要作用是使商品更好地满足消费者的需要,不断地扩大出口,同时也是充分利用本国劳动力和部分加工能力扩大就业机会的重要途径。

流通加工的具体内容包括:袋装、定量小包装(多用于超级市场)、贴标签、配装、挑选、混装、刷标记(刷唛)等出口贸易商品服务。同时,还有一种是生产性外延加工,如剪断、平整、套裁、打孔、折弯、拉拔、组装、改装、服装的检验、熨烫等。这种出口加工或流通加工,不仅能最大限度地满足客户的多元化需求,同时,由于是比较集中的加工,它还能比没有加工的原材料出口时赚取更多的外汇。

(五)全球物流商品包装子系统

商品的商标和包装就是企业的面孔,它反映了一个国家的综合科技文化水平。商标就是商品的标志。商标一般都需经过国家有关部门登记注册,并受法律保护,以防假冒,保护企业和消费者的利益。顾客购买商品往往十分看重商标。因此,商标关系着一个企业乃至一个国家的信誉和命运。国际进出口商品商标的设计要求有标识力,要表现一个企业(或一个国家)的特色产品的优点,简洁明晰并易看、易念、易听、易写、易记;

要求有持久性和不违背目标国际市场和当地的风俗习惯,出口商品商标翻译要求传神生动;商标不得与国旗、国徽、军旗、红十字会章相同,不得与正宗标记或政府机关、展览性质集会的标记相同或相近。

在考虑出口商品包装设计和具体作业过程时,应把包装、储存、装搬和运输有机联系起来统筹考虑,全面规划,实现现代全球物流系统所要求的"包、储、运一体化",即从商品包装开始,就要考虑储存的方便、运输的快速,以期满足加速物流、方便储运、减少物流费用等现代物流系统设计的各种要求。

案例二 海尔"1流3网"物流管理模式[①]

一、海尔物流管理流程再造"3零"目标

海尔自 1999 年开始进行以"市场链"为纽带的业务流程再造,以订单信息流为中心,带动物流、商流、资金流的运作。海尔物流的"1流3网"充分体现了现代物流的特征:"1流"是以订单信息流为中心;"3网"分别是全球供应链资源网络、全球配送资源网络和计算机信息网络,为订单信息流的增值提供支持。对海尔来讲,物流首先就是使其实现 3 个"零"目标的重要环节,其次是使其能够在市场竞争中取胜的核心竞争力。这其中 3 个"零"的目标对物流来讲,分别是零库存、零距离和零营运资本。

(一)零库存目标

零库存,就是 3 个"JIT"(Just In Time,及时化、准时化),JIT 采购、JIT 送料、JIT 配送。现在海尔的仓库已经不叫仓库了,它是一个配送中心。对中国企业来讲,零库存就意味着没有大量的物资积压,更不会因这些物资积压形成呆滞物资。

(二)零距离目标

零距离,就是根据用户的需求,取得用户的订单后,再以最快的速度满足用户的需求。海尔在全国有 42 个配送中心,这些配送中心可及时将产品送到用户手里。零距离对企业来讲,不仅仅意味着产品不需要积压,它还有更深的一层意思,就是企业可以在市场当中不断地获取新的市场。创造新的市场零营运资本,就是零流动资金占用。

(三)零营运资本目标

零营运资本,就是在供方付款期到来之前,可以先把用户应该给的货款收回来。因为产品是根据用户的订单来制造的,可以做到现款现货,企业由此进入良性运作的过程。可见,物流给企业节约了成本,提高了市场竞争力。

海尔是我国工业企业和家电行业的一面旗帜,也是我国现代物流业界的一面旗帜。

---

① 本书第二、三、四、五、六、八、九、十、十二 章案例依据《世界物流经典案例》(牛鱼龙主编,海天出版社 2003 年版)等案例教科书和中国物流与采购网(http://www.chinawuliu.com.cn)、中国物流学会官网(http://csl.chinawuliu.com.cn)等网站,以及相关报刊等公开资料改编而成。

物流作为其生产和销售的支持环节,已发展到一个较高的水平,上升到了一个更高的层面。

海尔的现代物流观念建立在理性的思考和判断基础之上,即没有构架合理的物流体系,就不能有效构筑采购、生产和销售的供应链一体化系统;没有现代物流的支持,企业就无法及时根据获取的订单采购原材料、组织生产,并及时配送给客户以实现产品的商业价值。

为此,海尔从 1999 年开始进行从原材料采购、生产制造至产品销售、分发的作业流程再造,将原来对上级负责的职能转变为各个环节均对市场负责的职能,并在企业内部分别成立了隶属总裁或分管副总裁的物流推进本部、商流推进本部和资金流推进本部。在企业内部各流程中实施市场链咬合的管理模式,采用以顾客为中心、面向过程的管理办法,提高对顾客、市场的响应速度,注重整个流程最优的系统思想。

海尔整个流程的同步实施,消除了企业内部与外部环节的重复无效劳动,让资源在每一个流动过程中都实现增值,以达到成本最低、快速响应的目标——快速获取订单与满足订单是海尔在新经济时代的核心竞争力。海尔的物流以订单信息流为中心,实施同步管理模式,使其零库存、零距离、零营运资本的目标得以实现,成了其核心竞争力的有力支持。

二、海尔"1 流 3 网"物流计划管理模式

(一) 内部资源整合和外部资源的优化

海尔在流程再造前实施的是产品事业部制,采购与配送职能分散在各事业部。物流推进本部成立后,相应又成立了采购事业部、配送事业部和储运事业部。机构和职能在内部整合后,实现了海尔对原材料和物资的统一采购,采购的针对性和及时性得以大大提升;同时,海尔以内部资源整合优化外部资源,对供应商进行重新评估和选择,将原来的 2000 多家供应商优化为不到 1000 家,其中国际化的供应商比例上升了 20%,从根本上保障了交货期和质量。海尔采取的对供应商日付款的制度,使供应商的供货速度加快,从而有效地加快了整条供应链物流和资金流的周转速度;鼓励部分供应商在海尔工业园及周边建厂,使采购和配送的空间距离得以缩短,从而又提高了采购与配送的及时性。

(二)构建物流信息资源平台

海尔在内部实施的企业资源管理信息系统与 B2B 电子商务平台的建设,使信息流快速带动物流和资金流的流动。分销商或顾客可通过访问海尔网站下达订单,并通过查询获取订单的处理情况和执行过程情况;供应商则通过与物流信息资源平台对接的 BBP 采购平台,在网上实现查询供货计划与库存并予以及时补货;企业内部则通过此信息平台,将获取的订单分别转换为供应商的采购单、制造生产环节的指令单、分销送货的配送单等。物流信息资源平台的建立和使用,最大限度地提高了订单的响应和处理速度,缩短了整个供应链的物流时间,降低了订单的差错率,提高了物流作业效率。

(三)重组产品分发系统

物流储运事业部统一整合仓储资源、运输资源和支持产品分发的区域分销中心资源,不仅可以通过 GPS 技术随时监控运送产品的车辆的实时状况,而且提高了产品的分发速度,实现了全国 1300 个专卖店、9000 个营销网点在中心城市 24 小时、其余地方 4 天内全部配送到位的目标。同时,由于是按照订单组织采购和生产,海尔的成品仓库实际上成为一个中转配置库,仓库的面积大量减少,货品在库时间大大缩短。

(四)实现物流过程的标准化

海尔在整个供应链过程中,实现了物流技术(包括容器、包装、搬运、储存等)的标准化,而条形码技术、无线扫描技术的采用,使整个供应链过程和物流过程得以一致和沿袭,作业效率和作业能力大大提高。

海尔物流的重组和整合,绝不是简单的内部机构的调整,也不是单纯的内部作业流程的再设计,而是整个供应链系统和协作机制的优化和整合。这样的系统化与高科技的相互融合,使海尔的竞争力和利润的提升成了必然,这也是海尔立于不败之地的根本保证。

复习思考题:

1.国际物流与国内物流有何区别?

2.国际物流具备哪些特征?

3.全球物流有哪些典型特征和发展趋势?

4.设计全球物流系统时应考虑哪些方面?

5.全球物流系统有哪些子系统?

第三章 全球物流系统网络

全球物流系统网络是由全球物流实体网络和信息网络所组成的有机整体。全球物流实体网络在全球物流信息网络的支撑之下,借助运输和储运等作业的参与,在进出口中间商、国际货代、承运人的通力协助下,再借助全球物流设施,共同形成一个遍布全球的、纵横交错的、四通八达的全球物流系统网络。本章旨在分析全球物流系统网络结构与布局,介绍全球物流系统网络节点与网络连线。

第一节 全球物流系统网络概念及其结构与布局

一、全球物流系统基本要素

全球物流系统所涉及的基本要素主要有物质基础要素、运营要素、功能要素和支撑要素等。

(一)全球物流系统物质基础要素

全球物流系统的建立和运营,必须建立在坚实的物质基础之上。这些物质基础要素主要包括物流设施,如物流场、站,物流中心、仓库、建筑物,全球物流线路、各种口岸,等等;物流装备,如仓库货架、进出库设备、加工设备、运输设备、装卸机械等;物流工具,如包装工具、维护保养工具、办公设备等;信息技术与网络设备,如通信设备及线路、传真设备、计算机及网络设备等。

(二)全球物流系统运营要素

全球物流系统的运营要素主要由劳动者、资金和物资三方面构成。劳动者是物流系统的运作者,劳动者要素是现代物流系统的核心要素,提高劳动者的素质,是建立合理化的全球物流系统并使其有效运转的根本;资金要素伴随着物流的全过程,离开资金这一要素,全球物流服务无法实现,全球物流系统建设也将成为空谈;物资要素主要指全球物流系统的劳动对象,也包括劳动工具、劳动手段等。

(三)全球物流系统功能要素

全球物流系统的功能要素是指全球物流系统所具备的基本能力,这些基本能力通过全球物流各相关子系统的有效运转和相互联系得以体现。全球物流系统是由相互作用、相互依存的若干子系统所构成的,它主要包括商品的运输、储存、包装、出入境检验检疫、通关、装卸搬运和信息处理等子系统。其中,运输和储存子系统是全球物流系统的重要组成部分。全球物流通过运输和储存实现商品的空间和时间效益,满足国际贸易活动和跨国公司经营的基本要求。这一点在第二章中已做过详细介绍。

(四)全球物流系统支撑要素

在复杂的社会经济系统中,要确定全球物流系统的地位,协调其与其他系统的关系,就需要体制、制度、法律、规章、行政、命令和标准化系统等支撑手段。

全球物流系统的体制、制度决定了物流系统的结构、组织、领导和管理方式,是全球物流系统的重要保障。与全球物流相关的法律、规章是用来限制和规范物流系统的活动,以及维系合同的执行、权益的划分、责任的确定的。相关方进行全球物流时应遵循的主要法律法规、国际惯例与国际公约主要有与签订国际商务契约有关的各国民法及《联合国国际货物销售合同公约》;与国际贸易术语相关的《2000年国际贸易术语解释通则》《1941年美国对外贸易定义修订本》和《1932年华沙—牛津规则》等国际惯例;国际结算方面的《跟单信用证统一惯例》第500号出版物(UCP500)和《托收统一规则》(URC522);与货物进出关境有关的各国海关法;关于国际海上货物运输方面的《海牙规则》《维斯比规则》《汉堡规则》等国际公约和各国的海上货物运输法或海商法;关于国际铁路货物运输方面的《国际铁路货物运送公约》和《国际铁路货物联运协定》等国际公约;关于国际公路货物运输方面的《国际公路货物运输合同公约》和《国际公路车辆运输规定》等国际公约;关于国际航空货物运输的由《华沙公约》《海牙议定书》等八项国际公约所构成的华沙体系;与集装箱运输相关的《日内瓦集装箱海关公约》《1972年集装箱海关公约》和《国际集装箱安全公约》等;关于国际多式联运的《联合国国际货物多式联运公约》等。另外,由于全球物流系统关系到国家军事、经济命脉,行政、命令等往往是保证全球物流系统正常运转的重要手段。

标准化系统是保证全球物流各环节运行,以及全球物流系统与其他系统在技术上实现联结的重要支撑条件。

二、全球物流系统网络的结构与布局

(一)全球物流系统网络的概念与作用

所谓全球物流系统网络,是由多个收发货的"节点"和它们之间的"连线"所构成的物流实体网络及与之相伴随的物流信息网络的集合。

全球物流系统网络在国际贸易、FDI、国际生产中起着至关重要的作用,主要有以下几点:

(1)全球物流系统网络决定进出口货源点(或货源基地)和消费者的位置、各层级仓库及中间商批发点(零售点)的位置、规模和数量。这一中心问题将决定全球物流系统的布局合理化。

(2)全球物流系统网络决定国际商品由卖方向买方实体流动的方向、规模和数量。

即全球物流系统网络确定了，就意味着有关国际贸易的贸易量、贸易过程（流程）的重大战略，进出口货物的卖出和买进的流程、流向、物流费用、国际贸易经营效益等都确定了。

（3）合理布局全球物流系统网络，对扩大国际贸易，广泛地与世界各国联系，尽早、尽快打入国际市场，并占领国际市场，以及从时间、空间和信息传输上，为加速商品周转和资金流动、减少库存和资金占压、加速商品的国际流通，提供了有效的、切实可行的途径和保证。也可以说，离开了全球物流系统网络的合理规划和设置，国际贸易活动与国际的物资交流将寸步难行，国际直接投资与国际生产也会深受影响。

（二）全球物流系统网络的结构与布局

1. 全球物流实体网络

全球物流实体网络是由多个收发货的节点及它们之间的连线所构成的。全球物流过程中的包装、装卸、保管、分拣、配货、流通加工、仓储等机能，都是在这些节点上完成的。全球物流节点通过转换运输方式，衔接不同的运输方式；通过加工，衔接干线物流和配送物流；通过储存，衔接不同时间的供应物流与需求物流；通过集装箱、托盘等集装处理，衔接整个"门到门"运输，使其成为一个全球有机统一体。国际商品或物资，就是通过这些仓库的收进和发出，并在中间存放保管，实现全球物流系统的时间效益，克服生产时间和消费时间上的背离这一障碍，促进国际贸易的顺利进行。

2. 全球物流信息网络

在全球物流范畴内建立的信息收集、整理、加工、储存、服务工作系统称为全球物流信息系统。如果在全球物流涉及的范畴中，建立若干从事上述工作的网点并以一定的形式连接，则可形成全球物流信息网络。因此，全球物流信息网络也是由节点和连线构成的。信息网络的节点是指各种物流信息汇集及处理之点，在信息网络节点上，外贸人员处理国际订单、编制货代、传输订舱单证和船代编制提单，利用仓库电脑记录最新库存量等。全球物流信息网络间的连线是信息流动的载体，通常包括国内外邮件，或某些电子媒介（如电话、电传、电报、MSN、微信、QQ、E-mail 和 EDI 报文等）。

物流信息网络在全球物流系统网络中的作用不容忽视，它是沟通、主导物流活动的重要子网络，因为物流的每一项活动都必须有信息支撑，所以物流质量的高低取决于信息是否准确及时。信息流的双向反馈作用使得全球物流系统易于控制、协调，使其能合理高效地运转，充分调动人力、物力、财力、设备及资源，最大限度地降低全球物流总成本，提高经济效益。

物流信息网络与全球物流实体网络从结构上看非常相似，都是由节点和连线组成的。两者的差别主要是：商品在全球物流实体网络中总是朝着国外最终消费者的方向移动，而全球物流信息网络中的信息流的方向大多与商品进出口分配通路方向相反，朝商品货源的方向移动，即实施信息反馈功能。

三、全球物流系统网络的优化与升级

（一）全球物流系统网络优化的背景

随着全球经济的飞速发展，企业所面临的生产和经营环境发生了巨大的变化，这使越来越多的企业意识到,单凭自身的实力很难在激烈的竞争中生存。于是合作协议在各个企业之间不断涌现,企业与客户之间不再是以前单纯的买卖关系,更多的加入了合作的因素。同时,合作的内容越来越多样化,由初期简单的生产环节的分工合作,到现在的供应链战略联盟。可以毫不夸张地说,现代企业之间的竞争已经由单个企业间的单打独斗演变为联盟与联盟之间、供应链与供应链之间、网络与网络之间的竞争。

要实现企业与客户之间的战略联盟,进而实现供应链之间的战略联盟,需要有高度发达的物流信息网络。而高度发达的信息共享正是高水平物流客户服务的体现。从客户发出订单开始到货物被运送到客户所在地为止的这段时间,无时无刻不伴随着信息流的传递。发达的物流信息系统能够实现企业与客户间信息的共享,极大地缩短订单周转时间,并且能够有效应对突发事件的发生,从而最大限度地提高企业与客户之间联盟的竞争力。

例如,通过采用电子订货系统,既能把订单从客户终端传递到企业仓库的时间压缩到一瞬间,又能有效避免因为订单传递过程中的损坏和丢失而给企业带来损失。企业收到订单后,要按照订单的要求在仓库中挑选客户所需的货物。这一看似简单的过程实际上并不简单,尤其是对于一些企业的大型综合性仓库或者是公共仓库来说,更是如此。如何在最短的时间内准确无误地挑选出客户所需的货物,直接影响到整个客户服务质量。在没有现代高度发达的信息系统之前,这是一个非常耗费时间和人力的过程。但是随着现代信息技术的发展,企业的物流信息系统得到了进一步的扩充和完善。通过对企业物流信息系统的开发和应用,可以大大缩短企业仓库拣货和备货的时间。例如,一些大型的企业在自己的仓库建立了电子拣货系统,通过大型的计算机网络能够使拣货和配货的过程在无人作业的情况下完成。

企业物流信息系统作为物流服务的一部分,在很大程度上提高了企业应对突发事件的能力,有的企业已经建立了发达的仓储信息系统,通过这一系统,企业可以随时跟踪自己的库存情况,并根据最新情况不断调整自己的库存。如果企业能够及时发现自己的某种商品库存不足,就可以及时组织生产或采购,减少库存短缺的概率。即使出现了库存短缺,也可以及时把短缺的信息传达给客户,便于客户采取替代措施,不会因为库存的短缺使客户的收货时间被无限期地延长。此外,通过发达的物流信息系统,企业可以随时掌握在途货物的运输情况,不断向客户提供相关信息,便于客户采取相关措施,这在很大程度上能够提高客户的满意度。

(二)全球物流系统网络优化的基本思路

实现全球物流系统网络的优化与升级的基本思路是根据国际商品由卖方向买方实体流动的方向、规模和数量,确定进出口货源点(或货源基地)和消费者的位置,各层级仓库及中间商批发点(零售点)的位置、规模和数量,并建立与节点相适应的运输系统。要完善和优化全球物流系统网络,降低全球物流成本,提高全球物流质量和效率,具体而言,应总体考虑如下几点:

(1)在规划网络内建库数目、地点及规模时,都要紧密围绕着商品交易计划,乃至一直围绕宏观国际贸易,如 FDI、国际生产的总体规划。

（2）明确各级仓库的供应范围、分层关系及供应或收购数量，注意各层仓库间的有机衔接，诸如生产厂家仓库与各中间商仓库，港（站、机场）区仓库及出口装运能力的配合和协调，保证全球物流的畅通与均衡。

（3）全球物流网点规划要考虑现代物流技术和国际分工的发展，留有余地，以备将来的扩建。

（三）实现全球物流系统网络合理化布局的措施

（1）合理选择和布局国内外物流网点，扩大国际贸易的范围、规模，达到费用少、服务好、信誉高、效益高、创汇好的物流总体目标。

（2）采用先进的运输方式、运输工具和运输设施，加速进出口货物的流转。充分利用海运、多式联运方式，不断扩大集装箱运输和大陆桥运输的规模，增加物流量，扩大进出口贸易量和贸易额。

（3）缩短进出口商品的在途积压，它包括进货在途（如进货、到货的待验和待进等）、销售在途（如销售待运、进出口口岸待运）、结算在途（如托收承付中的拖延等）的时间，以便节省时间，加速商品和资金的周转。

（4）改进运输路线，减少相向、迂回运输；改进包装，增大技术装载量，多装载货物，减少损耗；改进港口装卸作业，如有条件，要扩建港口设施，合理利用泊位与船舶的停靠时间，尽力减少港口杂费，吸引更多的买卖双方入港；改进海运配载，避免空仓或船货不相适应的状况。

（5）国内物流运输段，在出口时，要尽量做到就地、就近收购、就近包装，就地检验，直接出口，即"四就一直"的物流策略等。

第二节　全球物流系统网络节点

一、全球物流系统网络节点的概念

（一）全球物流系统网络节点的内涵

全球物流系统网络节点是全球物流系统网络中连接物流线路的结节之处，通常是指进、出口国内外的各层级仓库，如制造商仓库、中间商仓库、口岸仓库、国内外中转点仓库、流通加工配送中心和保税区仓库等。

（二）全球物流系统网络节点的类型

全球物流系统网络节点按其主要功能可以分为转运型节点、储存型节点、流通型节点和综合性节点。

（1）转运型节点。它以连接不同运输方式为主要职能，如铁路货运站、铁路编组站、公路车站、公路枢纽、航空机场、海运港口、不同运输方式之间的转运站和终点站等，国际货物在这类节点上的停滞时间较短。

（2）储存型节点。它以存放货物为主要职能，如储备仓库、营业仓库、中转仓库、口岸仓库、港口仓库等,国际货物在这类节点上的停滞时间较长。

(3)流通型节点。它以组织国际货物流通为主要职能,如配送中心等。

(4)综合性节点在全球物流中实现两种以上的主要职能,并将各种功能有机结合于一体。

二、全球物流口岸的概念及其分类

(一)口岸的含义

口岸是由国家指定对外经贸、政治、外交、科技、文化、旅游和移民等往来,并供往来人员、货物和交通工具出入国(边)境的港口、机场、车站和通道。口岸是国家指定对外往来和开放的门户,象征着国家的主权,是全球货物货运的枢纽和全球物流系统网络的重要关口或据点。随着社会经济的发展,口岸已不仅是指设在沿海的港口,还包括一国为了开展国际联运、国际航空、国际邮包邮件交换业务而在内陆腹地和其他有外贸、边贸活动的地方设置的口岸。在我国,口岸已由沿海逐步向沿边、沿江和内地城市发展。因此,在我国,口岸除了指对外开放的沿海港口之外,还包括国际航线上的飞机场,国境线上对外开放的山口,国际铁路、国际公路上对外开放的火车站、汽车站,国界河流和内河上对外开放的水运港口。

(二)口岸的分类

1.按批准开放的权限分类

(1)一类口岸。它指由国务院批准开放的口岸,包括由中央管理的口岸和由省、区、市管理的部分口岸。

(2)二类口岸。它指由省级人民政府批准开放并管理的口岸。

2.按出入国境的交通运输方式分类

(1)港口口岸。它指国家在江河湖海沿岸开设的供人员和货物出入国境及船舶往来停靠的通道。它包括港内水域及紧接水域的陆地。港口水域包括进港航道、港池和锚地。港口口岸包括海港港口口岸和内河港口口岸。内河港是建造在河流(包括运河)、湖泊和水库内的港口。

(2)陆地口岸。它指国家在陆地上开设的供人员和货物出入国境及陆上交通运输工具停站的通道。陆地口岸包括国(边)境及国家批准内地直接办理对外进出口经济贸易业务往来和人员入境的铁路口岸和公路口岸。

(3)航空口岸。它又称空港口岸,指国家在开辟有国际航线的机场上开设的供人员和货物出入国境及航空器起降的通道。

三、全球物流口岸

(一)港口口岸

1.港口口岸的概念

港口口岸是海上运输的基地,是船舶停泊、装卸货物、补充给养、躲避风浪的场所,也是全球物流运输网络的重要节点。港口由航道、港池和码头三部分组成。其中,航道是供船舶安全航行的通道,要求短、直、宽、深,畅通无阻;港池是供船舶停泊、航行和转向的水域,要求风浪小、水流稳定,并且其深度应满足所停靠船舶的最大吃水;码头是连接船舶和海岸,供停靠船舶、装卸货物的水上建筑物,按其形式可分为顺岸码头和突堤码头,按处理的货种可分为散货码头、件杂货码头、油码头、集装箱码头和综合性码头等。

2.港口口岸的种类

港口依其地理位置可分为沿海港、海峡港、河口港、河湾港、湾颈港、河港、湖港和运河港等;从贸易角度出发,港口又可分为非通商港(国内贸易港)、通商港(对外贸易港)和自由港。

3.世界主要港口口岸

世界上的主要物流港口共有 2500 多个,其中分布在太平洋沿岸的港口数约占世界港口数的 1/6;大西洋沿岸的港口数约占 3/4;印度洋沿岸的港口数约占 1/10。世界主要物流港口的分布情况见表 3-1。

表 3-1 世界主要物流港口口岸

区域范围	港口口岸
太平洋沿岸	**日本**:东京、横滨、名古屋、川崎、大阪、神户。**俄罗斯**:纳霍德卡、东方港、海参崴。**朝鲜**:清津、兴南、南浦。**韩国**:釜山。**中国**:上海、天津、大连、秦皇岛、青岛、广州、深圳、宁波北仑、湛江、基隆、高雄、香港。**越南**:海防、胡志明港。**泰国**:曼谷。**新加坡**:新加坡。**印度尼西亚**:雅加达。**菲律宾**:马尼拉。**澳大利亚**:悉尼、布里班斯。**新西兰**:奥克兰、利特尔顿、惠灵顿。**斐济**:苏瓦。**美国**:关岛、火奴鲁鲁、西雅图、旧金山、洛杉矶。**加拿大**:温哥华。**墨西哥**:曼萨尼约。**巴拿马**:巴拿马。**哥伦比亚**:布韦那文图拉。**秘鲁**:卡亚俄。**智利**:瓦尔帕莱索。
大西洋沿岸	**加拿大**:魁北克、蒙特利尔、哈利法克斯。**美国**:波士顿、纽约、新奥尔良。**墨西哥**:坦皮科、韦腊克鲁斯。**巴拿马**:科隆。**委内瑞拉**:马拉开波、拉瓜伊拉。**巴西**:圣路易斯、里约热内卢。**阿根廷**:布宜诺斯艾利斯。**乌拉圭**:蒙得维的亚。**古巴**:哈瓦那。**牙买加**:金斯敦。**海地**:太子港。**多米尼加**:圣多明各。**波多黎各**:圣胡安。**葡萄牙**:里斯本。**摩洛哥**:卡萨布兰卡。**塞内加尔**:达喀尔。**尼日利亚**:拉各斯。**利比里亚**:蒙罗维亚。**南非**:开普敦。**俄罗斯**:圣彼得堡。**芬兰**:赫尔辛基。**瑞典**:斯德哥尔摩。**波兰**:格丁尼亚。**挪威**:奥斯陆。**丹麦**:哥本哈根。**荷兰**:鹿特丹、阿姆斯特丹。**英国**:伦敦、利物浦。**比利时**:安特卫普。**德国**:汉堡、不来梅。**塞浦路斯**:拉纳克斯。**黎巴嫩**:贝鲁特。**土耳其**:伊斯坦布尔。**希腊**:比雷埃夫斯。**南斯拉夫**:里耶卡。**意大利**:那不勒斯。**法国**:马赛。**西班牙**:巴塞罗那。**埃及**:塞得港、亚历山大。**利比亚**:的黎波里。
印度洋沿岸	**缅甸**:仰光。**印度**:加尔各答、马德拉斯、孟买。**斯里兰卡**:科伦坡。**巴基斯坦**:卡拉奇。**伊朗**:阿巴斯、阿巴丹、哈尔克岛。**伊拉克**:巴士拉、霍尔厄尔阿玛亚。**科威特**:科威特。**巴林**:锡特拉油港、巴林。**阿联酋**:迪拜。**也门**:亚丁。**吉布提**:吉布提。**埃及**:苏伊士港。**肯尼亚**:蒙巴萨。**索马里**:摩加迪沙。**坦桑尼亚**:达累斯萨拉姆。**莫桑比克**:马普托。**南非**:德班。**澳大利亚**:墨尔本。

(二)世界主要航空口岸

世界各大洲主要国家的首都和重要城市均设有航空站,其中主要的有美国芝加哥欧哈机场(为世界机场中业务最繁忙的机场)、英国希斯罗机场、法国戴高乐机场、德国法兰克福机场、荷兰阿姆斯特丹西普霍尔机场、日本成田机场、中国香港新机场、新加坡樟宜机场等,都是现代化、专业化程度较高的大型国际货运空中枢纽。

四、我国国际物流口岸

我国国际物流口岸主要包括港口口岸、边境铁路公路口岸、航空口岸。

1. 我国主要港口口岸

我国东临大海,海域面积约 338 万 km^2。在辽阔的海面上,分布着 5000 多个大大小小的岛屿,海岸线总长约 3.2 万 km,其中北起中朝交界的鸭绿江口南至中越交界的北仑河口,海岸线长约 1.8 万 km。我国沿海有许多终年不冻的天然良港,为我国海上运输事业的发展提供了优越的条件。这些港口包括上海港、天津港、深圳港、宁波港、大连港、青岛港、秦皇岛港、烟台港、日照港、连云港港、温州港、福州港、厦门港、汕头港、广州港、蛇口港、湛江港、北海港、防城港、海口港、八所港、三亚港、高雄港、基隆港和香港港等。此外,我国还陆续对外开放了一些内河港口,主要有南通港、张家港港、南京港、镇江港、江阴港、扬州港、高港港、常熟港、太仓港、芜湖港、铜陵港、安庆港、马鞍山港、武汉港、城陵矶港、太平港、江门港、肇庆港、佛山港、新会港、梧州港、重庆港和九江港等。我国进出口货物可以从这些内河港口直接出海运往国外或反向运输。

2. 我国主要边境口岸

我国主要的边境口岸有满洲里口岸,二连浩特公路铁路口岸,绥芬河铁路公路口岸,阿拉山口铁路陆运口岸,凭祥(友谊关)铁路、公路陆运口岸,瑞丽公路陆运口岸,霍尔果斯公路运输口岸和图珲长铁路口岸等。

3. 我国主要航空口岸

我国主要航空口岸有北京首都国际机场、上海虹桥国际机场、广州白云国际机场、香港新机场等。

第三节　全球物流系统网络连线

一、何谓全球物流系统网络连线

全球物流系统网络连线是全球物流的路径,是联结国内外众多收发货节点的运输线。如各条海运航线、铁路线、飞机航线、输油管道及海陆空联合运输线路。从广义上讲,包括国内连线和国际连线。这些网络连线代表库存货物的移动——运输的路线与过程;每一对节点有许多连线,表示不同的路线、不同产品的各种运输服务;各节点表示存货流动的暂时停滞,其目的是更有效地移动(收或发)。

二、世界海运与空运航线

(一)世界海运航线

在占地球表面 70% 以上的海洋上,遍布着四通八达的国际海运航线。其中,大西洋上国际航线的货运量占第一位,太平洋次之,印度洋第三。世界主要海运航线如下:

1.大西洋海运航线

(1)西北欧—北美航线

(2)西欧、北美东—加勒比海航线

(3)西欧、北美东—东方航线(经地中海、苏伊士运河)

(4)西欧、北美东—东方航线(经好望角)

(5)南美东—东方航线(经好望角)

(6)西欧、地中海—南美东航线

2.太平洋海运航线

(1)远东—北美西航线

(2)远东—加勒比海、北美东航线

(3)远东—南美西航线

(4)澳新—北美东、北美西航线

(5)远东—澳新航线

(6)远东—东南亚—中东航线

3.印度洋海运航线

(1)远东—东南亚—地中海—西欧航线

(2)远东—东南亚—好望角—西非、南美航线

(3)远东—东南亚—东非航线

(4)波斯湾—好望角—西欧、北美航线

(5)波斯湾—东南亚—日本航线

(6)波斯湾—苏伊士—西欧、北美航线

(7)印度洋北部地区—亚太航线

(8)印度洋北部地区—欧洲航线

(二)世界主要航空线

(1)北大西洋航空线

(2)北太平洋航空线

(3)西欧—中东—远东航空线

(4)北美—澳新航空线

(5)西欧—东南亚—澳新航空线

(6)远东—澳新航空线

(7)北美—南美航空线

(8)西欧—南美航空线

三、中国国际货物海运航线

中国国际货物海运航线具体如表3-2所示。

表 3-2　中国国际货物海运航线

东亚航线	北美、中美、南美洲航线	欧洲、地中海航线	大洋洲航线	印度洋、东西非航线
中国香港航线 日本航线 新加坡航线 马来西亚航线 沙捞越航线 沙巴、文莱航线 泰国航线 菲律宾航线 印尼航线 韩国航线 朝鲜航线 俄罗斯航线 越南航线	北美西航线 北美东航线 中美洲航线 南美西航线 中美东航线	欧洲、地中海航线	澳大利亚航线 新西兰航线 新几内亚航线	波斯湾航线 孟加拉湾航线 红海航线 斯里兰卡航线 东非航线 西非航线

案例三　美国 UPS 公司的特色全球物流服务网络

一、UPS 的诞生和发展

1907 年，美国人吉米·凯西创立了 UPS，即联合包裹公司。创业初期，公司仅有一辆卡车及几辆摩托车，主要为西雅图百货公司运送货物；发展中期，每天有 120 万件包裹和文件的运送量，每天还需租用 300 多架包机。公司在美国国内和世界各地建立了18 个空运中转中心，每天开出 1600 个航班，使用 610 处机场。21 世纪伊始，UPS 的 34万名工作人员分布在全球 2400 多个分送中心，他们每天驾驶着 16 万辆运送车、610 架飞机，昼夜不停地为 200 多个国家和地区的客户提供门到门的收件、送件服务，UPS 每日上门取件的固定客户已逾 130 万家，每个工作日处理包裹 130 万件，每年运送各种包裹和文件 30 亿件，成为年营业额达 270 亿美元的巨型公司。

二、特色的物流服务使 UPS 在全球快递业中独占鳌头

UPS 在全球快递业中可谓独占鳌头，之所以取得巨大的经营成功，与 UPS 富有特色的物流服务是密切相关的。它的物流服务特色，主要可以概括成以下几个方面。

1. 货物传递快捷

UPS 规定：国际快件应在 3 个工作日内送达目的地；国内快件保证在翌日上午 8时以前送达。为了测试 UPS 的快递究竟快不快，UPS 总裁曾于星期二在北京给自己在美国的办公地点寄一个包裹，当他于星期五回到亚特兰大公司总部上班时，包裹已出现在他的办公桌上。而在美国国内接到客户寄件的电话后，UPS 的员工可在 1 小时内上门取件，并当场用微型电脑办理好托运手续。20 世纪 90 年代，UPS 又在 180 个国家开设了 24 小时服务的"下一航班送达"业务。UPS 坚持"快速、可靠"的服务准则，让其获得了"物有所值的最佳服务"的声誉。

2. 报关代理和信息服务

UPS 从 20 世纪 80 年代末期起投资数亿美元建立全球网络和技术基础设施,为客户提供报关代理服务。UPS 建立的"报关代理自动化系统",其中包含其所承运的国际包裹的所有资料,这样,清关手续在货物到达海关之前即已办完。UPS 的电脑化清关为企业节省了时间,提高了效益。UPS 有 6 个清关代理中心,每天办理 2 万个包裹的清关手续。

3. 货物即时追踪服务

UPS 的即时追踪系统是目前世界上快递业中最大、最先进的信息追踪系统。UPS 的所有交付货物有且只有一个追踪号码,货物走到哪里,这个系统就跟到哪里。这个追踪系统已经进入全球互联网络,每天有 1.4 万人次通过网络查寻他们的包裹行踪。非电脑网络客户可以用电话询问"客户服务中心",路易斯维尔的服务中心昼夜服务,200多名职员每天用 11 种语言回答世界各地的客户大约 2 万次电话询问。

4. 先进的包裹管理服务

UPS 建立的亚特兰大"信息数据中心"可将 UPS 系统的包裹的档案资料从世界各地汇总到这里。包裹送达时,物流员工借助一个类似笔记本电脑的"传递信息读取装置"获取客户的签字,再通过邮车上的转换器将签名直接输送到"信息数据中心",投递实现了无纸化操作。送达后,有关资料将在数据中心保存 18 个月。这项工作使包裹的管理工作更加科学化,也提高了 UPS 服务的可靠性。

5. 包装检验与设计服务

UPS 设在芝加哥的"服务中心"数据库中,抗震的、抗挤压的、防泄漏的等各种包装案例应有尽有。"服务中心"还曾设计水晶隔热层的包装方式,为糖果、巧克力的运输提供恒温保护;用坚韧编织袋,为 16 万件转换器提供了经得起双程磨损的包装。这类服务为企业节省了材料费和运输费,被誉为"超值服务"。

三、UPS 成为美国经济运行中一只几乎无处不在的"手"

UPS 提供的服务已经成为美国经济运行中一只几乎无处不在的"手",每年"装载"了 6% 的美国国民生产总值。1998 年,UPS 在华尔街上市,上市金额高达 55 亿美元,同时涉足电子商务领域,大踏步向以知识为基础的全球性物流公司迈进。

曾有 10 年中,UPS 共投资了 110 亿美元,雇用 4000 名电脑程序员和技术人员。这一巨大的投资活动不仅使得 UPS 实现了对包裹运送每一步的紧密跟踪,而且使之在电子商务大潮中占据了有利地位。

UPS 过去是一家拥有技术的卡车运输公司,现在,它是一家拥有卡车的技术型公司。强大的物质实力使它的盈利状况十分可观。1999 年和 1996 年相比,净利润翻了一番,达 23 亿美元,营业额也增长了 21%。

四、联合包裹金融公司的电子跟踪系统跟踪每日 130 万件包裹的运送情况

UPS 的卡车司机(同时也是送货人)人手一部如手持电脑大小的信息获得器,内置

无线装置,能同时接收和发送送货信息。客户一旦签单寄送包裹,信息便通过电子跟踪系统传送出去。客户可以随时登录 UPS 的网站,查询包裹运抵情况。有时,当他上网查询到包裹已经送达收件人手中时,卡车司机可能还没有回到车座上呢。电子跟踪系统随时发送信息给卡车司机,告诉他将经过的路段路况,或者某位收件人迫切需要提前收取包裹。UPS 还使用定位卫星,随时通知司机更新行车路线。

实际上,UPS 的服务不止于此。它在新泽西和亚特兰大建立了两大数据神经中心,1998 年还成立了联合包裹金融公司(联合包裹拥有流通现金 30 亿美元),提供信用担保和库存融资服务,所有这些使得联合包裹在电子商务活动中同时充当中介人、承运人、担保人和收款人四者合一的关键角色。

联合包裹为 Gateway 公司运送包裹,从收件人那里收取现金,然后将这笔款项直接打入 Gateway 公司的银行账号。Gateway 公司毕竟是已经建立了市场信誉的公司,如果客户从某个拍卖网站或者电视广告中看中某件商品,尽管价格十分具有诱惑力,但没有见到实物,掏钱毕竟有所顾虑。联合包裹的担保业务,恰好解决了电子商务活动中的现金支付和信用问题。

联合包裹的这种技术手段,在国际贸易中更显示出威力。比如,它可以直接到马来西亚的一个纺织原料厂收取货物并支付现金,然后将这些原料运抵洛杉矶的制造商,并从这家公司收取费用。这远比信用证顶用。因为联合包裹既提供了马来西亚原料厂急需的现金,又保证了洛杉矶的商人享受到更可靠的货物运送服务。

联合包裹又新增加 7 架空中客车 A300,同时投资 10 亿美元扩建其设立在肯塔基州路易斯维尔的航空枢纽。路易斯维尔航空枢纽附近的物流部门,为惠普等计算机公司提供这种服务:每天凌晨在 3 点到 4 点这一段时间内,共 90 架飞机降落在占地面积为 500 公顷的这一航空枢纽上;从这些飞机上卸下有故障的电脑部件及笔记本电脑等,并以最快速度运到离枢纽只有几英里远的物流部门;在那里,60 名电脑修理人员能利索干完 800 件活,并赶在联合包裹的头班飞机起飞前完工。

通过物流业务,联合包裹进入了电子商务领域。1998 年圣诞节期间,联合包裹几乎垄断了美国因特网零售公司的承运业务,美国人在此期间在网上订购的书籍、袜子和水果蛋糕大约有 55% 是由这家公司送去的。

五、耐克公司的网上零售公司成了联合包裹的最大客户

联合包裹在路易斯维尔的仓库里存储了大量的耐克鞋及其他体育用品,每隔一个小时完成一批订货,并将这些耐克用品装上卡车运到航空枢纽。联合包裹设在安东尼奥的电话响应中心,专门处理 Nike.com 的客户订单。这样,耐克公司不仅省下了人头开支,而且加速了资金周转。联合包裹的另一家服装公司客户(网站为 Boo.com),甚至连仓储费都不用掏。联合包裹将这家公司的供应商的货物成批运到物流中心,经检验合格后,打上 Boo.com 的商标,再包装好即可运走。联合包裹的物流部现已是公司业务增长最快的部门。

复习思考题：

1.全球物流系统的基本要素是什么？

2.简述全球物流系统网络的概念与作用。

3.如何优化全球物流系统网络？

4.如何理解全球物流系统网络的节点与连线？

第四章 国际贸易与全球物流

全球物流是国际物流的扩展与深化。国际贸易已成为世界各国经济发展中不可缺少的重要部分，是当代国际交往中最活跃的形式。国际贸易和国际物流是实现世界经济合作与发展的重要手段，二者相辅相成，互为前提。本章介绍和分析了国际贸易及其与国际物流的关系、国际贸易流程与进出口货物通关、国际贸易与国际物流单证，旨在全面了解国际贸易与国际物流的基本概念与相关规则和制度。

第一节 国际贸易及其与国际物流的关系

一、国际贸易的含义及其与国内贸易的区别

国际贸易（International Trade）也称为世界贸易（World Trade）或全球贸易（Global Trade），是指世界各个国家（地区）之间商品和服务的交换活动，主要由各国或地区的对外贸易（亦称进出口贸易）构成，是世界各国对外贸易的总和。国际贸易和对外贸易是总体与局部的关系，它们既有联系又有区别。国际贸易和对外贸易都是跨越国界的商品和服务的交换，如果从全球范围来看这种交换活动，就称之为国际贸易或世界贸易；而特定的国家与其他国家或地区之间的商品和服务交换活动，就是对外贸易。

传统的国际贸易是比较狭隘的，仅指实物商品的交换，随着生产力的发展、科技的进步和国际经济联系的增强，国际贸易的内涵进一步扩大。广义上的国际贸易不仅包括实物商品的交换，同时也包括无形的劳务和技术等非实物商品的交换。概而言之，广义的国际贸易或对外贸易包括货物贸易、服务贸易和技术贸易。

国际贸易与国内贸易既有相同点，也有不同点。作为商品和服务的交换，它们都是商品和劳务的交换，交易过程和货物流向大致相同，经营目的也都是获得利润和经济利益。但是二者存在着明显的不同点。这些不同点主要表现在以下几个方面。首先，二者的困难程度有着明显的差别。一般来说，国际贸易的难度较大。语言、风俗习惯、宗教信仰、法律和贸易法规等诸多习惯性差异带来了客户调研和贸易磋商的困难，相应的交易技术和贸易障碍的复杂，所有这些因素都使国际贸易的困难远大于国内贸易的。其次，国际贸易比国内贸易的程序复杂。在货币与度量衡制度、商业习惯、海关制度，以及国际汇兑、货物运输与保险等内容和程序方面，国际贸易均比国内贸易复杂。这种复

杂与前一方面的内容交互带来的就是交易成本的增加。最后，由于经营国际贸易可能面对的风险包括信用风险、商业风险、汇兑风险、运输风险、价格风险及政治风险等，这些因素使国际贸易相对国内贸易而言，风险更大。

二、国际贸易体系及其基本类别

(一)国际贸易体系

总贸易体系(General Trade System)与专门贸易体系(Special Trade System)是国家记录和编制进出口货物统计的一种方法。一般来讲，大部分国家只根据其中一种进行记录和编制。

1. 总贸易体系

总贸易体系，亦称为一般贸易体系，是以货物通过国境作为统计进出口的标准。按照该体系，凡是进入本国国境的货物一律计入进口，凡是离开本国国境的货物一律计入出口。目前有中国、美国、英国、加拿大、澳大利亚、日本等90多个国家采用总贸易体系。

2. 专门贸易体系

专门贸易体系，亦称为特殊贸易体系，是以货物经过关境作为统计进出口的标准。进入一国关境的货物，就是本国的进口；离开一国关境的货物，就是该国的出口。目前有德国、意大利、瑞士、法国等80多个国家和地区采用这一统计标准。有的国家既公布总贸易额，又公布专门贸易额，从二者之差可以看出该国的经济特区发展规模。联合国公布各国的贸易额时一般都注明是总贸易体系还是专门贸易体系。

总贸易体系和专门贸易体系说明的是不同的问题。前者说明一国在国际货物流通中所处的地位和所起的作用；后者说明一国作为生产者和消费者在国际货物贸易中具有的意义。

(二)国际贸易类别

1. 有形贸易和无形贸易

按商品形态和内容的不同，国际贸易可分为有形贸易(Visible Trade)和无形贸易(Invisible Trade)，有时也被分别称为货物贸易(Goods Trade)和服务贸易(Service Trade)。有形贸易(货物贸易)是指以实物形态来表现的、实物商品的进出口贸易。为了便于统计，联合国曾把有形商品分为10大类、63章、233组、786个分组和1924个基本项目。后来，在各国的进一步协商下，海关合作理事会于1983年通过了《协调商品名称和编码制度公约》及其附件《协调商品名称和编码制度》(H.S Code System)，并于1988年1月1日正式生效。现已批准正式使用H.S编码的国家和地区约有100个。我国海关处于1992年3月1日起开始实施由H.S编码为基础编制的《中华人民共和国进出口税则》。H.S将商品分为21类、97章、1241个税目及5019个子目，从而使商品分类更加细致和科学。

无形贸易(服务贸易)是指在国与国的交换中，交换标的物不是有形的商品，而是无形的服务。从理论上讲,主要有两类,分别是因为国际移动而产生的服务收支,因资本的国际移动而产生的投资收益项目及如专利使用费等其他的收支项目。根据 WTO《服务贸易总协定(GATS)》的规定,国际服务贸易包括 4 种形式:过境交付、境外消费、商业存在、自然人流动。

针对有形贸易,要办理海关手续才能够进出口,所以有形贸易的贸易额一定会体现在一国的海关统计表上,是国际收支的主要构成部分。而无形贸易则不体现在海关统计资料上,但也是一国国际收支的构成部分。其一般体现为国际收支平衡表中的非贸易收支及资本项目中的投资服务、手续费等。

2. 出口贸易、进口贸易和过境贸易

根据商品货物的移动方向不同,可将国际贸易分为出口贸易(Export Trade)、进口贸易(Import Trade)和过境贸易(Transit Trade)3 类。

(1)出口贸易,又称输出贸易。它指一国把自己生产的商品和加工商品输往国外市场销售。

(2)进口贸易,又称输入贸易。它指一国从国外市场购进用以生产或消费的商品。

(3)过境贸易。某种商品如果不是直接从甲国出口到乙国,而必须经过第三国丙,对第三国丙而言,该种商品的进出口就是过境贸易,也称为转口贸易。即指别国出口货物通过本国国境,未经加工改制,在保持原来形状下运往另一国的贸易活动,其中又可分为直接过境和间接过境两种。前者是指在海运的情况下,外国货物到达港口后,在海关的监督下,从一个港口通过国内航线装运到另一港口,或在同一港口内从一艘船上转装到另一艘船上,然后离开国境,或不经卸货转船,仍由原船运出,这种行为完全是为了转运而通过国境,与该国对外贸易无关;后者则指外国货物到达国境后,先存入海关保税仓库,然后未经加工改制,又从海关保税仓库提出并运出国境。在总贸易体系中,间接过境贸易被计入该国的对外贸易总额中。

(4)复出口贸易(Re-Export Trade),是指将外国商品输入本国后未经加工而再向国外输出的贸易活动,由两部分组成:一是从本国自由贸易区或海关保税仓库再出口;二是经过海关结关手续后的本国化商品再出口。

(5)复进口贸易(Re-Import Trade),是指将本国商品输出国外后未经加工而又重新运进国内。复进口一般是商品在国外未能售出或损坏或质量不合格等原因所造成的,因而具有比较偶然的性质。

3. 直接贸易、间接贸易和转口贸易

按贸易是否有第三者参加,国际贸易可分为直接贸易(Direct Trade)、间接贸易(Indirect Trade)和转口贸易(Entrepot Trade)。

(1)直接贸易。商品生产国与商品消费国直接买卖商品的行为。货物直接从生产国卖到消费国。对生产国而言,是直接出口;对消费国而言,是直接进口。

(2)间接贸易。商品生产国通过第三国同商品消费国进行买卖商品的行为,其中生产国是间接出口,消费国是间接进口。

(3)转口贸易。转口贸易是指一国(或地区)进口某种商品不是以消费为目的,而是将它作为商品再向别国出口的贸易活动。商品生产国与消费国通过第三国进行的贸易,对生产国和消费国而言是间接贸易,对第三国而言则是转口贸易。转口贸易属于复出口,是过境贸易的一部分。即使商品直接从生产国运到消费国去,只要两国之间并未直接发生交易关系,而是由第三国转口商分别同生产国与消费国发生交易关系,仍属于转口贸易范畴。从事转口贸易的大多是所处的地理位置优越、运输便利、贸易限制较少的国家和地区。

转口贸易与过境贸易的主要区别在于:第一,过境贸易中第三国不直接参与商品的交易过程,转口贸易则须由转口商人来完成交易手续;第二,针对过境贸易通常只收取少量的手续费,如印花税等,而转口贸易则以营利为目的。

4. 自由结汇方式贸易和易货贸易

按清偿工具的不同,国际贸易可以分为自由结汇方式贸易(Cash Trade)和易货贸易(Barter Trade)。

(1)自由结汇方式贸易。在国际贸易中,以货币作为清偿工具的交易,叫作自由结汇方式贸易,又称现汇贸易。在当今国际贸易中,能够充当这种国际支付手段的货币,必须能够自由兑换,而且可说是一种世界货币,如美元、英镑、欧元和日元等。

(2)易货贸易。在国际贸易中,以经过计价的商品货物作为清偿手段的交易,称作易货贸易。易货贸易的特点是进口与出口直接联系起来,双方有进有出,一方既是买方,同时又是卖方,进出平衡,不用外汇支付。这种贸易方式大多在某些国家外汇不足、无法以自由结汇方式进行交易的情况下才采用,因而存在着交换的货物不对路、交换过程比较复杂、交换金额不易平衡等弊端。

5. 有证贸易和无证贸易

按贸易过程中是否使用有关单证等商业性文件,国际贸易可分为有证贸易(Documentary Trade,DT)和无证贸易(Electronic Data Interchange,EDI)。

(1)有证贸易,是指通过单证等商业文件的交接进行结算支付的一种贸易方式。国际贸易中常见的商业文件有汇票、发票、提单、装箱单、保险单等,这些单据是象征性交货贸易中贸易双方履行权利和义务的重要依据。

(2)无证贸易,亦称为电子数据交换。

6. 双边贸易与多边贸易

按贸易收支平衡范围的不同,国际贸易可划分为双边贸易(Bilateral Trade)与多边贸易(Multilateral Trade)。

双边贸易是指两国间的贸易都以本国的出口支付来抵对方的进口,贸易支付在双边基础上进行结算。它是一种保持双方收支平衡的贸易往来,同时较少受政治经济风波的影响。

多边贸易指的是贸易项目可以在许多国家间进行多边清算。一般说来,两国间的贸易在进出口相抵后会出现余额,即出超或入超。在某一时期内,一国对某些国家出超的同时,对某些国家入超。这时,该国就可用对某些国家的出超支付对应另外一些国家的入超。在许多国家间开展这种贸易项目的多边结算构成了多边贸易。

三、国际贸易统计分析指标与基本术语

（一）国际贸易额与国际贸易量

国际贸易额与国际贸易量是两项反映一国对外贸易规模的指标。国际贸易额又称国际贸易值（Value of International Trade），是以货币来表示的一定时期内各国的对外贸易总值，它能反映出某一时期的贸易总金额。国际贸易值一般都用本国货币表示，也有的用国际上通用的货币表示，联合国和世界贸易组织的统计均以美元表示。从世界范围来看，由于一国的出口意味着其他国家的进口，为避免重复，国际贸易值只统计各国的出口贸易值之和。就具体国家而言，在一定时期内一国向国外出口的商品的全部价值称为出口贸易总额或出口额。反之，在一定时期内一国从国外进口的商品的全部价值称为进口贸易总额或进口额。两者的总和就是对外贸易额，又称对外贸易值，即以金额表示的一个国家在一定时期（如一年）内出口贸易额和进口贸易额之和。

国际贸易量是以某固定年份为基期计算的出口价格指数除国际贸易值，这样修正后的国际贸易额就可以剔除价格因素的影响，比较准确地反映不同时期国际贸易规模的实际变动幅度，同时，还便于把不同时期的对外贸易量进行比较。由此可见，国际贸易量就是以不变价格计算的国际贸易值。其计算公式为国际贸易量＝国际贸易值/价格指数。

（二）国际贸易差额

一个国家或地区在一定时期内，出口额与进口额之间的差数就是贸易差额（Balance of Trade）。当出口额等于进口额时，该国处于贸易平衡状态；而出口额大于进口额就产生贸易顺差或贸易盈余，有时也称为"贸易出超"；反之，当出口额小于进口额时，就是贸易逆差或贸易赤字，也称"贸易入超"。

贸易差额是衡量一国对外贸易状况的重要标志。一般情况下，贸易顺差会使一国在对外贸易收支上处于有利地位，而贸易逆差则令该国在对外贸易收支上处于不利地位。一般说来，各国都会通过扩大出口来争取贸易顺差，并视之为经济增长的一个重要标志。但是，对于一国经济来说，长期顺差并不一定是一件好事，因为长期顺差意味着大量的经济资源会通过出口流往国外，得到的只是货币，特别是对于一些供给相对不足的发展中国家而言，更不宜保持过大的贸易顺差。另外，巨额顺差往往会迫使本国货币急剧升值，不利于扩大出口，甚至还很容易引起同其他国家的贸易摩擦。从长远来看，一国的进出口贸易应基本上保持平衡。

（三）净出口与净进口

在国际贸易中，一个国家往往在同类产品上既有出口又有进口。如果在某一时期内（一般以年度计算）某种商品的出口数量与进口数量相比较，进口大于出口，则称为净进口（Net Import）；如果出口大于进口，则称之为净出口（Net Export）。净进口与净出口既可以用数量也可以用数额表示，反映一国在国际贸易中所处的地位。净出口表示一国的产品与国外同类产品相比具有较大优势，净进口则相反。

（四）贸易条件

贸易条件（Terms of Trade）通常是指出口商品价格与进口商品价格之间的比率，又称"进出口交换比价"或"交换比价"。这里涉及的应该是所有进出口商品的价格，由于一个国家的进出口商品种类繁多，所以贸易条件通常采用一国在一定时期内（如一年）的出口商品价格指数同进口商品价格指数对比进行计算，其公式为 $T = P_X/P_M \times 100$。其中：T 表示贸易条件，P_X 表示出口商品价格指数，P_M 表示进口商品价格指数。

如果计算结果所得的贸易条件指数上升，大于 100，表示贸易条件改善，较基期有利于出口；如指数下降，小于 100，表示贸易条件恶化。例如：以 1998 年为基准年，某国的进出口价格指数均为 100，而 2000 年的出口价格上升了 5%，进口价格下跌了 2%。这样，该年出口价格指数为 105，进口价格指数为 98，其贸易条件指数就是 107.14（105/98×100），说明该国 2000 年的贸易条件数较 1998 年改善了 7.14%。当然这种改善或恶化只是就进出口时期与基期相比较而言的，因而完全是相对的。

（五）对外贸易依存度

对外贸易依存度（Ratio of Dependence of Foreign Trade）又称对外贸易系数。一国的对外贸易依存度是指一定时期内该国对外贸易额在该国国民生产总值或国内生产总值中所占比重，目前大多采用后者计算，即对外贸易依存度＝对外贸易额/国民生产总值（或国内生产总值）。

由于进口值不是该国在一定时期内新创造的商品和劳务的价值，故一般用出口依存度来表示。出口依存度是指一国在一定时期内出口值与国内生产总值之比，其反映了该国新创造的商品和劳务的总值中有多少比重是输出到国外的，也反映了该国经济活动与世界经济活动的联系程度。出口依存度越高，说明其国内经济活动对世界经济活动的依赖程度越大。而进口值与国内生产总值之比称为进口依存度，又称为市场开放度。随着国际分工的扩大和深化，世界各国的对外贸易依存度均有不同程度的提高。

（六）对外贸易与国际贸易商品结构

对外贸易商品结构（Composition of Foreign Trade）是指一定时期内一国对外贸易中各种商品的比例关系及其联系，即某种大类或某种商品的贸易额与整个进出口贸易额之比，它反映了该国的产业结构状况、经济发展水平及在国际分工中所处的地位。

国际贸易商品结构（Composition of International Trade）是指一定时期内各类商品或某种商品的贸易额在整个世界贸易中所占的比重。为便于分析比较，世界各国均以《联合国国际贸易标准分类》（SITC）公布的国际贸易和对外贸易货物结构为准。

对外贸易货物结构取决于该国的国民经济状况、自然资源状况及对外经济政策等因素。一国出口制成品所占的比重越大，反映该国的生产水平越高，从而该国在国际分工中占有更大的优势。同时，一国出口商品的构成越是多样化，就越能适应国际市场的需求及变化，该国在国际贸易中的地位也就相对有利。

（七）贸易竞争指数

贸易竞争指数是指 $(E_i - I_i)/(E_i + I_i)$，$i = 1, 2, \cdots, n$，这里 I_i 表示某国（地区）i 类

产品的进口总额,E_i 表示某国(地区)i 类产品的出口总额。贸易竞争指数表明一个国家(地区)针对 i 类产品主要是输出国(地区)还是输入国(地区)。贸易竞争指数为正值时,表示本国(地区)对 i 类产品的生产超过了本国(地区)的需求,也表示该国(地区)对 i 类产品的生产效率高于国际水平,对于世界市场来说,该国(地区)是该类产品提供国(地区),具有较强的出口竞争力;贸易竞争指数为负值时,表明该国(地区)i 类产品的生产效率低于国际水平,出口竞争力较弱;贸易竞争指数为零时,说明该国(地区)i 类产品的生产效率与国际水平相当,其进出口纯属与国际其他国(地区)进行品种交换。所以,贸易竞争指数又称为"水平分工度指标",表明各类产品的国际分工状况,描述的是国(地区)与国(地区)之间的关系。比较各国(地区)贸易竞争指数的数值,就可以看出世界市场上各类产品提供国(地区)的分布情况。

(八)国际贸易的地理方向

从一国对外贸易的角度来说,对外贸易的地理方向(Foreign Trade by Regions)是指一国对外贸易额的地区分布和国别分布的状况,即指该国的出口商品流向和进口商品来自哪些国家或地区。这一指标反映了一国同世界各国或地区的经济贸易联系的程度。从国际贸易的角度来说,地理方向是指各洲、各国或地区的国际贸易情况,这一指标反映了各洲、各国或地区在国际贸易中的地位。

四、国际贸易与国际物流的关系

(一)国际物流是实现国际贸易的必要途径和有力保障

国际物流贯穿于国际贸易的整个过程。在这一过程中,卖方交付单证、货物和收取货款,买方接受单证、收取货物并支付货款,从而实现贸易对流条件。没有国际物流,国际贸易中所包含的国际商流、国际资金流和国际信息流就可能发生阻滞,进出口货物的使用价值就无法实现,进而国际贸易也无法进行。国际物流是完成国际贸易不可缺少的重要组成部分,国际物流的科学化、系统化和合理化是实现国际贸易发展的有力保障。

(二)国际贸易的发展对国际物流提出新的要求

随着世界各国生产的发展和国际贸易的不断扩张,国际贸易市场的竞争越来越激烈,各方对运输质量、交货时间、运输速度、运输费用等更为重视。国际贸易出现的新的趋势和特点,对国际物流在质量、安全、效率、经济和信息化方面也提出更新、更高的要求。国际物流是为适应国际贸易的需要而产生和发展的。

1. 要求国际物流向精细化、多样化方向发展

国际贸易结构正在发生巨大的变化,传统的初级产品、原料等贸易品种逐步让位于高附加值、精密加工的产品,高附加值、精密加工的产品的增加,对国际物流工作的质量提出了更高的要求。此外,国际贸易需求的多样化还造成了物流的多品种和小批量化,从而要求国际物流向精细化、多样化方向发展。

2. 要求国际物流提高安全系数

国际物流涉及的国家多、地域辽阔、在途时间长,易受气候、地理条件等自然因素和政局、罢工、战争等社会政治因素的影响。在组织国际物流、选择运输方式和运输路径时,相关方应密切注意所经地域的气候条件、地理条件,还需注意沿途所经国家的政治局势、经济状况等,以防这些人为因素和不可抗拒的自然力造成的货物灭失和损害。

3.要求大力提高国际物流作业和管理效率

国际贸易活动的集中体现就是合约的订立和履行。而国际贸易合约的履行是由国际物流活动来完成的。在国际物流的整个过程中,都应加强物流管理,根据贸易货物的特点,采用与之相适应的巨型专用货船、专用泊位及大型机械等专业运输,以便提高物流效率。

国际物流环节多、备运期长。在国际物流领域,控制物流费用、降低成本具有很大的可行性。对国际物流企业来说,选择最佳的物流方案、提高物流经济性、降低物流成本、保证服务水平,是提高竞争力的有效途径。

4.信息化要求

随着现代信息技术的迅速发展,电子贸易、国际电子商务等已在国际贸易领域得到广泛的应用。国际物流作为国际贸易的重要组成部分,也必须适应信息化发展趋势,包括 EDI 通关、电子化检验检疫及电子订舱等。

第二节　国际贸易流程与进出口货物通关

一、出口贸易程序

(一)出口贸易的准备阶段

出口贸易准备包括出口交易洽商之前所进行的国际市场调研,以及在此基础上对所经营出口商品制订经营方案、洽商方案和组织谈判班子等系列工作的总称,是出口交易的前期工作。对这个阶段进行细分,可以大致分出 3 项具体工作。

1.国际市场的调查研究

在对外洽商出口交易之前,首先应当有计划、有目的、有步骤地收集、整理、分析与研究国际市场环境及信息,以便从中寻找出口商品进入国际目标市场的机会,也就是进行国际市场的调研工作这一项活动。

一个企业要想进入某一新的市场,往往要求国际市场调研人员提供与此有关的一切信息,包括该国的政治局势、法律制度、文化属性、地理环境、市场特征、经济水平等。因此,国际市场调查研究的信息内容非常多。此外,还要求国际市场调研部门提供必要的用来帮企业克服对异国市场的陌生感、语言障碍等困难的市场信息。总的来说,国际市场调研包括以下 4 个方面的内容:

一是调查目标市场经济发展信息,主要有相关进口国家(或地区)的国民生产总值、国民收入、税率、外国投资情况、资源、进出口贸易情况、贸易信用与保险情况等。这可以对国别或地区市场的经济发展、贸易前景等有一基本的了解。

二是目标市场的社会和政治气候信息及法律环境。政治情况的环境主要牵涉调查进口国(地区)的政治情况对市场的影响。诸如政治制度及友好情况、政党情况、外交政策、该国对外来投资和外国商品的友好情况,以及与其他国家有无政治联盟等都会对目标市场产生深远的影响。法律的环境是指通过调查了解进口国或地区的各种立法、司法及其程序,以法律为准绳,来妥善处理出口贸易和遇到的各种争议及索赔的法律问题,维护我方的正当权益。

三是了解目标市场的条件信息,以此来调整国际市场营销战略和计划,以选择好有关商品出口的目标市场,把握出口时机。这是一种针对性的信息资料搜集,要调查有关商品在国际市场的生产与消费的供求情况,摸清有利的市场位置。调查市场容量、市场价格及消费者对商品各种特征的偏好,以便制订出口商品的营销策略。

四是了解当地进口商的情况,主要摸清国外有关进口商的资金信用、经营范围、能力,以及销售渠道、商业习惯等,以便对客户有区别地加以选择和利用。国际市场的调研资料的来源是多渠道的。各国的机构搜集资料包括联合国各经济组织搜集和发布的各种经济信息,向各种国际性的商业组织或各国的商业团体索取的有关资料,如国外代理商的日常营业报告等。涉及的渠道包括如各国各个驻外机构和驻外人员,驻各国的大使馆、领事馆的商务机构及各国的银行在国外的分支机构,外贸部门驻外的机构等提供的资料。在委托国外市场调查公司、咨询公司获取有关国际市场的专项资料时,应注意对资料去粗取精、去伪存真,力求从中得出较为准确的判断,以便指导对外出口业务活动。

2.选择制订经营策略及方案

在选定目标市场的基础上,要选择好出口贸易的经营策略,制订好出口商品的经营方案。有时在一个出口经营方案中,可以有几套计划安排,力争使方案达到最佳的经济效果,这是出口交易的关键;国际市场调研为我方出口商品进入国际市场乃至具体客户的选择提供客观依据。出口商品的经营策略,包括产品的功能、外观、包装等策略,新产品开发策略,定价策略,销售渠道策略及广告宣传策略,等等。要对所经营的出口商品制订经营方案,对该出口商品在一定时期内做出全面的业务安排,方案的内容一般包括国内货源情况、国外目标市场情况、过去情况、出口目标计划安排和实现措施。

3.制订洽商方案,组织谈判班子

拟订洽商方案时要侧重以下3个方面的内容。

一是拟订谈判、洽商要达到的最高目标和最低目标,以及所采取的相应措施,选择好谈判、洽商的最佳时机。二是仔细从政策、法律经济效益等诸方面进行衡量和比较需要洽商的主要交易条件,并预先研究哪些应坚持、哪些可以争取、哪些可以宽松,做到有备而来。三是洽商价格,这是交易洽商的中心问题和矛盾焦点,也是影响出口贸易经济效益的关键因素。因此,在方案制订中,要依据国际市场调研、预测结果,结合自身的出口意图确定最高价和最低价的幅度,并尽可能搜集有利于我方的各种资料,以利于加固我方在洽商、谈判中的地位。在洽商中,口头谈判人员和函电洽商人员必须熟悉对外贸易的方针策略及政府颁布的涉外法律和行政法,熟悉各种有关业务知识和国际贸易惯例、法律,较熟练地用外语与对方谈判,起草和阅读往来洽商函电等基本素质;交易洽商是一项政策性、策略性和技术性很强的工作,所以选好谈判人员、组织好谈判班子十分重要。

(二)交易磋商及签订合同阶段

交易磋商是指买卖双方就某项商品的交易条件进行协商以取得一致意见并达成交易的全过程。磋商的交易条件包括商品的品质、规格、数量、包装、价格、装运、保险、支付、商检、异议索赔、仲裁、不可抗力等内容。磋商的形式可分为口头的和书面的两种。口头的主要是当面交谈,也可以是双方通过长途电话进行磋商。书面的是指通过信件、电子邮件等方式来磋商,或者两种方式交叉使用。我们与客户就交易的内容进行磋商时,不仅应明确双方基本的合同义务,还应考虑到履行合同时可能会发生的纠纷与问题,并把预防和处理的办法提出来,在合同中加以规定,以防患于未然。因为从交易磋商到履行合同的整个过程中,情况是复杂的,而且经常充满着矛盾。因此,双方要在平等的基础上,坚持进行友好协商,在不损害对方国主权的前提下,做到对双方都有利。协议与合同一定要符合法律和国际贸易惯例的规定和要求,这是我们在交易磋商中的基本原则。

1. 交易磋商过程的基本环节

在出口业务中,交易洽商的整个过程一般要经过询盘(Inquiry)、发盘(Offer)、还盘(Counter Offer)和接受(Acceptance)这 4 个基本环节,其中发盘与接受是达成交易不可缺少的环节。4 个环节的主要内容如下:

(1)询盘。询盘,通常是指买方或卖方拟订购买或销售某种商品,向对方发出有关交易条件的询问及要求对方发盘的行为。询盘的内容,除价格、品名外,有时还包括规格、数量或交货期等。在出口交易中,一般由进口方主动发出询盘的较多,询盘只是询问情况,表示愿望,从法律上讲,买方并不一定要承担购买的义务,卖方也不一定要负出售的责任。

(2)发盘。发盘又称发价、报盘、报价,方式有书面和口头两种,主要是指交易的一方为出售或购买某项商品,向交易的另一方提出的买卖该项商品的交易条件,并愿意按照所提条件与对方达成交易、订立合同的表示。其中,书面发盘包括使用信件、电报、电传和传真等发盘。发盘的当事人也称为发盘人和受盘人。发盘大多由卖方发出,习惯上称之为卖方售货发盘。也可由买方发出,习惯上称为买方出盘或递盘。

根据发盘人对发盘所承担的法律责任的不同,发盘可分为实盘和虚盘两种。《联合国国际货物销售合同公约》规定,凡向一个或一个以上的特定人提出的订立合同的建议,如果其内容十分确定,并且表明当发盘人的发盘一旦被接受,就将受其约束的意思,即构成发盘(实盘)。所以实盘的主要特征是发盘应向一个或一个以上的特定人发出,发盘内容必须十分确定。这些发盘的内容必须包括:应载明货物名称,应明示或默示规定货物的数量或规定如何确定数量的方法,应明示或默视规定货物的价格或规定如何确定价格的方法。主要交易条件要明确、完整、无保留。所谓明确,是指发盘提出的每一交易条件的内涵必须界定清楚,不能出现模棱两可的语句。所谓完整,是指发盘内提出的主要交易条件要完整,一般应包括商品的品质、数量、价格、包装、交货、货款支付等 6 个基本交易条件。所谓"无保留",是指实盘中无保留的交易条件,不应出现保留或限制性条件。因此实盘在法律上属于要约,它是订立合同的一种肯定的表示。

实盘有种种约束条件,如果违背了这些条件,就被视为实盘的失效。具体地讲,如超过了实盘规定的有效期限,被接受人拒绝或还盘,即使原定有效期限未届满,也宣告失效;又如在被接受前,发盘人发现发盘内容有误,或遇市场行情激烈变化等特殊情况,能对所发实盘进行有效的撤回或撤销。若出现以上的违约情况,即宣告实盘失效,也就是实盘的终止。

在实际的操作中,实盘发出以后,在受盘人做出接受以前,发盘人能否有效撤销发盘,各国的法律解释不尽相同。英美法系国家的法律认为,发盘在被接受前的任何时候都可予以撤销;大陆法系国家的法律则认为,在发盘有效期内发盘人不得撤销发盘。至于《联合国国际货物销售合同公约》,实质上是对上述两种法律体系的解释做出了折中的规定,首次对发盘的撤回和撤销做出的不同处理如下。

即便已为受盘人收到的发盘,但只要撤销通知在受盘人发出接受通知前送达受盘人,也可予以撤销。即使明确注明“不可撤销”的发盘,只要撤回的通知先于发盘或与发盘同时到达受盘人,可予以撤回。已为受盘人收到的发盘,有以下情况之一不得撤销:一是如果受盘人有理由依赖该项发盘是不可撤销的,并已本着对该发盘的采取了诸如向他人发盘的行动;二是发盘是以规定有效期或其他方式表明为不可撤销的。

因为在国际贸易实务中,实盘发出后,都具体规定了有效日期,分两种情况。一种是在实盘中明确规定有效期限。但各国对此有不同的解释,为避免纠纷,故而我国的进出口业务中所发的实盘一般明确规定有效期限并明确以收到接受的时间为准。另一种是在实盘中未明确规定具体的有效期限。对这种发盘,应按国际惯例视为在合理时间内接受有效,但这种方式容易引起争议,我国的进出口业务中一般不采用这种形式的实盘。

虚盘是发盘人可以根据情况和需要做随时修改或撤销的发盘,虚盘有以下几个特点:第一,不肯定的订约建议,对发盘人不具有法律约束力;第二,主要交易条件不完善、不明确或虽完整、明确,但附有保留条件(如“以我方最后发盘确认”或“CIF 价格仅供参考”等文字);第三,无“发实盘”字样,且不规定有效时限。

我国的对外发盘多数是发实盘,在出口贸易的初次推销,或国外询盘很急而我方货源尚不落实,或者同一批货物拟定向两个以上的客户同时发盘等情况下也使用虚盘。但一般要注明“以我方确认有效”“价格可随时变动,无须通知”等保留条件,注明这些发盘属于虚盘以避免误会。

(3)还盘。还盘,是指交易一方(受盘人)接到发盘后,对发盘内容不完全同意而提出修改,又称还价。其内容不一定是不同意价格,也可以是就支付方式、装运期等其他交易条件提出不同意见。在交易磋商中,还盘既是受盘人对发盘的拒绝,也是受盘人以发盘人的地位所提出的新发盘。因此,一方面,发盘人经对方还盘后即失去效力,除非得到原发盘人同意,受盘人不得在还盘后反悔,再接受原发盘。对于具体的出口业务中的还盘一定要做认真的分析,从结构上分析其属于实盘还是虚盘,必要时还要进一步验证,对于实盘要认真地考虑合作的可能性,而虚盘一般只是用于参考,对实际的交易作用有限。在实际的国际贸易中,一笔交易达成,往往要经过多次反复磋商。即一方发盘,另一方对发盘内容不同意,要进行还盘;同样,一方还盘,另一方对其内容不同意,也可以再进行还盘,俗称再还盘。还盘与再还盘不仅就商品价格,也可以就交易的其他条件提出修改意见。

(4)接受。接受,是指受盘人接到对方的发盘或还盘后,同意对方提出的条件,愿意与对方达成交易,并且及时以声明或行为表示出来。发盘和接受是达成交易的两个必不可缺少的环节,一方的实盘经另一方接受,交易即告达成,合同亦即成立,双方就应分别履行各自所承担的合同义务。接受在法律上称为"承诺",构成有效的接受必须具备以下几个条件:

第一,接受必须由受盘人做出。接受只能由发盘的特指受盘人做出,任何第三者对发盘表示的接受都不是有效的。

第二,接受必须与发盘的内容完全相符。接受是对发盘表示的完全同意。若接受中有增减条件出现,则仍可视为还盘而非接受。但双方交易往来很多,若接受中的增减条件又是非实质的,则接受还是有效的。

第三,接受必须明确地表示出来。《联合国国际货物销售合同公约》规定,接受有两种表示方式:受盘人以口头或书面的方式向发盘人发出声明;或者通过某种行为表示接受,如按发盘规定发货、付款等。缄默或不行动不能被认为是接受。

第四,接受必须在发盘的有效期内向发盘人表示出来。发盘一般是存在有效期限的,原则上,接受在有效期内向发盘人表示出来才生效。但如果发盘人可以同意逾期接受,并毫无延迟地用口头或书面形式将此意见通知收盘人,逾期接受仍可有效,接受在生效之前是可以撤回的,但在生效之后不能撤销。

2.书面合同的签订

在交易磋商的过程中,一方发盘经另一方接受后,交易即告成立,此时交易双方就构成了合同关系。但依据国际惯例,买卖双方还需要签订具有一定格式的书面合同或成交确认书,以进一步明确双方权利和义务。

(1)书面合同的作用。根据法律的原则,合同的成立取决于一方的发盘和另一方对发盘的接受程度。尽管签订合同不是合同有效的必备条件,但是在具体的合同有效成立和履行中起着非常重要的作用。这些作用主要体现在以下几个方面:

第一,书面合同可以作为合同成立的证据。在国际贸易实务中,通过口头谈判成立的合同,如不用一定的书面形式加以确认,磋商内容则会因不能被证明而不能得到法律的保障,致使其在法律上失效。根据法律要求,凡是合同必须得到证明,提供证据,其中包括口头和书面证据、人证和物证两个方面的证明。而具体到我国的情况,根据政府声明,合同必须采用书面的形式。

第二,书面合同还可以是合同生效的条件。在某些特定的情况下,签订书面合同就会成为合同生效的条件。比如在双方洽商时,如果一方已经声明以签订书面合同为准时,或双方的合同须经政府机构审核批准时,即使双方已就交易条件全部协商一致,但在书面合同签订之前,合同也不能生效。

第三,书面合同可以作为双方履行的依据。在国际贸易的实务中,口头合同如不形成书面,几乎无法履行。因为进出口合同履行涉及众多部门和单位,涉及面广,环节多,即使通过函电达成的交易,如不将分散于多份函电中双方协商一致的条件,归纳整理到一份有一定格式的书面合同中,则双方在履行合同时容易发生争议。有了书面合同,双方在对合作的条款发生争议时也可以有可信的法律凭据,便于依法解决问题。因此,要将全部贸易条件综合地在书面合同上明确表明,以进一步明确对方的权利和义务,以及为合同的准确履行提供更好的依据。

(2)书面合同的形式。我国目前采用的书面合同主要是销售合同和销售确认书2种形式。在法律上销售合同和销售确认书具有同等效力,区别在于前者使用的文字是第三人称语气,合同的内容比较全面详细,除了包括基本交易条件外,还包括异议索赔、仲裁、不可抗力等条款,有利于双方明确责任、避免争议,适合于大宗商品或成交金额较大的交易。销售确认书是销售合同的简化形式,使用的文字是第一人称语气,一般不列入异议索赔、仲裁、不可抗力等条款,适用于成交金额较小的交易。所以二者的主要区别在于适用的范围有所不同。

(3)合同的内容。一份常见的书面合同通常包括3个主要部分,3个部分按照一定的格式明确规定了合同的各个方面约定。

第一部分包括合同名称、编号、缔约日期、缔约地点、缔约双方的名称和地址等内容,称为约首。

第二部分是合同的主体部分,规定双方的权利和义务,除了商品的名称外,还订立诸如品质规格、数量、包装和唛头、价格、交货、支付、保险、检验、索赔、仲裁、不可抗力等条款,它是整个合同中最重要的部分,在实践中需要充分注意这些直接关系到合同双方利益的条款。

第三部分是约尾,包括合同的份数、使用文字和效力的说明,以及双方的签字等。这部分是合同能够正常履行的关键。

合同条款内容应符合政策,做到内容完备、条款明确、前后一贯,与交易磋商的内容相一致,有效的合同对双方均有约束力。销售合同或确认书一般均由一方根据双方同意的条件制成一式两份的正式合同或成交确认书,双方各自在上面签字,各方保留一份。

(三)出口合同的履行阶段

合同履行是指合同当事人按照合同规定履行各自义务的行为。在进行对外贸易时我们坚持重合同、守信用等基本的对外经济贸易准则。以 CIF 或 CFR 条件成交,用信用证方式支付的出口合同的履行包括备货、报检、催证、审证、改证、租船订舱、报关、投保、制单结汇等环节。

1. 备　货

按合同规定交付货物是卖方最基本的义务。做好备货工作,就是根据出口合同的规定,按时、按质、按量准备好应交货物。按照合同规定,交付货物、移交一切与货物有关的单据和转移货物所有权,是卖方的3项基本义务。具体要注意以下几点。

第一,按时是指备货时间必须严格按出口合同和信用证规定的交货时间和期限要求,结合船期进行安排,以利于船货衔接,防止交货脱期。

第二,按质是指所交货物的品质规格与出口合同和信用证规定相一致。当所交的货物与合同规定不一致时,将被视为违约。

第三,按量是指货物的数量必须符合出口合同的规定,如有可能,数量应适当留有余地,以备装运时可能发生调换。

第四,对货物的包装除按合同要求认真核对包装材料、方式是否相符外,还应注意包装是否牢固、有无破漏。唛头的刷制必须符合合同和信用证的规定。

2. 报　检

在货物备齐后,凡属法定检验的出口商品,以及合同或信用证中规定必须由商检局出具检验证书的商品,在货物备齐后应向商检局申请检验。报检时,应填写出口报检申请单,并连同合同和信用证副本等相关凭证送交检验机构办理检验。申请检验后,如申报人发现申请单内容填写有误或因进口人修改信用证导致货物规格有变化时,应提出更改申请,并填写更改申请书,说明所更改事顶和原因。只有取得商检局发给的合格证书,海关才准放行。货物经检验合格,即由商检局发给检验证书,出口方应在检验证书规定的有效期内将货物运出。如超过有效期装运出口,应向商检局申请延期,并由商检局复检合格后出口。

3. 催证、审证和改证

(1)催证。国际贸易货物买卖合同的履行取决于交易的双方是否真正履行了各自的义务。催证就是指出口方利用电传、E-mail等通讯方式催促进口方办理开立信用证手续。既然在出口合同中买卖双方约定采用信用证方式,买方就应严格按照合同规定按时开立信用证,这是买方必须履行的义务,也是卖方履行合同的前提。但在实际业务中,买方由于资金短缺或市场发生变化等,故意拖延开证或付款的情况时有发生。我们应在对方接近或已超过合同规定期限仍未开立信用证时,催促对方及时办理开证手续。需要提前交货时,也可洽请对方提前开证。

(2)审证。信用证的开立以合同为依据,信用证的内容应该与合同条款一致。但在国际业务中,由于国外客户或开证银行的疏忽、差错,或由于某些国家对开立信用证的特殊规定,或由于客户对我国政策不了解,或有个别商人为谋取不正当利益,在申请开证时故意设置陷阱等,往往会出现信用证内容与合同规定不相符。因此,为确保及时交货和安全收汇,避免不必要的损失,必须认真对来证进行审核。

信用证的审核,由银行和外贸企业共同承担。前者着重审核有关开证银行方面的条款和问题,后者侧重审核信用证的内容与合同是否相一致。其审核要点是:

第一,来证各项内容是否符合我国方针政策;凡与我国没有经济往来的国家或地区的银行开来的信用证不能接受,可由出口方要求国外客户另行委托我方允许往来的其他银行开证。

第二,审查开证行的资信情况。为了保证收汇安全,开证行的资信、经营作风都是审查的内容,对于资信不佳的开证行,应酌情采取适当的措施(例如要求银行适当加以保兑、加列索偿条款、分批装运、分批收汇等)。

第三,信用证的性质和开证行所承担的责任需具体明确,来证必须注明"不可撤销"的信用证。对虽有注明,但银行对其应负责任添加了一些诸如"须待进口许可证批准后另行通知方始生效"等限制性条件的信用证,则应在接到生效通知后方可办理装运货物手续。其审核的要点是：

首先，审查信用证金额和货币，信用证金额应与合同规定的金额相一致。若合同内规定有商品数量的"溢短装"条款时，信用证金额也应规定相应的机动条款。信用证采用的货币也应与合同规定的货币相一致。

其次，信用证的转运和分批装运条款应与合同规定相符。若信用证未规定"不准分批装运"和"不准转运"，则按国际惯例，可以视为"允许分批装运"和"允许转达"；若信用证规定在指定时期内分批装运，则其中任何一期未按规定装运，信用证对该期和以后各期货物均告无效。

最后，对装运期、有效期和到期地点的审查。信用证规定的装运期限应与买卖合同中规定的一致，信用证的有效期同装运期限应有一定的间隔，以便装运货物以后有足够的时间办理制单、议付等工作。在我国出口业务中，大都要求信用证的有效期限为装运期限后15天。有时来证规定装运期和有效期为同一日，一般称为"双到期"，在这种情况下，如果出口方能在双到期日前装运货物，留有一定时间制单结汇也是可以接受的。关于信用证到期的地点，通常应要求在我国交货口岸或在中国到期，以便装运货物后能及时办理议付手续。如信用证中的到期地点规定在国外，一般不应轻易接受。

（3）改证。对信用证进行了认真审查后，对证中不能接受或不能执行或不能按期执行的条款，应及时要求国外客户通过开证行进行修改或延展。"修改通知"由开证行通知"通知行"，再由"通知行"转交出口企业（受益人），而不能由开证行直接通知进口人及受益人。在同一信用证上，如有多处需要修改的，原则上应一次提出，避免多次提出修改要求。因修改信用证条款涉及有关当事人权利和义务的改变，所以对不可撤销信用证的修改，必须得到有关当事人的同意方能办理，在出口方出口业务中，对来证有关条款的修改，首先由出口方向进口人（开证人）提出，征得对方同意后，由对方通过开证行办理修改手续。

4. 租船订舱

在以 CIF、CFR 价格术语达成的合同条件下，出口方办理租船手续时，应先填写托运单，列明出口货物的名称、件数、毛重、尺码、目的港、最后装运期等内容，在收单截止期前交外运公司作为订舱的依据，外运公司收到托运单后，会同有关的代理公司安排船只和舱位，并签发装货单，作为通知船方收货装运的凭证，轮船到达后由出口企业将货物从仓库提出，送至码头，以备海关查验。

5. 报 关

报关是指货物装运出口前，向海关办理申报手续。海关对货物和有关单证查验无误后，在装货单上盖章放行。根据我国海关规定，凡是进出国境的货物，必须申报并缴验出口许可证、出口货物报关单等必要证件和单据。属法定检验的商品，还要提供商品检验机构签发的检验证书。

6. 投 保

在货物装船前，凡按 CIF 或 CIP 条件成交的出口货物，须按合同和信用证规定的保险条款，逐笔向保险公司办理投保手续，取得约定的保险单据。

7.制单结汇

出口货物发运后,出口方应立即按照信用证的要求,正确无误地编制各种单据,且在信用证规定的交单有效期内将单据送交银行议付和结汇。各种单据必须正确、及时、完备、简明、整洁,做到单、证一致,单、单一致。在信用证支付方式下,只有审核单据与信用证完全符合,国外银行才承担付款的责任,无须过问货物如何,但即使所交货物本身同信用证及合同的要求相符,如果单据与信用证的规定不一致,银行仍可拒绝付款。我国出口议付结汇的一般做法是:由银行接受出口人交来的信用证项下出口单据,经审查无误后寄往国外开证行或指定付款银行索取货款,待其收到货款后,按当日外汇牌价折算成人民币计入出口人账户,并通知出口人。通常涉及要提供的主要单据有:汇票,发票(包括商业发票、海关发票、厂商发票和领事发票),提单,保险单,装箱单,重量单,检验证书,产地证明书,普惠制产地证等。

二、进口贸易程序

进口业务的一般原理、交易条件、习惯做法和惯例等,与出口业务基本相同,只是当事人所处的地位不同,在具体问题上的掌握和处理上有所区别。而且,其中交易洽商、签约的程序和内容与出口基本一致,这里仅就进口交易前的准备工作和进口合同的履行做一些介绍和分析。

(一)进口前的准备工作

1.市场和客户资信的调研

首先,在进口贸易发生前,必须对采购商品的市场进行调研和比较研究。弄清供应商和生产者的供应状况及产品的价格趋势,尽量选择在产品对路、货源充足、价格较低的地区采购。在选择供货具体对象时,要充分了解对方的资信、作风、经营能力和以往履行合同的情况等,务必使订购的商品在品质、规格、用途等方面切实符合国内的实际需要,并尽可能直接向生产商订购,以减少中间环节,节约外汇支出。在以上选好市场和供货对象的基础上,再制订进口商品的经营方案。

2.报批进口商品

根据我国的现行外贸管理体制规定,进口货物一般须经相关的主管部门审批。为此,进口企业要先向有关主管部门提出申请,在获准并落实相应的用汇后,方可进口,办理进口业务。

3.申领进口许可证

我国对部分商品实行进口许可证管理制度。对国家规定必须申请领取进口许可证的商品,用货单位必须在办妥进口商品审批手续后申请领取进口许可证。用货单位领到进口许可证后,需填写进口订货卡片与许可证,一并交给外贸公司委托代理进口事宜。

4.委托代理进口

对需要进口但没有进口经营权或进口商品超出其经营范围的企业,必须委托有经营权的外贸企业代理进口。在委托代理进口时,必须提交经批准进口的各种文件、使用外汇的有效证明及进口许可证,并与外贸企业签订委托代理进口合同。

(二)进口合同的履行

进口合同依法签订后,对买卖双方都有法律约束力,双方都应信守合同,履行合同规定的义务。我国进口多采用海运方式,用信用证支付。在履行进口合同时我方应尽的义务和相应完成的工作如下。

1. 申请开立信用证

进口合同签订后,进口人应按合同填写开立信用证申请书,向银行办理开证手续。开证申请书对商品的品名、规格、数量、包装、价格、交货期限、装运条件、付款期限等内容均以合同为依据,详细列明。对出口商品应提交的单据种类、文字内容及出具单据的机构等做出相应的规定。

应按合同规定办理信用证的种类和开证时间,如合同规定在卖方确定交货期后开证或规定在卖方领到出口许可证,或支付履行保险金后开证,则我们应相应在接到卖方交货期通知后开证,或收到对方已领到许可证的通知后开证,或收到保证金后开证。信用证开出后,开证人应认真核对,如发现内容与开证申请书不符,应立即通知开证银行更正。如对方收到信用证后要求对某些条款进行修改,则应区别对待。若同意,应由我方及时通知开证行办理修改手续;若不同意,则应通知出口商,并敦促其按原证条款履行。

2. 租船订舱与催装

在 FOB 条件下,一般进口人负责租船或订舱工作。我方可委托外贸运输公司办理,也可直接向中国远洋运输公司或其他外贸运输机构办理。

租船订舱时间应按合同规定,即在我方接到卖方按合同规定的在有关交货前的一定时期内预计装运日期的通知后,应及时办理租船订舱手续。在办妥租船订舱手续后,我方还应随时了解和掌握对方备货和装船前的准备工作情况,必要时需电催对方按时装运,以加强督促和催装。同时,我方还应按规定的期限告知对方船名及船期,以便对方备货装船。

3. 保　险

因为我国大部分外贸企业和中国人民保险公司签订了海运、空运和邮运货物预约保险合同,所以有"预保合同"的进口企业只要按规定根据卖方发来的装运通知,及时编制进口货物装船通知,提交保险公司,办理投保手续。海运货物一经装船,保险就开始生效,直到货物到达卸货港转运单据载明的国内目的地收货人仓库时终止。在 FOB 和 CFR 条件下,由进口的外贸公司负责投保。

因此,在我方接到卖方"货物已装船"的通知后应及时办理保险手续,在未签订预约保险合同的情况下,对进口货物须逐笔投保。外贸公司在接到卖方的发货通知后,必须立即向保险公司办理保险手续。

4. 审　单

卖方将货物装运之后,将全套的票据经过国外银行交给我方开证银行以收取货款。我方开证银行在收到国外寄来的汇票和单据后,根据"单证一致"和"单单一致"的原则,对照信用证的条款,审查和核对单据的种类、份数和内容,如相符,将汇票和单据交申请开证的进口公司复核,后者未提出异议,银行即可对汇票付汇或承兑。在对外付汇的同时,进口公司按国家公布的外汇牌价,用人民币或用现汇向银行付款赎单,并凭银行的付款通知,与订货部门结算。

5.报关接货

进口企业买汇赎单后,就着手准备接货。待货物到达卸货口岸后,由进口公司或委托代理公司,根据进口单据填写进口货物报关单,连同发票、提单、保险单、装运单、商检证书,经海关查验货证无误后放行。港务当局在卸货时,如发现短装,要填制短装报告交船方验证。另外,港务当局在卸货时,如发现短缺,要复制短缺报告,并交船方鉴定。如发现货物残损,应会同保险公司、商检局进行检验,明确残损程度和原因,并由商检局出证,向责任方索赔。

6.商品检验

我国规定,一切进口商品都必须在合同规定的有效期限内进行检验。这是为了避免对外索赔失去时效。只有检验合格方可安装投产、销售和使用。如自行检验发现问题,应迅速向检验机构申请复检出证,以此作为对外索赔的凭证,属下列情况必须在卸货港口向商检局报验:法定检验的进口商品;合同中规定的索赔期限较短的商品;合同规定货到检验后付款的货物;合同中指明在卸货港检验的货物;货物卸离海轮时已经发现残损或异状或提货不着的。

对于不属于上述情况且用货单位又不在港口所在地的进口货物,应由用货单位向所在地区的商检机构申报自行检验或请商检机构检验。

7.索 赔

进口商品要注意索赔期限、索赔通知、索赔证据、索赔金额等问题,否则,最后不能达到索赔的要求。在进口业务中,因在装运过程中货物的品质、数量、包装受损的,应及时向有关责任方索赔。出于承运人的过失造成货物残损、遗失的,应向承运人索赔。若承运人不愿赔偿或赔偿金额不足抵补损失的,但只要属于保险公司承保范围的,则应向保险公司提出索赔;属自然灾害、意外事故等致使货物受损,且在承保险范围的,应向保险公司索赔。除不可抗力原因外,由于卖方违约造成损失的,向卖方索赔。

8.拨 交

如果用货单位在卸货港口,由外运公司就地办理拨交,并由外贸公司向用货单位进行结算;如用货单位在内地,则可委托外运机构把货物代为转运至目的地。非拨交订货单位,一切费用均由外运机构与外贸公司结算,再由外贸公司与用货单位办理结算手续。

进出口贸易业务流程具体如图 4-1 所示。

三、我国进出口货物通关

进出口货物通关是指货物从进入关境边界或申请出境到办结海关手续的一项海关制度。通关作为一项海关制度,不仅反映在货物经过海关的短暂期间,而且表现为货物进出口环节办结《中华人民共和国海关法》(以下简称《海关法》)规定的全部手续的过程,同时还包括《海关法》对各类不同性质的货物进出口时所规定的一些实体条件。

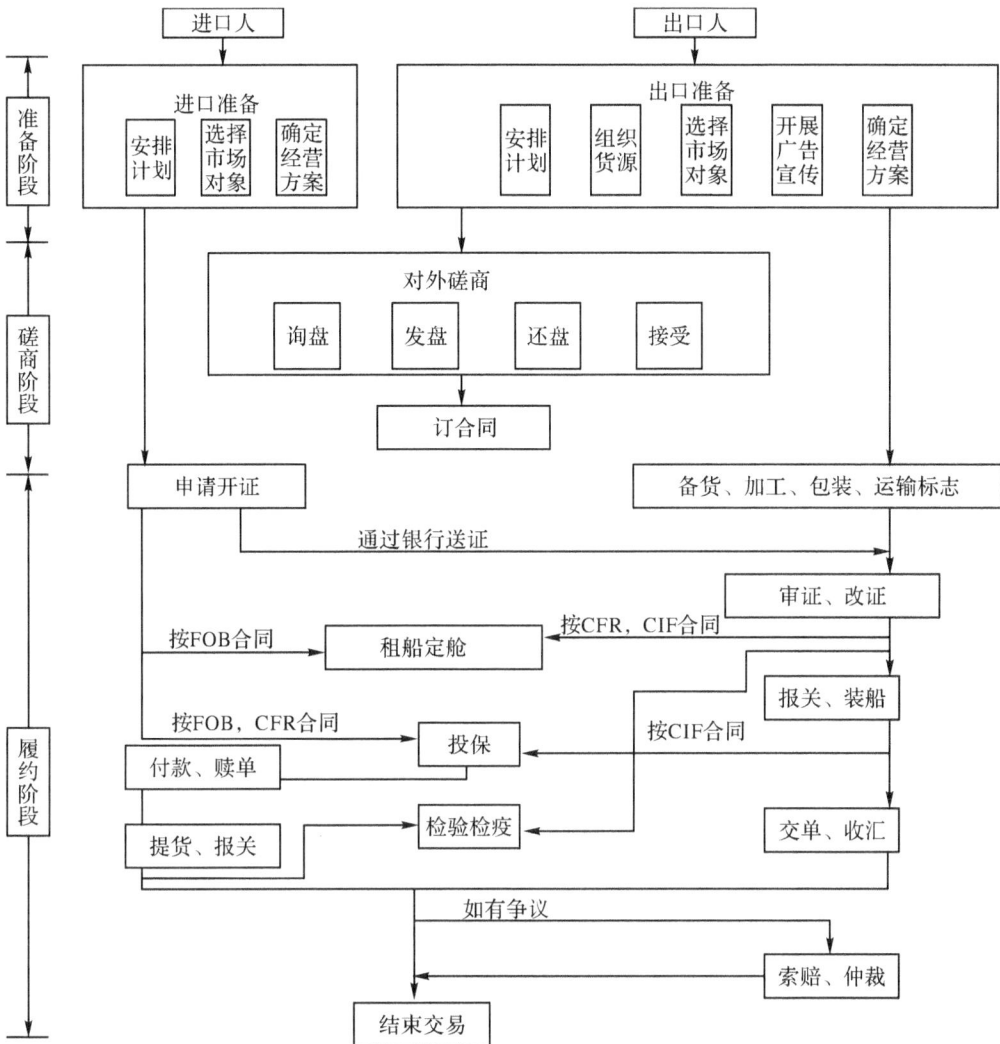

图 4-1　进出口贸易业务流程图

(一)通关主体

1.通关管理主体

进出口货物通关的管理主体包括海关和国家经贸部门、工商行政管理局、国家质量监督检验检疫总局等有关国家机关。这些国家机关对进出口货物在通关过程中所涉及其职能管理的部分行使管理权,其中海关是对进出口货物通关实施全面监督管理的国家机关。中华人民共和国海关总署为国务院的直属机构,统一管理全国海关,负责拟定海关方针、政策、法令、规章。国家在对外开放口岸和海关监管业务集中的地点设立海关。海关不受行政区划的限制,各地海关依法独立行使职权,直接受海关总署领导,向海关总署负责,同时受所在省区市人民政府的监督和指导。根据现行口岸管理的职责,凡进出境的人由边防检查站管理,而进出境的物由海关依照《海关法》和其他有关法律、行政法规进行管理。海关的具体任务主要有:监管进出境的运输工具、货物、行李物品、邮递物品和其他物品(以下简称进出境运输工具、货物、物品);征收关税和其他税、费;查缉走私;编制海关统计资料和办理其他海关业务。

2. 通关当事人

除另有规定外,可以由进出口货物收发货人自行办理报关纳税手续,也可以由进出口货物收发货人委托的报关企业办理报关纳税手续;进出境运输工具到达或者驶离设立海关的地点时,运输工具负责人应当向海关如实申报,交验单证,并接受海关监管和检查。因此,进出口通关的当事人通常是进出口货物的收发货人、报关代理人和进出境运输工具的承运人。此外,保税仓库、出口监管仓库、加工贸易企业的经营管理人,由于其经营管理的保税仓库和出口监管仓库属海关监管范围,也是通关的当事人。

(二)通关时间和空间范围

在传统的海关制度里,对进出口货物通关的时间范围规定:进口货物从货物进入关境起到海关放行止,出口货物从向海关申报出口并运入海关监管区起到运离关境止;进出口货物通关的空间范围仅限于设立海关的机场、港口、车站、国界通道、国际邮件交换站等场所,以及虽未设立海关,但经国务院批准的进出境地点。随着改革开放的深入和多种贸易方式的并存,以及我国从沿海到内地的进一步对外开放,对外经济活动在全国范围内普遍开展,不仅使货物的通关时间范围前伸和后延,货物的通关范围也大为拓展。货物的通关时间范围,随着预申报、预归类等措施的实施,前伸至尚未进入关境的预申报阶段,对于保税加工贸易进口货物、经海关批准的减免税或缓纳税款的进口货物、暂时进口货物、转关运输货物等,口岸海关接受申报后,经审核符合规定的,即可放行转为后续管理,结关时间则后延至海关核销为止,时间长的可达几年;货物的通关范围,不再局限于对外开放的口岸,内地也设立了更多的海关。此外,海关的监管范围还扩展到虽未设海关机构但有海关监管业务的保税仓库、出口监管仓库和保税工厂等。

(三)报关期限和报关单证

1. 报关期限

《海关法》规定,出口货物的发货人或其代理人除海关特准的外,应当在货物运抵海关监管区后、装货的 24 小时以前向海关申报。进口货物的收货人或其代理人应当自运输工具申报进境之日起 14 日内向海关申报,超过规定期限向海关申报的,由海关征收滞报金。自运输工具申报进境之日起超过 3 个月未向海关申报的,其进口货物由海关提取依法变卖处理,所得价款在扣除运输、装卸、储存等费用和税款后,尚有余款的,自货物依法变卖之日起 1 年内经收货人申请,予以发还。其中属于国家对进口有限制性规定,应当提交许可证件而不能提供的,不予发还。逾期无人申请或者不予发还的,上缴国库。

2. 报关单证

报关员须在规定的报关期限内,备妥必需的报关单证,向海关办理进出口货物的申报手续。对于一般进出口货物,需交验进(出)口货物报关单,进(出)口货物许可证或国家规定的其他批准文件,提货单、装货单或运单,发票,装箱单,减、免税或免验证明,出(入)境货物检验检疫通关单,出口收汇核销单及付汇核销专用货物报关单,出口退税专用货物报关单,等等。

（1）进（出）口货物报关单。进（出）口货物报关单可采用纸质报关单和电子数据报关单的形式，是海关验货、征税和结关放行的法定单据，也是海关对进出口货物汇总统计的原始资料。进出境货物的收发货人或其代理人向海关申报时必须向海关递交进口或出口货物报关单。

（2）进（出）口货物许可证或国家规定的其他批准文件。进（出）口货物许可证是国家颁发的特定货物进出口的证明书，是进出口人向海关办理货物进出口手续的重要报关单随附单证。凡国家规定应申领进（出）口货物许可证的货物，报关时都必须交验外贸管理部门（包括外经贸部门配额许可证事务局、驻各地特派员办事处和各省区市及计划单列市外经贸委、厅或局）按各自权限签发的进（出）口货物许可证。凡根据国家有关规定需要有关主管部门批准文件的还应交验有关的批准文件。

（3）提货单、装货单或运单。海运进口提货单、出口装货单及航空、铁路、公路运单是海关加盖放行章后发还给报关人凭以提取或装运货物的凭证。

（4）发票。报关人报关时应递交载明货物真实价格、运费、保险费和其他费用的发票。它是海关用以估价完税，或征收差别待遇关税，或征收反倾销税及编制统计资料的重要依据。

（5）装箱单。装箱单用以补充发票的内容，以便海关查验货物。单一品种且包装一致的件装货物和散装货物可以免交。

（6）减、免税或免验的证明。对于按规定减征税、免征税或缓征税的货物，其减征、免税证明文件及缓税证明书和免验证明文件等，应事先申请并在报关时交验，否则造成的征税或误验，责任在申报人。

（7）出（入）境货物检验检疫通关单。检验检疫机构已与海关建立了"先报检，后报关"的通关协调机制，对于法定检验检疫的出入境货物，海关一律凭报关地检验检疫机构签发的出（入）境货物检验检疫通关单验放。

（8）出口收汇核销单及付汇核销专用货物报关单。在对外贸易经营活动中，银行根据国家外汇管理制度的要求，对外贸企业的收付汇实行结汇、售汇制。企业的外汇收入应当按照当日汇价卖给指定银行，银行收取外汇，兑换人民币；企业从事外贸活动需要使用外汇时，凭合同和有关单证到外汇管理部门申请外汇额度后，到银行用人民币兑换。国家为了保障银行结汇、售汇制度的执行，保证充足的外汇来源，满足用汇需要，在货物进出口过程中，由国家外汇管理部门利用海关的监管功能，对进出口货物实行较为严格的付汇收汇核销制度。

出口收汇核销单是由国家外汇管理局制发，出口单位和受托行或议付行填写，海关凭以受理出口报关，外汇管理部门凭此核销收汇的有顺序编号的凭证。它是出口收汇管理中最重要的单据，也是海关直接审核并签章的单据。出口收汇核销的程序是：有出口收汇货物的单位到当地外汇管理部门申领经外汇管理部门加盖"监督收汇"章的出口收汇核销单；货物出口通关时，海关凭此核销单放行；货物出口后，出口单位将有关单据送往银行办理收汇手续；银行收汇后，出口单位将海关签章退回的核销单、银行结汇水单或收账通知及有关证明文件送外汇管理部门，由其核销该笔收汇。进口付汇核销手续目前由外汇管理部门委托各外汇银行代为办理。有关企业进口付汇前，需向付汇银行申领国家外汇管理部门统一制发的进口付汇核销单,凭此办理付汇。货物进口时,需多填写一联供付汇核销用的进口货物报关单,进口单位凭盖有海关放行章的报关单和进口付汇核销单到银行办理进口付汇核销手续,外汇银行根据进口货物报关单对海关认可的单价、总价及用汇情况进行进口付汇核销。受委托办理进口付汇核销手续的外汇银行将进口付汇核销情况按月逐笔报当地外汇管理部门审核,以便外汇管理部门监督管理。

(9)出口退税专用货物报关单。为鼓励出口企业自主经营,自负盈亏,并增强我国出口产品的竞争力,根据国际惯例,我国对出口产品实行退税制度。凡出口产品在国内生产和流通环节中已被征收产品税、增值税、营业税或特别消费税等国内税的,在该产品报关出口收汇以后,国家税务机关按一定的退税率向直接出口单位退还已征税款。申请出口产品退税的出口企业,在办理货物出口报关手续时,还应填制一联出口退税专用的出口货物报关单(浅黄色)。一般,出口企业在海关放行货物之后的一定时间内,向海关申领出口退税报关单,凭此向税务机关办理出口退税手续。

为了加强对出口退税的管理,我国实行出口退税与出口收汇核销挂钩的政策,即出口企业申请出口退税时,应向国家税务机关提交盖有海关"验讫章"的出口退税报关单、出口销售发票、出口产品购进发票、银行的出口结汇水单及出口收汇核销单的出口退税专用联,经国家税务机关审核无误后才予办理出口退税。

(四)进出口货物通关程序

《海关法》规定,进出口货物必须经设有海关的地点进境或者出境,进出口货物的收发货人或其代理人应当向海关如实申报并接受海关的监管。

1.接受申报

进出境货物通关的当事人在运输工具和货物进境后或出境前规定的时间内,以纸质申报单申报方式和电子申报方式向海关提出报关申请。海关接受申报后,审核报关单证是否齐全、填写是否正确,报关单内容与所附各项单证的内容是否相符。

2.查验货物

查验是货物通关的一项法定环节,是对进出口货物的品名、规格、原产地、数量、价格等商品要素是否与报关单证所列项目一致而进行的实际核查。在现代通关制度下,为加快进出口货物的通关速度,对货物并非每票都要查验,而是在风险分析的基础上,对不同类别的企业和不同性质的货物按不同的查验比例和方法实行抽查。海关查验进出口货物时,报关人员应按时到场,负责搬移货物、开拆和重封货物的包装。

3.征收税费

货物经查验通过后,对于应纳税的进出口货物,海关按《进出口关税条例》和《进出口税则》等规定计算进出口关税和其他税费,并填发税款缴款书,交报关单位缴纳税款或担保付税。

4.放行结关

放行必须由海关在报关单上加盖放行章后方能生效。结关是海关对进出口货物实施监管的终结。对于出口货物而言,海关放行后离开中国关境即为结关;对进口货物而言,根据货物的性质不同,其结关的标志也不尽相同。如一般贸易、易货贸易、补偿贸易、寄售方式成交的货物和进口捐赠物资、加工贸易中委托加工有价提供的机器设备等,海关放行即为结关,而保税加工贸易进口货物、经海关批准减税和免税或缓纳税的进口货物、暂时进出境货物等,海关放行并不意味着通关的终结,而是需要经过后续管理这一特定通关程序才算结关。

后续管理主要有核查和核销两个环节。核查是海关对适用特定通关程序的进口货物在放行后和结关前进行核对和查验的行为。这些货物通关时间长,为使货物能按照《海关法》规定的要求或条件运作或使用,海关在监管期限内不定期地实施核查,如发现未按规定运作或使用,擅自出售、转让或移作他用,则可依法予以处理。

核销是针对保税加工贸易进口货物,特定减、免税进口货物,暂时进出境货物等,在海关放行后按法定要求运作或使用后,由海关核定销案,准许货物出口或永久留在关境内的海关行政行为。核销即意味着货物的结关。

保税加工贸易进口货物的结关,是指海关在加工贸易合同规定的期限内对其进口、复出口及余料情况进行核对,经营单位已申请办理了经批准内销部分的货物的补证、补税手续,对备案的加工贸易合同予以销案;特定减、免税货物的结关,是指有关进口货物到达海关监管年限,相关方向海关提出解除监管申请,并领取了经主管海关核发的相关证明,完全结束海关监管;暂时进出口货物的结关,是指在海关规定的期限内,暂时进口货物复运出口或暂时出口货物复运进口,并办理了有关纳税销案手续,完全结束海关监管。

为了改善我国的投资环境,适应"入世"后对货物通关便利化的要求,加速进出口货物通关速度,我国通过立法规定了通关的简化程序。

我国海关在原先实施信任放行程序的基础上,对在企业分类管理评估中被列为 A 类管理的企业,实施优先通关程序,即:A 类管理企业的进出口货物可以享受优先受理报关、优先查验和办理放行;优先实行"门对门"验货;对属于海关必检商品目录中的商品,免予取样化验即可放行,以及优先提供 EDI 联网报关等优先待遇。

海关对具备一定条件的大型高新技术企业的进出口货物实行便捷通关程序,即海关对适用便捷通关的企业实行信用管理,进出口货物主要根据企业的申报审核放行,在通关现场一般不开箱查验,进出口地海关也不得自行到企业稽查。为了保证企业得到真正的通关便捷优惠,海关规定凡需要在通关现场开箱查验时,应按预先制定的专门审批程序办理报批手续方可。

对于转关运输,海关总署已于 2001 年决定,在长江、珠江水域和沪苏、广东陆路的长江三角洲和珠江三角洲地区,正式启动"两水两路"快速通关系统。在实行转关快速通道后,可以一改过去转关运输两次报关、两次查验、两次放行的通关状况,企业可以采用提前报关方式,减少办理转关申报单、联系单、预录入等手续,并提前向检验检疫机构领取通关单,申请在口岸通关时直接放行,待货物运至指运地后办理通关手续,从而做到一次报关、一次查验、一次放行,实现转关运输货物通关的提速运行。但自 2018 年 1 月 1 日起,原则上我国海关不再接受转关运输。

(五)电子口岸

在经济全球化、物流国际化的形势下,提升企业的国际竞争力、扩大企业的市场份额,已成为我国经济发展的一个十分严峻和紧迫的问题。增强企业的国际竞争力,就国际贸易而言,关键是提高贸易效率,降低贸易成本。而我国原有的通关模式已不能适应企业,尤其是生产高新技术产品的企业对通关效率的要求,在一定程度上影响了企业国际竞争力的提升。因此,对通关制度进行改革势在必行。中国电子口岸的建设及无纸通关的实现,是通关现代化的技术支持和保障。

1.电子口岸的目标

(1)建立现代化的管理部门联网综合管理模式,提高管理综合效能。在公共数据中心的支持下,进出口环节的所有管理操作,都有电子底账可查,都可以按照职能分工进行联网核查、核注、核销。

(2)利用高科技手段提高管理部门执法透明度。中国电子口岸借助高科技手段,使管理部门各项进出口管理作业更规范、统一、透明,各部门、各操作环节相互制约,相互监督,从机制上加强了对管理部门的廉政建设。

(3)便利企业,提高贸易效率,降低贸易成本。进出口手续在办公室通过网络就可以完成,通关效率提高,出口退税迅速,结汇付汇核销等手续更为便捷。

2.电子口岸的意义

(1)有利于提高管理部门的管理综合效能。企业只要与电信公网"一点接入"就可以透过公共数据中心在网上直接向海关、商检、外贸、外汇、工商、税务、银行等政府管理机关申办各种进出口手续,从而真正实现了政府对企业的"一站式"服务。

(2)使管理部门在进出口环节的管理更加完整和严密。管理部门实行的"电子+联网核查"的新型管理模式,从根本上解决了业务单证弄虚作假的问题,严厉打击了走私、骗汇、骗税违法犯罪活动,创造了公平竞争的市场环境。

(3)降低贸易成本,提高贸易效率。通过中国电子口岸网上办理业务,企业既节省时间,又减少奔波劳累之苦;既提高了贸易效率,又降低了贸易成本。

总之,中国电子口岸是贸易现代化的重要标志,是提高行政执法透明度,实现政府部门行政执法公平、公正、公开的重要途径。

3.口岸电子执法系统

1993年,国务院提出实施金关工程,即国家利用计算机网络技术实现对外经济贸易和相关领域标准化、规范化、科学化、网络化管理的国家信息化重点系统工程。金关工程的核心模块在于:一是海关内部的通关系统;二是外部口岸电子执法系统。

口岸电子执法系统是中国电子口岸的重要标志,是由海关、质检、公安、工商、税务、银行、外汇管理等相关的12个部门联合共建的进出口管理联网应用系统。它运用现代信息技术,依托金关工程的其他应用系统与国家电信公网资源,将外经贸、海关、工商、税务、外汇管理、运输等国家行政管理机关分别掌握和管理的进出口业务信息流、资金流、货物流的电子底账数据,集中存放在一个公共数据中心,在统一、安全、高效的计算机平台上实现数据共享和数据交换。各国家行政管理部门可进行跨部门、跨行业的联网数据核查,企业可以在网上办理出口退税、报关、进出口结售汇核销、转关运输等多种进出口手续。

口岸电子执法系统主要有以下开发项目:

(1)通关管理项目。该项目实现网上办理报关单申报,舱单申报,减、免税申请,转关运输申请,预归类申请和快件申报等功能。

(2)加工贸易管理项目。该项目实现网上办理加工贸易合同外贸审批、进料加工税务登记备案、加工贸易合同海关审批、异地加工贸易合同审批、净加工结转及内销审批、加工贸易核销申请及审批等功能。

(3)出口综合管理项目。该项目实现网上办理外汇核销单发放、出口报关单联网核查、银行结汇水单上报、企业涉外收入申报、外汇出口结汇核销、企业出口退税申报、外贸出口退税稽核等功能。

(4)企业综合管理项目。该项目实现网上企业备案核查及年审、企业及个人授权管理、信誉差的企业名单公布及风险布控管理等功能。

(5)其他综合业务项目。该项目实现进口环节增值税联网核查、知识产权保护核查、进出口统计的法规查询、联机帮助及网上办公指南等功能。

口岸电子执法系统的总体设计于 2000 年底基本完成,并于 2001 年 6 月 1 日开始在全国推广应用。口岸电子执法系统的功能正在逐步扩大,进出口企业只要向所在地海关申请办理入网手续,就可以很方便地通过网络办理已开通功能的有关手续。

(六)无纸通关

1.无纸通关的含义

无纸通关是指海关在货物进出口过程中采用 EDI 技术从事通关工作,这是一种依赖于高科技信息网络系统,各通关环节高效运作的先进通关方式。无纸报关主要解决的是技术问题,从有纸变成无纸,使报关电子化;而且无纸通关不仅是管理手段的创新,也是管理制度的创新。它把通关作业流程各个环节能够无纸化的全部无纸化,意义更为重大的是,把通关过程中可以前推、后移或者外置的海关手续,全部提前或推后到通关过程之前或之后。如海关实行了货物到港前舱单的预申报、审核,实现了货物的预归类、预审价,实现了有关单据的事后集中递交、复核等,从而大大压缩了货物在口岸的通关时间,提高了贸易效率,使企业获得了前所未有的效益。

虽然在无纸通关中实行了海关手续前推、后移或外置,但海关的监管力度并不会因此而弱化。这是因为在通关改革过程中,始终把有效监管、高效服务的"双效"目标作为最基本的指导原则。首先,无纸通关先是在部分海关、部分企业间进行试点,避开了一些高风险的企业、货物。它是根据总体设计分步实施,再根据试点情况,逐步推进和扩大。其次,海关加强了风险管理。通过加强对企业、货物的风险分析,以及通关前后两头的相关管理,来化解无纸通关给海关带来的风险。如果将传统的通关模式比作"橄榄型",改革后的通关模式则可比作"哑铃型"。此外,原来通关作业流程里被分离出来的工作,都被转移到海关其他的业务环节中。如现场接单审核取消后,海关强化了审单中心的审单工作,并强化了现场验放工作。总之,海关原有的管理并没有因为无纸化而削弱或消失,而是在时间上和业务岗位上有所转移,并且得到了加强。

我国从1994年开始在部分海关、部分企业试行了EDI无纸报关方式。2001年8月,又在南京、杭州、上海、广州4个海关试行网上报关方式,均取得了积极的效果。但这仅仅是报关的无纸化,不足以解决在整个通关作业流程中如何提高效率的问题。

2. 无纸通关前期备案

前期备案是指在运输工具所载货物实际进出境前,由海关各业务部门办理加工贸易,减、免税审批,预归类,预审价,监管单证等电子数据的备案及维护备案管理参数、设定监控条件等,是无纸通关的预备和必要前提。其主要包括:

(1)预归类备案。它是指企业将拟进出口的商品向海关提出预归类申请,海关审定H.S编码,并将该编码转入进出口的商品预归类决定书备案电子数据库,以此作为海关EDI审核商品归类的依据。

(2)预审价备案。它是指在企业将拟进出口的商品向主管海关提出商品价格的认定申请,经海关审核确定该商品在一定时期内的完税价格,并将该数据转入进出口商品完税价格备案电子数据库,以此作为海关EDI审核商品价格的参考依据。

(3)监管单证备案。它是指进出口企业凭国家主管部门及其授权机构核发的进出口货物管理单证向海关备案,建立监管单证备案电子数据。监管单证备案电子数据是海关EDI审核的依据,并在进出口货物通关时实施自动核注、核销。

3. 无纸通关程序

(1)申报。申报人根据《中华人民共和国海关进出口货物报关单填制规范》和海关监管、征税、统计等要求,将进出口货物报关单等有关报关单证,通过EDI方式或中国电子口岸输入海关计算机系统,向海关申请报关。

(2)EDI电子审单。海关计算机系统对报关电子数据自动进行规范性审核、比对审核、通关风险布控捕捉和审单辅助决策审核。规范性审核后,接受申报的,由计算机自动向申报人发送"接受申报"回执,否则,发送"退回重报"回执。比对审核的内容包括:对报关单随附单证电子数据与报关单上各个相关栏目的电子数据自动进行核对;对于出口货物,核对"中国电子口岸"网上的出口收汇核销单,并完成电子核注;对属于进出境检验检疫范围的货物,核对通关单电子数据,对属于许可证管理的货物,按现行进出口许可证电子数据联网核销的有关规定核注相关电子数据;对属于其他需申领监管证件的货物,核对有关监管证件备案电子数据并核注。

(3)EDI专业审单。EDI电子审单后,对涉及税费、监管证件和风险布控等需要重点审核的及电子审单无法审核的报关单电子数据,海关、计算机系统按预先设置的派单标准,将报关单电子数据分派至红通道EDI专业审单岗位;对不涉及税费、监管证件和风险布控等需要重点审核的及电子审单无法审核的报关单电子数据,海关、计算机系统则按预先设置的派单标准分派至绿通道EDI专业审单岗位。EDI专业审单关员对报关单及其随附单证的格式化电子数据,以及加工贸易,减、免税,监管证件备案电子数据进行专业化审核。经EDI专业审单后决定退单或需申报人修改报关单据的,该系统向申报人发送"退回重报"或"更改通知"回执,说明退单的理由或要求修改的项目,但对具有走私违法嫌疑的,不得退回修改;对需查验或化验的,该系统向申报人发送《货物查验通知书》电子报文,提示申报人携带纸质报关单证到海关办理查验手续;对需先进行查验或化验,后做进一步审单处理或税费处理的,待查验或化验完毕后办理审结手续。EDI 专业审单审结后,该系统向申报人发送《准予提/发货通知单》,向海关监管仓库或港区发送准许提/发货信息,同时向海关物流监控部门发送审结信息。

(4)征收税费。对于应纳税的进出口货物,由海关 EDI 专业审单关员确定税率、费率、完税价格等,计税后由申报人缴纳税费或担保付款;对需先行查验或化验以确定商品归类或价格的,EDI 专业审单关员在收到有关反馈数据或职能部门的专业认定后,进行税费征收操作。

(5)放行(查验)。海关需查验的货物运抵查验地点后,申报人持《货物查验通知单》并随附全套纸质报关单证到海关办理查验手续,海关对货物实施查验后,电子审单无法审核的报关单电子数据,海关计算机系统按预先设置的派单标准分派至红通道 EDI 专业审单岗位,将查验结果及时输入计算机;无须查验或经查验无讹的货物,由申报人持加盖海关放行章的提货单或装货单提货或发货装运。

(6)签发报关单证明联等业务单证。海关在完成进出口货物放行结关后一周内,由签证关员向申报人收取全套纸质报关单证进行审核,并与电子数据核对,在对外承诺的规定时间内签发进出口报关单、收汇证明联、出口收汇核销单、出口退税报关单、海关税费缴纳凭证等业务单证。签证后,海关对纸质报关单证进行分类归档以备核查。

第三节　国际贸易与国际物流单证

单证是国际贸易和国际物流信息的重要载体。单证一词源自拉丁语"documentum",是指用以作为证明或证据的官方文件。现在,单证作为官方文件的定义已将无纸单证包括在内,比如,传真和纯电子传输文件。在国际贸易和国际物流中,各种单证对各方当事人都起着非常重要的作用:对于进出口商,单证既可作为某项交易的会计凭证、货物出运的收据或证明、进出口清关的文件,也可作为有关个人、公司和政府机构进行货物运输或检验的指示或为其提供相关信息;对于船运公司和货运代理公司,单证可以为某项交易提供会计记录,为货物的运输和搬运提供说明;对于银行,单证为其收付款项提供说明和记账工具;对于保险公司,单证是其进行风险评估、货物估价和在保险索赔中确定损失点的工具;对于进出口国家及其管理机构,单证是相关机构进出口权的必要证明,可以为进出口国及其管理机构提供有关进出口货物的统计信息,并为其征收相关税费提供会计工具,以及作为证明进口货物不会危及其公民健康和安全的证据。

根据估计,用于全球所有国家国际贸易各个领域中的单证大约有 10 000—100 000 种之多,不过主要单证的格式及内容大致相似。本节主要介绍一些非常重要的国际贸易与物流单证,由于篇幅所限,还有不少单证在此便不再做介绍,譬如询价单、报价单、意向书、订单、托收申请书、托收指示信用证通知书、信用证修改书、修改通知书、转让指示等。至于合同(或销售确认书)、汇票、信用证等一些重要单证,在前面章节已做详细分析,此节也不再重复介绍。

一、发票与包装单据

（一）发票

1. 发票的含义

发票是出口商向进口商开立的发货价目清单。它既是进出口双方交接货物和结算货款的凭证，也是装运货物的总说明。发票作为国际贸易中必不可缺的核心单据，指示了以价格为中心的买卖合同的主要条款。

2. 发票的内容

发票的内容一般应包括：载明"发票"字样，编号和签发日期，合同号，收货人名称、地址，出口商名称、地址，装运工具及起讫地点，商品名称、规格、数量、重量（毛重、净重等），包装及尺码，唛头及件数，价格及价格条件。在信用证方式下，发票的内容除应与信用证规定的完全一致外，还应列明信用证的开证行和信用证号码。在有佣金或折扣的交易中，还应在发票的总值中列明内扣佣金或折扣若干百分比。发票必须由出口商正式签字方为有效。

3. 发票的种类

就广义而言，发票主要包括商业发票、银行发票、海关发票、领事发票、预开发票等。

（1）商业发票，亦称发货单，是出口商在货物装运出口时开给进口商作为进货记账或结算货款和报关缴税的凭证。

（2）银行发票，是出口商为办理议付和结汇，以适应议付行和开证行需要而提供的发票。

（3）海关发票，是出口商按进口国海关规定提交的一种固定格式和内容的发票。

（4）领事发票，又称法定发票或签证发票。它是按某些国家法令规定，出口商对其国家输入货物时，必须取得进口国在出口国或其邻近地区的领事签证，作为装运单据的一部分和货物进口报关的前提条件之一的特殊发票。

（5）预开发票，又称估价发票。它是进口商为了向其本国当局申请进口许可证或请求核批外汇，在未成交之前，要求出口商根据拟出售成交的商品名称、单价、规格等条件开立的一份参考性发票。

（二）包装单据

1. 包装单据的含义

包装单据是指记载或描述商品包装情况的单据，属于发票的附属单据。包装单据的主要功能是通过单据内的包装件数、商品规格、等级、型号、唛头等项目的详细记载，明确商品的包装情况，便于买方对进口商品包装件号内的具体内容的了解和掌握，也便于货到目的港时，供海关查核货物。

2. 包装单据的类别和基本内容

根据不同商品的不同要求，常用的包装单据有装箱单、详细装箱单、规格单、重量单、重量证明书、尺码单、品种搭配单。

包装单据的基本内容包括发票号码,出单日期,合同号码,商品名称、款式、规格、型号,唛头,包装情况(如每个包装件的毛、净重及体积等),总的毛、净重及体积,总的包装件数。包装单据一般不记载货物的单价和总价,因为进口商不想其实际买主了解货物的详细成本价格情况。

二、运输单据[①]

(一)货物托运单据

这里主要介绍海洋运输方式下的货物运输单据。

1. 托运单(Shipping Note)

托运单是出口企业(托运人)在报关时向船方或其代理人(承运人)申请租船定舱的单据,是缮制提单的主要背景资料。

2. 装货单(Shipping Order)

装货单是船方或其代理人接受货物托运的凭证。一般由托运人缮制,经船方或其代理人配好船只舱位后签章退交托运人。装货单的作用有四:一是通知托运人货物已配妥船舶、航次、装货日期,让其备货装船;二是便于托运人向海关办理出口申报手续;三是作为命令船长接受该批货物装船的通知;四是海关人员监管出口货物的依据。

3. 收货单

收货单又称大副收据(Mate's Receipt),是货物装船完毕后,船长或大副向托运人签发的表示收妥货物的凭据。托运人收到收货单、向船方付清运费后,即可凭其向船方或其代理人换取运费预付的已装船提单;若运费系到付,托运人即可凭收货单换取运费到付的已装船提单。如收货单上有大副批注,换取提单时应将大副批注移注在提单上。

(二)海运提单

1. 海运提单(Marine/Ocean Bill of Lading)的含义

海运提单,简称提单,是承运人、船长或他们的代表、代理人在收到特定货物或货物已装船后签发给托运人的,保证将货物运往指定目的地并交付给提单持有人的物权凭证。

2. 海运提单当事人

承运人,即与托运人签订运输合同的关系人,包括船东及租船合同的承租人;托运人,即与承运人签订运输合同的关系人,可能是发货人,也可能是收货人;收货人,即提单的抬头人,他有权在目的港凭提单到承运人处提取货物,一般收货人也是提单的受让人、持有人;被通知人,即货到目的港时,船方发送到货通知的对象,可以是收货人,但一般是收货人的代理人。

3. 海运提单的基本内容

海运提单的格式和内容各异,各个船公司都有自己的提单格式,但基本内容大致相同。

---

① 详见第二篇第六章第二节。

正面的内容主要包括：船名，装运港，目的港，托运人名称，收货人名称（如托运人指定收货人时），被通知人名称，货物名称、标志、包装、件数、重量或体积，运费，提单正本份数，提单签发日期，承运人或船长签字等。提单的反面是印就的具体运输条款，对有关承运人的责任、托运人的责任、索赔与诉讼等问题均有详细的规定。

三、保险单据

（一）保险单据的概念

保险单据是保险人与被保险人之间订立保险合同的证明文件，它反映了保险人与被保险人之间的权利和义务的关系，也是保险人的承保证明。当发生保险责任范围内的损失时，它既是保险索赔和理赔的主要依据，也是外贸公司向银行议付货款的重要单据之一。保险单据可以经背书或其他方式进行转让，且保险单据的转让无须取得保险人的同意，也无须通知保险人。即使在保险标的发生损失之后，保险单据仍可有效转让。保险单据的出单日期不得迟于运输单据所列货物装船或发运或承运人接受监督的日期。因此，办理投保手续的日期不得迟于货物装运日期。

（二）保险单据的种类

1. 保险单（Insurance Policy）

保险单，俗称大保单、正式保单，是使用最广的一种保险单据。货运保险单是承保一个指定航程内某一批货物的运输保险。这种保险单是保险人根据投保人逐笔投保而逐笔签发的，货物安全抵达目的地后，保险单的效力即告终止。保险单的正面载有保险人与被保险人的名称，货物名称、数量及标志，运输工具，险别，起讫地点，保险期限，保险金额等内容。背面印有保险条款，其详细规定了保险人与被保险人之间的权利与义务。

2. 保险凭证（Insurance Certificate）

保险凭证，俗称小保单，亦称保险证明书，是一种简化的保险单据。这种凭证除背面不载明保险人与被保险人双方的权利和义务等保险条款外，其余内容均与保险单相同，可以声明正式保险单所载全部条款及本承保凭证的特定条款若有冲突，以本承保凭证的特定条款为准。保险凭证与上述保险单具有同等法律效力。一般情况下，信用证都规定银行可接受保险单或保险凭证。但是为了实现单据规范化，不少保险公司已废弃此类保险凭证。

3. 联合凭证（Combined Certificate）

联合凭证是一种将发票和保险单相结合的，比保险凭证更为简化的保险单据。保险公司将承保的险别、保险金额及保险编号加注在投保人的发票上，并加盖印戳，形成联合凭证，其他项目均以发票上列明的为准。这种凭证现在已很少使用。

4. 预约保单（Open Policy/ Open Cover）

预约保单又称预约保险合同，它是被保险人与保险人之间订立的总合同。订立这种合同的目的是简化保险手续，使货物一经装运即可取得保障。合同中规定承保货物的范围、险别、费率、责任、赔款处理等条款,凡属合同约定的运输货物,在合同有效期内自动承保。在实际业务中,预约保单一般适用于自国外进口的货物。被保险人在获悉每批货物装运的信息时,应及时将装运通知书送交保险公司,并按预约办法缴纳保险费,即完成了投保手续。

5. 批单(Endorsement)

批单是指保险单出立后,投保人如需要补充或变更其内容时,可根据保险公司的规定,向保险公司提出申请,经同意后即另出一种凭证,注明更改或补充的内容,这种凭证即称为批单。保险单一经批改,保险公司即按批改后的内容承担责任。其批改内容如涉及保险金额增加和保险责任范围扩大,保险公司只有在证实货物未发生出险事故的情况下才同意办理。批单原则上须粘贴在保险单上,并加盖骑缝章,作为保险单不可分割的一部分。

四、产地证明书(Certificate of Origin)

(一)产地证明书的概念

产地证明书,简称产地证,它是出口商应进口商要求而提供的、由政府机构或公证机构或出口商出具的证明货物原产地或制造地的一种证明文件。产地证是贸易关系人交接货物、结算货款、索赔理赔、进口国通关验收、征收关税的有效凭证,它还是出口国享受配额待遇、进口国对不同出口国实行不同贸易政策的凭证。

产地证明书的主要内容包括:进出口商的名称和地址,运输方式和航线,商品唛头和编号,商品名称、数量和重量,证明书,等等。

(二)产地证明书的分类

根据签发者不同,产地证明书一般可分为以下 3 种类型。

1. 商检机构出具的产地证,如中华人民共和国质量监督检验检疫局出具的普惠制产地证(GSP Certificate of Origin)

普惠制原产地证明书,又称格式 A 产地证(GSP Certificate of Origin Form A),是普惠制的主要单据,是发展中国家向发达国家出口货物,按照联合国贸发会议规定的统一格式而填制的一种证明货物原产地的文件,又是给惠国(进口国)给予优惠关税待遇或免税的凭证。凡享受普惠制规定的关税减免者,必须提供普惠制产地证明书。普惠制原产地证明书在我国由出口企业填制,并经中国出入境检验检疫局审核签章,作为进口国减、免关税的依据。但对新西兰还须提供格式 59A(Form 59A)产地证,对澳大利亚不用任何格式,只需在商业发票上加注有关声明文句。

2. 商会出具的产地证,如中国国际贸易促进委员会出具的普通产地证

普通产地证书常用于不使用海关发票或领事发票的国家,要求提供产地证明以确定对货物征税的税率。在中国一般由中国出入境检验检疫局签发或中国国际贸易促进委员会签发。若信用证或合约未规定由谁签发,则可由包括信用证受益人在内的任何人出具此类原产地证书。

3. 制造商或出口商出具的产地证

在国际贸易实务中,应该提供哪种产地证,主要依据合同或信用证的要求。一般向实行普惠制的国家出口货物,都要求出具普惠制产地证。如果信用证并未明确规定产地证的出具者,那么银行可以接受任何一种产地证。但对地处波斯湾和红海等地区的国家出口货物,习惯上使用中国国际贸易促进委员会出具的证书。除此之外通常都由商检局或出口商(或制造商)出具产地证。

五、进出口报验(检)单

进出口报验(检)单是指进出口企业向国家商检机构办理申请报验手续的报验申请单。一般来说,凡按约定条件和国家规定必须法定检验的出口货物,在备妥货物后,应向国家进出口商检机构申请检验,只有经检验并出具商检机构签发的检验合格证书,海关才放行。该申请单的内容,一般包括:品名、规格、数量或重量、包装、产地等项。在提交申请单时,应随附合同和信用证副本等有关文件,供商检机构检验和发证时作参考。当货物经检验合格,商检局发给检验合格证书,外贸公司应在检验证规定的有效期内将货物装运出口。如在规定的有效期内不能装运出口,应向商检局申请展期,并由商检局进行复验,复验合格后,才准予出口。

六、检验证明书(Inspection Certification)

(一)检验证明书的含义

检验证明书是由政府商检机构或公证机构或制造厂商等对商品进行检验后出具的关于商品品质、规格、重量、数量、包装、检疫等各方面或某方面鉴定的书面证明文件。检验证明书虽不属于国际贸易结算中的基本单据,但倘若证明书中的检验结果不符合信用证或合同的规定,进口商可据此作为拒付或索赔的理由。国际贸易中商品检验证明书的签发者一般是专业性检验机构,也有由买卖双方自己检验出具证书的。

(二)检验证明书的种类

1. 由出口国的政府机构签发(中国则由中华人民共和国出入境检验检疫局出具)的检验证书

(1)品质检验证书,证明进出口商品的品质、规格、等级、成分、性能等实际情况。

(2)重量检验证书,证明进出口商品的重量,如毛重、净重等。

(3)数量检验证书,证明进出口商品的数量。

(4)兽医检验证书,证明出口商品经过检疫合格的书面证件,它适用于冻畜肉、冻禽、皮张、肠衣等商品,必须由主任兽医师签署。

(5)卫生(健康)证书,证明可供食用的出口动物产品、食品等经过卫生检疫或检验合格的证件,例如肠衣、罐头食品、蛋品、乳制品等。

(6)熏蒸/消毒证书,证明出口动物产品已经过消毒处理,保证安全卫生,例如猪鬃、马尾、羽毛、山羊毛、羽绒制品等。

(7)残损鉴定证书,证明进口商品残损情况,供索赔时使用。

2. 其他检验证书

经我国检验检疫局出具的上述各类检验证书是我国法定的检验证书,而根据信用证条款或合约的不同要求,检验证书也可由出口商或生产厂商、进口商驻出口地办事处代表或进口商指定出口地某检验机构在货物出运前出具。

七、进出口货物许可证

(一)进口货物许可证

我国的进口货物许可证是经贸主管部门签发给进口单位的准许货物进口的证书,它是《海关法》规定的应向海关交验的单证之一,也是海关依法验放进口货物的依据。

(二)出口货物许可证

出口货物许可证又称输出许可证,在国际贸易中,一个国家(或地区)根据其经济、政治状况等各种因素,出于政治或国家安全及某些歧视政策的原因,或者为了维护本国的经济利益,保证出口收汇,以及出于协调等方面的考虑,规定某些商品的出口必须事先申领出口货物许可证。没有出口货物许可证则海关不予出口,这是一种出口管制的重要制度和措施。不过,采取出口货物许可证制度,除少数特殊商品或为了特殊需要外,一般不是为了消极限制出口,而是为了鼓励出口,指导出口,加强本国出口产品的竞争力。

八、进出口货物报关单

(一)进口货物报关单

进口货物报关单是进口货物的收货人或其代理人向海关申报货物进口的凭证,亦是海关验收进口货物的主要依据,其格式由海关总署和国家统计局共同制定。

进口货物报关单适用于单边进口货物、易货贸易进口货物、边境贸易进口货物、暂时进口货物,以及暂时出口复进口货物。进口保税货物等来料加工、进料加工货物有专用报关单。中国海关规定,对于进口货物,其收货人或代理人应在海关规定期限内填写进口货物报关单,随附有关单证向海关申报。报关单是货主就进口货物向海关申报进口的声明,报关人对一切报关行为负法律责任,因此必须逐项准确填写;若有更改,应在更改项目上加盖核对章。报关单位必须加盖报关单位公章及报关员的印章。不同合同项下的货物不能填在一张报关单上。报关单申报的内容必须与随附的单证相符,并与实际进口货物一致。

(二)出口货物报关单

出口货物报关单是出口货物的发货人或其代理人向海关申报货物出口的凭证,也是海关验放出口货物的主要依据,其格式由海关总署和国家统计局共同制定。

出口货物报关单主要适用于单边出口货物、易货贸易出口货物、边境贸易出口货物、暂时出口货物等的报关,而不适用于出口加工、装配成品货物的报关(这些货物要使用专用报关单)。货物出口时,其发货人或代理人填写出口货物报关单并随附有关单证向海关申报。报关单位对报关内容负法律责任,因而报关单不仅要逐项填写,还要准确;若有更改,要加盖专用更改印章,报关单位和报关员都要在报关单上签章。此外,报关单填报的内容要与随附递交的各种单证相符,与实际出口货物一致;分属不同合同的货物不能填在一张报关单上。

九、其他国际贸易与物流单证

(一)船公司证明

船公司证明是船公司出具的单据,是进口商为了满足政府需要或为了解货物运输情况等要求出口商提供的单据。常见的船公司证明包括:

1.船籍证明

它是船公司说明载货船舶国籍的证明文件,若信用证中对载货船舶的国籍有特定要求,船籍证明必须符合信用证规定。

2.船龄证明

它是船公司出具的说明载货船舶船龄的文件,一般船龄在 15 年以上为超龄船,若进口方在信用证中规定了载货船舶的船龄,即使信用证没有明确要求出此证明,出口方一般须请船公司出具船龄证明。

3.船级证明

它是船公司出具的说明载货船舶符合一定船级标准的证明。

4.航行路线证明

它是由船长或船方代理人证明该船只在本航次中所经过的港口和停靠港,或航行路线等的证明文件,红海和波斯湾一带地区常要求出具这样的证明书。其格式及内容是非固定的,但必须符合信用证的要求。

5.转船通知证明

它是由船长、船方代理人或发货人证明载货船舶在中途转船,并且由转运人负责将有关转船事项通知收货人的一种文件。

6.船长收据

船长收据,即由船长签字的随船单证收据,是船长在收到随船带交给收货人的单证时出具的收单证明,进口方为防止单据迟于货物到达或其他原因,常要求出口商将某种单据或一套正本(或副本)单据在装船时交给载货船舶的船长,随船带交收货人。出口商将单据交给船长后,船长签发收单证明即船长收据。船长收据一般注明收到单据的种类、份数,并声明将于到达目的港后交予指定人。船长收据可以由出口商自行根据需要预先缮制,然后交船长审核并签字退回,最后与其他必须提交的单据一起送银行议付。

(二)装船通知(Shipping Advice)

装船通知是出口方在货物装船后给进口方的通知。其目的是让进口方了解货物已装船发运,可准备付款和接货。在以 FOB 或 CFR 为条件成交,需进口方自行投保运输险的情况下,装船通知应在装船后无迟延地发出,以便进口方办理投保手续,如有延误而导致损失,应由出口方负责。进口方往往在信用证中明确规定出口方必须按时发出装船通知,并规定通知的内容,以及规定在议付时必须提供该装船通知的副本与其他单据一并提交银行议付。

(三)受益人证明(Beneficiary Certificate)

1. 受益人证明的概念

受益人证明是在信用证结算方式下,出口商根据要求出具的证明其已履行某种义务或办理某项工作的单据,一般是关于商品品质、包装,已发装船通知,已寄样品或副本单据等情况的证明。其内容多样、格式简单,可以根据信用证的规定出具并正式签章。受益人证明一般不分正本、副本,但若来证要求正本,则可在受益人证明单据的上方打上"正本"二字。

2. 常见的受益人证明的种类

(1)寄单证明。它指由出口商签发的有关寄单情况的证明,内容视信用证条款或进口商规定。

(2)寄样证明。它指由出口商签发的有关寄出的装船货样等情况的证明文本。

(3)履行内容的证明。它指由出口商签发的已按信用证条款或对方规定履行义务的证明。

案例四 中国外轮代理公司国际物流服务网络

一、半个世纪的发展,形成一个覆盖全国、连接世界主要贸易区的服务网络

中国外轮代理公司成立于1953年1月1日,是中国经营最早、规模最大的国际运输代理企业,总部设在北京。中国外轮代理公司主要经营国际经济贸易运输代理业务,包括船舶代理、货运代理、客运代理、租船经纪及其他相关业务。中国外轮代理公司及其下属的货运公司,向顾客提供国际货物运输代理、综合物流、仓储、代理报关、多式联运和拼箱等相关服务,包括承办进出口货物的申报手续,联系安排装卸、理货、公估、衡量、熏蒸、监装及货物与货舱检验,组织货载,洽定舱位,办理货物报关、接运、仓储、装箱、拆箱、中转及投保,承担散货灌包和代办货物查询、理赔其他运输业务,等等。

物流的功能中,最重要的一点就是整个物流过程对产品的增值作用,物流中的运输服务和其他功能的综合程度,决定着产品的增值幅度。作为物流发展核心的物流提供者,要实现优质高效的系统化物流服务,必须具备以下条件:①要有现代化的信息管理网络,这是物流业中心环节;②必须取得一个可靠的运输网络的支持;③要有高度系统化、集约化的管理体制做保证。

经过近半个世纪的发展和积累,中国外轮代理公司在全国设立了81个口岸公司和近200个货运网点,在境外,除了在日本和韩国的两个办事处外,其总公司还与日本、英国、德国、美国、新加坡、埃及等国的40余家货运公司签订了互为代理协议,形成了海外

货运网络。目前,中国外轮代理公司总公司正逐步建成一个覆盖全国、连接世界主要贸易区的服务网络。

二、"全天候、全过程、全方位"的服务目标

中国外轮代理公司自有堆场和仓库近 100 万 m^2、几百辆各种运输车辆,在硬件上为发展物流创造了良好的条件。中国外轮代理公司总公司与海关总署签订的《关于共同加强报关运输管理的合作备忘录》,是促进中国外轮代理公司业务发展、加快货物通关速度、提高中国外轮代理公司物流服务效率的具体手段和措施。把提供"全天候、全过程、全方位"服务作为自己的目标,中国外轮代理公司充分利用发达的海陆空运输条件,为国内外客商提供运输、仓储、集拼、分拨和配送、库存管理、信息管理等物流服务和增值服务。为满足小批量货物运输需要而开辟的"高速集运班车",作为一项特色服务,以大连、青岛、上海、宁波等枢纽港口为中心辐射到东北、华北和华东地区。

中国外轮代理公司通过多年的努力,建立起了一套比较完善的管理制度,尤其是推行 ISO9002 质量体系以后,管理水平明显提高,形成了以质量手册、质量程序和工作指导书为依据的 3 个管理层次,为建立符合调度集约化、系统化的物流管理体系,创造了有利条件。以物流总部为主体的三级管理体制,使管理扁平化、反应快速化,服务更贴近客户,为提高物流的效率和效益打下了坚实的基础。

中国外轮代理公司的物流业务虽然尚在起步阶段,但本着"成熟一个、发展一个、巩固一个"的原则,使全系统的"物流工程"取得了实质性进展,中国外轮代理公司系统操作的厦华三宝配送项目、PAYLESS 物流项目、东丽化纤项目和珠江三角洲家电产品物流等已经取得一定成效,为其积累了一定的管理和操作经验。中国外轮代理公司一流的物流服务,获得了中外客户的一致认可和好评。中国外轮代理公司以期实现与顾客建立一种相互依赖、相互依存的新型战略伙伴关系,在业务交往中双方互惠互利、共同发展的目标。

三、"中国外轮代理公司物流信息系统"全面提升企业价值

中国外轮代理公司在加强互联网应用的同时,十分注重对电子商务的开发和利用。电子商务不是企业传统业务简单的电子化和网络化,它涉及企业流程的再造和资源的重新配置。在开展物流服务之初,中国外轮代理公司就体会到,现代化的信息管理网络是物流业的中心环节,用于计划的信息及通信系统,在企业的各系统内必须统一,才能实现功能合并及操作的同时进行,才能够在做到使客户更为满意的同时,进而节省时间和降低成本开支。因此,在进行物流信息系统需求分析时,中国外轮代理公司不是孤立地看待应用系统,而是综合考虑了合同、保险、单证、语言等诸多因素。在进行系统设计时,中国外轮代理公司一面从技术上进行需求分析,同时还结合管理的要求,开发了集中统一的 ASP 方式。2000 年 7 月,公司自行开发的"中国外轮代理公司物流信息系统"通过专家验收并正式投入使用,实现了全部信息交换均在互联网上进行的目标。

中国外轮代理公司物流信息系统采用互联网技术,运用客户浏览器方式开发,在客户端只需安装一个互联网浏览器软件即可。所有数据库和应用程序都在服务器一端,

因此安装和使用都相对简单,用户无须考虑系统维护和升级工作,只要具备上网能力就可使用。该系统可在互联网上实现顾客指令发布、运输计划拟订和审批、货物在途信息发布、货物库存信息发布、配送指令下达和货物交接记录发布等功能,基本能够满足当前业务发展需要。中国外轮代理公司总公司正致力于"中国外轮代理公司物流信息系统"的升级工作,升级后的综合物流信息系统将完全采用国际通用标准,并覆盖操作和管理的全过程。

复习思考题:

1.简述国际贸易与国际物流的关系。

2.信用证条件下进出口合同的履行一般包括哪些环节?

3.简述进出口货物通关程序。

4.什么是无纸通关?其包括哪些程序?

5.关于国际贸易术语的主要国际贸易惯例有哪些?

6.CPT 与 CFR 术语有何不同?

7.CIF 与 CIP 术语有何区别和联系?

8.汇票、本票、支票有何不同?

9.付款交单与承兑交单有何区别?

10.信用证有何特点?

11.信用证结算业务的流程主要包括哪些环节?

12.检验证明书一般有哪些种类?

13.海运提单主要包括哪些内容?

第二篇　全球物流系统机能与决策

第五章 全球物流采购系统

随着全球市场的形成和信息技术的飞速发展及应用,企业的采购流程逐步打破时间、空间的限制,跨国间的咨询、报价、样品传送、订单下达等环节也变得越来越简单和易于操作。传统上,企业从国内获得原材料、零部件、供应品和组件。然而,国际原料采购正越来越成为一种趋势。例如,美国的 Trek 自行车公司每星期都从新加坡、日本、中国、菲律宾的供应商那里进口 20 个集装箱的成品自行车和零部件。佳能组织当地的一些供应商为在日本以外的产品制造提供服务。在加利福尼亚的工厂,公司 30% 的采购来自当地,这个比例在弗吉尼亚低于 20%,在德国为 40%。[①] 为了降低采购成本,获取更大的全球战略收益,许多企业尤其是跨国公司纷纷实行全球化采购战略。本章旨在介绍全球化采购兴起与发展的背景,重点分析全球采购流程与供应商的选择和评估,准时制采购、全球采购计划、成本管理与绩效评价。

第一节 全球化采购的兴起与发展

一、全球化采购的动因

(一)企业采购的目的及其战略作用

1. 企业采购的目的

一般而言,企业采购的目的有如下几点:为组织的运作提供其所需要的不间断的原材料、物品和服务;将存货投资和损失降到最低的程度;保持和提高质量;寻找或开发具有竞争力的供应商;尽可能使所购买的产品标准化;以最低的总成本购买所需的产品和服务;提高组织的竞争地位;与组织内的其他职能部门取得融洽的、有利于提高生产效率的关系;以尽可能低的管理成本实现采购目标。影响企业实现采购目标的主要活动包括:供应商的选择和评估、进程管理(采购)、全面质量管理、采购计划和研究。

2. 企业采购的战略作用

采购的战略作用在于以支持组织的整体目标的方式,执行与采购相关的活动。采

---

① 詹姆士·R.斯托克、道格拉斯·M.兰波特:《战略物流管理》,邵晓峰,等,译,中国财政经济出版社 2003 年版,第 542 页。

购作为组织跨边界的关键职能之一,对组织的战略成功做了许多贡献。

(1)接近外部市场。通过采购与供应商进行外部接触,能够取得有关新技术、潜在新材料或服务、新的供应货源和市场条件的改变等各方面的重要信息。通过传递这些竞争信息,能够帮助企业重新制定组织战略,充分利用市场机会。

(2)供应商开发和关系管理。通过采购,能够识别和开发新的和已存在的供应商来支持组织战略的成功。在新产品和服务开发的早期取得优秀的供应商或是变更已有的较差的供应商,能够缩短开发时间。压缩时间可是非常重要的,可使组织成为市场的领导者或创新者。

总之,采购的作用是操作性的、战略性的。采购的作用范围包括支持作用、战略作用。从采购活动为其他职能领域提供价值的角度来讲,在重要的决策中应考虑采购的影响,同时采购相关负责人应在早期参与制定影响采购活动的决策。获得更多的信息使得采购职能可以更好地预测和支持其他职能部门的需要,这种支持反过来又导致了更大的认可与参与。

(二)推动企业采购全球化的动因

所谓全球采购就是利用全球的资源,在全世界范围内寻找或选择供应商,寻找质量最好、价格合理的产品。推动现代企业采购全球化的动因有以下几个方面。

1.跨国公司生产布局全球化

跨国公司作为全球化的生产企业,在世界范围内寻找原材料、零部件来源,并选择一个适应全球分销的物流中心及关键供应物资的集散仓库。跨国公司在获得原材料及分销新产品时使用当地现有的物流网络,并推广其先进的物流技术与方法。跨国公司的这种全球性分布的生产网络,要求其在全球范围内寻找、购买各种原材料和半成品,以降低其采购成本。

2.专业第三方物流网络同步全球化

在跨国公司的全球化发展的进程中,将以前所形成的完善的第三方物流网络也带入全球市场中。例如,有着日本背景的伊藤洋华堂在打入中国市场后,其在日本的物流配送伙伴伊藤忠株式会社也跟随而至,并承担了其在中国的配送活动。这种伙伴式的业务发展模式也是促使跨国公司进行全球化采购的因素之一。

3.多式联运的发展和国际航线的形成

为了充分应对经济全球化的发展趋势和业务对象的全球化分布情况,国际运输企业之间也开始形成了一种覆盖多种航线,相互之间以资源、经营的互补为纽带,面向长远利益的战略联盟。这不仅使得全球物流能够快速、便捷地进行,而且使得全球范围内的物流设施得到了充分的利用,有效地降低了国际物流相关成本,从而使得跨国公司的全球化采购战略得以实施。

采购活动国际化、全球化不仅是大势所趋,而且随着信息技术、物流技术的发展,将会成为带动全球经济快速发展的一个新的利益增长点。而基于全球化战略下的统一采购,使得跨国公司等大的国际制造商通过其在世界各地的多家子公司的购买能力,将其触角伸向国际市场并得到利润更高的订单。跨国公司的全球化统一采购战略是降低采购成本、提高采购质量、提升企业整体市场竞争能力的有效方式,同时,也可以避免传统的分散采购中存在的物料灰色价格和交易回扣等现象的发生。

二、全球化采购的优势

全球化采购的优势表现在以下几个方面。

(一)扩大供应商比价范围,提高采购效率,降低采购成本

通过全球化采购,在全球范围内对有兴趣交易的供应商进行比较,可以以较低价格获得更好的产品和服务。由于地理位置、自然环境及经济发展的差异,各个国家和地区的资源优势是不同的,全球化采购可以使企业以较低的价格获得更好的产品和服务,得到较高质量的商品,大大提高企业的经济效益。

(二)利用汇率变动进一步降低商品的购买成本

在签订国际商品买卖合同时,双方就要考虑汇率变动对购买成本的影响。因为贸易合同从签订到实施有一定的时间间隔,而国际汇率又是在不断变化着的,所以在选择以何种货币作为支付工具时,应考虑在该时段内国际金融市场汇率的变动趋势,以便从中获得收益。全球化采购突破了传统采购模式的局限,从货比3家到货比百家、千家,大幅度降低了采购费用,降低了采购成本,大大提高了采购工作效率。

(三)实现采购过程的公开化和程序化

通过全球化采购可以实现采购业务操作程序化,有利于进一步公开采购过程,实现实时监控使采购更透明、更规范。企业在进行全球化采购时,必须按软件规定的流程进行,这大大降低了采购过程的随意性。通过全球化采购还可以促进采购管理定量化、科学化,实现信息的大容量与快速传送,为决策提供更多、更准确、更及时的信息,让决策依据更充分。

(四)实现生产企业为库存而采购到为订单而采购

在全球电子商务模式下,采购活动是以订单驱动的方式进行的。制造订单的产生是在用户需求订单的驱动下产生的。然后,制造订单驱动采购订单,采购订单再驱动供应商。这种准时化的订单驱动模式可以准时响应用户的需求,从而降低库存成本,提高物流的速度和库存周转率。

(五)实现采购管理向外部资源管理转变

由于与供需双方建立起了一种长期的互利的合作关系,采购方可以及时把质量、服务、交易期的信息传送给供方,使供方严格按要求提供产品与服务。即根据生产需求协调供应商的计划,实现准时化采购。特别是电子商务采购,为采购提供了一个全天候超时空的采购环境,即365天×24小时的采购环境。电子商务采购降低了采购费用,简化了采购过程,大大降低了企业库存,使采购交易双方形成战略伙伴关系。可以说,电子商务采购是企业的战略管理创新,充满着无限的活力。

三、企业全球化采购事例

随着经济全球化的推进,全球年跨国采购总额保持在 500 亿美元左右。信息技术的高速腾飞注定跨国经营管理模式从传统的"纵向一体化"向"横向一体化"发展,推出"供应链"式的管理模式,以便发展供应链上每一节点的竞争优势,实现价值最大化。供应链管理是全球化采购的主流管理思想,它的应用能提高投资回报率、降低成本、缩短订单履行时间。据有关资料统计,全球化供应链管理的实施可以使企业的总成本降低10%,按时交货率提高 15%,生产周期缩短 25%—35%,生产率增值 10% 以上,资产运营业绩提高 15%—20%。中国个别企业从短期目标出发,以低价为主要竞争手段,不利于与供应商建立长期的战略合作伙伴关系,无助于激励供应商提供增值服务。中国企业要融入跨国公司的全球采购链条中,必须实现从传统贸易方式向供应链管理方式的转变。

据有关资料显示,2002 年世界主要跨国公司在中国的采购额达 150 亿美元,其中 8 成以上集中在珠江三角洲和长江三角洲,而在长江三角洲的采购金额约 40 亿美元。2004 年,沃尔玛和家乐福在华采购额分别是 180 亿元和 30 亿元。2002 年,欧洲最大的食品零售集团翠丰公司在亚洲的采购量为 3.6 亿英镑,其中 90% 来自中国。英国最大零售商特斯科在华的采购量以年 20%—50% 的高速递增。生产企业同样热衷于购买中国商品,摩托罗拉到 2004 年在华的采购额达到 100 亿美元。

四、我国企业应该如何融入全球采购网络

(一)我国传统采购模式的弊端及融入全球采购网络的手段

1. 我国传统采购模式的弊端

一是采购供应双方都不进行有效的信息沟通,互相封锁,是典型的非信息对称博弈过程,采购成了一种盲目行为;二是无法对供应商的产品质量、交货期进行事前控制,经济纠纷不断;三是供需关系是临时的或短期的合作关系,而且竞争多于合作;四是响应用户需求能力弱;五是利益驱动,暗箱操作,舍好求次、舍贱求贵、舍近求远,是腐败的温床;六是生产部门与采购部门脱节,造成库存积压,占用大量流动资金。

2. 融入全球采购网络的手段

(1)建立企业自身的全球采购系统。

(2)成为国外企业(包括生产企业与流通企业)的供应商,进入国外企业的全球采购系统。

(3)成为跨国公司在中国设立的采购中心的供应商。

(4)成为联合国采购供应商。

(5)成为国际采购组织和国际采购经纪人的供应商。

(二)实现企业采购管理模式的转换

在全球化采购浪潮的推动下,我国企业必须转换传统的采购模式,积极融入跨国公司的全球采购系统中。其主要表现为以下 5 个方面:

（1）从"为库存而采购"转变为"为订单而采购"，减少库存，加快流转速度。

（2）从对采购商品的管理转变为对供应商的管理，建立战略联盟，进行供应链管理。

（3）从传统的采购方式转变为现代采购方式，以公平、公开、公正的原则，降低采购成本。

（4）如何进行采购管理，从企业的一般问题提升为提高企业应变力与竞争力的战略问题。

（5）优化企业管理资源，实行流程再造，设立统一的采购部门，配备精明的采购总监。

第二节　全球采购流程与供应商的选择和评估

一、采购过程的步骤和常见的采购情况

（一）采购过程的步骤

在全球采购的过程中，最重要的活动可能就是从全球大量潜在的卖主中选择最佳的供应商。购买的过程本来就很复杂，因为在进行决策时，必须考虑各种参与者。而全球采购的过程更加复杂，这个过程包括决策制订者和决策影响者，形成了决策制订单元（DMU）。这个过程一般包括以下12个步骤：识别需求、撰写说明书、研究备选方案、建立联系、设立采购和使用标准、评估备选采购活动、确定可获得的预算、评估特殊备选方案、与供应商协商、购买、使用和进行采购后评估。在采购过程中进行上述所有12项步骤可能是没有必要的，除非决策是全新的。如果以前已经进行了决策（例行性采购），那么这其中的许多步骤就可以省略。

（二）4种常见的购买情况

（1）例行性订单情况。它指以前产品已经订购了许多次、订单的程序已经基本确定的情况。

（2）程序性问题情况。它指非例行性采购和可能需要员工学习如何使用产品的情况。

（3）绩效问题的情况。它指涉及用来代替目前产品的非例行性采购，但是必须进行绩效测试的情况。

（4）政策问题的情况。它指产品的使用可能会影响公司的许多部门的非例行性采购的情况。因此，整个公司内的许多人可能会参与到决策制定过程中。

二、全球采购流程、决策及其采购方式

原材料和零部件的采购费用在企业的生产成本中具有很重要的地位，发生在采购环节的费用一般要占到企业产品销售额的30%左右，而其中的运输费用则要占到采购费用的30%—50%。可见，企业采购合理化对企业降低成本而言，具有很重要的意义。

（一）企业采购流程

企业采购流程（图 5-1）通常是指有制造需求计划的厂商选择和购买生产所需的各种原材料、零部件等物料的全过程。在这个过程中，作为购买方，企业首先要寻找相应的供应商，调查其产品在数量、质量、价格、信誉等方面是否满足企业的购买需求；其次，在选定了供应商之后，企业要以订单的方式传递详细的购买计划和需求信息给供应商，并商定货款结算方式，以便供应商能够准确地按照客户企业的性能指标进行生产和供货；最后，采购企业要定期对采购工作进行评价，寻求提高效率的采购流程创新模式。一个完善的采购流程应满足企业所需物料在价格、质量、数量和地区分布上的综合平衡，即物料价格在供应商中的合理性，物料质量在制造系统所允许的误差范围内，物料数量能够保证生产系统的连续进行，物料的采购区域符合经济性等要求。

采购需求计划 → 发出采购订单 → 物料入库验收 → 认证供应商 → 评价采购工作

图 5-1 企业采购流程

在当前经济全球化的条件下，企业的采购流程受到三大因素的影响。第一，经济全球化的影响。全球采购已经成为企业全球战略的重要组成部分，因此，这一趋势将影响到企业的采购流程变革。第二，电子采购方式（B2B，B2C）已成为企业延伸自己的采购营销业务的手段。第三，合作竞争的思想促使企业的采购行为向"纵向一体化"的方向延伸、扩展。

（二）企业采购决策

企业采购决策主要包括以下几个方面的内容。

1.调查与反馈原材料市场的供应信息

企业采购决策者应对所需原材料的资源分布、数量和市场供需要求等情况进行调查，作为企业制订较长远的采购规划的依据；同时，要及时掌握市场信息的变化，进行采购计划的调整、补充。

2.了解竞争对手的产品和服务成本

对竞争对手的估测能提供必要的信息，使企业在竞争中处于主动的地位。这种先发制人的优势可以使企业保持在业界的领先地位，并始终保持其营利性。竞争力评估不仅仅是瞄准业界同行的标杆，更重要的是指对竞争对手的业务、投资趋势、成本现状、现金流做出细致的研究，并且预测它们的长处和弱点。通过对竞争对手的了解，可以更好地和供应商进行谈判，增强企业的谈判实力。

3.供货厂家的选择

企业在选择供货厂家时，第一，应考虑原材料供应的数量、质量、价格（含运费）、供货时间保证、供货方式和运输方式等，根据企业的生产需求进行比较，再选定供货厂家。第二，要建立供应商信息档案，其内容主要包括：供应商企业概况（地点、规模、营业范围等），可供应原材料种类，产品质量保证，企业信誉，运输条件及成本，保管费用和管理费用,包装箱和包装材料的回收率,交易执行状况,企业投诉的历史记录等方面的信息,完善的信息档案是选择良好的供应商的重要依据和决策基础。

4. 进货时间间隔和进货批量决策

一般情况下,每次订购的数量越大,在价格上得到的优惠越多,同时因为采购的次数减少,采购费用也相应地下降;但一次进货数量越大,意味着企业要保持较高的存货,造成较高的库存费用,从而占用更多的企业资金,需要支付更多的银行利息和仓库管理费用,同时也容易造成存货积压、贬值。如果每次采购的数量过小,则在价格上得不到供应商的折价优惠,同时由于采购次数增加而加大采购费用的支出,并且还要承担因供应不及时造成停产待料的风险。如何控制进货的批量和进货时间间隔,使企业生产不受影响同时费用最省,是企业采购决策要解决的问题。

(三)企业采购方式

由于全球化战略所涉及的供应商地域分布广泛,为了有效地实施统一采购,企业一般多采用招标采购、在线采购和网上竞价采购等方式。招标采购方式从公平、公开、公正的角度注重对供应商们在物料价格、质量上的比较研究,是招标企业保证制造质量、提高经济效益的有效措施。从便捷灵活的角度来看,在线采购和网上竞价采购方式注重缩短采购时间、降低采购流程费用,是企业借助信息化手段引入电子商务、提升竞争力的有力保证。

1. 招标采购

招标采购是指采购企业作为招标方,事先提出采购的条件和要求,邀请众多的企业参加投标,并按照规定的程序和标准一次性地从中择优交易对象的一系列过程。由于招标采购的最大特点是公平、公开、公正和择优,对于采购双方而言,增加了采购过程的透明度,客观上杜绝了腐败现象的发生,真正体现了市场竞争优胜劣汰的原则,从而保证了物料的采购质量,降低了产品的总成本,达到了提高经济效益的目的。

2. 全球电子采购

全球电子采购是一种电子商务采购模式,企业要进入全球采购系统,必须熟悉与掌握这一系统。电子商务的产生和发展跟物流与采购活动是密切相关的,众所周知,电子商务的发展最早源于采购活动。1995年以前,电子商务主要指EDI的应用,而EDI的产生就是从采购活动开始的。1995年以后,随着互联网的发展,现代电子商务真正发展起来,电子商务的产生使传统的采购模式发生了根本性的变革。

1999年以来,跨国公司陆续把发展物资采购电子商务工作列入企业发展战略目标。例如,BP-AMOCO,EXXON等14家国际石油公司联合建立了一个全球性的电子商务市场,以消除在物资采购、供应链管理上低效率的不良影响。

全球电子采购旨在利用网络和信息技术为企业采购人员提供一个快速降低采购成本的网络平台,借助这个网络平台,采购人员能够通过Internet在全球范围内及时地同其他众多供应商进行通信和交易。

三、全球供应商的选择和评估

（一）选择供应商时的基本要求和需要考虑的成本要素

1. 选择供应商时的基本要求

在选择供应商时，要特别考核供应商所在地的环境，即我们常说的跨国采购的 4 个基本要素，即价值流（Value flow）、服务流（Service flow）、信息流（Information flow）与资金流（Cash flow）。"价值流"代表产品和服务从资源基地到最终消费者的整个过程中的价值增值性流动，包括多级供应商对产品和服务的修改、包装、个别定制、服务支援等增值性活动。"服务流"主要指基于客户需求的物流服务和售后服务系统，即产品和服务在多级供应商、核心企业及客户之间高速有效的流动及产品的逆向流动，如退货、维修、回收、产品召回等。"信息流"指建立交易信息平台，保证供应链成员间关于交易资料、库存动态等信息的双向流动。"资金流"主要指现金流动的速度及物流资产的利用率。对供应商的评估主要从价格、质量、交货与服务 4 个方面进行。法国零售大王麦德龙跨国连锁集团在选择它的供应商时提出了 4 条基本要求。

（1）必须拥有完善的供应体系和商品执照。

（2）公平、道德的贸易（商品供应可靠，商品质量保证，致力于长期的商务发展）。

（3）较强的商品流通能力（有能力将商品运至指定的商场，并愿意使用指定的物流公司）。

（4）商品规格符合麦德龙的要求（质量保证、合理定价、风格独特、支持广告和促销活动）。

2. 选择供应商时需要考虑的成本要素

当进行海外采购时，容易忽视一些隐藏成本。采购人员必须比较国内供应商与国际供应商的到岸总成本。一般情况下，全球采购需要考虑的成本要素清单如下：

（1）本币价格（如果是以另一种货币报价的话）；

（2）海关经纪人的佣金；

（3）有关支付成本和财务费用的条款：信用证费用、转换成本、汇率差异；

（4）征收的外国税收；

（5）额外库存和相关的库存持有成本；

（6）额外劳动力；

（7）过期、磨损、损坏、税收、由破坏或被盗所引起的损失、更长的运输时间框架、管理成本、商业旅行；

（8）包装、标志、容器成本；

（9）咨询或检验费用；

（10）海上保险费；

（11）客户文件费；

（12）进口关税；

（13）运输成本，包括从生产商到港口的费用、海运费、从港口到公司工厂的费用、运输代理人的费用、港口搬运费用、仓库成本。

与供应商的合适选择与评估有关的回报是非常显著的。物流成本的节约是提高利润的重要来源。同样,采购活动对公司的利润也有积极的影响。不仅原材料成本的减少能够提高所生产和销售的产品的单位边际利润,而且较低的原材料采购成本也会减少对存货的投资。供应商更好的物流服务同时也使得所需的存货减少,从而减小资本的投入。另外,因为生产过程能够顺利进行,避免了生产的减速或停工,所以也有可能提高客户服务水平。服务水平的提高能够产生更多的销售量,有时也会产生更高的销售价格。因为有效的采购管理能够提高采购的原材料的质量,所以由产成品的质量不合格而导致的顾客投诉也减少了。

(二)全面质量管理

1.质量管理的重要性

虽然成本是原材料采购的一个重要考虑因素,但是质量管理也是非常重要的。物品的初始采购价格只是总成本的一个因素,例如,有些物品比其他物品更容易制造,因此能够节约生产成本。高质量的原材料只需较少的加工过程,或者有更长的生命周期,导致较低的总生产成本或较高的产成品价格。因此,公司必须在加工过程中的要素——价格、成本和得到的价值之间取得平衡。

在确定了所需要的质量水平、制定了规格之后(通常由制造部门来完成),采购部门有责任确保得到最优的原材料。采购人员必须将正确的质量说明书交给供应商,应该选择能够提供满足说明书要求的最佳的成本—质量组合的供应商。厂商不必为了取得比规格、质量所要求的更优质的原材料而支付更高的价格,除非有合理的营销或物流因素而必须这样做。采购的原材料的质量超出需要的水平将会增加产品不必要的成本。

2.供应商认证

公司可以保证质量的一个方法是对即将到来的物料进行检查。但这会产生很高的成本而且又浪费时间,检查又需要人力资源的参与和足够的空间,可能还要求有测试设备。另外,由于等待检查,入库存货会堆积或耽搁。面对这些问题,采购经理们采用供应商认证这个方法来解决。在认证的过程中,采购方企业的成员对供应商的质量水平和工序进行严格的评估。如果供应商通过了评估,采购方将不再检查该供应商供给的物料。

第三节　准时制(JIT)采购

一、JIT 采购中的供应商选择

(一)一个例子:康柏公司的 JIT 采购

JIT 与其说是一种具体的技巧,还不如说是一种经营业务的哲学理念。通常来说,JIT 的实施涉及引入制造的"拉动"系统(使产量和已知的需求相匹配),实施 JIT 有助于原材料、在制品和产成品的节省、生产时间的显著缩短及生产所需空间的减少。一个采用 JIT 的公司可以在质量方面得到最大程度的提高。JIT 强调消除浪费,包括供应商,目标在于减少整个供应链中的浪费和成本。如果某个制造商决定它不再存贮原材料,而由它的供应商来存贮,整个供应链上的成本下降了,这是因为存货的附加值变少了。而且,如果供应商持有存货,库存的现金价值就等于供应商实际支付的原材料的成本加上制造成本;客户库存的现金价值等于供应商的销售价格。

这方面的一个典型例子是康柏公司,该公司要求其供应商在靠近公司生产线附近的一个仓库内放置一定量的存货,这样,供应商可以在必要时做出快速反应。不过,将这些库存逐步清除是有利的,因为在短期内额外的库存持有成本会被卖方消化,但最终,这些成本会以更高的价格转嫁给买方。同时,供应商需要缩短自己供给提前期。因此,在 JIT 采购系统中,由于批量减小所获得的库存持有成本的缩减不会被采购订单成本的增加完全抵消。另外,在 JIT 中,所有的努力都是用于提高卖方的服务质量水平,JIT 采购要求频繁的订单处理和产品交付,要实现这些,购买方和供应方必须建立长期关系。

(二)JIT 采购的优势

1. 对买方的优势

JIT 采购对买方的最重要的优势在于 JIT 使库存降低成为可能,它还有在质量和生产率方面的好处。另外,可以减少与采购相关的文书工作。传统的批量规模经济表明更小的批量意味着需要处理更多的订单,因此会增加订单处理成本。但是要使 JIT 采购起最佳作用,必须具备下列条件:

(1)买方的生产计划相对平稳,所以物料的需求也是平稳的、可预测的;

(2)将更大的、更稳定的订单交给少数几个供应商,从而确保供应商的良好绩效和忠诚;

(3)采购协议是长期的,只需要很少的文书工作。他们提供频繁的小批量交付,这样可以及早暴露质量问题;

(4)供应商对改进集装箱和标签需要及时做出反应。

因此,平稳的需求、更少的供应商、长期协议和更少的质量问题,常常会导致更低的订单处理成本。

2. 对供应商的优势

供应商也可以从 JIT 采购中获得优势,这主要表现为供应商获得一份独占的(或几乎是独占的)、长期的、不变的合同,进而可以削减最高生产能力,同时有利于维持一批训练有素的员工,减少存货,并与自己的供应商实施 JIT 采购计划。

(三)供应商选择

1. 与一些附近的供应商建立长期关系

通过与一些附近的供应商建立长期关系,管理者可以促进 JIT 采购。建立长期关系的目标就是要实现关于原材料不间断供应的牢固的、稳定的协议。JIT 采购越倾向于单件交付,对生产率的提高和避免次品的贡献也就越大。但是单件交付的运输成本很高,除非供应商和购买方在地理位置上相互邻近。例如,某个制造商在离供应商的工厂很近的地方建了一个组装工厂,供应商可以用小型车每天向装配线多次供货,而不需要用大卡车进行小频次的交货。因此,与小批量有关的减少运输成本的一种方式就是缩短供应商与买方工厂之间的距离。

2.工厂集中化

供应商与买方邻近的潜在优势在美国和日本同样存在,然而大多数美国的工厂把垂直集成看成是使公司成长和成功的一条理想的途径。不过,在不够开阔的地区开发特殊的制造能力,可以推行这种方式。工厂集中化有利于建筑和运营成本的节约。这个方法降低了少数几个具有高度竞争力的供应商集成的作用。日本的制造商倾向于避免垂直集成,他们将尽可能多的制造业务外包给专业公司,认为这有助于巩固公司与可靠的供应商之间的关系。

二、JIT 采购中的供应商沟通

(一)买方和供应商沟通的重要性

在实施 JIT 采购的情况下,买方和供应商之间紧密频繁的联系是必不可少的。供应商可以了解买方对长远生产计划的展望。这样供应商可以在无存货的生产模式下获得原材料,并且在没有存货堆积的情况下为买方提供产品。供应商向买方分享每天更新的进度、生产计划及存在的问题。买方和供应商必须合作并且互相信任,这样才能转换到 JIT 运作。

对于采购和物料经理来说,供应商的选择、单个供应源、供应管理和与供应商沟通是 JIT 实施中的重要问题。与选择供应商有关的问题包括:质量控制方法、供应商的邻近情况、制造的灵活性和时间的可靠性。在 JIT 采购中,制造商和供应商通常建立由长期独家供应的合同支持的紧密合作关系。术语"合作伙伴关系"经常应用于描述 JIT 采购中的买方/卖方关系。一旦选择了供应商,不断进行的绩效评估可能导致供应商认证。

在实施 JIT 采购的情况下,采购部的重点不仅仅是处理订单,而且要对供应商进行选择及与供应商进行长期合约的谈判。在很多情况下,这些紧密的联系是由电子数据交换支持的,电子数据交换促进了信息的及时、准确发送。

(二)买方和供应商沟通的途径

1.价值分析

在美国,价值分析是一个受重视的购买行为,由于对 JIT 采购的普遍兴趣,它引起了更多的关注。当为采购协议协商时,供应商根据买方所需产品的详细规格,给出一个报价。如果价格太高,买方可能会参观供应商的工厂,检查供应商的工序。目标是找出供应商的成本超过价值增值的方面,如果可能的话,为了减少供应商的成本和降低供应商的报价,买方会最低限度地修改规格要求。

2.早期供应商参与

一般来说,美国的工程师几乎都会指出要购买的零部件的每个设计特征方面的公差。然而,许多公司在实施的时候更像日本企业,日本企业更看重物品的实际性能,而不怎么看重是否与设计规格严格相一致。在供应商是专家的前提下，买方允许供应商进行创新。让供应商参与设计过程的概念通常被称为早期供应商参与（ESI）。这个概念已经被鲍士（Bose）、克莱斯勒（Chrysler）（由 Neon 工厂引入）和海瑞·戴维森（Harley Davidson）应用得很成功。工程和质量上的紧密协作所带来的好处很多。工程师和质量控制人员可能经常参观供应商的工厂，解决工程上的问题，在遇到问题之前发现潜在的质量问题。施乐（Xerox）公司针对关键的供应商，采用了这些方法，结果有了更好的供应商质量、更快的反应能力和更强的竞争力。

3.入厂运输的控制

诸如交付和路线这类的入厂运输决策经常是由供应商的交通运输部门来制定的。经常有这样一种情况：物料以 FOB 方式购买，买方从发货日起就拥有货物，支付库存持有成本。JIT 采购需要稳定、可靠的入厂交付，目标就是要避免物料过早到达而引起的过量的库存持有成本；避免由于货物延迟而导致的生产制造的停顿。因此，买方公司必须选择运输模式和具体的运输承运人。例如，ETI 和赖德集成物流（Ryder Integrated Logistics）的入厂运输路径如下：①检查制造商的生产计划；②通知需要的供应商；③计划原料的收集；④挑选物料和对物料进行时间排序；⑤把它们直接交付到 JIT 生产线。

4.供应商开发

供应商开发主要是指建立和维持有竞争力的供应商网络。有时，组织发现它们当前的供应商不能够支持严格的 JIT 采购质量和满足交付要求，这时组织可能会寻找其他供应商，或与供应商共同开发支持 JIT 采购所需的技能。随着组织与供应商形成长期的关系，组织在供应商开发上所付出的努力也越来越多。克莱斯勒就是这样一个例子。在公司采用创新性的采购模式、物流和诸如 JIT 采购、供应商开发和早期供应商参与等措施之前，公司的运作一直很差。

第四节 全球采购计划、成本管理与绩效评价

一、采购研究和计划

（一）必须考虑的重要环境因素

在经济全球化背景下，不确定性因素使关键物品的采购决策更为复杂，这些决策所带来的影响的持续时间更长。重要的环境因素包括：供应的不确定性、关键物品对国外货源的依赖性、关键商品的价格上涨、提前期的长度和变化、能源供给不足或价格上涨及加剧的全球竞争。

变化的环境使采购部门有必要执行更有效的研究供应市场和计划的工作。采购部门需要为公司内部的不同部门（包括最高管理层、工程和设计部门、制造部门）提供有关供应条件的信息，例如可得性、提前期和技术。这些信息在制订长期战略和短期决策时很重要。同时，采购部门应该找出有可能发生可得性、定价、质量等方面的问题的关键物料，以便管理者能够在问题变得严重、付出高昂代价之前采取相应措施。

(二)采购的战略计划

管理层必须制订详细的计划,保证物料供应链能够不间断地运转。采购的战略包括物料的筛选、风险评估、战略制订和实施。制订战略采购计划必须充分考虑以下问题:①物料瓶颈是否会危害到当前或将来的生产;②是否应该引进新产品;③物料质量是否有望得到改变;④价格是否可能上涨或下跌;⑤预购是否合适。

用于辨别重要购买所使用的典型标准是产品成本的百分比、总采购费用的百分比及高利润的最终物品的使用。用于确定供应市场上风险的标准包括:供应商的数量,供应商的原材料的可获得性,供应商的成本、利润需要、供应能力和技术发展趋势。采购越重要,供应商市场风险越大,管理层对采购的重视程度也越高。

(三)风险评估

风险评估要求采购人员确定可能发生的最好和最坏的情况的概率,同时应该为预料到的事件制订供应战略。在任何给定战略或情况下,分析这些问题可以帮助采购经理确信他们已经考虑了重要的问题。某个特殊战略的实施需要高级管理层的参与及公司总体商业计划的集成。

二、采购成本管理

采购部门像其他职能部门一样,必须管理和减少成本。采购可以通过一系列方法来减少管理成本、购买价格和库存持有成本,但是最流行的方法还是采购成本降低计划、价格变化管理计划、大量(时间和数量)合同和系统契约及无存货采购。

(一)成本降低计划

一个有效的采购成本降低计划需要最高管理层的支持、对成本降低或避免的定义、有效的目标设定、检查和批准成本降低或避免、降低的具体目标的衡量、报告和实现绩效评估过程中的成本降低或避免。对于一个成功的成本降低计划,最高管理层必须传达经济良好和萧条的时候成本节约的需要,还必须明确成本降低的目标,从而稳定成绩和评估绩效水平。例如,在很多公司中,成本降低被定义为相对于以前所支付的价格的下降部分,成本避免被定义为以前支付的费用和实际支付费用的差额。管理层必须根据成本降低的情况,和供应商一起制订成本降低计划。

成本降低和成本避免计划可能包含下列项目中的任一项,每个技巧的适用性随着购买条件和与供应商关系类型的不同而变化:

(1)供应商开发;

(2)发展竞争;

(3)对供应商的成本降低的需求;

(4)在新产品设计和设计变更中早期的供应商参与;

(5)物料替换;

(6)标准化;

(7)制造与购买分析;

(8)价值分析,包括供应商参与;

(9)废料的减少;

(10)公差的改变;

(11)付款方式和条款的改进;

(12)大量购买;

(13)工序的变化。

(二)价格变化管理计划

采购经理必须面对卖方价格上涨的挑战,不能把它当作暂时的成本。和供应商合作,将价格限制在一个合情合理的、公平的水平上是很重要的。而且,采购部门必须建立一个系统化的方法来应对供应商的所有价格上涨的要求。至少,公司应该要求采购部:

(1)确定价格变化要求的原因;

(2)指明价格变化在总价值方面对公司的影响;

(3)要求供应商判断价格变化的合理性;

(4)请管理层检查价格的变化;

(5)制订应对价格上涨的战略。

为了限制价格上涨,管理层应该要求设立价格保护条款和 30 天、60 天或 90 天的价格上涨声明。作为价格变化管理的一部分,采购必须确定价格变化对产品成本的影响,这样以便决定要对哪个价格进行改变。

(三)数量合同

数量合同通常是指在一段时间内将不同业务单位或公司的不同部门或不同物品的采购需求进行集中采购。其结果是:买方对卖方的影响能够导致采购价格的下降和管理成本的减少。累计数量折扣允许买方集中某一段时间内的采购数量向供应进行采购,在整个年份中,当企业下额外订单时,后续的购买能够获得更低的价格。许多公司正在采用这种方法来支持 JIT 采购中更小的、更频繁的购买。

在非累计数量折扣中,价格是根据每份订单的采购数量确定的。当对某种特定物品的采购价格进行分析时,人们常常能识别出让供应商提供数量合同报价的机会。由于生产或采购的规模经济的存在,采购数量的增加能够促使供应商降低成本和价格。另外,在获得更多的业务量的前提下,供应商可能愿意接受较低的单位利润。

历史采购模式应该可以从电脑生成的需求计划和供应商处获得。管理者需要系统地、定期地分析公司的历史采购记录,从而获取数量折扣的机会。

(四)系统合同和无库存采购

系统合同,有时也称综合订单,是减少与物料相关的成本(例如单位采购价格、运输费用、库存费用及管理费用)的一种方式。系统合同是针对某一段具体的时间内,为给定数量的采购安排的一种合同。按照订货要求,卖方把产品提供给各个工厂所在地,并在采购过程中安排付款。据某个观察者称:"虽然这个约定的数量没有法律约束力,但通常来说,这已经足够保证买方向其供应商进行数量采购了。这些数量采购有助于降低买方的最终成本。一个关键的优势在于在整个合同有效期内,约定的价格是固定不变的。"

系统合同常常指的是无库存采购,它意味着公司没有持有所采购的物料。尽管系统合同可能不会导致"零"库存,但是系统合同的基本原则对于无存货采购仍是必要的。系统合同和无库存采购的目标在于:

(1)更低的库存水平;

(2)减少供应商数量;

(3)减少管理费用和文书工作;

(4)减少小金额的采购数和采购人员必须处理的申请(从而可以增加用于其他关键活动的时间);

(5)向供应商提供高金额交易的机会;

(6)向用户提供及时的物料交付;

(7)尽可能地使采购物品标准化。

系统合同和无库存采购最适用于频繁采购的、管理处理成本相对于产品的单位价格来说较高的低价值物品。在许多情况下,管理费用、处理费用、库存持有成本的总费用可能超过物品的成本。系统合同可以导致更多的供应商折扣,降低处理成本,提高产品可得性。这两个系统都要求进行以下工作:找出适当的供应商,使用采购和订货的标准目录,确定订单通讯方式,辨别可接受的接货区域(船坞、仓库等),监控供应商在确定的交付参数(4 小时、8 小时、24 小时或 48 小时)内的交付绩效情况,确定付款方式、累积收据,支付给定时期内(例如 30 天)的全部物品的货款。

通常,合约的时间长度从 1 年到 3 年不等,其中还包括价格保护条款。采购人员应该有权力试销物品,从而确保供应商的单位价格是合理的。

三、采购绩效评价

(一)采购绩效评价的支撑数据

采购管理人员必须找出执行采购活动及评价采购绩效所需的信息。通常,采购绩效评价报告的主要使用者包括:高层经理、公司职能经理、运营部门经理及工厂和运营单位的中层经理。每一个使用者需要的信息是不同的。例如,高层管理者可能希望了解本公司采购部门和其他公司采购部门的对比情况、采购部门的有效性如何。公司职能经理,例如公司采购副总裁,可能想知道完整的职能状况,政策和程序审计及关键定量指标的检查情况,例如库存、小量采购及管理预算指标。运营部门的采购部门经理可能需要一系列定期报告的指数来监控绩效,在必要时采取补救措施。为了衡量和评估采购绩效,物流管理信息系统应该包含以下数据:

(1)采购物品的数量和种类;

(2)所需数量;

(3)需要物品的日期;

(4)采购申请收到或授权的日期；

(5)采购申请或授权号；

(6)提供的供应商和提供供应商的日期；

(7)需要供应商报价的日期和供应商的报价；

(8)供应商的价格折扣计划；

(9)采购单号码；

(10)采购单下单的日期；

(11)单位采购价格；

(12)采购的年需求数量或百分比；

(13)计划的单位采购价格；

(14)供应商名称和地址；

(15)供应商的承诺发货期；

(16)供应商的提前期(采购物品的天数或周数)；

(17)采购物品收到的日期；

(18)采购物品收到的数量；

(19)接受或拒收的采购物品(单位/批量)；

(20)存贮位置；

(21)买方；

(22)工作单位；

(23)要求的价格变动与要求价格变动的有效日期；

(24)价格变动被批准的日期；

(25)运输到达的地点。

(二)采购绩效评价的关键指标

根据蒙克卡(Monczka)、卡特(Cader)和霍格兰德(Hoagland)等人的研究,采购绩效评价的关键指标主要包括:一是价格有效性指标;二是成本指标,具体包括:价格有效性、成本节省,工作量,管理和控制,效率,卖方质量管理和交付,物料流控制,规章、社会和环境指标,采购计划和研究,竞争力,库存,运输。具体含义和内容见表5-1:

表 5-1 采购绩效评价的具体指标情况

指　标	指标含义和内容
价格有效性	①相对于计划的实际价格指标;②相对于市场的实际价格指标;③在购买群体和地点中的实际价格指标。可以为每一种物品和总采购预算计算采购价格与计划价格的差异。按照以下方法衡量价格差异:①实际的单位成本减去计划成本;②价格差异百分比(实际单位成本比上计划成本);③长期的价格差异(实际的单位成本减去计划成本,乘以估计的年需求量)
成本节省	包括成本降低和成本避免。以单位库存存储成本计算,当新的单位成本比旧的单位成本低时,成本降低就产生了。当新的单位价格比平均报价低时,成本避免就产生了,甚至有时新的单位价格比旧的单位价格还高

指　标	指标含义和内容
工作量	①流入工作量,用来衡量归属采购部门的新工作;②当前工作量,用来衡量积压的工作;③完成工作量,用来衡量已经完成的工作。流入工作量指标包含收到的工作数,例如采购申请次数,收到的采购信息查询次数,以及收到的价格查询次数。当前工作量经常根据积压的工作来衡量,例如手头处理中的采购申请单和手头处理的货物。完成工作量的指标包括:已下达的采购订单、已订购的物品、采购金额、签订的合同及签署的价格协议
管理和控制	管理和控制通常是通过使用采购职能部门的年度管理预算来实现的。最普通的方法是以当前的预算为基础,然后根据商业预测、预期的工作量和经济形势进行上下调整
效率	效率指标将采购产出和采购输入联系起来。效果指标包括一个包含产出和输入的两因素指标,以及有多个产出和输入的多因素指标。普通的两因素指标包括:每个采购人员处理的采购订单数、每个采购人员采购的物品种类数、每个采购人员采购的金额、每个采购人员的采购变更通知数、每个采购人员签订的合同数、平均的未决定的订单合约数、每项物品的人工工时数、每份采购单的人工工时数、每份合同的人工工时数、每份采购订单的管理费用、每份合同的管理费用及单位采购金额的管理费用
卖方质量和支付	卖方质量通过①接收或拒收的物品(件数、订单数、运输次数或价值)的百分比;②从某个供应商采购的单位产品的总采购成本;③缺陷出现的频率和严重程度来确定。卖方交付通常是根据产品交付是否及时、是否提前或延期来进行衡量的
物料流控制	①未完成的采购订单及订单的到期日;②已经过了到期日还未完成的订单;③急需的订单;④采购员和供应商在预定的日期交货的能力
规章、社会和环境指标	①在小企业和少数民族的企业的采购;②在劳动力过剩的地方的采购;③少数民族雇员的数量和所占的比例
采购计划和研究	在每年制订的采购计划的数量(包括产品的可供应情况和价格预测)、价格预测的精确度(实际价格与预测价格的比较)、提前期的预测准确度(实际提前期与预测提前期的比较)及已完成的制造与购买研究项目数的基础上,对采购计划和研究进行评估
竞争力	衡量采购方组织在供应市场上已开发替代供应商和改进采购价格和条款的程度。竞争力指标可能包括:年度采购金额、年度合同采购量占总采购量的百分比、向单一供应源采购的数量(这样就限制了竞争)
库存	库存指标包括存货的周转率、寄存及存货的水平
运输	运输指标用来决定优先运输所发生的花费。当采用非一般运输时,优先运输的费用就发生了

案例五　EB公司的全球采购战略

基于办公用品全球采购协议实施的成功,埃尔莎格贝利工序自动化公司(Elsag Bailey Process Automation N. V. ,EB)的采购人员目前正在从北美和欧洲的全球供应商那里采购电脑、电子设备和运输服务。这些全球采购协议使得自动化系统和产品生产商的采购成本每年减少了1500万美元。该公司负责美国地区采购的总监理奇·海德(Rich Heider)说,大部分的成本节约是由于全球的许多 EB 工厂的联合采购。他说进一步的成本节约将来自采购和规格变化的标准化程度的提高。海德在 EB 的俄亥俄州威克利夫工厂工作。

EB 在荷兰阿姆斯特丹的工厂为以下加工行业生产自动化系统和提供服务——电动机、化学品、金属和矿物质、石油和天然气、纸浆和纸、食品和饮料,以及环境服务。除了威克利夫工厂,EB 在其他地区的办公室位于德国法兰克福、意大利热那亚和新加坡。位于 20 个国家的大约 40 个运作公司组成了 EB。在美国,这些公司包括费希尔波特(Fischer Porter)、沃名斯特(Warminster)、帕(Pa)、应用自动化公司、巴特而斯维尔·奥克拉(Bartlesville Okla)。1997 年,EB 的收入达 15 亿美元,在此前的 4 年中,EB 的规模扩大了 3 倍。像许多跨国公司一样,EB 最近的增长主要来自它已收购的许多小企业。

为了平衡不断增加的采购力量,EB 有远见地在 1997 年制订了有望减少采购成本、加强与供应商之间紧密关系的战略。这个战略包括形成全球采购团队,海德是其中的成员之一。他和 EB 美国公司采购部门、欧洲公司采购部门的其他代表,以及公司的两个高级集团副总裁一起组成了这个团队。

EB 希望通过全球采购实现的好处之一是使地理位置变得透明。海德解释说,这意味着公司打算将其产品设计成恰好能够满足全球范围内的顾客的需要,而没有任何质量或是交货的问题。

海德和全球采购团队的其他成员认为不降低公司向它的客户准时交货的能力是最重要的。开始时,团队估计每年的办公用品、个人电脑、电子设备、运输服务、公司旅行等方面的采购额为 1.2 亿美元(EB 的采购报表的总量是每年 5 亿美元)。采购团队首先对办公用品的采购进行改革。

为了 370 万美元的办公用品的采购,EB 的采购战略是减少供应商的数量,使每天申请者订购的产品标准化。同时,采购人员不断努力提高顾客的满意度和内部采购程序的效率。费希尔波特工厂的采购经理、办公用品全球采购的负责人鲍勃·麦克爱维(Bob McAvoy)说:"即使是办公用品采购也面临着在全球范围内统一采购的挑战。"这些挑战包括收集有关公司的采购活动的数据,以满足不同组织的顾客需求。代表美国采购业务的团队——比尔·曼宁应用自动化公司(Bill Manning of Applied Automation)也是如此。

德国爱克布恩市哈特曼波润公司(Hart-mann & Braun GmbH & Co.KG)的采购经理沃理奇·纽曼(Ullrich Neumann)说:"在德国,我们向位于 7 个地点的 27 个不同的供应商采购办公用品。"在全球采购团队中,沃理奇·纽曼代表了 EB 在欧洲的采购部门。

另一个挑战是确定规格。海德说:"在美国这不是一个大问题,但我们不得不考虑加拿大也使用评价系统这个事实,这使得价格的比较非常复杂。在德国、法国和意大利,例如黏合剂、纸、钢笔和铅笔等物品的规格是不同的。"海德回忆道,EB 在美国之外的采购业务对于本土的供应商是忠诚的。例如,既然团队最终选择的供应商在加拿大没有业务,它依然想要底特律的工厂来服务这个地点。海德说:"在国家这一层次,包括加拿大在内,采购人员都是国家主义的。"

全球采购团队采用的针对供应商的选择标准是随着商品的不同而变化的,由成员决定这些标准。在团队寻找办公用品的供应商的过程中,选择标准包括竞争性的价格、质量,为公司所有的美国、加拿大和德国工厂交货的能力。纽曼说:"除了办公用品供应商,优化顾客满意度也是非常重要的。"

最后,团队选择了 BT 办公用品国际公司(BT OPI)作为办公用品供应商,于 1998 年 1 月签订了合同。团队采用英语进行谈判,使用美国货币。最终,团队计划在欧洲使用欧元与欧洲的供应商进行交易。与 BT OPI 的合同的执行是本地化。例如,位于德国的公司通过 BT OPI 在欧洲的分公司 Hartman & Cie 采购办公用品。纽曼说:"作为我们组织变更的一部分,我们决定让使用者直接向供应商下订单。使用这种方法,采购部门可以将力量集中于更加重要、战略性的问题上。"

例如,在美国费城的 EB 工厂内,申请者使用由 BT OPI 提供的在线购买程序,他们从 400 个不同产品的标准化的清单中选择。申请者在其他办公室里通过使用标准化单子来打电话和传真订单。

海德说:"我们从统一采购中学到了许多,这些知识能够用于我们在其他地区的采购。我们更好地了解了我们自己。现在,我们了解了我们的年消费情况和我们的供应商基础情况。我们已经改进了通信,对产品规格有了更好的理解。在评估我们的供应商方面,我们正在研究供应除了提供给我们采购的数量折扣外,还能够做些什么来减少我们的成本。"

对于电脑设备——团队的另一个早期变革领域——EB 的战略是通过使用网络购买个人电脑来改进内部流程,个人电脑用于公司的自动化产品的生产。以竞争性的成本向全世界各个地点提供高质量的产品,构成了全球采购团队对于个人电脑供应商的选择标准。这一次,团队选择了康柏/DEC、戴尔。个人电脑的标准化,包括使用自动化系统提供商所提供的产品。海德说:"这就是我们所做的,除非我们的顾客坚持要我们使用另一个原始设备制造商(OEM)。我们将通过统一我们的采购量,将我们的成本节约转移给我们的顾客。"

海德说:"为电子元件和电脑设备设定标准,强迫我们检查规格。为了这样做,我们与工程部门建立了密切的关系,他们已成为供应商管理团队的一部分。在工程部门的协助下,我们能选择使我们进一步减少成本的替代产品。"EB 还有两个有关电子元件的全球协议,以及 3 个有关连接器的全球合同,前者是在德国谈判的。

另外,团队还分析了全球的运输服务。海德说:"我们的产品大量出口,我们将 66 个运输服务供应商减少到 3 个,我们在运输方面已经取得了很好的成功。"

为了衡量供应商的绩效,EB 使用的一个衡量标准是满足服务要求的能力。例如,对于电子元件,公司与 3 个主要供应商开展了从装卸月台到库存的质量项目。订货被运到一个地点,每个月进行正式的绩效评估。

(资料来源:Susan Avery. "Office Supplies:First Step in a Global Buying Strategy". *Purchasing*,1999,126(4),pp.81-84.)

复习思考题：

1. 推动企业采购全球化的动因是什么？

2. 企业采购决策主要包括哪些方面的内容？

3. JIT 采购的好处有哪些？

4. 制订战略采购计划必须充分考虑什么问题？

5. 采购绩效评价一般应有哪些关键指标？

第六章 全球货物运输

全球货物运输系统是全球物流系统的关键子系统。全球货物运输具有线长面广、网络节点多、复杂多变和风险大等特点。本章旨在介绍全球货物运输方式、运费的计算方法、全球物流主要运输单证,分析全球货物运输条款,并对全球物流运输决策模型予以探究。

第一节 全球货物运输方式

全球货物运输是全球物流的核心环节。为了高效完成进出口货物运输任务,必须合理选用各种运输方式。在全球市场环境下,运输方式的选择和运输管理比在国内环境中复杂得多。在国家之间或地区之间进行运输的最基本的方式是水运或空运。在一个特定的国外市场,运输方式和运输工具的选择过程及运输管理必须基于国家或者区域的层面。全球货物运输方式多种多样,包括海洋运输、铁路运输、航空运输、公路运输、内陆运输、邮政运输及各种运输方式相互组合的多式联运。选择合适的运输方式关系到货物的安全、运费的高低、运输时间的长短、货物的销售等一系列问题。

一、海洋运输

海洋运输简称海运,是指利用商船在国内外港口之间,通过一定的航区和航线进行货物运输的一种方式。海运具有通过能力强、运量大、运费低、适应性强、速度慢、风险大等特点,它是国际贸易中历史悠久而且是最重要的运输方式,主要包括班轮运输和租船运输。班轮运输又包括件杂货班轮运输和集装箱班轮运输。

(一)班轮运输概念

1. 何谓班轮

班轮又称期船,是指按固定航线和航行时间、既定的港口顺序装卸货物的船舶。

2. 班轮运输的特点

班轮运输的特点可概括为"四固定一负责":"四固定"是指固定航线、固定停靠港口、固定船期和相对固定的运费;"一负责"就是运费中已包括装卸费用,货物由承运人负责配载装卸,承运人和托运人双方不计算滞期费和速遣费。

(二)件杂货班轮运输

1.件杂货班轮运费的内涵

船公司为了补偿航运成本的开支,并获得合理的利润,从而继续维持和扩大再生产,需要向托运人收取一定的费用,这种费用称为运费,而运费的单位价格称为运价。

2.件杂货班轮运价分类

(1)按其制定者划分为:班轮公会运价、班轮公司运价、货方运价、双边运价。①班轮公会运价是由班轮公会制定的运价。班轮公会会员公司必须按公会运价表的费率和规定收取运费,否则将受到公会的处罚。这种运价是一种垄断性质的运价,旨在限制会员公司之间的内部竞争,并一致对抗外来竞争。②班轮公司运价是由会外班轮公司自行制定并负责调整的运价。虽然货方可以向班轮公司制定的运价提出异议,但解释权和决定权仍归班轮公司。各船公司制定的运价并不统一,但一般都低于班轮公会运价水平。③货方运价是由能常年向船公司提供大量货载的货主所制定,并为船方所接受采用的运价。这种运价的调整或修改应在与船方协商的基础上进行,但货方享有较大的决定权。④双边运价是由船、货双方共同商议制定,并共同遵守的运价。运价的调整和条款的修改、变更须经双方协商确定,任何一方都无权单方面改变。

(2)按其计费形式划分为:等级费率运价、单项费率运价。①等级费率运价是将全部货物按价值的高低分为若干等级(见表6-1),并根据不同的航线分别为每一个等级的货物制定的一个基本费率(见表6-2)。②单项费率运价又称商品费率运价,它是对各种不同的货物在不同的航线上分别制定的一个基本费率。

表 6-1 货物等级分类例表

货名	COMMODITY	等级 W/M
干果	Dried Fruit	5
红木、漆家具	Furnitures, Black Wood, Lacquer	12
…	…	…
礼品	Gift	8
人参	Ginseng	Ad. Val
眼镜	Glasses	13

表 6-2 航线等级费率例表

中国至日本航线		
基本港:川崎、神户、门司、名古屋、大阪、清水、东京、四日、横滨		
等级费率表 Scale of Rates IN USD (F/T)		
等级	营口、秦皇岛、烟台、新港、大连、连云港、宁波、上海	福州、厦门、汕头、湛江、广州
1	45.50	50.00
2	46.00	51.00
3	47.00	51.50

等级	营口、秦皇岛、烟台、新港、大连、连云港、宁波、上海	福州、厦门、汕头、湛江、广州
…	…	…
8	50.50	55.00
9	51.50	56.00
10	52.00	57.00
…	…	…
Ad. Val	1%	1%

3. 件杂货班轮运费计算

(1)计费标准(Basis)。运费是由代表单位货物运费的运价率乘以若干计算单位而得的,计费标准用以确定运费的计算单位。常见的计费标准主要有以下几种:

①按货物重量(Weight)计算。其在运价表中以"W"表示,其含义是以吨为计算单位,也称重量吨。重量吨应取到小数点后第三位,即到公斤位为止。

②按货物体积(Measurement)计算。其在运价表中以"M"表示,其含义是以1立方米或40立方英尺为一个计算单位,也称尺码吨。尺码吨应取到小数点后第三位。重量吨和尺码吨统称为运费吨(Freight Ton,FT)。

③按货物重量或体积计算。其在运价表中用"W/M"表示,规定选择按重量或体积收取运费较高者作为计算单位。

④按货物价值(According to Value)计算。其在运价表中用"Ad. Val"表示,规定按货物的FOB价值收取一定百分比作为运费,又称从价运费。

⑤按货物重量或体积或价值计算。在运价表中以"W/M or Ad. Val"表示,规定选择按重量或体积或价值收取运费较高者作为计算单位。

⑥按货物重量或体积计算加从价运费。这是按重量或体积选择收费较高者,再加上从价运费,在运价表中以"W/M PLUS Ad. Val"表示。

⑦按件数计算。以每件为单位计收运费。如车辆按辆,活牲畜按头。

⑧按议价计算。其是由船、货双方议定,在运价表中注有"Open"字样,临时议定运价的办法,适用于运量较大、货价较低、装卸方便而快速的诸如粮食、矿石等货物的运输,临时议定的运费一般比较低。

(2)各项附加费。

①燃油附加费(Bunker Adjustment Factor,BAF)。由于国际市场原油价格上涨,使船公司船用燃料价格大大超过了核定成本中燃油费的比例。为了弥补此项额外开支,船公司向货方征收一定金额或为基本运费一定百分比的费用,这种费用称为燃油附加费。

②货币贬值附加费(Currency Adjustment Factor,CAF)。由于国际金融市场的变化,运价表所采用的币种贬值,使船方按运价表原定价格所得到的实际运费收入减少。为了弥补这部分损失,船方向货方征收的一定百分比的附加费称为货币贬值附加费。除了从价运费不应加收货币贬值附加费外,基本运费和其他附加费都应加收该项附加费。

③直航附加费(Direct Surcharge)。班轮公司对于其经营航线上设备条件较好、货源多且稳定的口岸,一般都在运价表中规定船舶定期挂靠。这种运价表所规定的船舶定期挂靠的港口,称为基本港,而基本港以外的港口称为非基本港。船舶停靠非基本港,船方需额外支出费用。因此,船方规定对于运往非基本港的货物必须加收直航附加费。

④转船附加费(Transshipment Surcharge)。运往非基本港的货物需要中途转船运往目的港时而向货方加收的运费,称为转船附加费。

⑤港口附加费(Port Surcharge)。船方由于有些港口费用高或由于港口设备条件差、装卸效率低,使船舶滞留在港时间长,让成本增加而向货方加收一定的费用。这种费用称为港口附加费。

⑥港口拥挤附加费(Port Congestion Surcharge)。某些港口泊位少、港口拥挤,船舶抵港后不能立刻靠卸而需要长时间候泊,造成船期损失,空耗成本。船方为弥补该项损失而向货方加收一定的费用,这种费用称为港口拥挤附加费。

⑦超重超长附加费(Heavy Lift Additional,Long Length Additional)。一件货物毛重或长度达到或超过船公司规定的重量或长度时被视为超重或超长货物。对于超重或超长货物,船方通常以超重附加费或超长附加费的名义向货方加收一定的费用。对于超重货物,全部货物均要加收超重附加费。对于超长货物,全部运费吨均要加收超长附加费;如果货物既超重又超长,则按规定加收上述两种附加费中的一种,并按费用高者计收。

⑧选港附加费(Additional for Optional Destination)。由于贸易上的需要,货方在托运时尚不能确定具体的目的港,在这种情况下,货方可以在本航次规定挂港的范围内,指定若干港口作为“选择港”。船方承运选港货时,需向货方加收选港附加费,同时选港货的基本运费按选择港中最高费率计收。

⑨变更卸货港附加费(Additional for Alteration Destination)。船舶离开装运港后,全套正本提单持有人可以要求改变货物原提单规定的卸货港,但必须获得有关海关当局的准许及船方的同意,并支付变更卸货港附加费。

⑩绕航附加费(Deviation Surcharge)。由于某种原因,正常航道受阻,船舶必须绕道航行。为了弥补船舶因绕道航行而增加的成本开支,船方向货方按基本运费的一定百分比加收绕航附加费。

(3)运费计算。件杂货班轮运输是一种“港至港”的传统运输方式,其运费是指货物在装货港由船舷吊钩接货起至卸货港船舷吊钩交货止的一切费用。由于货物从装货港至卸货港的运输费用及货物在装货港的装船费用和在卸货港的卸船费用,在一定时期内是相对稳定的,船公司将这些费用以基本运费的形式向货主计收,超出核定运输成本或其他额外支出的费用,以各种附加费的名义向货主加收。因此,件杂货班轮运费是由基本运费和附加费构成的。当附加费为绝对值时,班轮运费=基本费率×运费吨+附加费;当附加费是百分比时,班轮运费=基本费率×运费吨×(1+附加费百分比)。

例1:一批棉布重量为4450kg,体积为20.50m³,从上海口岸装中国远洋运输集团公司的杂货船出口至日本。已知货币贬值附加费为20%,燃油附加费为15%。而且经查货物等级分类表,得知棉布的等级为9级,计算标准为W/M;又查航线等级分类表,得知上海至日本 9 级货基本费率为每运费吨 USD51.50。求该批货物的运费。

解：运费＝基本运费＋燃油附加费＋货币贬值附加费

$$=[51.50+51.50\times15\%+(51.50+51.50\times15\%)\times20\%]USD/FT\times$$

$$\max(4.450t,20.500m^3)$$

$$=51.50(1+20\%)(1+15\%)USD/FT\times20.500m^3=USD1456.94。$$

(三)集装箱班轮运输

1.集装箱的类型及装箱方式

集装箱可划分为不同的规格,其中使用最广泛的有:IA 型,规格为 8 英尺×8 英尺×40 英尺;IAA 型,规格为 8 英尺×8.6 英尺×40 英尺;Lood,IC 型,规格为 8 英尺×8 英尺×20 英尺。

集装箱的装货可以分成整箱货和拼箱货两种。整箱货(Full Container Load,FCL)是指货方在海关的监督下,自行将货物装满箱后直接送到集装箱堆场(Container Yand,CY)等待装运。拼箱货(Less than Container Load,LCL)是指货方将不足一箱的货物交给承运人,由承运人再根据货物性质和流向,将不同货主的货物拼装到一个集装箱内。

2.集装箱班轮运输的交接方式

采用集装箱运输时,可以在发货人的工厂、仓库、场地或集装箱货运站(Container Freight Station,CFS)将货物装进标准规格的集装箱内,经当地海关铅封后,由各有关承运人将货物直接送交收货人。货箱的交接可以按惯常的"港港交接"方法,卖方在装运港交货,而买方在目的港接货;也可以延伸到双方的内地,按"堆场到堆场(CY TO CY)""货运站到货运站(CFS TO CFS)""门到门(DOOR TO DOOR)"的方法交货或接货,其中"门到门"的方法,买卖双方在堆场、货运站、工厂仓库的"门"交货或接货,其在国际集装箱班轮运输中极为普遍。

在集装箱货物运输中,根据整箱货、拼箱货的不同,其主要的交接方式(运输条款)如下:

(1)门到门交接。该种货物的交接形式系指一个发货人、一个收货人。在由承运人负责内陆运输时,承运人在发货人的工厂或仓库验收货物后,负责将货物运至收货人的仓库或工厂。门到门交接的货物为整箱货。

(2)门到场交接。这是一种在发货人的工厂或仓库接收货物,并负责运至卸货港集装箱码头堆场交货的交接方式。门到场交接方式发生在承运人不负目的地内陆运输的情况下。

(3)门到站交接。这是一种从发货人的工厂仓库至目的地集装箱货运站的交接方式,即通常是整箱接收、拆箱交付,也可理解为一个发货人与几个收货人。

(4)场到门交接。这是一种在起运地装船港的集装箱码头堆场接收货物,并将其运至收货人工厂仓库交货的交接方式,承运人不负责起运地发货人工厂或仓库至集装箱码头堆场之间的内陆运输。

(5)场到场交接。这是一种从装船港的集装箱码头堆场至目的港集装箱码头堆场的交接方式,通常是整箱货。

(6)场到站交接。这是一种从装船港的集装箱码头堆场至目的地集装箱货运站的交接方式,经常发生在整箱接收、拆箱交付的情况下。

(7)站到门交接。这是一种从起运地集装箱货运站至目的地收货人的工厂或仓库的交接方式,经常发生在拼箱接收、整箱交付的情况下。

(8)站到场交接。这是一种从起运地集装箱货运站至目的地集装箱码头堆场的交接方式,也可理解为几个发货人、一个收货人。

(9)站到站交接。这是一种从起运地集装箱货运站至目的地集装箱货运站的交接方式,通常是拼箱货交付,拼箱货接收。

3.集装箱班轮运输费用结构

集装箱班轮运输不同于件杂货班轮运输。随着集装箱班轮运输的发展,船公司在集装箱运输的整个过程中所开支的费用及其构成也发生了相应的变化。集装箱班轮运费是承运人自接收货物起至交付货物止的全部费用,其基本包括内陆运输费、拼箱服务费、堆场服务费、海运运费和集装箱及其设备使用费等。在集装箱班轮运输中,集装箱整箱接收与交付是在托运人和收货人工厂或仓库或集装箱堆场完成的,而拼箱接收与交付则是在集装箱货运站内完成的。集装箱交接方式不同,费用构成就不同,譬如在CY To CY交接方式下,其运费构成为装港堆场服务费、海运运费和卸港堆场服务费;在CY To Door交接方式下,其运费构成为装港堆场服务费、海运运费、卸港堆场服务费和卸港内陆运输费。

4.集装箱班轮运输费用计收方法

不同交接方式下集装箱班轮运费的构成只是一个一般的概念,集装箱班轮运费并不一定按其每一项运费构成计收。事实上,不少船公司通常采用按集装箱类型规定不同航线上每一个集装箱运费的包箱费率。船公司根据需要,可以在不同航线上采用不同的包箱费率。常见的包箱费率主要有FAK包箱费率、FCS包箱费率和FCB包箱费率。

(1)FAK(Freight All Kinds)包箱费率是一种均一包箱费率,即对于同一航线上相同类型的每一个集装箱,不分箱内货物等级,在集装箱载重量限度内,不计货物重量,统一采用相同的运价。其费率见表6-3。

表6-3　FAK包箱费率表(举例)

(单位:美元)

SHANGHAI TO	JAKARTA,SURABAYA		SINGAPORE	
COMMODITY	LCL(W/M)	20'/40'	LCL(W/M)	20'/40'
GENERAL CARGO	84	1200/2250	78	1100/2050
SEMI-HAZARDOUS	111	1700/3100	97	1450/2700
HAZARDOUS		2150/4000		1850/3400
REEFER				
	SURABAYA PLUS: 100/20',200/40' LCL10/FT			

　　在这种费率表下,整箱货根据货物的种类及集装箱的规格,就可在有关航线的费率表中查出相应的费率;拼箱货则根据货物种类,在有关航线的费率表中查得每运费吨的运费,再乘以按计算标准确定的计算单位,即得运费。

　　表6-3中,"SURABAYA PLUS:100/20',200/40',LCL10/FT"表示:上海到苏腊巴雅的集装箱,应在雅加达费率的基础上,整箱货每20英尺集装箱另加USD100,每40英尺集装箱另加USD200;拼箱货每运费吨加收USD10。以下类同。

　　(2)FCS(Freight for Class)包箱费率是对于同一航线上不同等级的普通货物和不同类型的集装箱规定不同运价的包箱费率。其费率见表6-4。

　　表6-4中,集装箱普通货物的等级与件杂货一样,共分20级。在这种费率表下,整箱货根据货物的种类(普通货物还须按等级划分)、集装箱的规格,可查得有关航线上集装箱的费率。若箱内货等级不同,则按最高等级计收运费;拼箱货则根据货物种类、等级查得费率。

表 6-4　FCS 包箱费率表(举例)

(单位:美元)

SHANGHAI TO	DUBAI		KARACHI	
COMMODITY	LCL(W/M)	20'40'	LCL(W/M)	20'40'
1—7	119	1850/3500'	103	1750/3300
8—10	127	2000/3800	109	1850/3500
11—15	133	2100/4000	112	1900/3600
16—20	139	2200/4200	122	2000/3800
GENERAL CHEMICAL	133	2100/4000	112	1900/3600
SEMI-HAZARDOUS	161	2600/4900	160	2300/4350
HAZARDOUR		3150/5900		3150/6000
REEFER		3400/6450		3350/6350
	KUWAIT PLUS: 350/20',550/40'L DAMMAN PLUS: 160/20',240/40' LCL26/FT			

　　(3)FCB(Freight for Class& Basis)包箱费率是一种按货物等级和计算标准制订的包箱费率。其费率见表6-5。

表 6-5　FCB 包箱费率表(举例)

(单位:美元)

FROM CHINESE PORT TO	ANTWERP,HAMBURG,ROTTERDAM		
COMMODITY	BASIS	LCL	20'/40'
1—8	M	107	1850/3515

FROM CHINESE PORT TO	ANTWERP,HAMBURG,ROTTERDAM		
COMMODITY	BASIS	LCL	20'/40'
9	M	112	1950/3705
10—11	M	117	2050/3895
12—20	M	122	2100/4050
1—12	W	134	1850/3515
13—15	W	142	2000/3800
16—20	W	150	2100/4050
NON-HAZARDOUS	W/M	112	1950/3705
SEMI-HAZARDOUS	W/M	148	2650/5035
HAZARDOUS			3350/6270

　　整箱货根据货物的种类、等级、计算标准、集装箱类型,拼箱货根据货物的种类、等级、计算标准,在有关航线的费率表中,可分别查得相应的费率。整箱货运费除了根据包箱费率计算外,还有最低运费和最高运费等。和件杂货班轮运输相类似,集装箱班轮运输根据需要也要加收各种附加费。

5.集装箱班轮运输费用计算举例

　　例1:某一船公司采用最低运费方式计收集装箱班轮运费。规定 20ft 干货集装箱按尺码吨计收运费时,最低运费吨为 $21.5m^3$;按重量吨计收运费时,最低运费吨为 17.5t。

　　(1)某 20 ft 干货集装箱内装载某机电产品,体积为 $15m^3$,重量为 8t,运费率为 USD18.00/M,求运费。

　　(2)某 20ft 干货集装箱内装载 A、B 两种货物,其中 A 体积为 $12m^3$,重量为 6t,运费率为 USD18.00/M;B 体积为 $8m^3$,重量为 9t,运费率为 USD30.00/W,求运费。

　　解:

　　(1)该机电产品以尺码吨为计算标准,其尺码吨为 $15.000\ m^3$,虽不足规定的最低运费吨 $21.500m^3$,但仍以 $21.500m^3$ 为计费吨。

　　则运费 $=21.500m^3 \times 18USD/FT = USD387.00$。

　　(2)当一个集装箱内装载两种及以上的货物时,运费按每种货物规定的运费率和实际运费吨计算。如果总的尺码吨和总的重量吨均少于相应的最低运费吨时,则按低的亏箱额和箱内较高的货物运费率计收亏箱运费。

　　则运费 $=12.000m^3 \times 18USD/FT + 9.000t \times 30.00\ USD/FT +$
　　　　　　$\min[(21.500-20.000)m^3, (17.500-15.000)t] \times \max(18.00USD/FT,$
　　　　　　$30.00USD/FT)$
　　　　$= USD531.00$。

　　例2:某公司采用最高运费方式计收集装箱班轮运费。对于 40ft 干货集装箱,规定其最高运费吨为 $43m^3$,即使货主实际装箱的货物体积超出 $43m^3$,船公司仍按 $43m^3$ 作为计费吨收取运费,超出部分免收运费。当集装箱内装载两种及以上货物,且货物等级不一时,超出部分按箱内货物等级由低到高免收相应的运费。假设某 40ft 干货集装箱,箱内实际装载货物 50m³,其中 15 级货物 46m³,5 级货物 4m³,求运费和免收的运费。

解:运费=43.000m³×15 级货物运费率;

免收的运费=4.000m³×5 级货物运费率+3.000m³×15 级货物运费率。

(四)租船运输

租船运输指租船人租赁船舶用于运输货物的业务,又称不定船期运输。

1.租船运输的特点

(1)航线、装卸港口和船期都不固定,完全根据租方需要决定。

(2)租船价格也不固定,运价可随租船市场供求情况的变化而变化,一般比班轮运费低。

(3)适用于矿产品及其他大宗货物的运输。

2.租船运输的方式

(1)定程租船,又称程租船。它是按航次租赁船舶的一种方式。在实际业务中分为单航次、连续航次租船,来回航次、连续来回航次租船等多种方式。在程租方式下,货方(租船人)应根据协议规定按时提交货物,交付运费。船方应根据协议规定负责将货物运至指定的港口并承担船舶的经营管理和在航程中的一切开支。

(2)定期租船,又称期租船。它是按一定期限租赁船舶的一种方式。在规定的期限内,租船人支付租金,以取得船舶的使用权。在租期中,船方仅负责船舶的适航,并负担船员工资、伙食和船舶维修保养费及船壳机器的保险费,至于船用燃料、装卸、理舱、平舱等费用均由租船人负担。

(3)光船租船,又称空船租船。它也是定期租船中的一种,但船舶所有人所提供的船舶是一艘空船,由承租人自己任命船长、船员。

二、铁路运输

铁路运输是指利用铁路进行进出口货物运输的一种方式,在国际贸易货物运输中,是一种仅次于海洋运输的主要运输方式。即使以海洋运输的进出口货物,也大多数是靠铁路运输进行货物的集中和分散的。铁路运输不受气候条件影响,而且运量大,速度快,运费低,安全可靠且连续性强。此外,铁路货运手续比海洋运输简单,发货人和收货人可在就近的始发站和目的站办理托运和提货。按运营方式不同,铁路运输分为国内铁路运输和国际铁路联运两种。

(一)国内铁路运输

国内铁路运输是指在一国范围内利用铁路进行的进出口货物运输。我国对外贸易的国内铁路运输是按照铁道部公布的《国内铁路货物运输规程》所办理的货物运输。我国出口货物经铁路运至港口装船及进口货物卸船后经铁路运往各地,均属此范畴。供应我国港、澳地区的物资经铁路运往香港、九龙,与一般经铁路运到港口装船出口有所区别。其做法为:首先要求发货人把货物从始发站托运到深圳北站,交由设在深圳北站的外贸运输机构接货(不卸车),然后由设在深圳的外贸运输机构通过原车过轨的办法再转港段铁路运交买方;或者将货物先运至广州南站再转船至澳门。采用这种运输方式,发货人发货后凭外贸运输机构签发的货物承运收据结算货款。

(二)国际铁路联运

使用一份统一的国际联运票据,由铁路部门负责经过两国或两国以上铁路的全程运送,并由一国铁路向另一国铁路移交货物时不需发货人和收货人参加,这种运输称为国际铁路联运。

1890年,在瑞士首都伯尔尼欧洲铁路代表大会上,德国、法国、英国、意大利、奥地利、比利时、卢森堡、西班牙、葡萄牙、瑞典、丹麦、挪威、荷兰、瑞士、希腊、土耳其、南斯拉夫、保加利亚、匈牙利、波兰、罗马尼亚、捷克、斯洛伐克等国共同制定了《国际铁路货物运送规则》,在1938年修改后,改称《国际铁路货物运送公约》(以下简称《国际货约》)。1951年,苏联和东欧各国签订了《国际铁路货物联运协定》(以下简称《国际货协》)。1954年,我国同朝鲜、蒙古加入《国际货协》,随后越南也加入,从而形成欧亚12国间的国际铁路联运。

国际铁路联运并非只限于约定国之间。譬如《国际货协》规定,不论是不是它的参加国相互之间都可进行铁路联运。如果是参加国向非参加国发货,则采用《国际货协》的联运运单,运至参加国最终出口国国境,由铁路边境站负责改换适当的联运票据继续运至非参加国的目的站;如果是从非参加国向参加国发货,则发货人必须办理转运发送事宜,直至参加国第一进口国国境,由铁路边境站负责办理以后的联运。

三、航空运输

(一)航空运输的特点

航空运输是指利用飞机运送货物,它是一种现代化的运输方式,其特点是交货速度快,时间短,安全系数高,货物破损率小,节省包装费、保险费和储存费,不受地面限制,可以通往世界各地。航空运输最适宜运送急需物资、鲜活商品、精密仪器和贵重物品。

(二)航空运输的方式

1. 班机运输

班机是指定期开航的,具有固定航线,固定始发站、目的站和途经站的运输飞机。一般航空公司都使用客货混合型飞机,较大的航空公司在一些重要的航线上也开辟了定期的货运航班,从事货物运输业务。

2. 包机运输

包机运输指包租整架飞机或由几家航空货运代理公司联合包租一架飞机运送货物,即包括整包机和部分包机两种形式。整包机适合运输大宗货物,运费比班机低;部分包机适合于多家货运代理公司承包的货物到达站是同一地点的货物运输。

3. 集中托运

集中托运是指由航空货运代理公司把若干批单独发运的货物组成一整批通过航空公司集中托运,再由航空货运代理公司委托到达站的当地代理人负责收货、报关事宜,再分发给收货人。

4. 航空快递

航空快递又称桌到桌运输。由于有专人负责整个过程,航空快递具有快捷、安全、方便的特点。据不完全统计,世界上已有近 200 个国家和地区开展了这项业务,它是由专门经营该项业务的机构和航空公司合作,派专人以最快的速度在发货人、机场、收货人之间传递货物的一种运输方式。

四、公路运输

公路运输又称汽车运输,是一种现代化的运输方式。其不足之处是运载量小,运输成本相对较高。但是它在短途货物集散上具有比铁路、内河运输更大的优越性。它的主要优点是灵活、方便。公路运输在国际贸易中不仅可以为其他的运输方式承担两端的集散运输任务,而且在条件许可的情况下,可以直接承担跨国运输的任务。在内陆国之间,它是一种重要的运输方式。

五、内陆运输

内陆运输是连接内陆腹地与沿海地区的纽带,在运输和集散进出口货物中起重要的作用。内陆水运主要包括内河运输。

六、邮政运输

邮政运输是指将货物通过邮局以包裹的方式运送到各地。邮政运输一般只适宜运送那些量小急需的物资或样品。但各国邮政部门之间订有协定和公约,通过这些协定和公约,各国的邮件包裹可以互相传递,从而形成国际邮包运输网。因此,邮政运输相对而言比较普遍。

七、联合运输

联合运输是指使用两种或两种以上运输方式完成一批货物运输的联合运输方式,包括陆海联运、陆空联运、大陆桥运输、集装箱运输和国际多式联运等方式。

(一)大陆桥运输

大陆桥运输指以铁路和公路运输系统为中间桥梁,将大陆两端的海洋连接起来的一种联合运输方式。目前,世界上主要的大陆桥有美国大陆桥,加拿大大陆桥(这两条称为北美大陆桥),西伯利亚大陆桥(连接太平洋和大西洋、波罗的海及黑海,又称欧亚大陆桥)。1980 年我国成功试行了通过西伯利亚大陆桥的集装箱国际铁路联运。1992 年,第二条欧亚大陆桥开通,它东起我国连云港,西至荷兰鹿特丹,沿途路经莫斯科、华沙、柏林等地。

(二)集装箱运输

为了方便产品的搬运和在运输存储过程中保护产品,许多公司使用集装箱运输方式。集装箱广泛使用于全球物流系统,特别是在水运是运输网络一部分的时候。

1. 集装箱运输的含义与优缺点

集装箱运输是指将货物装入标准规格的集装箱,利用陆运、海运或空运的运输工具联合运送货物的一种新型的现代化运输方式。集装箱运输要求有与其相适应的设备条件,如专用码头、站场、船舶和专用装卸机械的相互配套。针对不同的运输货物,集装箱也有多种设计,如干货集装箱、散装货集装箱、散装粉状货集装箱、牲畜集装箱,以及具有特殊功能的保温、冷藏、敞顶、通风、平台式、罐装式、折叠集装箱等。

集装箱运输具备以下优点:①减少货损货差;②集装箱运输班期固定,速度快,有利于压缩在途时间,提高装卸效率和车船周转率;③节省劳力,避免重复劳动;④节省包装费用,有利于降低仓储和运输成本;⑤集装箱有各种尺寸,大多数都适合标准化的国际联运;⑥集装箱可以在港口和仓储空间有限的地方作为暂存设施;⑦便于提前结汇。

集装箱运输也存在一些缺点,使用集装箱的主要问题在于世界的一些地方没有集装箱港口或终端。即便有这些设施,它们也可能因为大量的进出货而超负荷运转,因此长时间的迟滞是很普遍的。加之建立一个基于集装箱的运输网络需要大量的资金投入。如在公司能够进行集装箱化运作前必须在港口和终端设备、物料搬运设备、专用运输设备及集装箱本身上花费大量的资金。

2. 集装箱运输流程

在集装箱货物流通过程中,对于货物的交接主要有整箱货和拼箱货。整箱货系指由发货人自行装箱,负责填写装箱单、场站收据,并由海关加铅封的货物,一般包含一个发货人和一个收货人。拼箱货系指由集装箱货运站负责装箱,负责填写装箱单,并由海关加铅封的货物,一般包含几个发货人和几个收货人。

(1)整箱货运输流程。

①以发货人工厂或仓库配置集装箱,并由发货人在自己的工厂或仓库装箱;②通过出口国内陆或内河运输货物;③在集装箱装运码头堆场办理货物交接事宜,并将集装箱根据堆场计划堆放;④通过海洋运输;⑤集装箱装船;⑥集装箱卸船;⑦在集装箱码头将集装箱根据堆场计划堆放,并在集装箱码头堆场办理交接手续;⑧通过进口国内陆或内河运输;⑨在收货人工厂或仓库掏箱;⑩集装箱空箱回运。

上述发货人至集装箱码头堆场及从集装箱码头堆场运至收货人方面的内陆运输,可采用3种运输系统。

①货主自己拖运系统。货主自己拖运系统指有关空箱的配置、实箱运输均由货主负责,再运至集装箱码头堆场大门与船公司办理交接。②承运人拖运系统。承运人拖运系统指由船公司安排有关空箱的配置及实箱的运输(内陆)事宜,并支付运费,承运人的责任从发货人的工厂或仓库开始。③混合拖运系统。混合拖运系统指由船公司负责并监管空箱配置,由货主安排有关实箱的运输事宜,并支付运费。在由承运人负责拖运时,内陆运输费用作为全程运费的一部分。

(2)拼箱货运输流程。

①集装箱货运站从码头堆场领取空箱;②集装箱货运站负责配箱、装箱;③集装箱货运站对已装箱的实箱加铅封;④集装箱货运站将实箱运至码头堆场;⑤集装箱装船;

⑥集装箱通过海上运输;⑦集装箱卸船;⑧将实箱运到货运站;⑨集装箱货运站掏箱;⑩集装箱货运站交货;⑪集装箱空箱回运。

(三)国际多式联运

《联合国国际货物多式联运公约》对国际多式联运所下的定义是:"按照多式联运合同,以至少两种不同的运输方式,由多式联运经营人把货物从一国境内接运货物的地点运至另一国境内指定交付货物的地点。"国际多式联运一般是以集装箱为媒介,把海、陆、空各种传统的单一运输方式有机地结合起来,组成一种国际的连贯运输。开展国际多式联运是实现"门到门"运输的有效途径,它具有手续简便、安全准确、运输快速、节约费用、提早收汇等优点。构建国际多式联运应具备下列条件:

(1)必须有一个多式联运合同;

(2)必须使用一份包括全程的多式联运单据;

(3)必须至少是两种不同运输方式的连贯运输;

(4)必须是国际的货物运输;

(5)必须由一个联运经营人对全程运输负责;

(6)必须使用全程单一的运费率。

第二节　全球物流中的主要运输单据

运输单据是指出口商将货物交给承运人办理装运时,由承运人签署的书面证明,包括海运提单,航空运单,公路、铁路和内陆水运运单,承运货物收据,邮政和快邮收据,等等。

一、海运提单

(一)海运提单的作用

(1)海运提单是货物收据,表明承运人、船长或其代理人向托运人确认已收到提单上所列的货物,且已装船或准备装船。

(2)海运提单是物权凭证。提单经背书后可以转让,提单的转让也就意味着货物的转移。提单的合法持有者有权要求承运人交付货物。

(3)海运提单是运输契约的证明,即在托运人向承运人办妥托运手续后,他们之间已订有运输合同,所以提单本身不是运输契约,仅是承运人和托运人履行运输契约的证明。

(二)海运提单的种类

1. 根据货物是否装船,分为"已装船提单"和"备运提单"

(1)已装船提单(On Board B/L;Shipped B/L)指承运人或船长或他们的代理人将货物装上指定船只后所签发的提单。该类提单上除基本内容外,必须有载货船只的船名、装船日期及承运人或船长或他们的代理人的签字。另外,鉴于承运人对舱面货物受损不必负责的因素,除非信用证另有明确规定,否则银行不接受货装舱面的提单。

(2)备运提单(Received for Shipment B/L)又称收讫待运提单,是指在承运人或船长或他们的代理人收妥所托运的货物待装船期间,签发给托运人的提单。该类提单上一般无载货的具体船名,亦无装船的具体日期,因此不属于真正的物权凭证,银行一般不予接受。备运提单必须通过独立加注已装船批注才能转变成已装船提单。

2. 根据对货物外表状况有无不良批注,分为"清洁提单"和"不清洁提单"

(1)清洁提单(Clean B/L)指物装船时表面状况良好,承运人签发提单时未加注有明确宣称货物或包装有缺陷的条文或批注的提单。

(2)不清洁提单(Unclean B/L;Foul B/L)指承运人或船长或他们的代理人收到货物,在所签发的提单正面加注了有明确宣称货物存在缺陷或包装破损等条文或批注的提单,银行一般不能接受此种提单。

3. 根据提单是否可以流通转让,可分为"记名提单""不记名提单"和"指示提单"

(1)记名提单(Straight B/L)是指提单上的收货人栏内需填写特定的收货人名称。这种提单只能由该特定收货人提货,因此记名提单不能流通转让,流通性差,一般仅在货物价值较高的交易中被采用。

(2)不记名提单(Bear B/L)又称空白提单或来人提单,是指提单上的收货人栏不指明收货人,只注明提单持有人(Bearer)字样,这种提单无须背书即可转让,流通性强,但风险大,实际业务中很少使用。

(3)指示提单(Order B/L)是指提单上的收货人栏内仅填写"凭指示(To order)",或"凭某某人指示(To order of…)"字样,这种提单经背书后可转让给他人提货。目前,在实际业务中,我国使用最多的是"凭指示"并经空白背书的提单,习惯上称为"空白抬头、空白背书"提单。

4. 根据运输方式,可分为"直达提单""转船提单"和"联运提单"

(1)直达提单(Direct B/L)是指轮船从装运港装货后,中途不经过换船而直接驶往目的港卸货所签发的提单。直达提单不允许有类似"在某港转船"的批注。

(2)转船提单(Transhipment B/L)是指轮船从装运港装货后,不直接驶往目的港,货物需要在中途港换装另外船舶运往目的港所签发的提单。转船提单通常在提单的卸货港栏的一侧加具"在某某港转船"的批注。

(3)联运提单(Through B/L)是指需经两种或两种以上的运输方式联运的货物,由第一程海运承运人所签发的,包括运输全程并能在目的港或目的地凭以提货的提单。货物到达转运港后,由第一程承运人代货主将货物交与下一段航程的承运人,再继续运往最终目的地。第一程承运人虽然签发全程提单,但只对自己实际履行的运输段负责。全程提单只能作为信用证项下的议付单据,真正提货的提单是末程承运人签发的运输单据。

5. 根据提单内容的繁简,可分为"全式提单"和"略式提单"

(1)全式提单(Long Form B/L)又称为繁式提单,是指不仅具有提单正面内容,而且在提单背面列有承运人和托运人权利和义务详细条款的提单。全式提单在实务中运用较广。

（2）略式提单（Short Form B/L）又称为简式提单，是指提单背面无相关条款，而只列出提单正面必须记载事项的提单。这种提单内一般都印有"本提单货物的接受、保管、运输和运费等事项，均按本公司全式提单上的条款处理"的字样。

6.根据船舶营运方式的不同，可分为"班轮提单"和"租船提单"

（1）班轮提单（Liner B/L）是指由班轮公司承运货物后签发给托运人的提单。

（2）租船提单（Charter B/L）是指承运人根据租船合同签发的提单。提单上通常注明"一切条件、条款和免责事项按照某某租船合同处理"字样。

7.根据提单适用效力，可分为"正本提单"和"副本提单"

（1）正本提单（Original B/L）是指提单上有承运人、船长或其代理人签名盖章并注明签发日期的提单。这种提单从法律上讲，是有效的提单。正本提单上必须要表明"正本（ORIGINAL）"字样，正本提单一般签发一式两份或三份，提货人凭其中的任何一份提货后，其余的即作废。为防止他人冒领，买方与银行通常要求卖方提供船公司签发的全部正本提单，即所谓"全套（FULL SET）"提单。

（2）副本提单（COPY B/L）是指提单上没有承运人、船长或其代理人的签字盖章，而仅供参考之用的提单。副本提单上一般都表明"副本（COPY）"或"不可转让（NON-NEGOTIABLE）"字样，副本提单上不得标明"正本"字样。

8.根据提单签发日与交单日之间的关系，分为"预签提单""正常提单""过期提单" "倒签提单"

（1）预签提单（Advanced B/L）又称无货提单，指受益人因故未能及时取得提单，而信用证即将过期，承运人应发货人（托运人）的要求，在货物尚未装船或装船尚未完毕的情况下预签的已装船提单。预签提单性质类似倒签提单，承运人原则上也不应签发此类提单。

（2）正常提单（Unstale B/L）指不迟于信用证规定的交单日所提交的提单。

（3）过期提单（Stale B/L）泛指比载货船舶晚到目的港的提单。信用证项下的过期提单，系指除规定交单到期日以外，每一要求提交运输单据的信用证还应规定一个装运日期后必须按照信用证条款交单的特定期限，如未规定期限，银行将不接受晚于装运日21天后提交的提单，即超过装运日21天后提交的提单为过期提单。

（4）倒签提单（Anti-Dated/Back-Dated B/L）指因货物实际装船日期晚于信用证中所规定的最晚装期，托运人为掩盖真实的装船日期或为了符合信用证中装运日期的规定，要求承运人不按实际装船日期签发的提单。承运人从保护自身利益出发，一般不应签发此类提单。

9.还有些提单不便于分类，如"集装箱提单""甲板提单""运输代理行提单"

（1）集装箱提单，是指以集装箱装运货物所签发的提单。它有两种形式：一种是普通的海运提单上加注"用集装箱装运"字样；另一种是使用"多式联运提单"，这种提单的内容增加了集装箱号码和"封号"。

（2）甲板提单，又称舱面提单，是指承运人签发的表明货物装于船舶甲板上的提单。

(3)运输代理行提单,是指由运输代理人签发的提单,它只是运输代理人收到托运货物的收据,而不是可以转让的物权凭证。

二、班轮运输单证

(一)件杂货班轮运输单证

1. 托运单(Booking Note,B/N)

托运单是托运人或其代理人根据贸易合同或信用证的有关内容填写,向承运人或其代理人提出货物运输具体要求的书面凭证,经承运人或其代理人承诺提供装货舱位后而成为一份海上货物运输合同。

2. 装货联单

装货联单主要由托运单及其留底、装货单(Shipping Order,S/O),收货单(Mate Receipt,M/R)等组成,由托运人或其代理人填写。

3. 装货清单(Loading List,L/L)

装货清单是承运人或其代理人根据装货联单中托运人留底联,将全船配载货物按目的港和货物性质加以归类,并依航次挂靠港顺序排列所制成的汇总清单。它是大副编制积载计划的主要依据,又是供现场理货人员进行理货,港口安排驳运,进出库场及掌握托运人备货及货物集中情况等的业务单据。

4. 载货清单(Manifest,M/F)

载货清单亦称"舱单"。它是承运人在货物装船后,根据收货单或提单编制的一份按目的港顺序逐票列明全船实际货载的汇总清单。其内容包括:船名及国籍、开航日期,装货港和卸货港,同时逐票列明所载货物的详细情况。

根据船舶办理进出口报关手续的不同,载货清单可分为出口载货清单(Export M/F)、进口载货清单(Import M/F)、过境货物载货清单(Through Cargo M/F)。在载货清单上增加运费项目,则可制成载货运费清单(Freight M/F),承运人用以在货物卸港收取到付运费或处理有关业务。

5. 货物积载图(Stowage Plan, S/P)

货物积载图又称船图,它是由船方大副在货物装船前,根据装货清单按货物的装运要求和船舶性能编绘的一份标明货物在各舱堆装位置的详细安排图。货物装船后,还应根据货物的实际装舱情况进行修正或重新绘制实际的货物积载图。

6. 货物溢短单和货物残损单(Overlanded Shortlanded Cargo List, Broken & Damaged List)

货物溢短单和货物残损单是我国港口的理货人员,在卸货过程中发现某票货物与载货清单上所记载的数量不符或货物有破损、水湿、油渍、污染等情况,由理货长编制的表明货物溢短或残损情况的一种证明文件。经船长或大副签认后的货物溢短单和货物残损单是船公司日后理赔的原始资料和依据之一。

7. 提货单(Delivery Order,D/O)

提货单亦称"小提单"。在目的港,并不是直接以提单作为船方交付货物的交换条件,而是收货人或其代理人在获得船舶到港信息后,凭正本提单向承运人换取提货单,并凭提货单到海关办理货物进口手续后,方可凭盖有海关放行章的提货单到港口作业区提货。提货单内容包括:船名、货名、件数、数量、包装式样、标志、提单号、收货人等。

(二)集装箱班轮运输单证

1. 场站收据(Dock Receipt,D/R)

场站收据是用无碳复印纸印刷的联单,标准格式一套共12联。其中,第7联——场站收据是承运人在集装箱码头堆场、集装箱货运站或托运人工厂或仓库收到整箱货或拼箱货后签发给托运人的一张收据,其作用相当于件杂货运输中的收货单,托运人可凭此向承运人换取提单。这张收据一旦签发,即意味着承运人开始对货物负有责任。因此,承运人在接收整箱货时,如果发现集装箱外表或标志等与场站收据不一致,或拼箱货包装外表有异状或数量与场站收据不一致,应在场站收据联上加批注,说明集装箱或货物的实际情况,以分清承、托双方的责任。

2. 装箱单(Container Load Plan,CLP)

装箱单是反映箱内货物详细情况的唯一单证,它具体记载集装箱货物的货运资料、交接方式及箱内由前至后的货物积载情况。装箱单由装箱人以箱为单位负责填制,即整箱货若由托运人装箱,则装箱单应由托运人填制并签署;拼箱货由集装箱货运站装箱,则装箱单应由集装箱货运站填制并签署。装箱单通常一式数份,各联分别为有关方面所持有。

3. 设备交接单(Equipment Interchange Receipt,EIR)

设备交接单是集装箱及其设备的所有者或租用者与用箱人之间交接设备的凭证,它是划分设备所有者或租用者和设备使用者之间责任、义务和权利的依据。集装箱及其设备进出场应办理交接手续,交接双方须按设备交接单的正面内容共同查验。并由集装箱装运码头堆场填制,经双方签署后有效。

4. 交货记录(Delivery Record)

交货记录是集装箱进口业务中的主要单证,其标准格式1套共5联,其中第5联——交货记录是承运人将货物交付给收货人时,双方共同签署的用以证明货物交付时的状况的单证。由于集装箱班轮运输中,承运人责任的起止时间是以其接收货物和交付货物的时间作为划分界限的,与场站收据的签发意味着承运人责任的开始,交货记录的签署则意味着承运人责任的终止。

三、其他形式的运输单据

(一)海上货运单(Non-Negotiable Sea Waybill)

海上货运单,简称海运单,也称不可转让海运单,是证明海上货运合同和货物由承运人接管或装船,以及承运人保证据以将货物交付给单证所载明的收货人的一种不可流通的单证。海上货运单与海运提单有根本区别:海运单不是物权凭证,且不可转让;收货人不凭海运提单提货,承运人也不凭海运提单而凭海运提单载明的收货人的名称或收货凭条交付货物,只要该凭条能证明该持凭条人为运单上指明的收货人即可。不可转让的海运提单更能适应国际贸易中 EDI 技术的运用。

(二)铁路运输单据

1.国际铁路联运运单

国际铁路联运运单是铁路与货主间缔结的运输契约。该运单从始发站随同货物附送至终点站并交给收货人,它不仅是铁路承运货物出具的凭证,也是铁路同货主交接货物、核收运杂费用和处理索赔与理赔的依据。国际铁路联运运单副本,在铁路加盖承运日期戳记后发还给发货人,它是卖方凭以向银行结算货款的主要证件之一。

2.承运货物收据(Cargo Receipt)

承运货物收据是承运人出具的货物收据,也是承运人与托运人签订的运输契约。我国内地通过铁路运往港、澳地区的出口货物,一般多委托中国对外贸易运输公司承办。当出口货物装车发运后,中国对外贸易运输公司即签发一份承运货物收据给托运人,它相当于海运提单或国际联运运单的副本,其本身即代表货物所有权,也是港、澳地区收货人的提货凭证及向银行结汇的凭证。

(三)航空运单(Air Waybill)

航空运单是承运人与托运人之间签订的运输契约,也是承运人或其代理人签发的货物收据。航空运单还可作为承运人核收运费的依据和海关查验放行的基本单据。但航空运单不是代表货物所有权的凭证,也不能通过背书转让。收货人提货不是凭航空运单,而是凭航空公司的提货通知单。在航空运单的收货人栏内,必须详细填写收货人的全称和地址,而不能做成指示性抬头。货物运抵目的地后,承运人向航空运单中记载的收货人发出到货通知,收货人凭到货通知和身份证明向承运人提货。

(四)公路货运托运单

公路货运托运单系由公路运输管理部门印发,货主向公路运输单位托运货物时填写的单据,主要内容包括:货名、包装式样、件数、重量、体积、车种、辆数、装运时间等。公路货运托运单不是物权凭证,不可流通,只是货物收据和运输合同的证明。

(五)邮包收据

邮包收据是邮局接受寄件人邮包的单据或邮包寄发后所出具的盖有邮戳及寄发日期的挂号凭证。它是邮政运输的主要单据,既是邮局收到寄件人的邮包后所签发的凭证,也是收件人凭以提取邮件的凭证,当邮包发生损坏或灭失时,它还可以作为索赔和理赔的依据,但是邮包收据不是物权凭证。

(六)多式联运单据

1.多式联运单据(Multimodal Transport Documents,MTD)的含义

多式联运单据是由承运人或多式联运经营人或船长或其具名代表或代理人所签发的至少包括两种不同的运输方式(多式联运)的运输单据。它是多式联运合同的证明,

也是多式联运经营人收到货物的收据和凭以交付货物的凭证。根据发货人的要求,它可以做成可转让的,也可做成不可转让的。多式联运单据如签发一份以上的正本单据,应注明份数,其中一份完成交货后,其余各份即告失效。

2.多式联运单据与联运提单的区别

(1)联运单据限于在海运与其他运输方式所组成的联合运输时使用;多式联运单据的使用范围较广,既可以用于海运与其他运输方式的联运,也可用于不包括海运的其他任何两种或两种以上运输方式的联运。

(2)联运提单由承运人、船长或其代理人签发;多式联运单据由多式联运经营人或其授权人签发。多式联运经营人可以是完全不掌握运输工具的无船承运人,全程运输由经营人安排并负责;而联运提单的签发人仅对第一程运输负责。

(3)联运提单是货物装船以后,由第一承运人签发的全程联运提单,属于已装船提单;而多式联运单据可以是针对已装船的货物签发的单据,但大部分是在联运经营人接管货物后准备装运时签发的单据,银行对这种待运性质的单据是接受的。

第三节　全球物流运输决策

一、影响物流运输效率的要素及提高运输效率的途径

在所有的物流机能中,一个最基本的机能是运输,运输虽然从行为上看表现为货物在空间上的单纯移动,但在实际经济运行过程中,作为物流基本机能的运输有着多种多样的形态。运输是销售物流的一个重要组成部分,它在产品销售过程中创造了时间和空间效用;运输提供了销售生产成果的手段,企业通过运输改变产成品的空间位置,运到所需要的地方进行销售。高效的运输能及时供应商品,这在日益激烈的市场竞争中越来越重要。

(一)影响物流运输效率的要素

1.外部环境

企业的运输策略受到企业外部运输环境的影响,即企业所处的地理环境、运输条件、国家的运输政策等都直接影响企业的运输策略。例如,在运输业受到垄断和管制的环境下,基本不需要太多的运输策略,不需要与承运人进行价格的谈判,重要的是适应运输业的各种政策规定;而在运输业放松管制的环境下,由于各运输方式之间、各承运人之间相互竞争,运价更多地受到市场的调节,与承运人之间签订合同、协议就显得尤为重要。

2.库存水平

企业的运输策略还受到库存水平的影响。随着生产方式的转变,许多企业由大批量生产转为小批量、多品种生产,有的企业甚至采用及时生产方式。这种生产方式导致库存水平大大降低,但对运输质量的要求大大提高了。对于企业整体而言,低库存和高服务的企业策略与低运输成本策略发生了矛盾。为了防止低库存水平下的缺货,就必

须改变运输策略,采用频繁的小批量、快速运输才能满足企业需要,但这将导致运输成本的提高。

(二)提高物流运输效率的途径

1. 实行集约化管理

对运输进行集约化管理是指在制定运输策略、计划安排、成本预算及协调企业销售物流等方面,预先进行集中管理,而不是反应式运输管理。预先管理的意义在于预先分析运输中存在的问题,寻找解决问题的方法,以利于企业整体效率的提高。例如,企业在某一市场的销售量下降可能是其比竞争对手的交货期长,引起服务水平下降造成的。如果运输方式从铁路转为公路运输,则必将增加运输成本,从而降低利润甚至亏损,这是企业所不能接受的。如果实行集约化管理,运输管理者可以在企业的成本预算和利润目标的政策指导下,采取与承运人谈判、按规定的服务水平与承运人签订合同、调整装货程序等方法来改进服务、提高销售额,从而使成本维持在可接受的水平上。

2. 减少承运人数量

企业减少承运人的数量,使企业产成品的销售运输业务相对集中于一些运输公司,使其业务量和营业收入增加,这样,企业便可在使承运人提供企业要求的运价与服务方面占据主动。但是,把业务交给有限数量的承运人的风险是可能会增加企业对这些承运人的依赖性。因为一旦有某个承运人出现问题,其他承运人没有能力承担额外运输任务时,企业就不得不使用那些不熟悉自己的运输程序及客户服务要求的承运人,这样就会影响企业的物流成本和客户服务水平。同时,还很难从承运人处得到合理的运价,从而导致运输成本的增加。

3. 订立运输合同

企业作为托运人可以通过订立合同来消除承运人提供的服务和运价的不确定性。在合同条款中,托运人规定承运人应提供的价格和运输服务水平及违约时的处罚。这样,在合同有效期内,运输价格和服务水平就可以固定了。对于那些需要专业化服务的托运人来说,订立合同可以使他们享受到一般承运人无法提供的独特或灵活的运输服务。

实施及时管理的企业一般都通过订立合同来保证得到安全、快捷的运输服务。由于 JIT 系统强调低存货水平和对运输的高度依赖性,运输延误将导致产品和存货成本的增加及系统运行的中断,以致妨碍 JIT 目标的实现。而与承运人签订运输合同能保证其提供符合要求的运输服务。

二、运输方式与运输服务的选择

运输是物流决策中的关键所在。除采购产品的成本外,一般来讲,运输成本比任何其他物流活动的成本所占总成本的比重都高。尽管进行运输决策所需考虑的内容很多,但其中首要的不外乎运输方式的选择、承运人的选择、运输路线的规划等。

（一）影响运输方式选择的关键因素及运输服务的选择

1.影响运输方式选择的关键因素:运输时间和运输成本

运输方式的选择对于物流系统的运作效率和成本控制起着十分关键的作用。究竟是什么因素影响运输方式的选择呢？以上所述,运作特征及输送物品的种类、输送量、输送距离、输送时间、输送成本等都会影响运输方式的选择,事实上,只有运输时间和运输成本才是不同运输方式相互竞争的关键因素,运输时间与运输成本的变化必然带来所选择的运输方式的改变,换句话说,这两个因素作为运输机构竞争要素的重要性日益增强。

运输时间和运输成本之所以如此重要,背景在于企业物流需求发生了改变。运输服务的需求者一般是企业,目前企业对缩短运输时间、降低运输成本的要求越来越强烈,这主要是在当今经营环境较复杂、较困难的情况下,只有不断降低各方面的成本,加快商品周转,才能提高企业经营效率,实现竞争优势。缩短运输时间与降低运输成本是一种此消彼长的关系,如果要利用快速的运输服务方式,就有可能增加运输成本;同样,运输成本下降有可能导致运输速度减缓,所以,如何有效地协调这两者间的关系,使其保持一种均衡状态是企业选择运输方式时必须考虑的重要因素。

但是,运输成本最低的运输方式通常会导致物流系统中其他部分成本的上升,因此难以保证整个物流系统的成本最低。所以,尽管运价是影响决策的一个因素,但它绝不是唯一的因素,企业必须考虑运输服务的质量及这种服务带来的对整个销售物流系统运作成本的影响。不同运输方式下的运输时间将对物流系统各节点所要求的存货水平造成不同的影响,即较长的运输时间需要较高的存货水平。运输方式的可靠性和安全交货的程度也会影响各节点的存货水平、物料搬运设备和劳动力的使用、货损赔偿及通讯的时间与成本。

由此可见,企业要根据物流系统的总体要求,结合不同运输方式的成本与服务特点,选择适合的运输方式。

2.运输服务的选择

运输方式的选择,其实质就是运输服务的选择。如果不将运输服务作为竞争手段,那么能够使运输服务的成本与该运输服务水平导致的相关间接库存成本之间达到平衡的运输服务就是最佳服务方案,也即运输的速度和可靠性会影响托运人和买方的库存水平(订货库存和安全库存)及他们之间的在途库存水平。如果选择速度慢、可靠性差的运输服务,物流渠道中就需要有更多的库存。这样,就需要考虑运输服务成本降低被库存持有成本可能升高所抵消的情况。因此,现有方案中最合理的方案应该是,既能满足顾客需求,又使总成本最低的服务。

选择合适的运输方式有助于创造有竞争力的服务优势。如果供应渠道中的买方从多个供应商那里购买商品,那么物流服务就会和价格一样影响买方对供应商的选择。相反,如果供应商针对各自的销售渠道选择不同的运输方式,就可以控制其物流服务的各项要素,进而影响买方的购买。

对买方而言,更好的运输服务(运送时间更短、波动更小)意味着可以保有较少的库存和/或完成运作计划的把握更大。为鼓励供应商选择最理想的运输服务,进而降低成本,买方唯一能采取的行动就是惠顾。买方的做法就是将采购订单转给能提供更优质运输服务的供应商。业务的扩大将带来利润的增加,弥补由于选择快速运输服务带来的成本的增加,因而要鼓励供应商寻求吸引买方的运输服务形式,而不是单纯降低运输服务的价格。

如果分销网络中有多个供应点可供选择,运输服务的选择就会成为供应商和买方的联合决策。供应商通过选择运输方式来争取买方的订单,理智的买方则会通过更多的购买来回应供应商的选择。买方增加购买的数量取决于互相竞争的供应商提供运输服务的差异。在动态的竞争环境下,只提供单一运输服务的供应商是很难生存的,因为其他供应商会通过提供更多的服务来反击竞争对手,且运输服务的选择与买方潜在的购买兴趣之间的关系是很难估量的。

(二)承运人的选择

在选定了运输方式之后,就要选择具体的承运人。尽管某一运输方式下的大多数承运人的运价和服务是相似的,但其服务水平会存在很大差异。同一运输方式下承运人的成本结构相同,从而同一运输行为的运价也十分相似,所以运价并不是选择具体承运人的最重要标准,而承运人的服务质量将成为同一运输方式下企业选择具体承运人的决定因素。服务水平是指运输时间、可靠性、运输能力、可接近性和安全性。

1. 运输时间与可靠性

运输时间是指从托运人准备托运货物到承运人将货物完好地移交给收货人之间的时间间隔,其中包括接货与送货、中转搬运和起讫点间运输所需要的时间。可靠性是指承运人的运送时间的稳定性。运送时间与可靠性影响着企业的库存和缺货损失。运送时间越短,可靠性越高,所需的库存水平越低。运送时间和可靠性通常是企业评价承运人服务水平的重要标准。如果没有可靠性做保证,再短的运送时间也是毫无意义的。在预知提前期的条件下,企业可以优化库存水平及相应的库存成本。但是如果运送时间很不稳定,就需要增加大量额外库存,以防止由此而产生的缺货损失。

从市场的角度来看,可靠的运送时间是区别企业产品、提高竞争优势的重要因素。如果企业能够向客户提供可靠性更高的运送时间,则客户就会减少库存成本和缺货损失,同时企业也会增加销售额。销售额对稳定的运送时间这一因素十分敏感,因此必须特别关注承运人的运送时间和可靠性,使企业的产品区别于其他产品,从而提高产品的竞争优势。

因此,企业在对同一种运输方式下的承运人的选择中,可靠性是最为重要的决定因素。

2. 运输能力与可接近性

运输能力与可接近性决定了一个特定的承运人是否能够提供理想的运输服务。运输能力是指承运人提供运输特殊货物所需要的运输工具与设备的能力。可接近性是指承运人为企业运输网络提供服务的能力,即承运人接近企业物流节点的能力。承运人的可接近性受到路网的地理限制(公路或水路)及调节机构管辖经营范围的制约。不能提供企业所需要的运输能力与可接近性服务的承运人会被淘汰。

3.安全性

安全性是指货物在到达目的地的状态与开始托运时的状态相同,尽管承运人会对货物的丢失或损坏承担责任(自然灾害、战争、托运人的行为过失、货物自身特性、政府行为等因素除外),但当货物丢失或被损坏时,仍会增加企业销售系统的成本。因为不安全运输不仅会导致失去利润的机会成本,而且还会对企业信誉造成不利影响,进而影响企业的销售额。为了避免这些损失,企业会提高存货水平,但这会增加库存成本。因而承运人保证货物安全抵达的能力也成为企业选择承运人的重要因素。

三、物流运输企业的信息管理系统

(一)物流运输企业在供应链管理当中的地位

顾客需求的多样化和个性化要求物流运输企业提供多频度、小数量、及时运送的高水准的物流服务,同时物流行业激烈的竞争要求物流运输企业以适当的成本提供差别化的物流服务,特别是近年来,企业管理的一个重要的发展趋势是企业采取选择和集中的经营战略,专注于主业和成长行业,其他业务采取外购和委托方式,其中之一是把物流运输业务完全委托给专门的物流运输企业去完成,这样物流运输企业便与它的顾客形成共同利益关系,与供应链的各参与方整合在一起(如图6-1所示)。作为第三方物流(Third-Party Logistics)的运输企业,经营效率的高低直接影响到整个供应链的经营效果,因此为了满足顾客的需要,为了在激烈的竞争中获得竞争优势,为了提高整个供应链的经营效果,许多物流运输企业特别是大型物流运输企业从战略高度出发建立自己的战略信息系统(SIS),应用货物跟踪系统、运输车辆运行管理系统等物流信息管理系统。下面着重介绍目前物流运输企业广泛采用的物流运输信息管理系统。

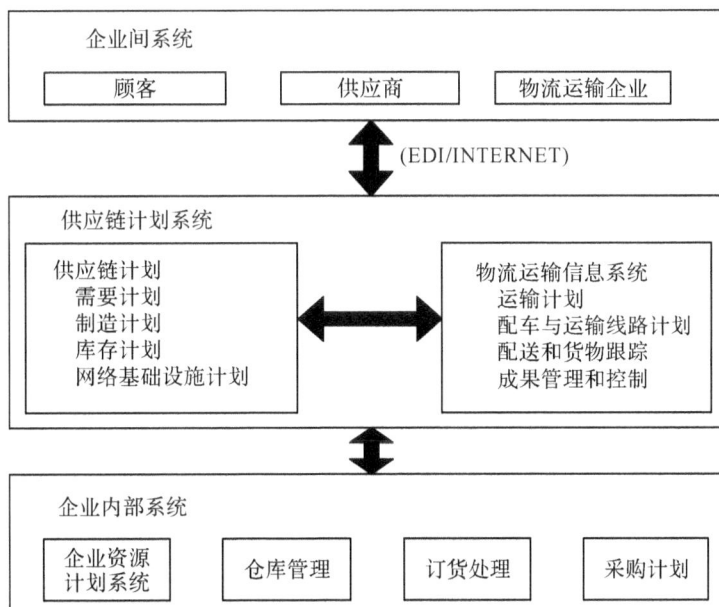

图6-1 物流运输企业和供应链关系结构图

(二)物流运输企业货物跟踪系统

货物跟踪系统是指物流运输企业利用现代信息网络技术及时获取有关货物运输状态的信息,进而提高物流运输服务的一种物流作业系统。具体说就是,物流运输企业的工作人员在向货主取货时、在物流中心重新集装运输时、在向顾客配送交货时,利用扫描仪自动读取货物包装或者货物发票上的物流条形码等货物信息,通过公共通信线路、专用通信线路或卫星通信线路把货物的信息传送到总部的中心计算机上进行汇总整理,这样,所有被运送的货物的信息都集中在中心计算机里。货物跟踪系统提高了物流运输企业的服务水平,其具体作用表现在以下四个方面。

第一,当顾客需要对货物的状态进行查询时,只要输入货物的发票号码,马上就可以知道有关货物状态的信息。查询作业简便迅速,信息反馈及时准确。

第二,通过货物信息,企业可以确认货物是否将在规定的时间内被送到顾客手中,能即时发现没有在规定的时间内把货物交付给顾客的情况,便于马上查明原因并及时改正,从而提高运送货物的准确性和及时性,提高顾客服务水平。

第三,作为获得竞争优势的手段,提高物流运输效率,提供差别化物流服务。

第四,通过货物跟踪系统所得到的有关货物运送状态的信息丰富了供应链的信息分享源,有关货物运送状态信息的分享有利于顾客预先做好接货及后续工作的准备。建立货物跟踪系统需要较大的投资,如购买设备、标准化工作、系统运行费用等,因此只有有实力的大型物流运输企业才能够应用货物跟踪系统。但是随着信息产品和通信费用的低价格化及互联网的普及,许多中小物流运输企业也开始应用货物跟踪系统。在信息技术广泛普及的美国,物流运输企业会建立本企业的网页,顾客可以通过互联网与物流运输企业联系运货业务和查询运送货物的信息。在我国,大多数物流运输企业已建立了本企业的网页,并通过互联网从事物流运输业务。

(三)物流运输行业车辆运行管理系统

在物流运输行业,由于作为提供物流运输服务手段的运输工具(如卡车、火车、船舶、飞机等)在从事物流运输业务过程中处于移动分散状态,在作业管理方面会遇到其他行业所没有的困难。但是随着移动通信技术的发展和普及,出现了多种车辆运行管理系统。下面将介绍两种车辆运行管理系统,一种是适用于城市范围内的应用 MCA (Multi Channel Access)无线技术的车辆运行管理系统,另一种是适用于全国、全球范围的应用通信卫星和 GPS 技术的车辆运行管理系统。

1. 应用 MCA 无线技术的车辆运行管理系统

MCA 无线系统由无线信号发射接收控制部门、运输企业的计划调度室和运输车辆组成。通过无线信号发射接收控制部门、运输企业的计划调度室与运输车辆能进行双向通话,无线信号管理部门通过科学地划分无线频率来实现无线频率的有效利用。由于受无线发射功率的限制,MCA 无线系统只适用于小范围的通信联络。如城市内的车辆计划调度管理,在我国,北京、上海等城市的大型出租运输企业都采用 MCA 无线系统。

物流运输企业在利用 MCA 无线系统的基础上结合顾客数据库和自动配车系统进行车辆运行管理。具体来说,在接到顾客运送货物的请求后,相关人员将货物品种、数量,装运时间、地点,顾客的联络电话等信息输入计算机,同时根据运行车辆移动通信装置发回的有关车辆位置和状态的信息,通过 MCA 无线系统由计算机自动地向最靠近顾客的车辆发出装货指令,由车辆上装备的接收装置接收装货指令并打印出来。利用 MCA 技术的车辆运行管理系统不仅能提高物流运输企业的效率,而且能提高顾客对服务的满意度。

2. 应用卫星、GPS 技术和 GIS 技术的车辆运行管理系统

在全国范围甚至跨国范围进行车辆运行管理就需要采用通信卫星、GPS 和 GIS。在应用通信卫星、CPS 技术和 GIS 技术的车辆运行管理系统中,物流运输企业的计划调度中心和运行车辆通过通信卫星进行双向联络(如图 6-2 所示)。具体地说,物流运输企业的计划调度中心发出的装货运送指令,通过公共通信线路或专用通信线路传送到卫星通信管理中心,由卫星控制中心把信号传送给通信卫星,再经通信卫星把信号传送给运行车辆,而运行车辆通过 GIS 确定装货准确位置,找出到达目的地的最佳路线,同时,通过车载的通信卫星接送天线、GPS 天线、通信联络控制装置和输出入装置把车辆所在位置和状况等信息通过通信卫星传回企业计划调度中心。这样,物流运输企业通过应用通信卫星、GPS 技术和 GIS 技术不仅可以对车辆运行状况进行控制,而且可以实现全企业车辆的最佳配置,提高物流运送业务效率和顾客服务满足程度。在地域辽阔的美国,由于采用通信卫星、GPS 技术和 GIS 技术的车辆运行系统能提高配车运送效率,缩短等待装货时间,越来越多的企业开始采用这一系统。

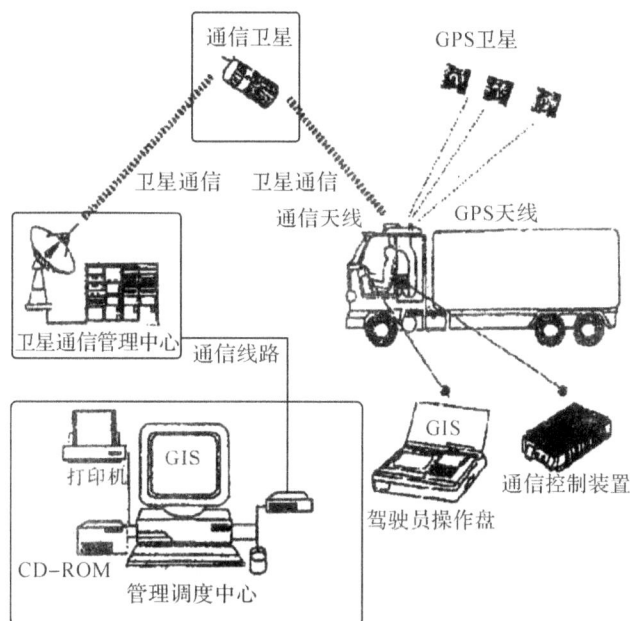

图 6-2　利用通信卫星、GPS 技术和 GIS 技术的车辆运行管理系统[①]

[①]　宋华、胡左浩:《现代物流与供应链管理》,经济管理出版社 2002 年版。

例如,美国物流运输租赁企业 J. B. HANT 公司在出租车上安装卫星通信和车辆控制系统,该公司不仅利用这些系统进行双向联络通信、车辆调配管理、装货信息管理,而且利用这些系统对司机对交通规则的遵守情况、车辆空载情况、燃料费等方面进行实时管理。1995 年,该企业的年营业额达 15 亿美元,职工为 12 000 人,卡车约 7000 辆。但是,采用通信卫星、GPS 技术和 GIS 技术的车辆运行管理系统的初期投资大,并且利用通信卫星进行通信联络的费用高。在发达国家,目前只有大型物流运输企业采用通信卫星、GPS 技术和 GIS 技术进行车辆运行管理。由于我国国土辽阔,且随着经济的快速发展,各方对物流运输服务的要求将越来越高,利用通信卫星、GPS 技术和 GIS 技术的车辆运行管理会是今后大型货车运输企业的发展趋势。

四、运输方式与运输路径选择模型[①]

(一)运输方式选择模型

1. 单一运输方式选择模型

企业根据自身需要,综合考虑运载量、成本、搬运的要求、运输距离等各种因素,选择一种最合适的方式完成运输。运输方式选择的方法主要有因素分析法、加权因素分析法。例 1(Kasilingam,1998)通过加权因素分析法在两种运输方式之间进行选择。由于不同的运输方式的运输速度不同,从而运输时间不同,进而使得在途库存、生产地库存、消费地库存不同。一般来说,一种运输方式的运输速度越快,相应的库存就越少。例 2(Kasilingam,1998)就是把运输成本和库存成本结合起来考虑的例子。

例 1:一个矿产品加工场有两种把矿石从矿地运到矿场的运输方式。下面根据一些相同的因素对两种运输方式进行评价比较(分数越高表明越好)。两种运输方式对应因素的得分如表 6-6 所示。

表 6-6　运输方式对应因素得分

因素(相应的权数)	方式 1(分数)	方式 2(分数)
在途运输时间(8)	7	5
运输时间的稳定性(7)	5	7
运输成本(3)	8	4
运载能力(6)	2	6
丢失损坏(7)	5	4
客户服务(5)	6	9

企业根据表 6-6 中所列的数字来选择最佳的运输方式。

经过计算,方式 1 的加权分数是 $8\times7+7\times5+3\times8+6\times2+7\times5+5\times6=192$;方式 2 的加权分数是 $8\times5+7\times7+3\times4+6\times6+7\times4+5\times9=210$。显然方式 2 的加权分数更高,因此方式 2 是企业的最佳选择。

---

① 杨广君:《物流管理》,对外经济贸易大学出版社 2004 年版,第三章摘编。

例 2：一家纸制品公司生产一种新闻纸。目前，货物是用铁路进行运输的，成包的新闻纸通过铁路从工厂运至靠近客户所在地的地区仓库。从工厂到地区仓库的平均运送时间大约是 10 天。为了保证较高的客户服务水平，该公司不得不在地区仓库保持 10 000 包的平均库存。现在，该公司在考虑如果采用卡车运输代替铁路运输会对总成本有什么样的影响。卡车运输将会使运送时间减少 3 天，每天节约的运输时间可以让企业减少 2% 的库存。另外，还可以得到以下相关信息：铁路的运输成本是每包 0.2 美元；为满足需求所需的发货次数为 10 次；卡车的运输成本是每包 0.4 美元；为满足需求所需的发货次数为 20 次；库存持有成本为每年每包 6 美元；平均需求为 100 000 包。

根据数据计算该公司是否可以用卡车运输来代替铁路运输。

计算分析：

每年的铁路运输成本包括：

运输成本＝0.2×100 000＝20 000(美元)；

库存成本＝6×10 000＝60 000(美元)；

在途库存成本＝6×100 000×10÷365＝16 438(美元)；

总成本＝20 000＋60 000＋16 438＝96 438(美元)。

每年的卡车运输成本包括：

运输成本＝0.4×100 000＝40 000(美元)；

库存成本＝6×5 000×0.94＝28 200(美元)；

在途库存成本＝6×100 000×7÷365＝11 506(美元)；

总成本＝40 000＋28 200＋11 506＝79 706(美元)。

通过总成本分析，可以看出，该公司用卡车运输代替铁路运输是可行的，每年可以节省成本 16 732 美元。

2. 多式联运方式选择模型(Reddy，Kasilingam,1995)

这一模型是以成本的最小化为目标，并假设两城市之间只使用一种运输方式，中途不进行转换，仅在到达一个城市之后才再次进行运输方式的选择。而且一票货物在不同城市转换运输方式的时候，货物的数量是保持不变的。同时，我们认为运输成本随运输距离的变化呈线性变化，即运输成本是运输距离的线性函数。

例 1：现在一条运输线路上有 5 个城市，其中任意两个城市之间都有 3 种运输方式(铁路、公路和航空)可供选择。不同城市之间的运输成本如表 6-7 所示。

表 6-7　不同城市之间的运输成本

运输方式	城市间的运输成本			
	1—2	2—3	3—4	4—5
铁路	3	4	3	6
公路	2	4	5	5
航空	4	1	6	4

不同运输方式之间的转换费用如表 6-8 所示。

表 6-8 不同运输方式之间的转换费用

运输方式	从铁路转换到			从公路转换到			从航空转换到		
	公路	航空	铁路	公路	铁路	航空	公路	航空	铁路
转换成本	2	1	0	0	2	1	1	0	2

运输量为 q，本例中假设为 20 个运输单位。根据以上信息确定最佳的运输组合。

计算分析：

第一步：计算不同城市在各种不同的运输方式运入的情况下，再用不同的运输方式运出的成本，即运输成本和运输方式转换成本之和。下面以货物由铁路运入城市 4，再利用 3 种方式进行运输的成本为例进行计算。

$$P_4(\text{rail},\text{air})=t_4^{\text{rail},\text{air}}+qC_{4,5}^{\text{air}}=1+(20\times4)=81,$$

$$P_4(\text{rail},\text{road})=t_4^{\text{rail},\text{road}}+qC_{4,5}^{\text{road}}=2+(20\times5)=102,$$

$$P_4(\text{rail},\text{rail})=t_4^{\text{rail},\text{rail}}+qC_{4,5}^{\text{rail}}=0+(20\times6)=120。$$

因此，当货物用铁路运至城市 4 的时候，最佳的运出方式是航空运输。相应的，我们可用相同的方法再计算出当货物用航空运输和公路运输运至城市 4 时的最佳运出方式。

第二步：再计算当货物由铁路运入城市 3 时最佳运出方式，以及相应的从城市 3 到城市 5 的运输总成本。

$$P_3(\text{rail},\text{air})=t_3^{\text{rail},\text{air}}+qC_{3,4}^{\text{air}}+P_4(\text{air},\text{air})=1+(20\times6)+80=201;$$

$$P_3(\text{rail},\text{road})=t_3^{\text{rail},\text{road}}+qC_{3,4}^{\text{road}}+P_4(\text{road},\text{air})=2+(20\times5)+81=183;$$

$$P_4(\text{rail},\text{rail})=t_3^{\text{rail},\text{rail}}+qC_{3,4}^{\text{rail}}+P_4(\text{rail},\text{air})=0+(20\times3)+81=141。$$

相应的，我们也可以算出当货物由城市 2 以航空或公路运入城市 3 时的最优运出方式。

第三步：计算城市 1 和城市 2 之间的最优运输方式。

$$P_1(\text{rail})=qC_{1,2}^{\text{rail}}+P_2(\text{rail},\text{air})=(20\times3)+164=224;$$

$$P_1(\text{air})=qC_{1,2}^{\text{air}}+P_2(\text{air},\text{air})=(20\times4)+163=243;$$

$$P_1(\text{nad})=qC_{1,2}^{\text{road}}+P_2(\text{road},\text{air})=(20\times2)+164=204。$$

第四步，将以上 3 步的计算结果列表进行分析（如表 6-9 所示）。

表 6-9 前 3 步计算结果汇总

运入方式	最佳运出方式	总成本
城市 4		
铁路	航空	81
航空	航空	80
公路	航空	81
城市 3		
铁路	铁路	141

运入方式	最佳运出方式	总成本
航空	铁路	143
公路	铁路	143
城市 2		
铁路	航空	164
航空	航空	163
公路	航空	164

分析结果：

从第三步我们可以看出，从城市 1 到城市 2 的最佳运输方式是公路运输；当城市 2 的最佳运入方式是公路运输时，相应的，从城市 2 到城市 3 的最佳运出方式就是航空运输；当城市 3 的运入方式是航空运输时，从城市 3 到城市 4 的最佳运出方式是铁路运输；当货物以铁路运输运入城市 4 的时候，从城市 4 到城市 5 的最佳运输方式就是航空运输。从而我们可以看出从城市 1 到城市 5 的最佳联运方式，如表 6-10 所示。

表 6-10　城市间选择的最佳联运方式

城市	1—2	2—3	3—4	4—5
运输方式	公路	航空	铁路	航空

(二)运输路径选择模型(Kasilingam,1998)

承运人的路径选择主要是着眼于选择从始发地到目的地的最近线路，对不同的运输方式而言，可能是指最近的运输距离、最短的运输时间或者最低的运输成本。运输路径选择问题主要可以分为以下 3 类：

(1)沿途的中间城市不同，始发地与目的地不是同一地点的；

(2)中间城市不同，但是始发地与目的地是同一地点的；

(3)有多个始发地和多个目的地，中途有中间城市或中转站的。

下面根据例子分别介绍以上 3 种常见情况下的路径选择问题。

1.始发地和目的地是不同地点的情形

这种路径选择问题是通过运输网络来完成从始发地到目的地的运输，不考虑路径的运载能力和方向限制。这一问题常通过最短路径算法来解决。用最短路径算法解决运输路径选择问题一般需要 4 个步骤：

第一步：找出网络中已经解决和尚未解决运输问题的节点；

第二步：从每个已经解决运输问题的节点出发，找出直接与其相连的尚未解决的运输问题节点；

第三步：从上一步中找出的未解决运输问题的节点中找出与已解决运输问题的节点距离最近的节点，并将它们归入已解决运输问题的节点的列表中；

第四步：如果已解决运输问题的节点已经可以连接到目的地，就可以结束路径的选择了,所得的路径就是最佳路径。如果已解决运输问题的节点尚未连接到目的地,则再回到第二步,继续寻找,直到已解决运输问题的节点能够连接到目的地为止。

例1:ABC卡车公司从事将家具从A地的家具厂运至B地的批发商的运输业务。运输网络(包含中间城市)如图6-3所示。其中,椭圆表示运输相关的城市,数字表示相邻的两个城市之间的距离。根据以上信息确定从A到B的最佳运输路径。

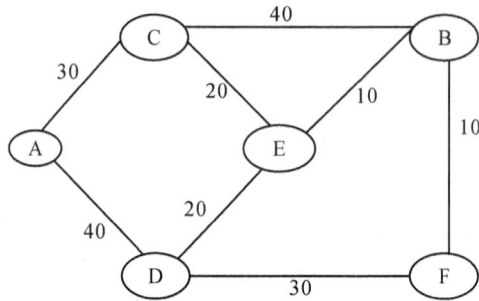

图6-3 运输网络图

计算分析:

针对所知信息,运用最短路径算法的4个步骤进行计算,结果如表6-11所示。

表6-11 始发地和目的地不同情况下最短路径算法演示

步骤	已解决运输问题的节点	直接相连的未解决运输问题的节点	总距离	最短距离和相应的连接
1	A	C	30	30,AC
		D	40	
2	A	D	40	40,AD
	C	B	30+40=70	
		E	30+20=50	
3	C	E	30+20=50	50,CE
	C	B	30+40=70	
	D	E	40+20=60	
	D	F	40+30=70	
4	C	B	30+40=70	60,EB
	D	E	40+20=60	
	D	F	40+30=70	
	E	B	50+10=60	

通过表6-11的计算结果,我们可以看出,从A地到B地的最短路径是从A出发,经过C,E到达B地的线路。

2. 始发地与目的地相同的情形

这类问题主要是考虑一个运输工具从仓库出发去完成若干任务,然后再返回仓库的情形。常见的应用主要有将瓶装和罐装饮料运到若干客户所在地,将牛奶、外卖等运到不同消费者手中等情形。针对这一问题,承运人需要确定一个合理的运送路径,使得运输工具从仓库出发后能够以最短的距离完成所有计划的运输任务。解决这一问题一般需要以下几个步骤:

第一步:选择出离仓库最近的客户所在地;

第二步:在尚未被选择的客户中挑选出离已挑选出的客户最近的客户;

第三步:如果所有的目标客户都已被选中,就可以结束路径选择了;如果尚有客户未被选中,就回到第二步,继续进行选择,直到所有的目标客户都已被选中为止。

例 1:(Kasilingam,1998)一个牛奶运送车从四号仓库出发去 3 个不同的客户所在地进行服务,由仓库出发到客户所在地的距离如表 6-12 所示。

表 6-12　由仓库出发到客户所在地的距离

（单位:km）

出发地点	目的地			
	四	A	B	C
四	0	22	31	45
A	22	0	18	27
B	31	18	0	38
C	45	27	38	0

根据所给的数据选择最佳的路径。

分析解决:

第一步,考虑到 A 客户离仓库最近,因此将 A 客户作为第一个目标客户;

第二步,与 A 客户距离最近的是 B,因此将 B 列为第二个目标客户;

第三步,仍有客户 C 尚未安排运送,因此回到第二步;

第二步,将 C 客户列到 B 客户之后进行运输。

根据以上安排,路径(四号仓库—A—B—C—四号仓库)的运送距离是最短的,最短距离为 123km。

3.多个始发地与多个目的地,且有中转地的情形

针对这一问题,需要考虑的是,在有中间城市可以集中或分拨货物的情形下,选择最佳的配送路径,将货物从多个货源地配送到不同地点的客户手中。其中,一些货源地和目的地同时也可以充当中转站的角色。解决这一问题一般需要以下两个步骤:

第一步:要把这一情形转化为运输模型;

第二步:在形成运输模型之后,运用一些已知的运输模型算法来解决。

例 1: Calicut 供应公司在美国东海岸的两个工厂生产阀门。一个工厂在 A 地,一个工厂在 B 地,A 地工厂的生产能力为每天 150 个阀门,B 地工厂的生产能力为每天 200 个阀门。生产出的阀门通过卡车运输到位于美国西海岸的 C、D 两地的客户手中。每天 C、D 两地的客户的需求量都是大约 130 个阀门。同时,Calicut 公司在 E、F 两地设有中转站,当有转运需要的时候可以用来进行集中运输和分拨。阀门的单位运价如表 6-13 所示。

表 6-13　阀门的单位运价

出发城市	目的城市					
	A	B	E	F	C	D
A	0	13	4	6	12	14
B	13	0	7	6	13	12
E	4	7	0	3	8	8
F	6	6	3	0	7	8
C	12	13	8	7	0	17
D	14	12	8	8	17	0

根据以上信息确定将阀门从阀门厂运至各地客户手中的最佳路径。

这一问题可以通过两个阶段来解决。第一阶段通过以下几个步骤将转运模型转变为一个运输模型：

第一步：由于总供给为每天350个，而总需求每天仅有260个，也就是说有90个的超额供给。因此在表中增加一个虚拟的栏用以平衡总供给和总需求。这一栏代表90个阀门的需求。

第二步：建立一个运输表，把所有的城市，包括始发地、目的地、中间地，作为供给地和需求地包含进去。

第三步：这一步用来通过以下的规则确定各点的供给和需求。

确定各点供给和需求的规则如表6-14所示。

表 6-14　确定各点供给和需求的规则

转运问题中各点的作用	运输表中各点的供给量	运输表中各点的需求量
供给点	产地供给＋总供给	总供给
转运点	总供给	总供给
需求点	总供给	产地需求＋总供给
虚拟点	0	产地供给－产地需求

在这个例子里，总供给是350个阀门，最佳的运输线路如表6-15所示。

表 6-15　第一阶段得到的运输表

出发城市	到达城市							
	A	B	E	F	C	D	虚拟点	供给量
A	0	13	4	6	12	14	0	500
B	13	0	7	6	13	12	0	550
E	4	7	0	3	8	8	0	350
F	6	6	3	0	7	8	0	350
C	12	13	8	7	0	17	0	350

出发城市	到达城市							供给量
	A	B	E	F	C	D	虚拟点	
D	14	12	8	8	17	0	0	350
需求量	350	350	350	350	480	480	90	

第二阶段是根据第一阶段制出的运输表，通过已知的运输模型来解决这个模型中的最优运输线路选择问题。

案例六　海陆公司的全球物流运输综合服务系统

海陆公司是综合物流运动的领先者。1997 年，海陆公司建立了 Buyers 集团，其主要目的是为美国的一些零售进口商提供从亚洲至美国的集装箱综合服务。现在它可以由海陆公司、Buyers 集团、全球服务公司及物流公司来提供服务。这些公司的任务是与海陆公司的各操作部门和海陆公司在 1986 年加入的 CSX 公司共同工作，以及作为单独的部门为那些使用或不使用海陆公司的跨洋运输服务的顾客提供物流服务。当亚洲的生产商 30 多年前开始进军美国零售业时，海陆公司就相应地提供了增值服务，如集装箱运输、仓储等。海陆公司的目标是永远使顾客的商业战略可行。例如，Buyers 集团高效率地为零售业提供运送时效性要求很高的快速消费品。

Buyers 集团在世界各地拥有 60 多个办事处及大约 27.9 万 km^2 的仓储。尽管海陆公司已经拥有了大量的集装箱船舶，且 CSX 公司已进入欧洲多式联运铁路市场，但海陆公司还在继续扩展亚洲市场，例如在中国华南、印度尼西亚和亚洲其他地区提供的集卡服务，以及在中国和亚洲其他地区提供的陆上服务。海陆公司是第一家被允许经营中国城市间的集装箱运输的非中国公司。它的服务包括海运、空运代理，且有着完整的物流服务。

海陆公司认为，从某种程度上来讲，与其他货运公司不同，它以自己的资产为基础，即使用自己的船舶为美国的铁路和自己所拥有的港口及驳船服务，同全球货运代理进行竞争。而且海陆公司相信有许多货主正在寻找拥有并使用自己的资产进行物流服务的公司，并且这种形式将会使服务水平达到一流。

Buyers 集团既为海陆公司提供物流服务，又是一个独立的物流操作者，它主要依靠电子信息技术来管理特别设计的物流服务。

全球服务公司瞄准世界各地的买主及全球制造业的顾客，为他们提供特殊的装卸、搬运服务及超重货的运输服务。它还是将货物运送到特别地点的专家。

复习思考题：

1. 常见的件杂货班轮运费计算一般有哪些计费标准？

2. 集装箱班轮运输的交接方式有哪些？

3. 租船运输有何特点？

4.集装箱班轮运输具备什么优点?

5.海运提单有何作用?

6.我国某外贸公司出口某商品 300 箱,每箱毛重 80kg,体积 100cm×40cm×25cm。经查轮船公司的货物分级表,该货运费计算标准为 W/M or Ad. Val,等级为 10 级,又查中国至新加坡港费率表,每运费吨基本运费率为 US＄80 或 1.5％,另收港口附加费 10％,直航附加费 15％。试求国外总运费为多少?

7.用最短路径算法解决运输路径选择问题一般需要哪些步骤?

第七章 全球物流库存与仓储管理

生产、投资、贸易活动的全球化导致生产基地、销售基地乃至研发基地更加分散，从而也使库存与仓储管理日趋全球化。跨国公司在当今的国际经济活动中，扮演的最重要的角色是，经济全球化趋势的主要推动者。世界上绝大多数的高科技含量、高附加值、大规模的国际化生产、投资和贸易活动，都是以跨国公司为主要载体而展开的。本章旨在介绍仓储管理全球化背景与现代仓库的作业机能，以及现代仓储管理系统技术，重点分析、研究现代仓储管理决策和现代物流中心决策原理和规律。

第一节　仓储管理全球化背景与现代仓库的作业机能

从一定意义上说，研究全球物流库存与仓储管理，关键在于认真把握现代跨国公司库存与仓储管理的内在机理与规律，那么必须先掌握跨国公司全球价值链布局的最新趋势是什么。全球生产条件下，跨国公司物流仓库和物流中心的典型特征是分散布点，从而导致协调与管理大量分散的物流价值活动尤其是仓储管理活动变得越来越重要。

一、跨国公司全球生产与价值链布局的趋势

（一）跨国公司资源配置的重心越来越向价值链的两端转移

如果把产品生产价值链笼统地界定为研究开发、加工制造、市场营销三大环节的话，跨国公司资源配置的重心正加速向价值链两端转移。也就是说，跨国公司尽量将有限的资源集中配置到自己竞争力最强或者附加值最高的研究开发或市场营销环节，因为来自加工制造的附加值已经相当微薄。一个积极向上的企业是不能孤立发展的，它还需要价值链上的每个环节都有更好的商业生态环境，也就是说，现代跨国公司的持续发展必须基于完善、健全、发达的价值链与产业链。

正是在这种背景下产业集群得以不断发展壮大，例如，美国硅谷和 128 公路的电子集群、明尼阿波利斯的医学设备集群、西密歇根的办公家具集群，德国图特林根的外科器械集群、纽伦堡的制笔集群，加拿大的林业集群，芬兰的通信设备集群，等等。在中国珠江三角洲和长江三角洲等地区也已表现出产业集群现象，如广东佛山的建陶产业、顺

德的家电产业,浙江温州的制鞋产业、永康的五金业、绍兴的轻纺工业,江苏苏州的 IT 产业,等等。值得注意的是,产业集群将彻底改变传统市场交易系统,让世界企业结构柔性化的势头越发明显,技术能力、融资能力、管理能力和市场营销能力将成为跨国公司内部交易的主要对象(鲁桐,2003)。随着产业细分和专业化分工的纵深发展,拥有卓越的技术创新能力和品牌管理能力的超大型跨国公司处于产业链的"链主"地位,或主导战略联盟,在这些超大型跨国公司的周围,都有大量的配套厂商、合同制造商、OEM 厂商在运转,从而构成健全、完善的价值网络。产业集群出现以前,产业链呈分散的网状结构;产业集群出现以后,集群所在地域内的产业链就呈现出一种集中的、密集型的网状结构。因此,产业集群是产业链发展的高级形式,也是社会生产力发达的标志(李正发,2004)。

(二)跨国公司子公司的价值活动趋向紧密协调

现今,以直接市场交易为依托的企业之间的关系已经演变为企业之间在研究开发、生产设计、技术发明、市场营销、物流管理等方面的协作或合作。自 20 世纪 90 年代以来,跨国公司就倾向于集中资源发展核心专长,牢牢占据价值链战略环节的竞争优势,将次要价值活动逐步转移到全球具有比较优势的一些国家和地区。其结果,一方面,生产成本和交易成本得以降低;另一方面,全球价值链地理布局的分散导致跨国公司全球价值活动的管理成本上升。因此,如何协调子公司的价值活动显得尤为重要。譬如享誉全球的电信设备供应商爱立信公司,自 20 世纪 90 年代开始对其全球子公司的价值活动进行大刀阔斧的整合和协调,将其分布在世界各地的 70 家分支机构减少到 10 家,其余的经营业务全部交给合同生产商。近几年来,许多跨国公司掀起了建立地区总部和海外营运中心的热潮,其目的就是加强对包含物流等分散性价值活动的协调,从而最大限度地实现其全球战略利益和目标。

二、全球物流库存与仓储管理的特殊性和基本问题

(一)全球物流库存与仓储管理的特殊性

物流系统的整体目标是以最低成本提供令客户满意的服务,而仓储系统在其中发挥着重要作用,仓储系统是企业物流系统中不可缺少的子系统。企业仓库曾经被认为只具备仓储的职能,而现在库存的"流速"已成为评价仓库职能的重要指标。现在人们普遍认为,仓库是"河流"而不再是"水库"或"蓄水池",现代企业的仓库已成为企业的物流中心。而建立全球物流系统,通常要求在供应商和客户之间拥有更多的货物库存点和更多的层次,因此全球物流系统的多级库存系统更复杂。尤其是,在销售量相同的情况下,由于货物长距离运输、更多的库存点、更多的层次及运输中正常出现的延误,为了向全球市场客户提供满意的服务,企业不得不维持高于正常水平的库存。全球物流库存与仓储管理具有如下特殊性:

1.动态性

库存管理是全球物流管理的一个非常重要的环节。仓储是对有形物品提供存放场所,对存放物品进行相应保管,并实施物品存取过程管理的行为总称。全球物流仓储的

动态性较大,可能随时需要对库存物品的数量进行调节,供客户使用,因此又被称为动态仓储。这种动态仓储不仅包括静态的物品储存活动,也包括物品的存取、保管等动态活动。在现代物流中,仓储活动与社会经济系统更加紧密地关联起来,由此出现了保税制度,并且越来越多地承担着具有生产特性的流通加工业务,使仓储过程与生产过程有机地结合在一起,从而增加商品的价值。

2. 物流服务的市场地理范围存在巨大差异

就物流网络所涉及的市场区域大小来说,欧洲和亚洲的市场比较小而且相隔紧密,主要是因为这些地区人口密度比较高;在非洲、南美洲,所服务的市场地理范围比较大,因为各人口聚居中心相距较远。

3. 仓储设施及其存储的产品数量和种类不同

在仓库和配送中心中存储的产品的数量和种类在不同的地区是不同的。欧洲的国家与美国相比,有更多的产品专用存储设施。例如,法国的超市配送商拥有生鲜食品、饮料和海鲜的专用仓库,而在美国,仓库中通常存储有数量更大、种类更多的产品。

4. 仓库设施自动化程度不一

在工业化国家和地区,自动仓库设施使用得比较多。因为这些地方的劳动力成本相对于产品的其他成本来说比较高。在中国、印度及其他亚洲和非洲的国家里,因为劳动力成本比较低,自动化设施还没有得到广泛应用。同时,世界上自动化系统的成本差异及支持计算机和信息系统的可获得性的差异也影响了自动化系统的使用。

(二)全球物流仓库和仓储管理必须考虑的基本问题

不同国家和地区的物流市场环境及条件大相径庭,因此针对具体的区域市场制订合适的库存和仓储管理战略及策略显得尤为重要。尽管仓储的基本活动在任何国家和地区都是相似的,但仍然存在很多差异。企业要实施全球物流仓库和仓储管理,必须先回答如下几个问题:

(1)当地仓库是否适合本企业产品的仓储活动?

(2)仓库运作和管理人员是否充足?

(3)客户预期的产品交付速度和周期是多少?

(4)是否可以将有关仓储业务外包?

(5)如何权衡使用公共仓库和自有仓库的成本?

三、现代仓库的作用、优势与机能

(一)现代仓库的作用

1. 降低运输成本、提高运输效率

大规模、整车运输会带来运输的经济效益。在供应物流方面,企业从多个供应商处分别小批量购买原材料并运至仓库,然后将其拼箱并整车运输至工厂。由于整车运输费率低于零担运输费率,这将大大降低运输成本,提高运输效率。在销售物流方面,企业将各工厂的产品大批量地运到市场仓库,然后根据客户的要求,小批量地运到市场或

客户处。这时仓库的作用不仅是拼箱装运，还可按客户要求进行产品整合。另外，各种运输工具的运量相差很大，在它们之间进行转运，运输能力很不匹配，因此，仓库还具有调节运力差异的作用。

2. 进行产品整合

如果考虑到颜色、大小、形状等因素，企业的一个产品线往往包括了数千种不同的产品，这些产品经常在不同工厂生产，企业可以根据客户要求，将产品在仓库中进行配套、组合、打包，然后运往各地客户。否则，由不同工厂生产客户需求的产品将导致不同的交货期。这时，仓库除了满足客户订货的产品整合需求外，对于使用原材料或零配件的企业来说，从供应仓库将不同来源的原材料或零配件配套组合在一起，整车运到工厂以满足需求也是很经济的。单纯的储存和保管型仓库已远远不能适应生产和市场的需要，增加配送和流通加工功能，向流通仓库转型，已成为现代仓库的一个发展方向。

3. 支持企业的销售服务，调节供应和需求

将仓库合理地靠近客户，使产品及时地到达客户手中，将提高客户的满意度并增加企业的销售量，这一点对于企业产成品仓库来说尤为重要。同时，由于生产和消费之间或多或少存在时间或空间上的差异，企业可以通过调整仓储，提高产品的时间效用，缓和生产和集中消费或均衡消费和集中生产在时间上的矛盾。

(二)现代仓库的典型特征与比较优势

1. 订货、发货业务高度信息化

现代仓库，即现代物流中心无论是采取集约化、综合化的发展模式还是分散化、个性化的发展模式，都比较注意通过网络将本部与各工厂、物流中心和经营最前端的店铺连接起来，从而使订货信息通过信息系统传输到物流中心，在准备发货的同时，同期进行自动制作发货票、账单等业务。除此以外，通过 EOS 系统实现产业内及企业间的电子订货，真正使企业的经营活动与商品的物质运动紧密联系在一起，并推动即需型产销体制和网络经营体系的建立。

2. 基于条形码管理的进货、发货检验集约化

在现代物流中心里，条形码的广泛普及及便携式终端性能的提高，使物流作业效率得到大幅提高，即在客户订货信息的基础上，在进货商品上要求贴附条形码，商品进入中心时用扫描仪读取条形码来检验商品；或在企业发货信息的基础上，在检验发货商品的同时加贴代表客户信息的条形码，这样企业的仓库保管及发货业务都在条形码管理的基础上进行。

3. 仓库(物流中心)内的保管、装卸作业自动化

企业在现代物流中心建设的时候都极力导入自动化作业，以便在实现物流作业快速化的同时，极力削减作业人员，降低人力费。特别是以往需要大量人力的备货或标价等流通加工作业如何实现自动化是很多企业面临的重要课题。为了提高作业效率，除了改善作业内容外，很多企业所采取的方法是极力使各项作业标准化，进而最终实现对人力资源的节约。

4. 场所管理信息化、便利化

现代物流中心内的场所管理分为两种形态：一种是利用信息系统事先将货架进行分类、编号，并贴附货架代码，各货架内放置的商品要事先加以确定，这是一种固定型场所管理方式；另一种是流动型管理方式，即所有商品按顺序摆放在空的货架中，不事先确定各类商品专用的货架。在固定型场所管理方式下，各货架内装载的商品长期是一致的，这样从事商品备货作业较为容易，同时信息管理系统的建立也较为方便，这是因为只要第一次将货架编号及商品代码输入计算机，就能很容易地掌握商品出入库动态，从而省去了不断进行库存统计的烦琐业务，与此同时，在库存发出以后，利用信息管理系统能很方便地掌握账目及实际的剩余在库量，及时补充安全在库。相反，流动型场所管理方式由于各货架内装载的商品是不断变化的，在商品变更登录时出差错的可能性较高。固定型场所管理方式尽管具有准确性和便利性等优点，但它也有某些局限性；也就是说固定型场所管理和流动型场所管理各有一定的适用范围。

5. 备货作业自动化、高效化

物流中心最难实行自动化的是备货作业，即便是容易实行备货自动化的商品或产业，也需要大量实现自动化的资金投入，因此，当中心内库存处理量不多时，投资会难以收回。从发达国家的物流实践来看，啤酒业是少数几个满足备货自动化作业条件的产业，虽然从整个产业来看，各企业在推动自动化时会遇到各种难题，但它们都在极力通过利用信息管理系统节约人力资源，构筑高效的备货自动化系统。备货自动化中最普及的是数码备货。数码备货就是不使用人力，而是借助信息管理系统有效地进行作业活动的一种方式。具体讲，是在由信息管理系统接受顾客订货的基础上，向分拣员发出数码指示，从而按指定的数量和种类正确地、迅速地进行备货作业的一种方法。原来的备货作业是在接受订货指示、发出货票的同时，备货员按照商品分列的清单在仓库内寻找、提取所需商品。如今，实行自动化备货作业后，各个货架或货棚顶部均装有液晶显示装置，该装置标示有商品的分类号及店铺号，作业员可以很迅速地查找到所需商品。如今，很多先进企业即便使用人力，也都纷纷采用数码技术提高备货作业的效率。

总之，现代物流中心的管理旨在借助导入自动化仪器、构筑信息管理系统等手段，力图做到中心内作业的机械化、信息化，进而节约人力资源，简化进发货作业，最终降低物流成本。

(三)现代仓库的主要机能

企业现代物流中心内在体系的建设是随流通系统中产品品种少量化、多频度、小单位化发展及 JIT 等新型生产、流通体制的进化而演变的，可以说，流通系统中的种种变革带来了仓库机能上的重大变化。具体来看，随着产品品种多样化的发展，仓储管理日益复杂；配送多频度、少量化的深化，使得以整箱为单位的商品输送量减少，相反小件商品的配送量增加，这种发展趋势无疑使企业仓库备货、包装等作业烦琐化。除此之外，JIT 制度的实施十分严格，要求缩短订货到发货之间的周期，并且实施防止断货发生的在库管理模式，要求能在较短的时间内迅速对应订发货、备货、分拣和配送业务，进而要求有很严格的包装等流通加工机能。上述种种对现代物流的要求都促进企业要从战略的角度看待物流,或者说建立起信息化、自动化、机械化、现代化的物流中心。现代物流中心的主要机能如表 7-1 所示。

表 7-1　现代物流中心的主要作业机能

业务		主要作业机能
进货	进货检查入库作业	商品检查、入库准备、保管场所标示	◆ 核对进货商品与进货清单(质量核对、数量核对) ◆ 贴附保管条形码(固定放货时标示货架号) ◆ 装入入库商品及物品货架号后保管
保管	保管作业发货准备	数量管理、质量管理、流通加工	◆ 检查在库量是否适当(是否需补充发货) ◆ 保持正确的库存记录(核查库存实物与账目是否相符) ◆ 把握库存物在库时间 ◆ 按客户的要求进行包装作业 ◆ 根据客户的要求贴附价格签等有关标签
发货	发货作业配送	备货分拣、包装配车安排	◆ 根据装箱商品和小件商品划分备货 ◆ 进行备货品与客户订单核对(商品号、数量、配送对象) ◆ 根据不同配送对象分拣包装 ◆ 制作发货货单、运送单等单据 ◆ 根据发货数量进行派车 ◆ 装车后进行积载确认

第二节　现代仓储管理系统技术

一、仓储管理的概念

仓储管理是指对仓库及其库存物的管理。由于仓储在时间上协调原材料、产成品的供需,起着缓冲和平衡的作用,企业可以为客户在需要的时间和地点提供适当的产品,从而提高产品的时间效用。因此,仓储活动能够促进企业提高客户服务水平,增强企业的竞争力。仓储的这一功能随着市场竞争的日益激烈而更加显示出重要性。但是,仓库是企业物流系统中的一个固定节点,产品在仓库中保管表明物流的间断,从而增加了产品的成本。因此,物流管理者必须以系统的观念考虑仓储管理,才能合理利用仓储。可见,现今对仓储管理的要求已从静态转向动态管理,发生了根本性的转变。从供应链管理的角度来看,只有每一个环节都流动起来,才能提高整个供应链的反应速度。企业仓储管理的现代化是提高供应链反应速度的重要前提。

过去,仓库被看成一个无附加价值的成本中心,而现在的仓库不仅被看成形成附加价值过程中的一部分,而且被看成企业成功经营的一个关键因素。仓库被企业作为连接供应方和需求方的桥梁。从供应方的角度来看,作为流通中心的仓库从事有效率的流通加工、库存管理、运输和配送等活动。从需求方的角度来看,作为流通中心的仓库必须以最大的灵活性和及时性满足各类顾客的需要。仓库管理系统(Warehouse Management System,WMS)为作为企业流通中心的仓库实现上述功能提供了支持和保证。仓库管理系统有计划和执行两个功能:计划功能包括订货管理、运送计划、员工管理和仓库面积管理等;执行功能包括进货接收、分拣配货、发货运送等。

二、仓储管理系统技术

仓储管理系统技术由条形码技术、二维码技术、无线通信技术、计算机系统和其他附属设备组成。将条形码、二维码技术和无线通信技术结合在一起使用,能及时获得准确的信息,这是成功的仓储管理系统的基础。简单地说,通过扫描仪读取条形码数据,再经过无线通信,将数据信息传送给计算机管理控制系统,由计算机管理控制系统进行信息处理并启动下一个作业。仓储管理系统的附属设备包括自动识别技术、计算机平台、打印机和扫描仪等,这些附属设备往往与企业的局域网连接在一起。

(一)ID 代码技术

仓库通过获得商品的标识(ID)代码并与供应商的产品数据库相连,可以实现对库存物的正确识别。目前,国外企业已建立了应用于供应链的 ID 代码标准系统,如 EAN-13(UPC-12)、EAN-14(SCC-14)、SSCC-18 及位置码等,我国也建有关于物资分类编码的国家标准,可参考使用。企业应尽量使自己的产品按国际标准进行编码,以便在仓库管理中进行快速跟踪和分拣,实现 ID 代码标准化有利于采用 EDI 系统进行数据交换与传送,提高了库存管理的效率。目前,国际上通行的商品代码标准是国际物品编码协会和美国统一代码委员会共同编制的全球通用的 ID 代码标准。

(二)条形码技术

条形码是用一组数字来表示商品的信息,条形码技术是目前国际上物流管理中普遍采用的一种技术手段。在流通活动中,为了能迅速、准确地识别商品,自动读取有关商品信息,条形码技术被广泛应用。条形码技术对提高库存管理的效率的作用是非常显著的,是实现库存管理电子化的重要工具,它使对库存控制可以延伸到销售商的 POS 系统,实现对库存的供应链网络化控制。条形码条是代表 ID 代码的一种符号,是对 ID 代码进行自动识别并将数据自动输入计算机的方法和手段,条形码技术的应用突破了数据录入与数据采集的"瓶颈",为管理库存提供了有力支持。条形码按使用方式分为直接印刷在商品包装上的条形码和印刷在商品标签上的条形码,按使用目的分为商品条形码和物流条形码。ID 代码与条码的对应关系如表 7-2 所示。

表 7-2　ID 代码与条码的对应关系

代码	国际条码标准	国家条码标准
EAN-13 (UCC-13)	EAN-13	《商品条码》GB 12904
EAN-14 (UCC-14)	ITF-14	《储运单元条码》GB 16830
	EAN/UCC-128	《贸易单元 128 条码》GB 15425
SSCC-18	EAN/UCC-128	《贸易单元 128 条码》GB 15425
条码应用标识符	EAN/UCC-128	《贸易单元 128 条码》GB 15425

商品条形码是以直接向消费者销售的商品为对象，以单个商品为单位使用的条形码。它由 13 位数字组成，最前面的两个数字表示国家或地区的代码，中国的代码是 69，接着的 5 个数字表示生产厂家的代码，其后的 5 个数字表示商品品种的代码，最后 1 个数字用来防止机器发生误读错误。例如，商品条形码 6902952880041 中，69 代表中国，02952 代表贵州茅台酒厂，88004 代表 53%（VW）、106PRCXDF、500ml 的白酒。

物流条形码是物流过程中的以商品为对象、以集合包装商品为单位使用的条形码。标准物流条形码由 14 位数字组成，除了第 1 个数字之外其余 13 个数字代表的意思与商品条形码相同。物流条形码的第 1 个数字表示物流识别代码，在物流识别代码中 1 代表集合包装容器装 6 瓶酒、2 代表装 24 瓶酒，物流条形码 26902952880041 代表该包装容器装有中国贵州茅台酒厂的白酒 24 瓶。商品条形码和物流条形码的区别，如表 7-3 所示。

表 7-3　商品条形码和物流条形码的区别

	应用对象	数字构成	包装形式	应用领域
商品条形码	向消费者销售的商品	13 位数字	单个包装	POS 系统、补充订货系统
物流条形码	物流过程中的商品	14 位数字（标准物流条形码）	集合包装（如纸箱、集装箱等）	出入库管理、运输保管、分拣管理

条形码是有关生产厂家、批发商、零售商、运输业者等经济主体进行订货和接受订货、销售、运输、保管、出入库检验等活动的信息源。在上述活动发生时利用条形码能即时自动读取信息，便于及时捕捉到消费者的需要，提高商品销售效果，也有利于促进物流系统提高效率。另外，条形码与其他辨识商品的方法如 OCR（Optical Character Recognition，光学文字识别）、OMR（Optical Mark Reader，光学记号读取）相比较，具有印刷成本低和读取精度高的优点。

（三）复合码技术

为了加强对物流商品的单品管理，提高物流管理中商品信息自动采集的效率，全球条码技术的倡导者和推动者国际物品编码协会和美国统一代码委员会于 1999 年联合推出了一种全新的适于各个行业应用的物流条码——复合码。复合码是由一维条码和二维条码叠加在一起而构成的一种新的码制，能够在读取商品的单品识别信息时，获取更多描述商品物流特征的信息。目前，复合码的应用主要集中在标识散装商品（随机称重商品）、蔬菜水果、医疗保健品、非零售的小件物品及商品的运输与物流管理上。

在物流系统中，越来越多的应用证明，采集和传递更多的运输单元信息是非常必要的。物流管理所需要的信息可分为两类：运输信息和货物信息。运输信息包括交易信息，如采购订单编号、装箱单及运输途径等。货物信息包括包装及所装物品、数量和保质期等，掌握这些信息对混装托盘的运输及管理尤为重要。而目前的商品条码（EAN/UCC 条码，只有 12—13 位数字信息）受信息容量的限制，无法提供更多的信息方案。

但复合码可将 2300 个字符编入条码中,解决了在商品上无标识微小物品及表述附加商品信息的问题。

复合码中包含这些信息的好处在于供应链成员在供应链的各个环节都可以随时采集所需信息而无须在线数据库的辅助,另外将货物本身信息编在二维条码中还能够给电子数据交换提供可靠的备份,从而减少供应链成员对网络的依赖性,极大地提高了企业物流及供应链管理系统的效率和质量。

(四)自动存储与检索系统技术

大量人力因素的介入常常会导致仓库管理方面的错误,计算机控制仓库的系统可以避免此类问题,因此被迅速普及推广。这些系统被称作自动存储与检索系统,它们可以在仓库内的指定地点自动存入或运出货物。这种系统多用于零售业的分销过程中,在制造业可用于工厂的库存管理与验货。

(五)EDI 技术

EDI 是一种在处理商业或行政事务时,按照一个公认的标准,形成结构化的事务处理或信息数据格式,完成从计算机到计算机的数据传输方法。要有效地对库存进行管理,采用 EDI 进行数据交换,是一种安全可靠的方法。为了能够实现对库存进行实时监控,了解库存补给状态,采用基于 EDI、IFACT 标准的库存报告清单能够提高运作效率,每天的库存水平(或定期的库存检查报告)、最低的库存补给量都能自动地生成,这样可以大大提高工作人员对库存的监控效率。

三、基于 RFID 的全球物流信息平台架构及其功能流程[①]

(一)RFID 的概念及其优势

RFID 是一种非接触式的现代自动识别通信技术,主要功能在于通过射频信号技术来识别目标和获取相关的数据,但不需要实际工作人员的干预。应用该技术,人们可以在复杂的环境下实现远距离自动读取运动物体的信息,提高物体识别效率,节约工作时间,进而大幅减少物流作业时间。早在 2004 年,沃尔玛首先在物流与供应链管理中运用 RFID 技术,实践证明,配送中心的缺货率显著下降,仓库的库存管理效率及补货速度也得以明显提高。

(二)RFID 技术应用对于全球物流发展的积极作用

近年来,为了能够更好地适应经济全球化的发展要求,很多传统企业开始逐步完善和更新它们的物流设施,在国际物流和供应链管理中使用 RFID 技术。譬如,UPS、DHL、Fedex 等大型物流企业也在积极探索 RFID 技术在货物跟踪、信息自动采集、存储管理等物流活动中的作用,希望以此来提高它们在国际物流体系中的竞争力。另外,

---

① 此部分摘编于王晓明、周敬祥:《基于 RFID 技术的全球物流跟踪信息平台规划设计》,水运工程 2010 年 12 期,第 42—46 页。

RFID 在包裹快递企业的业务运作中起着十分重要的作用,具体涵盖货物接收、输入信息、运输、清关、分拣等过程,以及最终到达客户手中的过程。同时,RFID 技术的运用有助于优化公司运行程序,进而帮助企业降低劳动力成本,提升企业绩效,促进企业可持续发展。

随着物联网的发展与壮大,全球物流企业更加迫切需要借助 RFID 等现代网络通信技术实现物与物、物与人的互联互通。RFID 技术有助于确保全球物流信息管理的动态性、及时性和准确性,提高跨区域或全球供应链的透明度。另外,基于 RFID 技术的信息平台有助于提升国际货物运输的安全性和透明度,从而满足货主随时随地对物流过程进行实时监管的需求。毋庸置疑,RFID 技术的广泛运用势必会进一步推动全球物流管理朝着现代化、信息化、智能化、数字化和标准化的方向快速发展。

(三)基于 RFID 技术的全球物流信息平台系统总体架构

基于 RFID 技术构建的全球物流信息平台建设以全球物流跟踪为核心目标,实现为货主、物流企业、货代、船代、政府部门、第三方物流企业、金融企业等提供全球物流跟踪信息的实时在线监控与服务。基于 RFID 的全球物流信息平台系统主要包括以下几个部分:全球物流跟踪信息平台、对外物流服务系统、物流信息资源数据库、基础支撑平台、物联网。该信息平台系统的总体设计架构如图 7-1 所示。

图 7-1 基于 RFID 技术的全球物流信息平台系统总体架构

(四)基于 RFID 技术的全球物流信息平台系统功能实现流程设计

1. 物流信息查询功能及其流程

物流信息查询功能是该系统最重要的功能模块。通过信息查询,货主、第三方物流企业、船代、货代和政府部门可以充分地、准确地了解物流作业信息和安全信息,及时掌握货物的动态,进而对不安全事件提早采取规避和防范措施。一般情况下,物流信息查询流程如图 7-2 所示。

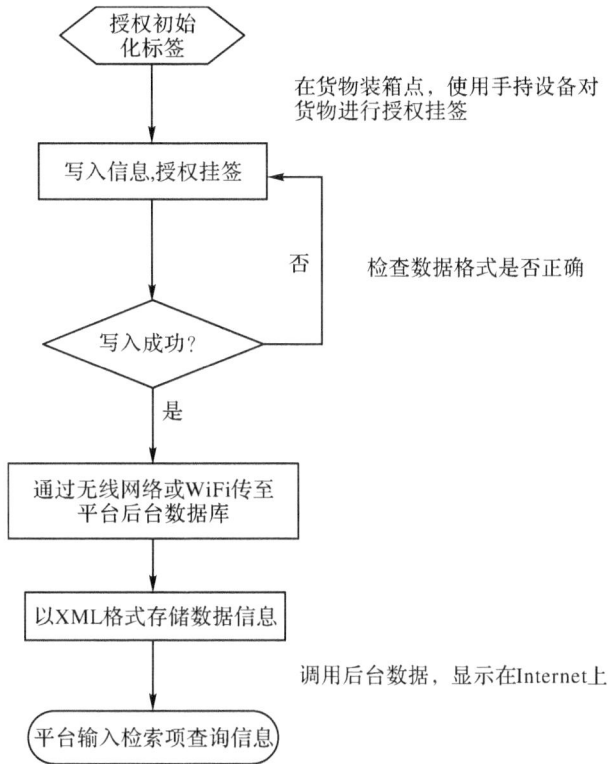

图 7-2　物流信息查询流程

2. 新增监控功能及其流程

当有新的客户需求出现时,启用新增监控功能就十分必要。该功能是全球物流跟踪信息平台服务的延展,旨在为客户提供网上申请预约服务,同时,客户可通过该模块提前告知平台服务商以便尽快组建监控路线,落实读写器、标签服务的提供方式和实现方式。通常而言,新增监控分为两种情形:一是新增监控路线,二是在已有监控路线的基础上新增监控点。一般而言,新增监控功能的实现流程如图 7-3 所示。

3. 增值服务功能及其流程

基于 RFID 的全球物流信息平台系统的增值服务功能重在提供基于电子商务运作的服务和个性化服务。一方面,在货主不便亲自对航线进行挂签、拆签操作的情况下,设计预约挂/拆签和预约监控服务,由专业挂/拆签、监控服务提供商提供该业务,货主只要在信息平台系统上进行预约即可实现。另一方面,个性化服务可提供电子邮件或短信等通知服务,使客户能在最短的时间范围内掌握被跟踪货物的状态,真正做到全球物流信息及时化、透明化。

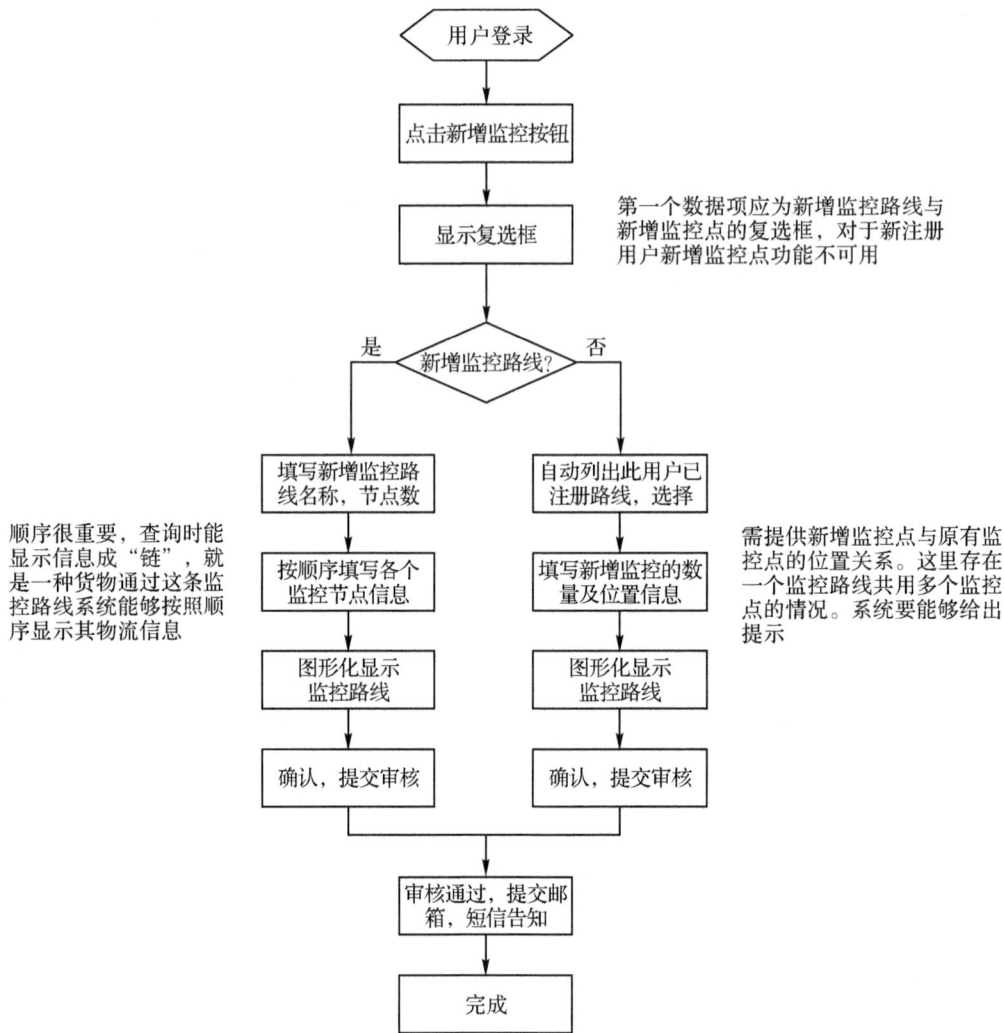

图 7-3 新增监控功能流程

四、基于云计算的国际物流分销服务平台[①]

(一)云计算和国际物流分销服务平台的含义

1. 云计算

云计算是一种基于现代网络信息技术的计算模式,在这种模式中,通过信息网络系统,数据和资源以服务的方式供用户使用。云计算的典型特征是它具有海量存储、高扩展性、高可靠性、通用性、虚拟化与自治性。

2. 国际物流分销服务平台

国际物流分销服务平台是为进口模式下的国际物流、分销及其增值服务相结合的企事业单位提供服务的平台,运用云计算技术构建的国际物流分销服务平台是全面整

---

① 此部分摘编自王美英:《基于云计算的国际物流分销综合服务平台构建》,商业时代 2014 年第 35 期,第 29—31 页。

合物流、分销及其相关组织的综合性信息平台。在这个平台上,各参与方不但可以实现信息互通,彻底消除"信息孤岛",而且还可以将不同组织的应用平台直接搬入云端,实现云端化办公,从而消除各参与方之间的信息化水平差距,同时最大限度地降低成本,节约社会资源。

(二)运用云计算构建的国际物流分销服务平台的优势

1. 消除"信息孤岛"

基于云计算的海量存储和通用性、虚拟化等特点,运用云计算构建的国际物流分销服务平台能够借助虚拟化资源池实现各参与方的数据整合和应用共享,有助于各参与方之间实现信息互通,使装配、仓储、物流、分销、展览等各个环节的物流信息透明化,从而提高整个物流分销系统的流通速度,实现资源共享,消除"信息孤岛",真正实现从生产到消费的流通环节无缝链接。

2. 保障系统安全

由于云计算技术具有依据策略自动分配计算节点及实现计算任务转移的功能,从而保证了系统运行的稳定性。同时,云计算技术具有强大的容错、容灾和故障恢复能力,这在物流分销服务平台的运行中非常重要。

3. 节约社会资源

云计算技术所具有的虚拟化、自治性等特点可以将投入的基础设施进行规模化共享,一方面可以有效提高平台硬件资源的运行效率,另一方面可以通过将大量的中小物流分销企业搬入云端的方式,实现行业整体信息化水平的均衡布局。同时,由于云计算技术的自治性具有按需分配、依实计费的特点,从而有利于最大限度地节约社会资源。

(三)基于云计算的国际物流分销服务平台的运行目标与服务功能

运用云计算构建的国际物流分销服务平台一般分别由基础层、数据资源层、Web服务层、业务应用层四个层面组成(俞华锋,2010),其运行目标和服务功能分述如下。

1. 平台运行主要目标

全面整合物流、分销及其相关组织的信息资源,实现各参与方的信息互通,彻底消除"信息孤岛";通过虚拟化技术将数据中心的物理设备架构成"云"中心;运用云大数据存储和分布式计算的技术,对海量数据进行统一的存储与管理,形成高性能、可伸缩的数据模型,为服务层的应用提供统一、易用的调用接口。

2. 平台服务系统功能

装配服务系统主要提供各批需要加工的产品的收发情况、各道工序的生产进度、不同批次产品的完成时间等一系列管理功能;仓储服务系统主要针对进出库、筛选、分拣、储位、库存数量等相关信息进行标准化、规范化的处理,对整个仓储管理实现完全智能化;物流服务系统主要完成对各项物流业务的实施和运行,包括从订单、发货开始到送达客户为止的全程的跟踪和监督;分销服务系统着重强调对销售渠道的管理和对销售订单响应的及时性和准确性;金融、展览、咨询等其他服务系统的功能主要围绕信息发布、产品介绍、业务洽谈等功能展开。

第三节 现代仓储管理决策

一、仓储战略决策

(一)仓库战略的定量决策

许多厂商是结合利用私有仓库、公共仓库和合同仓库来进行储存活动的。私有仓库和合同仓库可以被用来满足企业年度的基本需求,而公共仓库则可被用来应付旺季之需,通常仓库全年都处于满仓的可能性极小。也就是说,尽管按照一般的计划原则,仓库的设计旨在满仓利用,但事实上全年满仓利用的时间仅在75%—85%之间。因此,在15%—25%的时间里,那些旨在满足高峰时所需的仓库空间并没有得到充分利用。在这种情况下,可以采取的更有效的办法是建私人仓库,以满足75%的需求,而用公共仓库来应付高峰期的需要。图7-4就说明了这种概念。

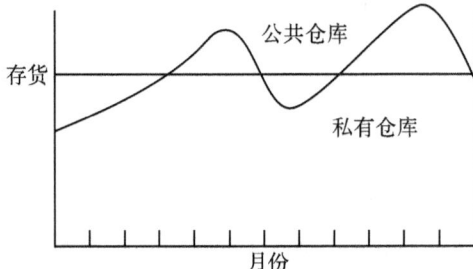

图 7-4 私有仓库与公共仓库的结合

结合使用公共仓库的形式产生于市场需要。一家厂商也许会发现,按照配送流量,私有仓库在某些特定的地点中是合理的;而在其他市场中,公共仓库则是成本最低的选择。物流系统设计的目的就是要确定使用哪一种仓库战略,才能最经济地满足为顾客服务的目标。

一项综合性的仓库战略集中在两个核心问题上:第一个问题是应该使用多少仓库;第二个问题是应该使用哪些类型的仓库才能满足市场需要。对于许多厂商来说,其回答往往是应由顾客和产品来确定某一种仓库的组合。尤其是有些顾客群体可以通过私有仓库得到最佳的服务,而对于其他一些顾客来说,也许公共仓库显得更恰当些。

(二)仓库战略的定性决策

选择多少、什么类型的仓库是个定量问题,但是一些定性因素对仓库战略的制订也会产生影响。图7-5中的顶部区域表示一项战略,从私有仓库、合同仓库至公共仓库的连续范围;垂直方向列出了应该考虑的定性因素。各个考虑因素及其基本原理如下:

1.形象协同作用

形象协同作用即指厂商在与企业有关联的建筑大楼(例如在该建筑物的大门上写有该厂商的名字)附近拥有存货而获得的市场营销利益。普遍认为,当供应商能够在其

私有仓库　　合同仓库　　公共仓库

形象协同作用
行业协同作用
作业灵活性
地点灵活性
规模经济

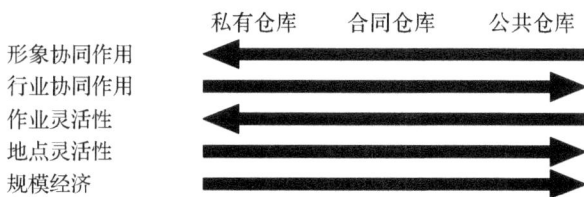

图 7-5　定性的决策因素

设施附近保有存货时,顾客会感到更舒服。显然,从私有仓库到合同仓库所能提供的地方形象对产品和顾客有好处。

2. 行业协同作用

行业协同作用即指厂商与服务于同一行业的其他厂商驻扎在同一地点所产生的作业利益。例如,在杂货行业中的厂商,当他们与服务于同一行业的其他供应商分享公共仓库设施时,常常可以获得实惠,其中运输成本降低是获得的主要利益,因为彼此间共同使用同一个公共仓库,可以频繁地递送来自多家供应商的整合装载。由此可见,公共仓库和合同仓库可以提高行业协同作用。

3. 作业灵活性

作业灵活性即是指仓库调整仓储策略和作业程序以满足产品和顾客需求的能力。私有仓库是在企业的完全控制之下经营的,因此它被认为可以在作业上表现出更大的灵活性;而公共仓库则往往对其客户采取始终如一的仓储政策和作业程序,以使作业的混乱程度降到最低。尽管私有仓库在一般的情况下都表现出能够提供更大的作业灵活性,但也有许多公共仓库和合同仓库的经营已显示出高度的灵活性和响应性。

4. 地点灵活性

地点灵活性即指迅速调整仓库地点和数目,以适应季节性和永久性需求变化的能力。例如,季节的变化使得对农用化学制品的需求通常要求仓库位于市场的附近,以便于顾客提取货物。然而,过了销售旺季,这些仓库就不需要了。因此,合乎需要的仓储战略是要能够季节性地开放和关闭地方上的仓库设施。一般说来,公共仓库和合同仓库具有地点灵活性,可以实现这方面的要求。

5. 规模经济

规模经济即指通过先进技术的应用来降低材料搬运成本和储存成本的能力。高流量的仓库一般有更大的机会来实现这方面的利益,因为它们能够在更大的产品流量上分摊花费在技术上的固定成本。此外,花费在机械化和自动化设备及信息技术上的投资,也能够降低直接的变动成本。通常认为,公共仓库和合同仓库可以更好地提供规模经济,因为它们能够对仓储和仓库设施进行作业,以满足多个客户和获得更高流量。最近几年来,公共仓库作为补充储存的传统角色已经发生了急剧的变化,即现代商业十分重视存货的周转,以及迅速满足顾客订货的能力。要实现这两个要求,在物流结构中必须保持高度的灵活性。为此,有许多公共仓库公司已经形成合伙关系,可以使一家厂商在全国范围内的若干城市里购买到全部的订货和获得当地的递送服务。

一些更大的公共仓库和合同仓库公司也正在将其经营范围扩大到包含位于主要市场的仓库网络。这种趋势已经有可能向制造商提供有效的物流公用事业服务。在这种概念下,服务于一个厂商顾客所需的所有功能都可以由公共仓库的物流专业人士来提供。这就是说,运输、订货处理、存货控制、仓储,以及有选择的行政管理事务等,是作为一种综合性服务来提供的。种种迹象表明,这种多设施、共同管理的公共仓库网络,将在数量上、地理覆盖面上,以及未来的能力上大大地增加或提高。

仓库经营人员在寻找其他所能提供的增值服务,以区别于他们已经提供的服务。传统上,使用公共仓库的决策是基于相对的储存经济和灵活性做出的。在将来,这种选择将愈来愈多地基于公共仓库或合同仓库的能力,以期公共仓库或合同仓库系统比私有仓库系统更高效地完成必要的物流任务。

二、仓储计划决策

(一)选 址

选址分析中主要考虑的因素是服务可得性和服务成本。仓库不需要位于大型的工业地区,在许多城市里,人们所看到的仓库都坐落在工厂之中及位于轻工业地区或重工业地区。除了考虑采购获取成本以外,仓库企业还需要评估设备安装和作业费用,诸如铁路旁轨、公用中继电台、税金、保险费率,以及公路通道等。这些费用在不同的地点是有差异的。例如,一家食品配送厂商近来由于保险费率的缘故,拒绝了一个本来可以完全令人满意的仓库选址。该选址位于一段总水管末端的附近,在全天大多数时间里,该厂商可以获得充足的供水来应付作业之需和紧急需要。唯一可能出现的水问题发生在每天两个短暂的时间段内,即早上的 6:30—8:30 及傍晚的 5:00—7:00。但是,该厂商的整个产品线对水的需求如此之大,以至于在这两个短暂的时间段内有可能没有足够的水来应对紧急之需。于是,由于水资源的缺乏,保险公司要求这个厂商支付的保险费率高得出奇,使该厂商不得不拒绝使用该选址。

此外,在确定仓库的选址以前,还必须满足其他几个要求,包括该地点必须提供足以扩充的空间,必要的公用设施,地面必须能够支撑仓库结构及该选址必须有充分的排水系统,等等。

(二)产品结构上要考虑的因素

由于仓库的设计和经营直接与产品结构的性质有关,每一种产品都应该按照年度的销售量、需求稳定性、重量、容积及包装等进行分析。此外,还需要确定产品通过仓库进出的总规模、总容积及订货处理的平均重量等。这些数据提供了必要的信息,用以确定仓库的空间、设计布局、材料搬运设备、作业程序及作业控制等方面的要求。

(三)扩 张

当企业最初考虑建立其仓库设施时,往往会忽略将来有可能产生进一步扩充的需要。仓库作为物流系统的一个内含物,特别应该对其未来的要求进行估算。一般说来,善于经营管理的企业组织往往都要有 5—10 年的扩充计划,这种扩充计划在制订时的考虑有可能是使所需要购置或选择的仓库地点 3—5 年维持其原先的结构规模。通常需要考虑进行特别的建设,以便于将来扩充,而又不严重地影响目前的正常作业。于是,有些墙就可以用半永久性材料建造,以便于拆除。对于事先就计划要有重大移动的区域,则应延伸到便于采取扩充方式的那些墙角处。

(四)材料搬运系统的选择

材料搬运系统是制订仓库计划时最初要考虑的因素之一。如前面已提到的那样,在一个仓库内,储存产品的移动是其主要功能,因此,仓库往往被看作是一种结构设计,需要最大限度地为产品流动提供便利。需要强调的是,早在仓库设计阶段初期,就应该考虑好材料搬运系统。

(五)仓库空间的精确确定

有几种方法可以用来估算所需仓库的最终规模。每种方法一开始都是对给定的一段时期内的销售总量进行预测或对总吨位进行估算,然后用这种吨位估算求出基本存货和安全储备。有些估算技术既考虑常数利用率,也考虑峰值利用率,如果不考虑利用率,会导致建筑过密,并增加相应的成本。然而必须注意的是,仓库经理抱怨的是管理部门低估了仓库所需的规模,不过常用的大拇指法则告诉我们,增加 20% 的空间就可以满足所增加的流量、新产品等。

(六)仓库设计

仓库设计是计划中的一个特殊领域,通常都是承包给建筑师去完成的。但至关重要的是,建筑师在设计上和建筑上的个性不能妨碍储存产品的流程,因此,管理部门必须与建筑师保持沟通,以保证让产品在仓库内的流动畅通无阻。为了适当地对仓库进行设计,建筑师将需要详细地规划有关仓库的规模、布局及材料搬运设备的预定通道等。材料搬运专家必须与设计专家一起密切地工作,小心翼翼地布置仓库上方的各种物品,诸如灯光、蒸汽管道、喷洒系统及通信天线等,以开发综合性的仓储系统,这些项目必须在储存产品的上方保持有足够的高度,以排除材料搬运过程中的任何障碍。此外,支柱的安排也是仓库设计上要考虑的一个重要因素。一般说来,仓库定位中往往存在着一定的松动,这主要取决于与结构墙的支撑有关的支柱走向。所以支柱的安排很重要,以确保储存区受到限制降到最低程度。对于必须进行特别处理的大面积地面区域,要视材料搬运设备的预定通道而定。

上述这些只是列举一些理由,用以说明仓库的设计为什么必须要便于储存产品的流动。现代仓库的设计建立在效率的基础之上,它要充分利用每一个立方米的空间和可利用的材料搬运设备,并且它在结构设计上就应该有助于提高这种效率。

三、仓库作业的控制

(一)仓库储备控制

在启动储存作业之前,首先要获得完整的储备。在制订仓库计划时,应该要确定通过仓库配送的个别产品及每一个基本存货单位的储存数量,而储备要计划储存商品到达的时间表,以实现有序的内向流动。最初对仓库进行储备所需要的时间取决于储存产品的数量。

对此,有两种常用的货位分配方法,分别为可变的货位和固定的货位。可变的货位安排系统,也称作动态定位(Dynamic Slotting),是在每次有新的装运到达时允许产品改变位置,以便更有效地利用仓库空间。而固定的货位安排系统在选择区内为每一种产品分配一个永久性的位置。只要产品的移动流量保持相同水平,储存产品就始终保持在这个位置上。如果产品的流量一旦发生增减,就有可能对储存产品的位置进行重新分配。一般说来,固定货位安排优越于可变货位,因为它可以对某种产品提供及时定位。不过,自从有了由计算机控制的仓库定位系统后,这已经不再成为一个问题了。然而,无论使用哪一种定位系统,对于每一种内向的储存产品都应该分配一个起始位置。

(二)安全系统控制

1.健全防止偷窃的标准程序

防止商品被偷窃已成为仓库经营管理中的一大关键问题,于是,在仓储管理中就需要预防雇员偷窃行为。若不及时处理,其结果会愈来愈显示出厂商在对各种干扰和民事骚扰方面的软弱无能。因此,对整个企业来说,对每一个仓库都必须严格实施所有正常的预防措施,防患于未然。作为防止偷窃的标准程序,任何人必须经许可方能进入仓库及其周围场地,并且应严格通过一个大门进出库场。此外,无论是经理级别的人员还是顾客,凡是驾驶私人汽车,都毫不例外地不准穿过仓库附近的场地。

在此,以一个具体案例说明上述规定的重要性。有家厂商实施的防窃条例规定:私人车辆不允许进入库场,但办公室里的两位残疾雇员除外。一天夜里下班后,一位雇员意外地发现他汽车的挡泥板下用胶布黏牢了一捆东西。随后他检查发现,该汽车已变成了一辆名副其实的送货卡车。他迅速将此事报告给安全部门,该安全部门通知雇员不要对用胶布黏牢的汽车上的该包装进行任何改变,并且将该车继续停在库场内。但随后的几天里,真相并未完全暴露,直至最后逮捕归案的几名案犯及几位仓库雇员供认,他们已偷取了价值10万美元的公司商品。

然而,储存商品的缺陷始终是仓库作业的一个主要考虑因素。其中,有许多短缺是由订货选择和装运作业中所犯的一般错误所致。因此,除非附有计算机输出的单证,否则仓库不应该发送任何产品项目。如果是销售人员有权使用的储存样品,就应该与其他存货分隔开来。需要指出的是,并非所有的偷窃都是个别人所为,从大量已经暴露的安全问题中可以发现,其中还包括仓库人员与卡车司机之间的内外勾结,他们有组织地采取各种行动,或随意地多取订货,或以低价值产品换取高价值产品,企图搬走仓库中的商品。因此,通过雇员轮换、总箱数清点及偶尔地对全部产品项目进行突击检查,可以减少这类勾结活动的发生。

2.防止产品或材料变坏

在仓库内,有一系列因素导致某种产品或材料不可使用或无法销售。产品变坏最明显的形式,就是在运输或储存中因疏忽导致的损坏;产品变坏的另一个主要形式,是储存在同一设施内的产品不相容所致。这方面的主要问题是由于不恰当的仓库工作程序所引起的产品变化。例如,当一个装满商品的托盘码垛到很高的堆放层时,一旦空气中的湿度或温度有显著的变化,就会导致支持堆层的包装货物倒塌。因此对于仓库的环境必须仔细地予以测量和控制,以提供适当的产品保护。

仓库管理中始终存在的一个问题就是仓库工作人员的疏忽大意。在这方面,铲车作业是管理部门最头疼的领域。尽管曾无数次地提醒操作人员绝不要超载,但在没有适当的监督时,仍然会有人把超载当作一种作业捷径。例如,铲车司机企图在食品仓库的收货台上一次堆放四层托盘,结果托盘从铲车上倒下来,而标准的作业程序是每次装载只能移动两个托盘。一般说来,这类商品损坏的价值往往超过了两个超市的日平均利润。此外,在仓库内由于搬运疏忽所产生的产品变质或变坏,是一种得不到保险补偿的损失,也构成了没有收入补偿的 100% 的成本。

(三)结账和存货控制

大多数厂商认为,根据各种产品的周转特征来搬运大量储存产品,最经济的方法是使用计算机进行结账和存货控制。利用计算机可以为仓库里的每一箱商品都准备一份收货单,当仓库接到一份订单时,计算机就可以按照仓库布局列出产品清单。例如,如果使用选货区域,订单就可以按区域进行分组,清单上将为拣选人员列明该订货的号码或货位,并且在任何给定的时间内都能打印出现有商品的存货清单,以便于确保收取记录和装运记录的精确性。所有的存货都应该定期进行循环计数,以使实际存货与计算机保持的存货记录相符。

(四)启动和安排当地递送

大多数将货物从配送仓库装运到顾客处的任务是由卡车工来完成的。但是,当使用私有卡车车队时,在制订运输时间表中就会面临一个问题——如何以最低的成本确保最大的利用率。

(五)事故的预防与控制

如何预防事故的发生也是仓库管理中的主要问题。一般说来,明智的仓库安全规划应该包括不间断的检查工作程序和安全设备,以期在事故发生以前确定和纠正不安全状况。当工人们对所面临的机械性或物理性危险疏忽大意时,事故就会发生;仓库地面如果不进行适当清理的话,也会发生事故。在正常的作业过程中,橡胶和碳沉积物沿通道汇集,如果不及时清理,破碎的箱子会使产品渗漏到地面上。显然,适当的清洁程序可以降低这些危险品所引起的事故风险。对于材料搬运设备来说,必须制订相应的预防性维修规划。

第四节　现代物流中心的决策与管理

一、物流中心概述

(一)物流中心的内涵与外延

物流中心亦称为流通中心、物流据点。有广义和狭义之分,广义的物流中心包括港湾、货运站、公共流通商品集散中心、企业自身拥有的物流设施等。而狭义的物流中心则专指为有效地保证商品流通而建立的物流综合管理、控制、调配的机构。从外延来看,狭义的物流中心又可以划分为集团型物流中心和个体型物流中心(如表7-4所示)。前者指的是诸如公共商品中转地这样的多数物流设施机构的集合,而后者是指由运输、仓库业者、厂商、零售商、批发商等经济主体自行设立的物流设施和机构,两者都可统称为物流中心。我们所讨论的物流中心主要是指个体型物流中心。

表 7-4　狭义物流中心

物流中心	
集团型物流中心	个体型物流中心
批发中心市场 公共商品集散地 仓库集散地 批发商集散地等	运输、仓库业者的物流管理机构 厂商的物流机构 批发商的物流机构 零售商的物流机构 供应中心 配送中心

(二)物流中心的类型

1. 根据物流中心的机能划分

(1)集货中心。将零星货物集中成批量货物称为"集货",集货中心可设在生产点数量很多且每个生产点产量有限的地区,只要这一地区某些产品的总产量达到一定程度,就可以设置这种有"集货"作用的物流据点。

(2)转运中心。转运中心的主要工作是承担货物在不同运输方式间的转运。转运中心可以进行两种运输方式的转运,也可进行多种运输方式的转运,在名称上有的称为卡车转运中心,有的称为火车转运中心,还有的称为综合转运中心。

(3)储调保管中心。储调保管中心以储备为主要工作内容,从功能上看与传统的仓库基本一致。

(4)分货中心。将大批量运到的货物分成批量较小的货物称为"分货",分货中心是主要从事分货工作的物流场所。企业可以采用大规模包装、集装货散装的方式将货物运到分货中心,然后按企业生产或销售的需要进行分装,利用分货中心可以降低运输费用。

(5)配送中心。专门从事配送工作的物流据点称为配送中心,是物流中心中数量较多的一种形式。配送中心的主要工作包括集货、储存、分货、配货和送货。

(6)加工中心。加工中心的主要工作是进行流通加工。设置在供应地的加工中心主要进行以物流为主要目的的加工,设置在消费地的加工中心主要进行以实现销售、强化服务为主要目的的加工。

2. 根据物流中心在流通渠道中所处的地位和作用划分

具体讲,有位于生产地附近属于制造商的物资调达或产品存放的物流中心;有处于生产地与消费地之间,属于厂商或批发商的流通中心;有位于消费地附近,隶属于批发商或零售商的旨在为零售店铺服务的商品中心;也有面向不特定多数消费者,从事商品配送功能的配送中心。

3. 根据运营主体划分

根据不同的运营主体,可以把物流中心分为厂商运营的物流中心、批发商运营的物流中心和零售商运营的物流中心。在这类物流中心内,物流业务是由厂商、批发商或零售商直接负责的,即他们在负责商品生产、流通或销售的同时,也全权负责商品物资流动或管理的事务,而且物流中心的基础建设(如土地购买、设施建设等)和相关的事宜都是由他们独资进行的。显然,这种形式的物流中心在利益上表现为厂商、批发商或零售商能对商品流动、经营的全过程进行控制和管理,但问题是相应的成本较高,这不仅表现为建设成本高昂,而且也表现为管理费用居高不下。

(三)物流中心的机能

在物流网络中,物流中心所起的作用是作为商品周转、分拣、保管、在库管理和流通加工的据点,促进商品能够按照顾客的要求,实现附加价值,克服在其运动过程中所产生的时间和空间障碍。

1. 商品周转的机能

在市场半径较小、经营范围较窄的状况下,由于商品消费地数量少、距离近,加之消费行为单一,商品的输送完全可以由生产企业自己承担,相应的交易费用和管理费用也较为低廉。但是,随着市场经营规模的扩大,生产地和消费地之间不仅距离越来越远,而且流通渠道也越来越复杂,特别是营销服务的广泛开展,更使商品输送呈现出多频度、少量化的趋势,这样从整个运输过程来看,就必然分化为大量商品统一输送的干线运输和都市内终端配送,这两者在输送管理的方法和手段上都有差异,如此多样、复杂的物流体系显然是生产企业自身无法完全控制管理的。具体来看,在干线运输中,如果由单个企业直接承担小规模货物运输,不仅因为平均运送货物量较少造成经济成本增加,而且由于运行次数较多,从社会角度来看,容易造成过度使用道路、迂回运输、交通堵塞、环境污染等现象,也增加了社会成本。相反,如果在干线运输的源头或厂商集散地建立物流中心,在中心内统一集中各中小型企业的货物,并加以合理组合,再实施干线运输,既因为发挥了物流规模经济效益使经济成本得以降低,又有效地抑制了社会成本的上升。同样,干线运输的商品由运输消费地附近的物流中心统一进行管理,再安排相应的小型货车进行配送,这也大大提高了物流的效率。所以,物流中心在现代运输管理体系中已作为一种商品周转中心发挥着积极的作用。

2. 商品分拣的机能

随着流通体系的不断发展和市场营销渠道的细分化,无论在商品、原材料进货还是商品发货方面,愈益呈现出多样化、差异化的倾向。在这种状况下,商品的分拣职能显得日益重要,可以说它对保证商品或物资的顺利流动、建立合理的流通网络系统具有积极的意义。而物流中心正是发挥这种商品分拣职能的机构,诸如在厂商的物流中心内,将不同工厂生产的商品调达到物流中心,再通过中心向各类批发商和零售商发货,会大大减少商品分拣作业的工作量,同时也保证了商品发运、调达的及时性和正确性。同样,对于连锁形式的零售业来讲,利用物流中心的分拣职能将从各批发商或厂商处进来的商品进行分拣,再发运到各店铺,一是节约了各店铺单独进货所产生的经济费用,二是由于能够对各店铺进行统一管理,有利于实施企业整体的经营发展战略。物流中心的分拣职能除了对企业的经济利益产生影响外,从宏观角度讲,也符合社会及产业的利益,这是因为商品到各物流中心的输送是以整箱为单位开展的,具体商品的挑选、分销是在物流中心内进行,所以,既实现了商品配送的集约化,又有效地防止了交错运输等不合理的运输方式,正是在这个意义上讲,物流中心是十分必要的。

3.商品保管的机能

在现代经济社会中,商品的生产和消费之间由于时间、空间和其他因素的影响,往往会出现暂时的分离,物流中心为了发挥对时空的调节机能和对价格的调整功能,需要具备保管职能,如某些季节性产品需要在物流中心长期保管后再向用户发货,因此,物流中心需具有保管的作用。应当指出的是,物流中心所具有的保管作用与仓库保管是有区别的,物流中心的保管职能与企业经营战略紧密相连,可以说是一种企业管理职能,而仓库保管只是一种简单的商品储存活动,它本身并不具有经营管理活动的性质。

4.商品在库管理的机能

物流中心商品保管职能中经营管理的特性主要表现在,为了能在用户要求的发货时间内迅速、有效地发货而从事在库商品的管理。具体讲,这种管理的性质主要是在商品再生产、输送等所需的补充时间比用户规定抵达时间更长的情况下,为了消除这种时间上的差异,防止用户出现缺货现象,而实施商品、原材料的安全在库管理。此外,为了缩短用户商品的配送时间,并实现输送的常规化,企业也需要在用户进货地附近(消费地)设立在库管理的物流中心。近几年来,为了削减在库量并彻底实现在库管理,部分企业纷纷建立各种能实现在库集约化的物流中心,这种物流中心在削减本企业在库量的同时,也具有帮助用户压缩在库量的机能。近年来,24小时便民店已成为零售业现代物流管理的典范,其库存削减的倾向十分明显,出现这种倾向的背景表现为作为24小时便民店商品进货来源的厂商、批发商、零售商在他们的物流中心都彻底实现了在库管理。

5.商品流通加工的机能

商品从生产地到消费地往往要经过很多流通加工作业,特别是在开展共同配送后,在消费地附近需要将大批量运抵的商品进行细分、小件包装及贴附标签、条形码等操作,这些都需要在物流中心内进行。除此之外,随着流通领域中零售业的发展,特别是24小时便民店的飞速发展和普及化,物流中心的流通加工机能也得到了进一步的扩充,这表现在物流中心逐渐具有蔬菜调理、食品冷冻加工、食品保鲜等中心食品加工站的功能。另外,在将商品从生产地高效地运抵消费地之后,在物流中心内就地进行商品的货架配置、上架等原来属于店铺作业的活动,大大提高了商品作业的效率、降低了店铺管理的费用,并有利于实现企业统一的管理及企业形象的建立。由此可见,物流中心的流通加工机能在零售业飞速发展的今天,已经变得越来越重要,可以说它已成为现代流通系统的必要组成部分。

二、传统物流中心的改造与新型物流中心的设置

(一)传统物流中心的改造

1.传统物流中心改造的动因

长期以来,企业为了满足经营业务的需要建立和拥有自己的物流中心是一个普遍的现象,这种传统物流中心主要是发挥商品保管、周转和分拣的作用,使物流活动能统一在企业整体管理系统之中。但是,20世纪80年代中期以后,各个企业都开始广泛地开展物流中心的改造活动,使其适应现代生产和流通发展的需要。改造的动机多种多样,诸如既存物流中心的老化、营业区域的扩大、在库机能的强化等。但是,不管是什么具体因素推动企业再建行为,从总体上看,企业物流中心再建的一个根本目的在于通过物流中心运作的高度化、信息化和机械化,充分满足企业顾客的各种要求,并能在满足顾客需求的基础上缩短产品的流动时间,有效降低物流成本,从而使物流管理成为企业第三大利润源泉。

2.传统物流中心改造的两种思路

传统物流中心改造主要表现为两种不同的发展思路:物流中心的集约化、综合化与分散化、个性化。首先,就集约化、综合化发展方向而言,其优势表现在对土地、建筑物等的投资减少;商品总体在库量的压缩成为可能;物流中心的输送费用得到降低;能对企业物流特别是从事多角化经营或广域化经营的企业物流进行统一管理,并且由于上述种种优势使得导入物流管理自动化较易实现,从而提高了物流管理的效率。另外,由于中心的集约化和综合化发展,带来了物流中心到配送目的地距离的延伸,从而在一定程度上增加了商品配送的成本,同时因为缺乏与配送目的地用户的密切联系,降低了物流服务的水准等问题。其次,从分散化、个性化发展的绩效来看,集约化、综合化发展所固有的问题恰恰是它的优点,亦即由于它接近配送目的地、配送时间较短,进而能充分应对用户的需求,特别是能对终端顾客多样化的要求做出迅速的反应。与此同时,由于分散化带来物流中心的经营规模较小,较容易实现对中心的运营管理。但是,它的问题是不易从企业整体上对商品在库进行综合管理,容易发生商品断货问题,同时由于规模较小,不易导入自动化的管理机器和系统,因而中心内管理绩效较差。

3.对两种传统物流中心改造思路的评价与决策

盲目地判断物流中心应该向何处去是有失偏颇的,对物流中心再建的趋向理解应当具体联系物流中心对企业整体绩效的影响的经济学分析,或者说要看物流中心的规模、数目对企业整体物流费用有多大程度的影响。

从总体上看,物流费用的构成有输送费、配送费、物流中心运营费、在库维持费和收发货处理费等。各种费用与物流中心的规模或数目的关系如图7-6所示。具体来讲,从工厂到物流中心的输送费用是随物流中心规模的扩大而下降,亦即中心数目越多,产品、零部件的在途量越高,相应的运输器具投资越大,从而使产品成本上升;相反,从物流中心到终端用户的配送费用却随物流中心据点数的增加而减少,这是配送距离缩短所产生的结果;物流中心运营费则根据企业物流中心拥有的数目而定,一般,据点数目

越少费用越低;同样,在库维持费和收发货处理费也是与物流中心的数目呈正比例关系。综合上述各费用关系可以看出,物流总费用曲线是一个凹性函数,即物流总费用开始随据点数的增加而降低,但是,在经过一定的均衡点后,转变为递增函数。显然,最佳物流规模将位于均衡点处。

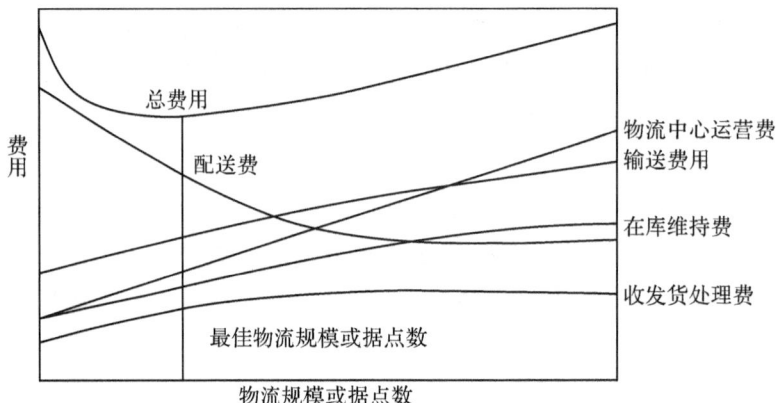

图 7-6   物流中心据点数与物流费用的关系

(来源于宋华、胡左浩:《现代物流与供应链管理》,经济管理出版社 2002 年版。)

上面我们单纯地从物流费用的变化的角度分析了最佳物流规模或据点数的确定,现在联系生产流通系统和物流服务水准的变动对最佳物流规模或据点数的影响,可以很清晰地看出现代物流中心发展的趋势与方向。具体来讲,随着近年来在生产、流通阶段物流活动的广泛普及及高度化物流服务的出现,对现代物流管理质量提出了越来越高的要求,亦即现代物流管理必须充分对应多频度、少量化和 JIT 物流活动,同时能对企业业务流程的全过程进行一元化的管理,从而缩短商品的在途时间,防止商品流通过程中出现断货现象。这种新型的物流服务要求无疑对与物流中心建设相关的各种费用产生较大的影响。从总体上讲,现代物流管理的发展具有推动物流中心规模化发展的趋向,这是因为在所有费用中在库维持费的构成变化最大。从现代在库维持费的构成来看,其已不仅指商品的在库委托保管等产生的直接经济费用,还包括很多因为不能顺应现代物流管理的需要而产生的机会成本,诸如,因为不能实现在库一元化管理而产生的在库负担,在库量过多而出现的针对残留品的管理费用,不能充分对应柔软性的流通系统和顾客需求而发生的损失等。从这个意义上讲,现代在库维持费可以被称为广义在库维持费。显然,在当今企业经营活动中,为了减少各种在库费用,企业就必须进行物流中心在库信息、系统的构筑,实施配送计划管理制度,导入现代化自动管理系统,等等。这样,尽管在广义在库维持费上表现为费用曲线向上推移,但它有效地抑制了其他费用的上升,其结果是总体费用曲线向左方移动,最佳物流中心规模扩大或据点数减少(如图 7-7)。

当然,联系到具体的企业,物流发展的方向是不尽一致的,这是因为每个企业的物流费用构成情况及产品的特性不完全一致。对于处于产销供应链起端的生产企业或中间环节的批发流通企业而言,除了广义在库维持费和收发货处理费外,输送费用所占比例较大,而配送费用相对较少,产品也较易适应长距离运输或集中保管,因此,对于这部

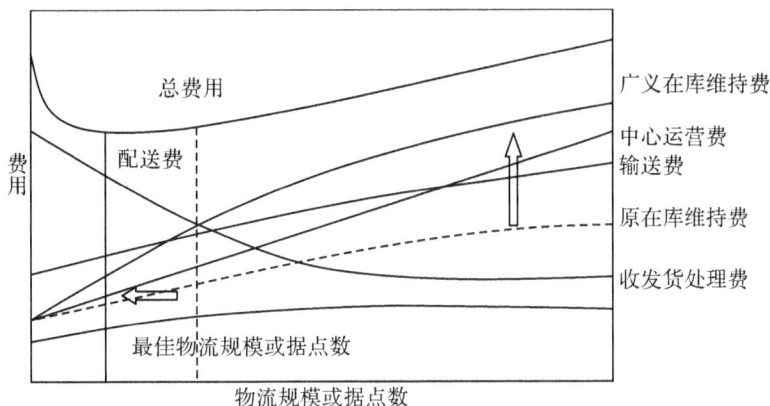

图 7-7 现代物流中心规模与物流费用的关系

（来源于宋华、胡左浩：《现代物流与供应链管理》，经济管理出版社 2002 年版。）

分企业来讲，最佳物流规模均衡点向左方移动的压力较大，也就是说，企业物流中心具有向集约化、综合化发展的趋势。这部分企业通过对原有物流中心进行集约化、综合化改造，在物流中心内引入各种信息系统，借助集中一元化的管理，压缩商品在库量，削减次品损失，进而充分对应 JIT 物流。例如，日本著名家电生产商松下公司将其在日本的 120 个家电物流中心集约到 40 个，这其中 8 个物流中心为松下的骨干中心，其他 30 多个为区域性物流中心，除此之外，松下系列家电店的配送次数也由一日两次改为一日一次，通过这样的集约化、综合化管理，松下的商品在库量压缩了 3 成，在库时期也由 40 天削减到 25 天，从而为松下节约了数十亿日元的物流经费。同样，日本狮王公司也将其原来的 22 个物流中心减少到 12 个，在大力提高工厂仓库机能的同时，大幅度削减流通阶段物流中心的产品在库量，从而确立其销售对应型的流动物流体制。相反，对于接近终端用户的零售企业，特别是对于从事生鲜产品或时效性产品经营的便民店、超市等来讲，商品配送费用的比例较大，而且配送绩效的好坏直接决定了物流服务的高低程度，所以，最佳物流中心规模有向右方移动的趋势，即物流中心有向分散化、个性化发展的趋势。诸如日本西友公司对其冷藏食品的物流中心进行分散化、个性化管理。公司在各店铺附近设置数个冷藏食品专用的冷藏仓库，店铺闭店后进行订货业务，工厂连夜进行生产，凌晨直接向物流中心发货，经物流中心对商品进行分拣、处理后，到中午前配送的商品已经摆到了店铺的货架上，这大大提高了物流效率，减少了销售中的损失，同时也使物流服务的速度迅速加快。总之，物流中心集约化、综合化发展方向和分散化、个性化发展方向分别代表了不同类型企业物流中心再建、革新的特征，都是在现代生产、流通高度发展的背景下，企业寻求物流绩效提高的重要方式和途径。

（二）新型物流中心的设置

建立信息化、自动化、机械化、高度化物流中心是现代企业发展物流中心的主要趋势。

在信息化、自动化、机械化和高度化物流中心的建设中，一个最重要的问题是这种物流中心对哪些经济主体来说是最佳的物流系统，以及物流中心的业务实际上由谁来运营。首先就前一个问题而言，原来在组建物流中心时考虑的是如果物流中心对企业自身有益,那么该中心的建设将是合理的;但是,从现代物流管理及供应链管理的角度看,企业个体的最优物流系统不一定是产销供应链全体的最优系统,供应链全体的最优物流中心系统将是相互协作,物流、信息流相互融合的物流体系。显然,这是单个物流中心所无法实现的,也就是说,现代新型的物流系统需要产销供应链上的各个企业从商品流动的全过程来考虑物流中心的建设,以便实现物流中心的联动化发展。图7-8显示的是在生产、流通、消费整个商品流动全过程中物流中心的分布状况,从中我们不难看出,目前,存在着不同形式、多种多样的物流中心连接方式,究竟哪种连接方式最为有效,以及各物流中心应当拥有多少在库量,这就需要结合各供应链管理的实际情况及商品的流通特性而定。总之,物流中心的建设与否应当以流通全过程的绩效来衡量,视其是否有利于各个商品流通参与方的利益而定。正因为如此,在建立和发展物流中心时不仅要分析物流中心对本企业的作用和益处,以及系统硬件上的现代化,同时还应该充分考虑该物流中心的独特机能、对其他企业所能发挥的作用和绩效、是否符合产业布局的合理化要求及在库水平高低等因素。另外,从物流中心业务的实际运作来讲,原来的物流中心是企业自己购买土地、自己建设、自己运营,而现代物流中心则更多的是企业租赁来的,亦即企业并不拥有物流中心的产权,而是通过向外部专业物流商租赁物流中心,并委托他们管理全部物流业务,即借助物流的共同化行为,来实现企业的经营绩效。此外,物流中心从事物流管理业务时,也并不仅仅局限于单一企业的资源,而是灵活运用其他企业的资源,保证业务活动的效率。综上所述,我们可以看出新型物流中心的特点是,在对应物流信息化、自动化、机械化、高度化发展的过程中,从供应链管理的观点寻求物流系统的全体最优,并且通过灵活运用外部委托或共同配送,在充分考虑经济可持续发展的前提下,实现流通产业和社会的最大绩效。

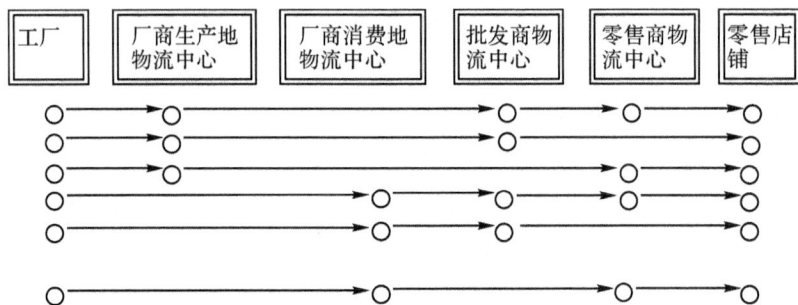

图 7-8 物流中心连接形式

案例七 大龙网的跨境电商物流:互联网＋海外仓[①]

一、企业发展背景

2009 年,怀揣中国品牌、世界分享的梦想,冯剑峰利用多年积累的人脉资源组建了一支团队,于 2010 年创立了大龙网。这位以搞技术出身的创业者专注、执着、追求极

---

① 此案例节选自浙江大学马述忠工作室网络平台公开发布的资料(作者:马述忠、梁绮慧、柴宇曦)。

致,是互联网行业知名的连续创业者。冯剑峰引导着大龙网探索出了"互联网+外贸"线上线下融合的跨境电商模式,在服务全球网商的同时搭建了网商的全球供应链合伙人平台,实现了真正的"有好货可卖"。作为国内首批跨境电商企业之一的大龙网,在中国供应商和全球零售商之间搭建了一个实现跨境 B2B 商机对接的平台,并相继获得了阿里巴巴前 CTO 兼中国雅虎 CTO 吴炯、北极光创投、海纳亚洲、新加坡 F&H 等基金的投资。作为入驻海关总署跨境贸易电子商务通关服务平台的首家试点电商企业,大龙网在国内外商人之间搭建了一条直通出口电商蓝海的"高速路",通过跨境互联网建立起程度较高的信任体系,这种信任体系不是单纯地将"中国制造"输送到海外,而是让中国的商人也能站在全球经济的舞台上,在全球 B2B 领域建立起全球信任。

在"互联网+"背景下,大龙网历经了跨境电商发展的各个阶段,着力为中国品牌商提供跨境电商 B2B 出口解决方案,推动中国制造成为直接面向海外终端消费者销售的世界品牌。大龙网不仅在"互联网+外贸"模式下通过全球在线沟通消除了跨境交易的障碍,还本着"就近就地"原则为中国产业带城市提供跨境电商 B2B 基础交付及通关等综合服务。大龙网实施的"两国双园,三圈合一"战略,通过国内外跨境电商产业园将国内产能圈、海外渠道圈及跨境电商服务生态圈融合起来,实现了国内外供应链与海外渠道的链接,其跨境电商全链条服务有助于打造跨境电子商务基础生态服务圈和产业集群,铺设跨境贸易的高速通道。经过多年运营和融资,如今大龙网已经成了中国最大的跨国电子商务交易平台之一,在全球拥有 10 余家分公司,分布于美国、加拿大、日本及澳大利亚等地,业务范围覆盖全球 200 多个国家和地区,拥有中外员工近千名。

二、互联网+海外仓

(一)线上 App,畅享互联

当前,中国拥有 1500 万家中小制造企业,却大多只能以 OEM[①] 形式出口,其根本原因之一就是中国供应商制造企业无法轻松获取产品的海外销售情况与消费者反馈。虽然互联网可以拉近国与国之间的距离,但是语言交流和货币交易仍旧是跨境贸易中的两大难点。在这一背景下,大龙网推出了线上移动商务社交工具"OSELL"App,力图打破跨境贸易的壁垒。传统外贸两端的中小企业往往没有渠道认识对方,而"OSELL" App 打开的正是这样一扇沟通之门,只要会用 App、会聊天,贸易双方就自然会从不认识到逐渐熟悉继而产生信任。"OSELL" App 为全球网商提供即时通信、翻译服务功能,让不同国家的商人都能使用母语随时对话,并发布全球电商圈的新资讯,让中国品牌商能够直接对接海外零售市场,进而破除供求双方对于产品信息不对称的困局,确保交易产品型号、数量等信息准确无误。在一键发布商机、浏览线上体验馆、提前预约线下合作伙伴及线上订单发起与处理等功能的帮助下,买卖双方一旦生成了订单,就能够在"OSELL" App 服务大市场中轻松找到第三方服务商,并在全球布局精品体验馆等服务的配合下,真正实现无障碍的全球交流交易。以手表交易为例,第一步

---

① OEM(Original Equipment Manufacturer)即原厂委托制造,俗称代工生产,指受托厂商按来样厂商之需求与授权,按照厂家特定的要求生产。

是发布商机,例如"我想买手表,数量 5 只,希望中国厂商直接以 FOB 价格发货";第二步是筛选,用户可以看到中国厂商的信息页面,提供的信息包含产品图片、报价、生产场景等,匹配成功后双方建立即时通信;第三步是询盘并协商起草合同;第四步是生成订单,在大龙网提供的跨境支付和物流业务协助下确认收货并结算货款。

此外,在跨境电商 B2B 基础交付及通关综合服务的全套方案基础上,大龙网进一步联合第三方提供各地本土化的交付体系、售后服务体系、商务服务体系综合服务,方便全球商人沟通交易。在线上,大龙网利用国家对于跨境电商的一系列支持政策成功打通了一条"龙通道",在海关通关、国检通关、外汇管理和税务管理等环节提供服务,使海外供应商可以通过平台一站式服务轻松对接中国中小制造企业;在线下,大龙网通过智能仓储服务、物流服务、外贸代理、金融服务等现代产业园平台服务帮助传统企业实现"走出去"。具体如图 7-9 所示。

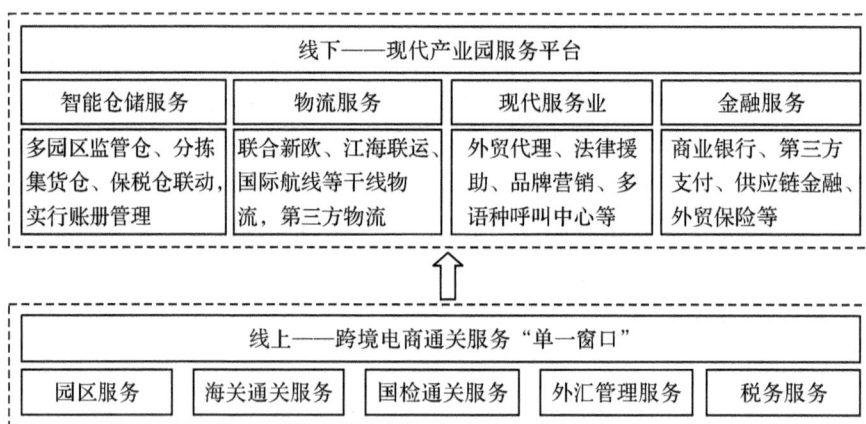

线下——现代产业园服务平台			
智能仓储服务	物流服务	现代服务业	金融服务
多园区监管仓、分拣集货仓、保税仓联动,实行账册管理	联合新欧、江海联运、国际航线等干线物流,第三方物流	外贸代理、法律援助、品牌营销、多语种呼叫中心等	商业银行、第三方支付、供应链金融、外贸保险等

线上——跨境电商通关服务"单一窗口"				
园区服务	海关通关服务	国检通关服务	外汇管理服务	税务服务

图 7-9　大龙网的跨境电商综合服务全套方案

当前,大龙网依托已经建立的综合服务平台实现其全套解决方案,这些平台包括跨境电商通关服务平台、跨境电商公共服务平台、跨境电商综合服务平台、跨境电商在线交易平台、跨境电商公共监管仓等。具体说来,跨境电商通关服务平台为跨境电商企业提供数据申报、数据汇总、数据控制管理、物流和通关状态查询等一体化服务;跨境电商公共服务平台是依托电子口岸建设的政府公益性质服务平台,提供无纸化报关、报检、退税、结汇的一站式电子政务服务;跨境电商综合服务平台则为中小外贸企业、电商卖家等提供代理通关、代理结汇退税及物流、供应链金融等增值服务;跨境电商在线交易平台是阳光化的跨境电商在线交易网站,为企业提供数据电子化、交易线上化、通关阳光化等服务,并与当地银行及 Visa,Master Card 等国际信用卡组织合作,开通海外信用卡支付端口,实现直接线上结算,给予买卖双方极大的保障;跨境电商公共监管仓是融合了"公共监管仓"和"监管集散仓"的"复合仓",前者的功能主要是监管,后者具有集货功能,可提供货物存储。

(二)跨境 O2O,全新体验

跨境电商 B2B 虽能实现渠道扁平化,但由于无法看到商品实物,较难取得海外客户的信任,买卖双方又因缺乏顺畅的信息通道,生意往往很难谈成。在这一背景下,冯剑峰极力推动海外仓与网贸会^①的全面协同合作,以打造跨境电商产业生态圈为核心,通过独创的"互联网＋海外展仓"模式探索出了一条行之有效并可供中国企业借鉴的海外仓道路。大龙网面向国内产能圈,从全局上为 1500 万家中小制造企业提供了出口转型的平台,以 O2O 的方式在全球 50 余个国家和地区布局了"前展后仓"的网贸馆(如图 7-10 所示)。

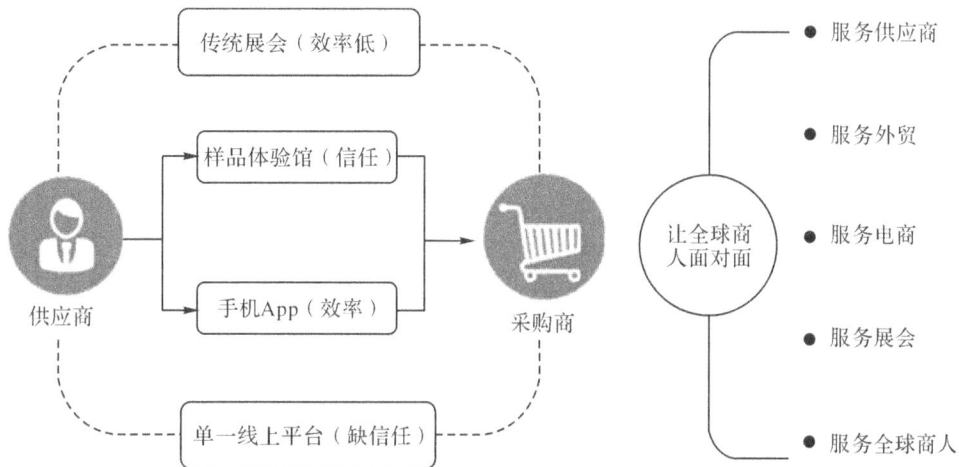

图 7-10　网贸会跨境服务模式

网贸馆前展厅的功能是充当出口商品融入海外本土市场的跳板。作为全球领先的 B2B 商机平台,大龙网开设的展厅主要面向海外零售商,既能提供线上及移动端的商品查询、实时交流功能,也能让当地零售商在网贸会展厅中通过场景化体验加深对中国优质商品的了解。融合了当地风土人情及消费习惯的实景式展示方式,有利于当地零售商了解这些出口商品在当地的发展前景。网贸馆内还经常开展各类本土商贸社交活动,如各门类主题的中国精品展销会、中国品牌发布会、采购配对活动、沙龙等,全面增加制造商与海外零售商的接触及互动机会,通过线上线下互动帮助中国供应商黏住更多的海外买家。此外,为了应对互联网快速普及时代消费者瞬息万变的消费需求,网贸馆运用物联网技术在体验馆里布置了许多传感器,从而记录采购商在馆内的活动情况,包括浏览人次、浏览品类、停留时间等。海量消费数据在经过大龙网大数据平台处理后,可以通过"OSELL"平台实时反馈至国内出口厂家,为中国产品在海外的精准选品与营销提供数据支持,让这些出口制造企业能有的放矢地针对海外消费者的需求进行定制化研发和生产。同时,这些信息也会通过"OSELL"平台反馈至海外零售商处,协助形成 C2M^② 出口模式。网贸馆一头连接着国内成千上万家的中小企业,一头连接着国外的众多零售商,让中国企业足不出户做天下生意,也让国外商家轻松买到质优价廉

---

① 网贸会是大龙网旗下进行跨境电商的创新商业模式,旨在通过线上线下"互联网＋海外展仓"模式,帮助"中国制造"出口。

② C2M(Customer to Manufactory),顾客对工厂,是一种基于社区 SNS 平台与 B2C 平台的电子商务模式,顾客可以在社交购物平台建立自己的社交关系网络,使得规模巨大但相互割裂的零散消费需求整合在一起,以整体、规律、可操作的形式将需求提供给供应商,使其"以需定产、量体裁衣"。这种模式可以大幅提高工厂的生产效率与资产、资金周转效率,显著降低成本与售价。

的中国商品,相当于将"永不落幕的广交会"开到了海外客户的家门口。

此外,大龙网在国内还设立了全球样品中心,来自国内的供应商客户可以通过全球样品中心申请样品的海外试销,试水国外市场。不久前,大龙网网贸会全球样品中心正式落户重庆,中心内展示了来自广东、浙江、江苏、安徽、福建等几大重点产业带的服装、家居、小商品、电子产品等多种产品。今后,全球样品中心将以样品试销和大数据协同为纽带,与网贸馆海外展仓共同形成链接国内供应链与海外渠道的跨境贸易闭环。在这一闭环内,大龙网将协助供应商考察目标市场的整体需求,筛选优质产品发往海外网贸馆,同时邀请海外渠道商参观并挑选样品进行试销,收集试销过程中的消费者偏好、评价、市场反应等数据,反馈至供应商处,助其实现产品升级和策略调整。这种类似于"试婚"的策略,给供应商和采购商双方都提供了保障和回转的余地。如果试销过程中双方沟通顺畅、反馈良好,签约合作自然就水到渠成了。

然而,打通海外营销渠道需要的可不只是展会,仓储物流的全方位配套服务也不可或缺。大龙网率先提出了"互联网+海外仓"的海外仓2.0模式这一概念。过去,海外仓的主要目标是为出口企业提供仓储、物流服务并提升海外客户配送满意度。显然,这样的海外仓如今已经远远不能满足中国制造"走出去"的需求。如果说海外仓1.0是跨境电商对于海外仓储物流配送渠道所做的布局,那么海外仓2.0就是在为中国制造走向海外铺路,提供仓储物流配送之外的整合外贸解决方案。"互联网+海外仓"不仅能够协助解决跨境交易信任问题,还可提供集物流、资金流等于一体的信息服务,甚至能够为中国出口提供量身定制的"保姆式"服务,提供保障交易安全及信任的代收货款服务、散单发货所需要的拆包拼装服务、提升商品竞争能力的保税服务及第三方物流整合服务等。不仅如此,海外仓2.0还将打破当前海外仓收取仓储、物流服务费的盈利模式。正如冯剑峰所说,海外仓决不能成为跨境电商企业不能承受之重,它应当也必须插上互联网的翅膀,使得自身的盈利模式丰富起来。

当前,国内已经有19万家中小微企业对接了大龙网网贸会"三圈合一"的跨境电商综合服务。海外采购商同样高度认可这一模式,在俄罗斯经营手机相关电子产品的Andrey就在体验了样品申领流程、产品质量及保障服务后,选择与供应商进行续约。可见,大龙网已经搭建了一个帮助中国制造走出国门的免费平台,在这个平台上"走出去"的中国制造企业已逾4万家。在这一过程中,网贸会通过提供物流、通关、支付、数据、金融、品牌、法律等服务实现盈利。大龙网还提供了一个带服务、带后端的私人定制平台,解决了中国供应商对接国际市场最后一公里的难题,也化解了海外零售批发商从中国进货时服务与信用担保方面的隐忧。网贸馆作为移动电子商务时代广交会的海外延展和补充,旨在利用遍布全球的中国精品体验馆,化解传统贸易中信任和高效不可调和的矛盾,实现供需双赢。

(三)百城战略,直通四海

在"一带一路"倡议加速推进、"互联网+"快速发展、国家鼓励外贸政策接连出台的时代背景下,大龙网将50个中国产业带城市和50个"一带一路"海外国家对接起来,通过提供跨境电子商务综合服务打造互联网"丝绸之路",形成互联互通的商贸格局。中国产业带城市在对方国家开设"前展后仓"的网贸会,帮助整个城市的企业走出国门。在此基础上,大龙网使用线上线下结合方式连接中国产业带城市与全球范围内的贸易中心城市,让全世界采购商足不出户便可以向中国工厂直采,让中国制造业利用"互联网+外贸"将品牌与定价话语权牢牢把握在自己手中,在碎片化信息整合、线上移动商务、线下展会、商务样品体验服务、大数据分析高速对接等手段的全方面协助下,促进产业带城市制造行业的转型升级。

"跨境电商通关贸易解决方案+海外仓"固然可以为出口贸易提供顺畅的通道,但要想真正帮助出口企业打入当地市场,还需要更加全面的战略布局。2016年5月,大龙网与致力于为企业提供海外市场落地一站式本土营销服务的法国跨国集团科麦思在北京正式签署全面战略合作协议,双方将以全球本土化为核心,在全球范围内共建本土化整合服务机构,全面对接中国优质供应链资源,助力中国制造"卖遍全球"。今后,科麦思将依靠其多年深耕的本土资源,帮助大龙网在全球各地迅速打开市场,塑造良好的品牌形象,为其规模化、集中化、产业化发展奠定坚实的基础,尤其是协助中国与欧洲企业开展经贸合作。此外,科麦思还将结合线下实体样品展示中心与当地的资深专家团队,帮助中国企业加深对欧洲市场的了解,提升中国在海外市场的渠道竞争力和品牌影响力,并为中国企业提供国际市场营销方案与金融供应链整合系统。

如今,大龙网正积极打造跨境电商基础生态服务圈与产业集群,在俄罗斯莫斯科、印度新德里、加拿大多伦多、波兰华沙、阿联酋迪拜等地分别设立了海外本土化服务办公室及中国品牌样品体验中心(网贸馆),组建了全本土化的海外团队,聚集了品牌、营销、运营、物流及渠道建设等方面的优秀人才。未来,更多的中国制造产品和自主品牌将通过俄罗斯莫斯科、阿联酋迪拜、加拿大多伦多、越南胡志明市、波兰华沙等"一带一路"沿线上的50个贸易中心城市网贸馆接轨国际市场。

三、结束语

每个跨越国界行走的人,心中都有一个"远方"。对于大龙网创始人冯剑峰先生而言,这个"远方"在现实中就是"商外有商,天外有天"。在海外生活多年的冯剑峰深知,多数中国出口企业对海外市场缺乏了解,甚至抗拒了解,因此无论是对当地生活习惯、消费特征还是对消费者偏爱的推广方式等都所知甚少。随着全球消费者日趋理性的消费,作为传统出口企业核心竞争力的价格优势必将逐渐弱化。正是看到了这一点,冯剑峰认定未来外贸市场必然是电商的战场,进出口贸易电商化已然成为一种市场趋势,亟须通过"互联网+外贸"模式缩短供应链条,去除中间环节,更要努力做好服务,创造新的商机。在电商战场中,守正出奇和激情创新就是制胜法宝,胸怀大略的人应该随时保持对市场的敏锐观察和直觉,才能在这场战争中存活下来。通过"线上约,线下会"的创新商业模式,大龙网为中国中小企业创造了无限商机。

复习思考题:

1.全球物流库存与仓储管理具有什么特殊性?

2.现代仓库具有什么作用?

3.做出仓储计划决策时应考虑哪些方面的因素？

4.物流中心一般具备哪些机能？

5.如何理解物流中心据点数与物流费用的关系？

6.新型物流中心的设置应注意哪些问题？

<table>
<tr><td>第八章</td><td>全球物流装卸搬运与全球配送</td></tr>
</table>

第八章　全球物流装卸搬运与全球配送

　　装卸、搬运与配送是全球物流过程的重要环节,它在生产领域及各个物流环节中起着连接和转换的作用,因此装卸、搬运、配送合理与否,会直接影响到整个物流系统的效率和经济效益。本章旨在分析全球货物装卸搬运合理化,介绍现代装卸搬运工具和工艺,重点探索全球物流配送模式和全球物流配送中心决策。

第一节　全球货物装卸搬运合理化

一、装卸与搬运的概念

　　在码头、工厂、仓库内部等一定的地域范围内,通过一定的技术手段来改变货物的存放、支承状态的活动称为装卸,而改变货物的空间位置的活动称为搬运。在实际操作中,装卸与搬运密不可分,二者是伴随在一起发生的,因此,统称为装卸搬运。即使只称"装卸"或者"搬运"也都包含了"装卸搬运"的完整含义。装卸搬运活动是随着运输和保管等活动而产生的,其基本动作包括装上、卸下、移送、拣选、分类、堆垛、入库、出库及连接上述各项动作的短程输送。搬运的"运"与运输的"运"之区别在于,搬运是在同一地域的小范围内发生的,而运输则是在较大范围内发生的,二者是量变到质变的关系,但中间并无绝对的界限。

二、装卸搬运的地位

　　在国际物流过程中,货物须经过长途运输,途中可能有多次中转和换装,装卸搬运活动会由此不断出现和反复进行,它出现的频率高于其他各项物流活动,且每次装卸搬运活动都要花费很长时间;装卸搬运作业内容复杂,又是劳动密集型、耗费人力的作业,它所消耗的费用在物流费用中占有相当大的比重;此外,在每次对杂货件进行装卸搬运操作时都需要接触货物,频繁发生的装卸搬运活动是物流过程中造成货物破损、散失、损耗、混合等损失的主要环节。由此可见,装卸搬运活动是影响物流效率、决定物流技术经济效果的重要环节。

三、装卸搬运的合理化措施

装卸搬运的合理化能提高装卸搬运的效率,节约物流费用。其具体措施如下:

(一)减少和消除无效的装卸搬运

装卸搬运无效作业是指超出必要装卸搬运量的作业。装卸搬运作业消耗成本大,并且容易造成货损货差,从而影响物流经济效益和降低货物的价值。因此,在装卸搬运的过程中,要消除无效的装卸搬运,尽量将装卸搬运作业的消耗成本降到最小。具体做法有:只搬运必要的物资,如有些物资要去除杂质之后再搬运比较合理;避免过度包装,减少无效负荷;提高装载效率,充分发挥搬运机器的能力和装载空间;中空的物件可以填装其他小物品再进行搬运;减少倒搬次数,作业次数增多不仅浪费了人力、物力,还增加物品损坏的可能性。

(二)提高装卸搬运的灵活性

装卸搬运的灵活性是指对装卸作业中的货物进行装卸的难易程度。货物所处的状态不同,其装卸搬运的难易程度也不同,可将其分为不同的级别进行搬运,即活性指数。活性指数越大,越易于装卸搬运,如装于容器内或者置于托盘中的物品较散放于地面的物品易于装卸搬运。物品放置时要有利于下次搬运,在装货物时要考虑便于卸下,在入库时,要考虑其存放的形态便于出库,要创造易于搬运的环境和使用易于搬运的包装,提高装卸搬运的活性指数。

(三)利用重力的影响和作用

利用重力由高处向低处移动货物,有利于节约能源,如使物品在倾斜的辊道运输机上,在重力的作用下移动。这样能减少人体的上下运动,避免反复从地面搬起重物,特别是避免人力抬运或搬送笨重的物品。

(四)采用机械化作业

采用机械化作业不仅能装卸搬运量大、人力难以操作的超重物品,而且可以提高生产率、安全性、服务性和作业的适应性等,把作业人员从沉重的体力劳动中解放出来,并提高劳动生产率。

(五)保持物流的均衡顺畅

装卸搬运设备的能力不能储存,当物品的处理波动大时会使装卸搬运作业变得困难,但是装卸搬运作业受运输等其他环节的制约,其节奏不能完全由装卸搬运人员自主决定,必须综合各方面因素妥善安排,使物流量尽量均衡,避免忙闲不均的现象,实现物品不间断地连续作业。

(六)集装单元化原则

将散放的物体归整为统一格式的集装单元,对装卸搬运作业的改善至关重要,其可以达到以下目的:由于搬运单位变大,可以发挥机械的效能,提高作业效率;搬运方便,灵活性好;负载的大小均匀,有利于实现作业标准化;在作业过程中避免物品损伤,对保护被搬运的物品有利。

(七)装卸搬运活动系统化

物流活动由运输、储存、包装和流通加工等活动组成,因此应把这些活动视为一个系统来看待,以求其合理化,即着眼于物流过程中运输、仓储、包装、装卸搬运各环节的改善,而不能仅从单方面考虑。

(八)确定合理的装卸搬运工艺

对于特定的货物,工作人员应根据装卸搬运作业现场自身的条件,使用不同的装卸搬运设备,并按一定的方法和程序操作,经济合理地完成货物的装卸搬运任务。

第二节 现代装卸搬运工具和工艺

海上集装箱运输是国际物流中最主要的一种运输方式,其装卸搬运系统与成件包装货物、散装货物有所不同,包括供集装箱船舶停靠进行装卸搬运作业的集装箱码头设施、特定的集装箱码头装卸搬运工艺流程,以及与工艺流程相匹配的装卸搬运机械等。

一、集装箱码头设施

集装箱码头也称集装箱装卸作业区,如图 8-1 所示。其基础设施主要包括码头前沿、岸壁集装箱起重机、起重机轨道、集装箱堆场、集装箱货运站、维修车间、集装箱清洗场、冷藏箱电源装置、照明设备、控制塔、办公室和大门等。

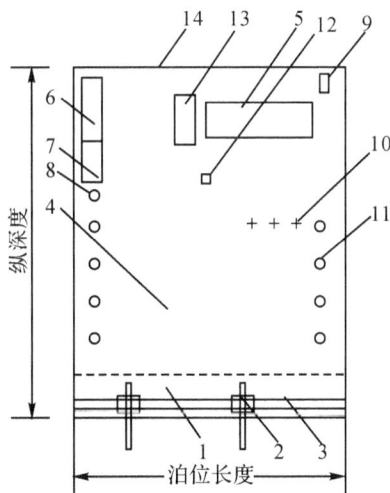

图 8-1 集装箱码头主要设施

注:1 为码头前沿;2 为岸壁集装箱起重机;3 为起重机轨道;4 为集装箱堆场;5 为集装箱货运站;6 为维修车间;7 为集装箱清洗场;8 为供油站;9 为电力站;10 为冷藏箱电源装置;11 为照明设备;12 为控制塔;13 为办公室;14 为大门

二、集装箱装卸搬运工具

海上集装箱装卸作业采用"吊上吊下"和"滚上滚下"两种作业方式。"吊上吊下"方式采用起重工具进行集装箱的装卸,是目前使用最为广泛的一种方式,"滚上滚下"方式是采用牵引车拖带挂车或用叉车等流动搬运工具,往滚装船里装卸集装箱。与这两种装卸作业方式相适应的集装箱装卸工具主要有以下几类:

(一)岸边装卸工具

1.岸壁集装箱起重机

岸壁集装箱起重机简称集装箱装卸桥,是在集装箱码头装卸集装箱的专用工具。世界各集装箱专用码头均采用这种设备装卸集装箱。

集装箱装卸桥是由前后两片门框和拉杆组成的门架,沿着与岸线平行的轨道行走。桥架支撑在门架上,走行小车沿着桥架上的轨道吊运集装箱,进行装船和卸船作业。为了便于船舶靠离码头,桥架伸出码头外面的部分可以俯仰。集装箱装卸桥配有集装箱专用吊具,对于高速型集装箱装卸桥,还装有吊具减少震动装置。

2.多用途门座起重机

多用途门座起重机是港口通用件杂货门座起重机的一种变形,是为了适应船舶混装运输需要而产生的。根据不同需要,该起重机配备不同的装卸工具,如集装箱专用吊具、吊钩和抓斗等,并设置相应的附加装置,可进行集装箱、件杂货、散货等的装卸作业。多用途门座起重机主要由起升机构、变幅机构、旋转机构和大车行走机构组成。

(二)水平运输工具

1.牵引车和挂车

集装箱牵引车本身不具备装货平台,必须和集装箱拖挂车连接在一起,才能拖带集装箱进行码头内搬运或公路上运输。

(1)牵引车类型。牵引车按驾驶室形式分为平头式和长头式两种;牵引车按用途分为货场运输用牵引车和公路运输用牵引车。货场运输用牵引车在港口或集装箱货场进行短距离搬运,行驶速度慢,牵引力大;公路运输用牵引车用于高速和长距离运输。

(2)半挂车类型。集装箱半挂车按使用场所不同分为一般公路用半挂车和货场用半挂车。

2.集装箱跨运车

集装箱跨运车是码头前沿和堆场之间搬运集装箱的专用工具。它以门形车架跨在集装箱上,由装有集装箱吊具的液压升降系统吊起集装箱进行搬运,并可对集装箱进行堆码,还可在堆场上装卸集装箱底盘车,具有较大的机动性。

(三)场地装卸工具

1.轮胎式龙门起重机

轮胎式龙门起重机是码头或铁路集装箱堆场对集装箱进行装卸、搬运、堆码作业的专用工具。轮胎式龙门起重机由前后两片门框和底梁组成门架,支撑在橡胶轮胎上。装有集装箱吊具的行走小车沿着门框横梁上的轨道运行,配合底盘车进行集装箱的堆码和装卸作业。轮胎式龙门起重机采用工具液压装置或无线电感应装置,保持在堆场上直线行走,并可做 $90°$ 直角转向,可以从一个箱区转移到另一个箱区进行作业。

2. 轨道式龙门起重机

与轮胎式龙门起重机一样,轨道式龙门起重机也是码头或铁路集装箱堆场对集装箱进行装卸、搬运、堆码作业的专用工具。轨道式龙门起重机是由两片双悬臂的门架组成,两侧门腿用下横梁连接,支撑在走行轮台车上,并在轨道上走行。

3. 叉 车

用于装卸集装箱的叉车主要有以下几种:

(1)集装箱叉车。集装箱叉车是为适应集装箱作业的需要从普通的叉车发展起来的,主要用于在作业量不大的综合性码头和货场上进行装卸、堆码、短距离搬运和车辆的装卸作业,是一种多功能的装卸工具。集装箱叉车有正面叉和侧面叉两种,除了配标准的货叉以外,还配备有顶部起吊和侧面起吊的专用吊具。

(2)滚上滚下集装箱叉车。滚上滚下集装箱叉车是滚装集装箱船进行装卸、堆码和搬运作业中最常用的一种专用工具,它通过跳板直接驶入船舱进行作业。由于滚装船内作业空间的限制,滚上滚下集装箱叉车与通用型集装箱叉车相比,车身矮,门架低和外形高度小。

(3)箱内作业叉车。箱内作业叉车是指在集装箱货运站用于装箱和拆箱作业的小型叉车。

4. 集装箱正面吊运机

集装箱正面吊运机是 20 世纪 70 年代中期发展起来的一种新型装卸工具。它有可伸缩和左右旋转 $120°$ 的吊具,具有可带载变幅的伸缩式臂架,能堆码多层集装箱,并跨箱作业。

三、集装箱码头装卸工艺

集装箱码头装卸工艺是指港口根据自身的条件,使用不同的装卸搬运设备,按一定的方法和操作程序,以经济合理的原则来完成集装箱货物的装卸、搬运和堆码任务。不同的装卸工艺对应于不同的集装箱码头作业场地的布置方式,这可能使集装箱码头的吞吐能力有所不同。集装箱码头的装卸工艺主要有以下几种:

(一)底盘车方式

1. 装卸工艺

底盘车方式是美国海陆公司首先采用的一种装卸工艺方式,故又称"海陆方式"。该装卸工艺由集装箱装卸桥承担船舶的装卸作业,集装箱牵引车拖带载有集装箱的底盘车承担码头前沿至堆场的水平运输和内陆运输。集装箱装卸桥把集装箱从船上卸下,直接放在岸边的底盘车上,然后由牵引车拖到港区堆场停放。

2.卸船作业

对于出口集装箱,由牵引车将底盘车上的集装箱一并拖到港区堆场暂时存放。

3.装船作业

当集装箱船抵港靠泊后,由牵引车将装载有集装箱的底盘车拖到码头前沿,然后由集装箱装卸桥将底盘车上的集装箱吊起装船。

(二)跨运车方式

1.装卸工艺

跨运车方式为美国马托森公司首先采用,后来推广至世界各国集装箱码头,故又称为"马托森方式"。在码头前沿采用集装箱装卸桥承担船舶的装卸作业,跨运车承担码头前沿与堆场之间的水平运输,以及堆场的堆码和进出场车辆的装卸作业。

2.卸船作业

集装箱装卸桥将集装箱从船上卸下,堆放于码头前沿,跨运车将集装箱从码头前沿载运至堆场堆存。

3.装船作业

装船时,由跨运车将堆场上的集装箱载运至码头前沿,然后由集装箱装卸桥将集装箱吊起装船。

(三)轮胎式龙门起重机方式

1.装卸工艺

在码头前沿采用集装箱装卸桥承担船舶的装卸作业,码头前沿至堆场、堆场内箱区间由牵引车拖带底盘车完成水平运输,轮胎式龙门起重机承担码头堆场的装卸和堆码作业。轮胎式龙门起重机一般可跨越 6 列集装箱和 1 列集装箱卡车车道,堆码 3—5 层集装箱。

2.卸船作业

集装箱装卸桥将集装箱从船上吊下,放至底盘车上,然后由牵引车运至堆场,轮胎式龙门起重机将底盘车上的集装箱卸下并堆码。

3.装船作业

轮胎式龙门起重机将堆场上的集装箱吊放在底盘车上,由牵引车将底盘车上的集装箱拖运至码头前沿。

(四)轨道式龙门起重机方式

轨道式龙门起重机方式和轮胎式龙门起重机方式的装卸工艺流程基本相同,但轨道式龙门起重机的跨距更大,可跨 14 列甚至更多列集装箱,且堆高能力更强。

(五)正面吊运机方式

采用集装箱装卸桥承担船舶的装卸作业,码头前沿与堆场的水平运输及堆场的堆码和装卸作业由正面吊运机来承担。

(六)跨运车—龙门吊混合方式

码头前沿采用集装箱装卸桥承担船舶的装卸作业,进口集装箱的水平运输、堆码和交货装车由跨运车负责完成,出口集装箱在堆场与码头前沿之间的水平运输由集装箱拖挂车完成,堆场的装卸和堆码由轨道式龙门起重机完成。

第三节　全球物流配送模式

配送是在经济合理的区域范围内,根据用户要求,对物品进行分拣、挑选、加工、包装、分割、组配等作业,并按时送到指定地点的物流活动。全球物流配送是全球性的配送活动,全球物流配送中心作为全球物流的重要节点,在优化外向型企业的物流系统、合理配置库存资源、及时掌握国际市场动态和提高物流的共同化程度等方面发挥着重要作用。

一、全球物流配送的重要性与组织形式

(一)全球物流配送的地位

在国际消费需求多变的今天,由于国际市场需求的不确定性,为了降低经营风险,国际用户的订货规模呈现小批量化,且对商品供应的及时性、准确性要求越来越高。企业之间的竞争不再仅仅局限于质量、价格等方面,而是已经扩展到物流服务等无形手段方面,国际配送中心正是顺应了这一趋势。作为全球物流节点,国际配送中心更能接近目标顾客、接近国际市场,将市场的需求及时反馈到生产企业。国际配送中心减少了流通过程的中间环节,提高了企业对客户需求的快速反应能力。因此可以说,配送的全球化扩大了企业产品的销售空间,扩大了企业的生产销售规模,使企业实现了更大的利益。

全球物流配送是全球物流领域的一种以社会分工为基础的,综合化、完善化和现代化的送货活动。全球物流配送从本质上讲是送货,但由于这项物流活动涉及的范围非常广泛,与国内配送或区域性配送相比较而言,全球物流配送给企业带来更大的效益,也带来更大的管理上的困难。对跨国公司来说,如何有效地组织全球物流配送活动是一件非常重要的物流作业。

(二)全球物流配送的组织形式

按照配送的组织形式,全球物流配送分为以下几种模式:

1.独立配送模式

独立配送模式是配送企业依靠自身的力量,在一定区域内各自进行配送,独立开拓市场和联系用户,建立自己的业务渠道和网络,并独立组织配送活动的组织形式。这种配送是一种竞争性的配送方式,用户可以根据配送企业的服务水平和自身利益进行选择,这有利于形成一种竞争机制,也有利于用户与配送企业建立纵向的联合或集团关系。但有时受客源的限制可能会出现人力、设备和运力上的浪费。独立配送作为一种分散型的物流配送活动,倘若缺少调控机制或者调控措施不力,也会形成过度竞争的局面,进而会降低流通的社会效益。

2. 共同配送模式

共同配送模式是由几个配送中心联合起来,共同制订计划,在具体执行时共同使用配送车辆,共同对某一地区用户进行配送的组织形式。按照日本工业标准的解释,共同配送是指为提高物流效率,针对许多企业一起进行配送。在用户不多的地区,配送企业若针对各个企业单独配送,会出现车辆利用率低而影响配送经济效益的现象。如果把配送企业的用户集中到一起,就能更有效地实施配送。也可以根据双方的用户进行合理分工,实行就近配送,以降低配送成本。共同配送的收益可以按一定的比例在各配送企业间进行分成。共同配送最早产生于日本等发达国家,发达国家共同配送发展的实践表明:按照这种配送模式运作,不但可以做到利用距离最近的配送中心开展配送活动,大大降低配送成本,而且有利于发挥企业的整体优势及缓解交通拥挤的矛盾。

3. 集团配送模式

集团配送模式是由配送企业以一定的形式建立起联系紧密的企业集团,以在较大范围内统筹配送企业结构、配送网点、配送路线和配送用户,使配送更加完善和优化的一种组织形式。集团配送是一种高水平的配送形式,这种配送方式可以取得较理想的规模优势和协作优势。集团配送是一种典型的规模经济经营活动,其服务对象一般是大型的跨国公司和跨国企业集团。在集团配送的模式下,配送企业通常都采用"定时定量"和"即时配送"等方式来满足用户的生产需要或市场需要。采用集团配送模式进行全球物流配送,必须具备良好的外部环境条件,还必须建立高效率的指挥系统和信息系统。没有强大的经济实力和完善先进的管理体系,很难组织这种类型的物流配送活动。国际性的大型零售企业或大型连锁超市,如家乐福、沃尔玛等都采用这种配送模式以实现全球物流配送。

二、国际配送中心及其规模效应

配送中心是以组织配送性销售和供应,执行以实物配送为主要职能的流通型物流节点。伴随着全球物流的迅速发展,国际配送中心也迅速发展起来,并且在全球物流系统中处于非常重要的地位。全球物流中心是指全球物流活动中商品、物资等集散的场所,就大范围全球物流而言,某些小国家和地区可能成为全球物流中心,如中国香港、新加坡就是全球物流中心。另外,自由贸易区、保税区等具有一般意义上的物流中心的功能。就小范围而言,港口码头、保税仓库、外贸仓库都可以成为物流中心。当前人们所说的全球物流中心多指由政府部门和物流服务企业共同筹建的具有现代化仓库、先进的分拨管理系统和计算机信息处理系统的外向型物流集散基地。

从图8-2中,我们可以看出,在企业传统配送模式下,由于不存在一个统一的配送中心,全球物流通路非常混乱,造成很大的浪费。

国际配送中心是从供应者手中接受多种大量的货物,进行分类、保管、流通加工,并按顾客的订货要求分拣、配货后把货物送交顾客的组织机构。国际配送中心是全球物流配送活动的主要承担者,设置国际配送中心是完全必要的,其可以发挥以下几方面的作用:

(1)国际配送中心结合了高效率的信息情报网,能够迅速、准确地掌握流通过程中

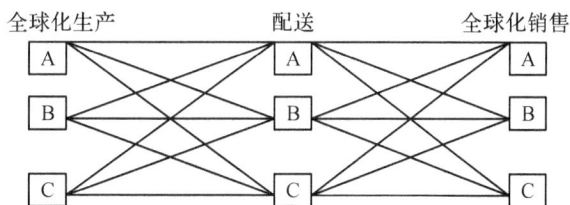

图 8-2　传统配送模式

的库存情况,从而避免库存积压和库存量分布不均的问题。在国际配送中心配备有中心计算机,计算机终端连接着各个用户,每个用户日常的销售量和库存数据都会传入中心计算机进行分析和处理,然后由国际配送中心决定每天向保修网点补充商品的品种、数量和时间。通过国际配送中心,企业实现了对整个系统中库存量的控制。

(2)国际配送中心的建立有利于形成快速、有效的发送体制,这保证了在提高顾客服务水平的同时,降低发送费用。国际配送中心直接掌握各个网点的库存情况,或采取事先登记、预约及制订订货计划等手段掌握日常送货需要。在此基础上,国际配送中心就可以通过合理安排送货路线、调配运输车辆、配装及利用往返车辆等各种措施来提高发送效率。同时,通过电子计算机的计算可以得出效率最高的送货方案,如必要的车辆数量和最佳的送货路线等。

(3)通过国际配送中心集中进货,使工厂与仓库之间按计划有规律地进行大批量运输成为可能,同时有利于降低运输费用。

(4)对于品种、规格繁多的商品,通过国际配送中心进行配售,有利于减少中间环节,提高流通效率。在国际配送中心,顾客可以在一张订单上同时订购几种、几十种商品,这样就可以大大缩短订购时间和费用。此外,国际配送中心还可以根据顾客的订单,对许多商品进行统一加工和包装,以降低加工成本,节省包装材料。

如图 8-3 所示,建立配送中心后,尤其是大批量、社会化、专业化的国际配送中心后,全球物流配送就显得非常有序。简化了全球物流通道,既节约了全球物流成本,也便于跨国公司、全球物流服务企业对全球物流的整个流程进行有效控制和管理。

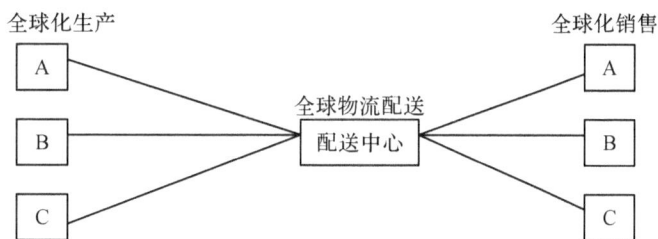

图 8-3　全球配送中心模式

三、全球物流配送对全球物流系统的要求及其问题

(一)全球物流配送对全球物流系统的要求

随着世界经济的发展和全球经济一体化的形成,全球物流配送的规模也越来越大,全球配送中心需要处理的事务也越来越多,从而对全球物流系统提出了更新更高的要求,主要表现在以下几个方面:

1. 对全球物流作业的质量提出更高的要求

国际贸易的结构正在发生着巨大的变化,传统的初级产品、原材料等贸易品种逐步让位于高附加值、高精密加工的产品。由于高附加值、高精密加工商品流通量的增加,对物流工作质量提出更高的要求。同时由于国际贸易需求的多样化,全球物流系统配送的商品呈现出多品种、小批量化的发展趋势,这同样也要求全球物流系统向优质服务和多样化发展。

2. 对全球物流系统作业效率提出更高的要求

国际贸易活动的集中表现就是契约的订立和履行,而国际贸易契约的履行就是由全球物流系统来完成的。随着世界经济全球化趋势的加剧,国际贸易的总量和结构发生巨大的变化,因而要求全球物流作业系统能够高效率地履行契约,促进国际贸易的发展。从一个国家的角度来看,全球物流系统的作用可以分为两个方面,即出口全球物流系统和进口全球物流系统。从输入方面的全球物流系统来看,提高全球物流系统的作业效率最重要的就是如何高效率地组织所需商品的进口、储备和供应。也就是说,对商品从订货、交货,直到运入国内保管、组织供应的整个过程,都应加强物流管理。根据国际贸易配送的商品不同,应采用与之相适应的专门运输工具和相关的配套装卸设施,如巨型专用货轮、专用泊位及大型物流作业机械等专业运输工具,这对提高全球物流系统的效率起着主导作用。

3. 对配送商品的安全提出更高的要求

全球生产体系的建立和全球采购系统的形成,都对国际配送系统提出更高的要求。商品及原材料和零部件的国际化配送的需求大大增加,例如,美国福特公司某一型号的汽车要同时在 20 多个国家的 30 多个工厂联合生产,而产品销往 100 多个不同的国家和地区。全球物流所涉及的国家多、地域广阔,在途时间长,受气候、地理条件等自然因素和政局、罢工、战争等社会政治经济因素的影响较大。因此,在组织全球物流运输和配送时,要密切注意所经地区的气候条件、地理条件,还应注意所经国家和地区的政治局势、经济状况等,以减少和降低这些人为因素和不可抗力所造成的货物灭失的风险。

(二)全球物流配送存在的问题

全球物流配送可以扩大企业产品的销售空间,使企业得以更有效地利用规模经济来降低成本,但由于配送的距离较长,也会带来如下一些问题:

(1)存货水平的上升;

(2)影响企业对市场需求的反应速度;

(3)配套的售后服务难以同步跟上;

(4)货款及时回收困难,容易产生坏账损失;

(5)相应的配送费用较高,产品可能会缺乏市场竞争力;

(6)受到双方政府贸易管制政策的影响;

(7)国际汇率的变动会影响销售收入。

以上全球物流配送中可能存在的问题有些可以通过全球物流配送系统的整合,提高物流配送运作的效率来消除或减少其影响,而有些则是一般的全球物流经营企业无法控制的。因此,企业在选择配送模式时必须充分考虑各方面的优势与劣势。

第四节　全球物流配送中心决策

一、配送中心选址决策因素与配送中心类型

从现代物流发展的趋势看,为了加速商品的运动,更好地使物流系统顺应用户的需求,许多物流中心逐渐从周转型物流中心向配送型物流中心转变。目前在发达国家,配送中心的比例一般要占到所有物流中心的 70% 以上。配送不同于一般的送货,它是一种物流手段,更是一种物流体制,是社会化大生产、高度专业化分工的产物,是商品流通社会化的发展趋势。

(一)影响配送中心选址决策的因素

配送中心作为物资的集散地,其地址所在位置直接涉及集散距离的远近和配送的经济效果。一般地说,配送中心一旦建成就难以更改,因此选址决策是一项具有战略性的决策。

1. 货物分布和数量

配送中心应该尽可能地在生产地和配送区域间形成短距离优化。货物数量是随配送规模的扩大而不断增加的。货物增加率越高,越是要求配送选址的合理性,以减少不必要浪费。

2. 运输条件

配送中心的选址应接近交通运输枢纽,使配送中心形成物流过程中的一个恰当的节点。在有条件的情况下,配送中心应尽可能靠近铁路货运站、港口及公路。

3. 用地条件

配送中心的占地问题在土地日益昂贵的今天显得越来越重要。是利用现有的土地还是重新征地,地价如何,是否符合规划要求,等等,在企业建设配送中心时都要进行综合分析。

4. 流通条件

配送中心的选址要考虑其流通职能,如是否兼备流通加工、包装功能,配送中心的服务范围、发货的频率要求等。

(二)配送中心的类型

1. 一般配送中心

这种配送中心以中、小杂件货配送为主,由于货物较多,为保证配送,需要有一定的储存量,属于有储存功能的配送中心。针对一般配送中心,对其理货、分类、配货、配装

功能的要求较强,很少有流通加工的功能,这种流程也可以说是配送中心的典型流程。其主要特点是有较大的储存量、分货拣选量和配货场所,作业装备也较大。

2. 不带存储库的配送中心

不带存储库的配送中心专以配送为职能,只有为一时配送备货的储存,而无大量储存。暂存区设在配货场地中,配送中心不单设储存区。这种配送中心的主要场所都用于理货、配货。

3. 批量转换型配送中心

在这种配送中心,把以单一品种、大批量方式进购的产品转换成小批量,流程十分简单,基本不存在分类、拣选、分货、配货、配装等工序。但是,由于是大批量进货,储存能力较强,其储存及装货作业最为重要。

4. 加工配送型配送中心

加工配送型配送中心有多个模式,随加工方式的不同,流程也有区别。但在每种流程中,都是针对按少品种或单一品种、大批量的方式进购的产品,产品类目少或无须分类存放。加工一般是按用户的要求进行,加工后便直接按用户的要求配货。所以,这种配送中心有时不单设分货、配货或拣选环节,加工部分及加工后的分放部分是主要作业环节,占较多空间。

二、配送中心选址决策的实证分析

如某公司由于仓库容量有限,决定再建一个新仓库,有 A、B 两个地点可供选择。

它们的有关情况评价(百分制)见表 8-1 所示。已知各项考虑因素的权重系数分别为 0.25,0.20,0.10,0.35,0.10,试确定 A、B 两个地点中哪一个更好些。

表 8-1　A、B 两地相关评价情况

考虑因素	A 地	B 地
劳动成本	70	60
运输费用	50	60
教育健康	85	80
税收结构	75	70
资源和生产率	60	70

计算如表 8-2 所示。

表 8-2　A、B 两地相关评价因素的权重情况

考虑因素	权重	A 地评价	B 地评价	A 地加权分数	B 地加权分数
劳动成本	0.25	70	60	17.5	15.0
运输费用	0.20	50	60	10.0	12.0
教育健康	0.10	85	80	8.5	8.0
税收结构	0.35	75	70	26.3	24.5

续　表

考虑因素	权重	A 地评价	B 地评价	A 地加权分数	B 地加权分数
资源和生产率	0.10	60	70	6.0	7.0
总计	1.00	340	340	68.3	66.5

表 8-2 中,A 地加权分数大于 B 地加权分数,故结论是 A 地要好一些。

三、配送路线决策的实证分析

配送路线优化的主要原则是成本最小化,这方面有专门的论述(如线性规划方法等),本书通过两个例子加以简要说明。

(一)实例一

某配送中心从 A 处出发,将货物配送至 B,C,D,E 各处用户之后返回。各地之间的距离(km)见表 8-3 所示。试确定配送路线。

计算过程见表 8-4 所示。

从表 8-4 中可以看出:方案 7 距离最短,为 23km。与平均距离 31km 相比,要少 8km。

表 8-3　5 地之间的距离情况

	A	B	C	D	E
A		10	7	5	5
B	11		4	6	8
C	7	4		7	8
D	5	5	7		3
E	3	8	8	3	

表 8-4　各配送方案情况

方案	路线(km)	距离	方案	路线(km)	距离	方案	路线(km)	距离
1	ABCDEA	27	9	ACDBEA	30	17	ADEBCA	27
2	ABCEDA	30	10	ACDEBA	36	18	ADECBA	31
3	ABDCEA	34	11	ACEBDA	34	19	AEBCDA	29
4	ABDECA	34	12	ACEDBA	34	20	AEBDCA	33
5	ABECDA	38	13	ADBCEA	25	21	AECBDA	28
6	ABEDCA	35	14	ADBECA	33	22	AECDBA	36
7	ACBDEA	23	15	ADCBEA	27	23	AEDBCA	24
8	ACBEDA	27	16	ADCEBA	39	24	AEDCBA	30

(二)实例二

配送中心 A 要向 B,C,D,E,F,G 6 个城市的用户点配送货物,它们之间的距离

(km)和每一处的配送货物量(吨)的情况见表 8-5。运输车辆有 2.5 吨和 4 吨卡车两种,试确定配送路线。

表 8-5　城市间距离与配送货运量的情况

地点	距离(km)	货物量(吨)	地点	距离(km)
AB	9	0.8	BC	9
AC	12	0.7	CD	10
AD	12	1.0	DF	19
AF	24	1.1	EF	6
AE	20	1.75	EG	1
AG	21	1.15	FG	6

第一,根据所给资料,得出从配送中心到各配送点及各点之间的最短距离,见表 8-6。

表 8-6　7 地之间的最短距离

(单位:km)

	A	B	C	D	E	F	G
A		9	12	12	20	24	21
B			9	19	29	33	30
C				10	32	29	33
D					25	19	25
E						6	1
F							6
G							

第二,计算各配送点组合的节约里程,并将之进行排序,具体见表 8-7。

第三,按照各配送点节约里程的大小顺序,依次将各点选入,在运输车辆载重允许的条件下,将各点连接在一起,组成配送路线。

表 8-7　各配送路线情况

序号	组合	节约里程(km)	序号	组合	节约里程(km)	序号	组合	节约里程(km)
1	EG	40	6	BC	12	11	BE	0
2	FG	39	7	DG	8	12	BF	0
3	EF	38	8	CF	7	13	BG	0
4	DF	17	9	DE	7	14	CE	0
5	CD	14	10	BD	2	15	CG	0

从表 8-7 中可以看出,第一组合 EG 节约里程最大,它们的配送货物为 1.75＋1.15 ＝2.9(吨),在车辆载重限度之内,所以可以入选;第二组合 FG 的配送货物为 1.1(吨),

正好可以与 2.9 吨拼装为一辆 4 吨卡车的载运量,它们相互衔接成为一条配送路线 AEGFA。全程走行里程为 20+1+6+24=51(km)。

第三组合为 EF,因 E、F 点已经入选,所以可以不必考虑;第四组合为 DF,因为 4 吨卡车已经装满,所以应该考虑入选第二条配送路线;第五组合 CD 的配送货物为 1.0+0.7=1.7(吨),没有超过车辆载重限制,因此可以将 B 点的 0.8 吨货物集中在一起配送,形成第二条配送路线 ADCBA 或 ABCDA。全程走行里程为 12+10+9+9=40(km)。

这样,配送路线就确定为两条,总走行里程为 51+40=91(km)。

此时,使用 4 吨和 2.5 吨卡车各一辆。

案例八　日本卡斯美中央物流中心的配送模式

日本卡斯美中央物流中心的占地面积为 51 390m²,承担着 102 家卡斯美超级市场、12 家家居中心的商品配送任务;向各店铺发送的商品主要有一般食品、糕点、嗜好品、日用百货、生鲜品、酒、香烟、衣料、面包,占店铺商品总构成的 85%;每天发货量为 4 万箱,动用 140 部车,送货半径为 100km。中央物流中心进行无库存运作、无赤字经营,对支撑整个卡斯美超市连锁网络的经营发挥着巨大作用。

一、卡斯美中央物流中心的发展历程

卡斯美从 1961 年创业以来,其物流运作经历了批发物流、配送中心物流、库存物流和经由式物流等几个阶段。从 1961 年到 1975 年的十几年间,卡斯美的店铺较少,一直采用批发公司直送门店的方式进行货物的配送。一天要有几十家批发公司到门店送货,门店验货时间很长,占用的人员也很多。同时,批发公司要将货品分散送往几十家店铺,物流费用也相当高。

1975 年,卡斯美开始导入计算机系统,店铺通过网络订货,当时卡斯美有 13 家店铺,但尚未组建配送中心。卡斯美的配送中心于 1980 年建成运营,那时发展到有 30 多家店铺。起初,物流中心只配送常温商品,1984 年增建冷藏物流。建成中央物流后,供应商将商品送至配送中心,再由配送中心分别送到各门店。这标志着从 1980 年前的批发物流转化为配送中心物流。配送中心每天有 3 趟车送货到门店,这大大减少了门店的接货次数和工作量,使门店能够有序地安排工作。而供应商不再为每天跑几十家店铺而烦恼,每天只要用一趟车送货到配送中心就可以了。

卡斯美初期的配送中心的库存很大,占用的人员也很多,属于赤字经营。这时的配送中心处于库存物流阶段,就像国内很多企业一样,配送中心只是一个仓储中心,承担着商品储存配发任务,每年的物流成本非常高。如何降低物流成本,实现配送中心的收支平衡?必须采取什么样的运作模式呢?卡斯美为此下了很大功夫。1988 年,卡斯美从商品采购部、销售部、门店等相关部门挑选业务骨干组成项目小组,主要研究配送中心如何摆脱赤字。当时的分析是有库存才会有赤字,如果没有库存,再削减管理人员,消灭物流赤字将是可能的。但当时推行零库存改革困难很大,经过 4 年的努力,卡斯美才实现由库存物流向经由式物流的跨越。

二、卡斯美中央物流中心的运作流程

卡斯美中央物流中心(见图 8-4)彻底摒弃了传统意义上的"储运管理"的运作模式,它是一个现代发货中心、中转中心,即商品进入物流中心后不作停留,时刻处在运动当中,经过分货和混载,直至被送往各个店铺。

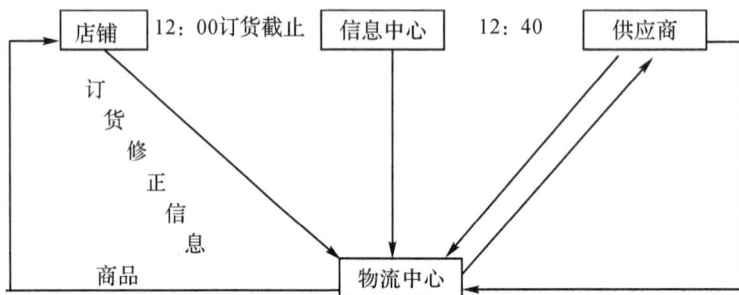

图 8-4　卡斯美中央物流中心的商品订货模式

店铺、物流中心、供应商由电脑网络连在一起,组成供应链物流。电脑联网是配送链高效率运转的强大技术支撑。整个订货过程在两天内完成。店铺于 12:00 截止订货,生鲜品于 16:30 截止订货。店铺订货信息通过电脑网络发往信息中心,经信息中心处理后,于 12:40 发给各供应商,同时发往物流中心。供应商按照接收到的订货信息将商品送到物流中心。

物流中心主要分为分货区和发货区。卡斯美本身没有仓库,商品由供应商每天送达。供应商于 12:40 接到订货信息后,从 16:00 开始陆续将商品送到物流中心,司机兼卸货员按照卡斯美不同店铺的订货来卸货,把各店铺的商品存放在一个个笼车里,而不是交一堆总货由卡斯美的员工来分货。卸货以后,由 2 名卡斯美员工手持电脑终端对实际到货进行核对,通过无线操作将信息传输到电脑中心,电脑中心按实际到货数量向批发商反馈 1 张到货单,这样批发商于次日早上 8:00 就能够看到卡斯美中央物流中心前一天的实际到货信息,譬如向卡斯美送了多少货。

按照店铺的订货需求进行拆零包装,是物流中心的服务职能之一,其工作量约占物流中心工作量的 90%。在传统的库存物流情况下,商品首先被运到物流中心,其次进行小分装,最后等待向商店发运。卡斯美改革物流模式后,进行了业务流程的重组,即把拆零分装工作提前到供应商环节,而卡斯美中央物流中心只做分拣、配货和发运工作。对拆零商品,卡斯美事先根据商店的最小包装订货需求与供应商洽谈,由供应商进行拆零加工,商店就可以按照最小包装进行订货。最小包装的物流意义很大,假如没有最小包装,只是整箱整箱地进行物流配送,其结果必然导致仓储、资金的浪费,并且物流量和劳动量都很大。

商品经分拣后,各店铺不同类别的商品被装入不同的笼车,标明店号、店名。经过扫描器,店号、店名信息被扫描器读取,索道控制系统就会将笼车自动送往特定的发货区域。本日订货的商品将于零点后陆续运往各店铺。第一趟车发运常规卖场商品,7:00 左右到商店;第二趟车在 9:00 之前到店铺;第三趟车于 12:00—14:00 送到。

商品配送由卡斯美委托给运输公司来完成,每天动用 140 部车,跑 2 个来回,往店里发货的笼车共 5500 台。每辆运输车均配备电脑终端,用以记录车辆出发时间、中途停顿地点、卸货时间及回到物流中心的时间。除商品之外,店铺员工制服、各种票据、纸本也由配送中心运过去。由于物流中心已经验货,店里不再验货,这样节约了用工和费用。

三、卡斯美中央物流中心的物流成本和物流利润

物流效率的提高意味着成本的降低,而成本的降低则意味着效益增加,而且物流服务能够提高商品的附加价值。物流成本包括人工费、储存费、商品损耗、车辆购置及折旧、维修、油耗、保险费、装卸费、固定资产折旧、办公费等。在我国,许多企业不进行物流成本核算,物流成本巨大,浪费惊人。而卡斯美中央物流中心的正式职工只有 26 人,其余上货理货的用工外包给劳务公司来做;没有配送商品的车辆,配送业务全部外包给运输公司来做。这些环节的工作包给专业公司来做,比自己做效率更高。另外,商店和物流中心没有库存,也就省去了储存费,商品损耗也很少,因此物流成本很低。卡斯美中央物流中心一年的运行费用约为 25 亿日元。

以上是物流中心的费用支出,实际运作中,总部要求物流中心必须进行内部核算,本身不能出现赤字。物流中心主要的收入项目,从供应商来看,向批发公司收取货物进价 2.5% 的费用,理由是改为配送中心物流及经由式物流后,大大节约了批发公司原来向每个店一一配送的费用。从门店来看,以前由若干个批发公司送货,店铺要抽出很多人力接货、验货,人工费用很大;由物流中心配送后,为门店节约了很多费用,这样物流中心也向门店收取货物进价 1.5% 的费用。另外,物流中心的仓库、设备可以租给批发公司使用,以收取租金。一年累计毛收入约 27 亿日元,收支相抵后还有盈余。

物流中心创造的价值绝不只是自身成本的降低和收入的增加,它根据各店铺的要货量来确定进货量,并按照商品性质、销售峰谷分时段及时配送,保证了商店的要货需求,实现了商店和物流中心的零库存运作,减少了资金沉淀,提高了周转率。卡斯美物流技术所产生的高效率低成本运作,为企业带来了新的竞争力,它以最短的时间、最高的效率,为顾客提供最新鲜的商品,提高了商品的附加价值,为保证一线销售提供了强大的后方支持。

复习思考题:

1. 如何实现装卸搬运合理化?
2. 集装箱装卸工具主要有哪些类型?
3. 全球物流配送对全球物流系统有何要求?
4. 影响配送中心选址决策的因素有哪些?
5. 配送中心一般有哪些类型?

第九章 流通加工、包装与物流标准化

流通加工、包装与物流标准化也是全球物流系统不可或缺的组成部分。本章主要探讨流通加工的地位、作用与形式,全球流通加工的特点和方式,全球物流商品包装的功能、形式及其合理化,以及全球物流标准化的作用与方法。

第一节 流通加工的地位、作用与形式

一、什么是流通加工

流通加工是跨国公司进行全球资源配置,实现全球物流成本最小化的一个重要步骤。根据我国的物流术语国家标准,流通加工(Distribution Processing)是指,物品在从生产地到使用地的过程中,根据需要施加包装、分割、计量、分拣、刷标志、检标签、组装等简单作业的总称。从上述概念中,可以得知,流通加工是在经济循环中的流通环节进行的加工,也即是流通功能和加工功能在一定程度上的交集。加工是通过改变物品的形态或性质来创造价值,属于生产活动;流通则是改变物品的空间状态与时间状态,并不改变物品的形态或性质。流通加工处于两者的中间领域,它的功能只是完善商品的使用功能,提高商品的附加价值,提高物流系统的效率。但是流通加工并不改变商品的基本形态和功能。所以,我们认为,流通加工是生产加工在流通领域中的延伸,或者在流通领域为了提供更好的服务,在职能方面的扩展。

根据流通加工在物流系统的属性和定位,我们可以这样来定义全球物流加工:全球物流加工是商品在国际流通中的一种特殊加工形式,它是为了促进商品从出口国工厂生产出来以后在进口国的销售,维护产品质量和提高物流效率,而对商品进行的加工,以满足消费者的多样化需求和提高商品的附加值。

二、流通加工在全球物流中的地位

流通加工与一般的生产加工既相区别又相联系,其在全球物流系统中有着特定的地位。

(一)流通加工能有效地完善全球流通

在全球物流中,运输和储存是主要功能要素,而流通加工也是不可或缺的功能要

素,具有补充、完善、提高与增强的作用,能起到运输、储存等其他功能要素无法起到的作用。由于现代全球生产的相对集中和消费的相对分散,生产和消费需要往往不能密切衔接,而流通加工可以较为有效地解决全球流通中的这个供需矛盾。所以,流通加工是促进国际化现代生产发展,提高全球物流水平、促进全球物流向现代化发展的不可缺少的形态。

(二)流通加工是全球物流中的重要利润源

流通加工是一种低投入高产出的加工方式,往往以简单加工解决大问题。在全球物流领域中,流通加工通过满足全球用户的需要、提高服务功能而成为高附加值的活动。有的流通加工通过改变包装使商品在国际市场上的档次得以跃升而充分实现其价值,有的产品经过流通加工使利用率得以提高。在全球物流企业中,由流通加工提供的利润并不低于从运输和储存中挖掘的利润。所以说,流通加工是物流中的重要利润源。

(三)流通加工在世界经济中是重要的产业形态

目前,在世界许多国家和地区的物流中心或仓库经营中都大量存在流通加工业务,有的规模相当大,特别是在美国、日本等发达国家更为普遍。在我国,随着经济增长,国民收入增多,消费的需求向多样化、个性化方向发展,流通加工是其中一个重要的加工形态,对推动国民经济的发展、完善国民经济的产业结构和提升我国在国际生产分工中的地位具有一定的意义。

三、流通加工在全球物流中的作用

流通加工作为全球物流系统中不可缺少的一环,发挥着巨大的作用。

(一)能改变产品功能,促进销售,提高收益

这是流通加工在全球物流系统中的一个主要功能,通过流通加工环节可以使物品更好地满足顾客的需要,特别是个性化需求。国内许多制成品,如玩具、时装、轻工纺织产品、工艺美术品等,在深圳进行简单的装潢加工,改变产品的外观功能,而后出口到国外,仅此一项就可使产品售价提高 20% 以上。

(二)能提高原材料和加工设备的利用率

利用集中进行的流通加工代替分散在各个国家或地区的分别加工,同时采用效率高、技术先进、加工量大的专门设备,可以大大减少原材料的消耗,提高原材料和加工设备的利用率,提高加工质量和加工效率,降低加工费用和原材料成本。原材料的节约是利润的源泉,几乎所有的流通加工都能达到节约原材料的目的,因此有明显的经济效益。

(三)能提高全球物流效率,降低物流成本

流通加工可以方便国际运输。一些制成品如果在制造厂装配成完整的产品,在国际运输过程中,将耗费很高的费用。一般可以把它们的零部件,分别集中装箱,到达国外各个销售地点以后,再分别装成成品,这样就可以有效降低物流成本,使运输方便而

且经济。国际物流中对商品的包装有运输包装和销售包装两种,流通加工能协调运输包装与销售包装。因为运输包装与国外市场的销售包装有时存在一定的冲突,如有的运输包装需要单位重量大而销售包装要求轻薄。商品就可以先以运输包装进入全球物流系统中,在运达到国外销售目的地后,通过流通加工,形成销售包装,再进入最终店铺。这样也能有效降低物流成本。

(四)能促进全球物流合理化

流通加工对全球物流合理化的促进体现在对配送和运输手段的改善上。

流通加工能方便全球物流配送。因为全球物流企业自行安排流通加工与配送,流通加工是配送的前提,根据流通加工在全球形成的特点布置配送,使必要的辅助加工与配送在全球范围内很好地衔接,使全球物流过程顺利完成。

流通加工能充分发挥各种运输手段的最高效率。因为流通加工环节一般设置在商品的最终消费地,流通过程中衔接生产地的大批量、高效率、长距离的输送和衔接消费地的多品种、少批量、多用户、短距离的输送之间,存在着很大的供需矛盾。而通过流通加工就可以较为有效地解决这个矛盾。以流通加工为分解点,从生产地到流通加工点可以利用火车、船舶实现大量的、高效率的定点输送;而从流通加工点到消费者处则可以利用汽车和其他小型车辆实现多品种、多用户的灵活输送。这样可以充分发挥各种输送手段的最高效率,加快输送速度,节约运力运费,使物流更加合理。

四、全球商品流通加工的形式

全球物流系统涉及环节多,操作复杂。不同类型的流通加工在全球物流系统中发挥着不同的作用,因此对全球物流中的流通加工有不同的分类方式。不少学者侧重于根据流通加工的作用对象的不同,把流通加工分为消费资料的流通加工和生产资料的流通加工。这种分类方式没有体现出流通加工在物流体系中的作用和本质属性。所以,在本节中,我们按照不同的流通加工在全球物流系统中特定的作用和地位,把流通加工分为下面10种形式。

(一)为弥补生产领域加工不足的深加工

有许多产品在生产领域的加工只能到一定程度,这是由于存在许多限制因素使生产领域不能完全实现终极的加工。例如,钢铁厂的大规模生产只能按标准规定的规格生产,以使产品有较强的通用性,使生产能有较高的效率和效益;木材如果在产地就被制成木制品的话,会造成运输的极大困难,所以原生产领域只能加工到圆木、板方材这个程度,进一步的下料、切裁、处理等加工则在流通加工环节完成。这种流通加工实际是生产的延续,是生产加工的深化,对弥补生产领域加工不足有重要意义。

(二)为满足需求多样化进行的服务性加工

需求存在着多样化和变化两个特点,为满足这种需求,经常是用户自己设置加工环节,例如,生产消费型用户的再生产往往从原材料初级处理开始。就用户来讲,现代生产的要求是,生产型用户要尽量减少流程,尽量集中力量从事较复杂的技术性较强的劳动,而不要将大量初级加工包揽下来。这种初级加工带有服务性,可在流通加工环节完成,生产型用户便可以缩短自己的生产流程,使生产技术密集程度提高。对一般消费者而言,则可省去烦琐的预处置工作,而集中精力从事较高级能直接满足需求的劳动。

(三)为保护产品所进行的加工

在物流过程中,直到产品被用户投入使用前都存在对产品的保护问题,防止产品在运输、储存、装卸、搬运、包装等过程中遭到损失,使使用价值能顺利实现。和前两种加工不同,这种加工并不改变进入流通领域的"物"的外形及性质,主要采取稳固、改装、冷冻、保鲜、涂油等方式来保护产品。

(四)为提高物流效率,方便物流的加工

有一些产品由于其本身的形态使之难以进行物流操作,如鲜鱼的装卸、储存操作困难,过大设备搬运、装卸困难;气体物运输、装卸困难等。进行流通加工,可以使物流各环节易于操作,如鲜鱼冷冻、过大设备解体、气体液化等。这种加工往往改变"物"的物理状态,但并不改变其化学特性,并最终仍能恢复其原物理状态。

(五)为促进销售的流通加工

流通加工可以从若干方面起到促进销售的作用,如将过大包装或散装物(这是提高物流效率所要求的)分装成适合一次销售的小包装的分装加工;将原以保护产品为主的运输包装改换成以促进销售为主的装潢性包装,以起到吸引消费者、指导消费的作用;将零配件组装成用具,以便于直接销售;将蔬菜、肉类洗净切块,以满足消费者的要求;等等。这种流通加工可能是不改变"物"的本体,只进行简单的改装加工,也有许多是组装、分块等深加工。

(六)为提高加工效率的流通加工

许多生产企业的初级加工由于数量有限,加工效率不高,也难以投入先进科学技术。流通加工企业以集中加工形式,解决了单个企业加工效率不高的弊病。以一家流通加工企业代替若干生产企业的初级加工工序,促进了生产水平的提高。

(七)为提高原材料利用率的流通加工

流通加工企业利用其综合性强、用户多的特点,可以通过实行合理规划、合理套裁、集中下料的办法,有效提高原材料利用率,减少损失浪费。

(八)衔接不同运输方式且使物流合理化的流通加工

在干线运输及支线运输的节点,设置流通加工环节,可以有效解决大批量、低成本、长距离干线运输,多品种、少批量、多批次末端运输和集货运输之间的衔接问题;在流通加工点与大生产企业间形成大批量、定点运输的渠道,以流通加工中心为核心,可以组织对多用户的配送;也可在流通加工点将运输包装转换为销售包装,从而有效衔接不同目的的运输方式。

(九)以提高经济效益,追求企业利润为目的的流通加工

流通加工的一系列优点,可以促成一种"利润中心"的经营形态。这种类型的流通加工是经营的一环,能在满足生产和消费要求的基础上取得利润,同时在市场和利润的引导下能使流通加工在各个领域中有效开展。

(十)生产—流通一体化的流通加工

依靠生产企业与流通企业的联合,或者生产企业涉足流通,或者流通企业涉足生产,形成的对生产与流通加工进行合理分工、合理规划、合理组织,统筹进行生产与流通加工的安排,这就是生产—流通一体化的流通加工形式。这种形式可以促成产品结构及产业结构的调整,充分发挥企业集团的经济技术优势,是目前流通加工领域的新形式。

五、全球物流中的流通加工合理化

(一)不合理的流通加工形式

流通加工是在流通领域中对生产的辅助性加工,从某种意义来讲它不仅是生产过程的延续,还是生产本身或生产工艺在流通领域的延续。这个延续可能有正反两方面的作用,即一方面可能有效地起到补充完善的作用,但是,也必须估计到另一个可能性,即对整个过程的负效应。各种不合理的流通加工都会产生抵消效益的负效应。常见不合理的流通加工形式有如下几种:

1.流通加工地点设置不合理

流通加工地点设置即布局状况是使整个流通加工是否有效的重要因素。一般而言,为衔接单品种大批量生产与多样化需求的流通加工,流通加工地会设置在需求地区,这样才能实现大批量的干线运输与多品种末端配送的物流优势。

如果将流通加工地设置在生产地区,其不合理之处在于:第一,多样化需求要求的多品种、小批量产品由产地向需求地的长距离运输会出现不合理情况;第二,在生产地增加了一个加工环节,同时增加了近距离运输、装卸、储存等一系列物流活动。因此,在这种情况下,不如由原生产单位完成这种加工而无须设置专门的流通加工环节。

一般而言,为方便物流,流通加工的地点应设在产出地,即该环节要设置在进入全球物流之前;如果将该环节设置在物流之后,即流通加工地点设置在消费地,则不但不能解决物流问题,又在流通中增加了一个中转环节,因而也是不合理的。即使是产地或需求地设置流通加工环节的选择是正确的,也存在流通加工在小地域范围内的正确选址问题,如果处理不善,仍然会出现不合理之处。这种不合理主要表现在交通不便,流通加工地与生产企业或用户之间的距离较远,对流通加工点的投资过高(如受选址的地价影响),加工点周围社会、自然环境条件不良等。

2.流通加工方式选择不当

流通加工方式包括流通加工对象、流通加工工艺、流通加工技术、流通加工程度等。流通加工方式的确定实际上是对生产加工的合理分工。如分工不合理,就会造成本来

应在生产加工环节完成的,却错误地在流通加工环节完成;本来应在流通加工环节完成的,却错误地在生产加工环节完成。

流通加工不是对生产加工的代替,而是一种补充和完善。所以,一般而言,如果工艺复杂,技术装备要求较高,或加工可以由生产过程延续或轻易解决的都不宜再设置流通加工环节。流通加工企业尤其不宜与生产企业争夺技术要求较高、效益较高的最终生产环节,更不宜利用一个时期市场的压迫力使生产者变成初级加工者或前期加工者,而由其完成装配或最终形成产品的加工。如果流通加工方式选择不当,就会出现流通加工企业与生产企业夺利的恶果。

3.流通加工作用不大,形成多余环节

有的流通加工过于简单,或对生产及消费者的作用都不大,甚至有时流通加工的盲目性,非但未能解决品种、规格、质量、包装等方面的问题,相反实际增加了环节,这也是流通加工不合理的重要形式。

4.流通加工成本过高,效益不好

流通加工之所以能够有生命力,重要优势之一就是有较大的产出投入比,因而有效起着补充和完善的作用。如果流通加工的成本过高,则不能实现以较低投入实现更高使用价值的目的。因此,在生产中,除了一些必需的、从政策要求即使亏损也应进行的加工外,都应看成是不合理的。

(二)流通加工合理化

流通加工合理化的含义是实现流通加工的最优配置,这样不仅要做到避免各种不合理,使流通加工有存在的价值,而且要做到最优选择。为避免各种不合理现象,对是否设置流通加工环节、在什么地点设置、选择什么类型的加工、采用什么样的技术装备等,企业都需要做出正确抉择。目前,国内在进行这方面合理化的考虑中已积累了一些经验,取得了一定成果。实现流通加工合理化主要应考虑以下几个方面:

1.加工和配送相结合

加工和配送相结合是将流通加工设置在配送点中,一方面按配送的需要进行加工,另一方面加工又是配送业务流程中分货、拣货、配货之一环,加工后的产品直接投入配货作业。这就无须单独设置一个加工的中间环节,使流通加工有别于独立的生产,而使流通加工与中转流通巧妙结合在一起。同时,由于配送之前有加工,可使配送服务水平大大提高。这是当前对流通加工做合理选择的重要形式,在煤炭、水泥等产品的流通中已表现出较大的优势。

2.加工和配套相结合

在对配套要求较高的流通中,配套的主体来自各个生产单位,但是,全部配套有时无法完全依靠现有的生产单位提供,因此进行适当的流通加工,可以有效促成配套,大大提高流通所起的桥梁与纽带的作用。

3.加工和合理运输相结合

前文提到流通加工能有效衔接干线运输与支线运输,促进两种运输形式的合理化。利用流通加工,在支线运输转干线运输或干线运输转支线运输这本来就必须停顿的环节，就可以不进行一般的支转干或干转支，而是按干线或支线运输合理的要求进行适当加工，从而大大提高运输效率及运输转载水平。

4. 加工和合理商流相结合

通过加工有效促进销售，使商流合理化，也是流通加工合理化的考虑方向之一。加工和配送相结合，通过加工，提高了配送水平，强化了销售，是加工与合理商流相结合的成功例证。此外，通过简单地改变包装加工方便用户购买，通过组装加工化解用户使用前进行组装、调试的难题，都是有效促进商流的例子。

5. 加工和节约相结合

节约能源、节约设备、节约人力、节约耗费是流通加工合理化中重要的考虑因素。对于流通加工合理化的最终判断，看其能否实现社会的和企业本身的效益，以及是否取得了最优效益。对流通加工企业而言，与一般生产企业的一个重要不同之处是，流通加工企业更应树立社会效益第一的观念，只有在以补充完善为己任的前提下，它们才有生存的价值。如果只是追求企业的微观效益，不适当地进行加工，甚至与生产企业争利，这就有违流通加工的初衷，或者其本身已不属于流通加工范畴了。

第二节　全球物流商品包装的功能、形式及其合理化

在国际货物买卖中，包装是货物的重要组成部分，包装条件是买卖合同中的一项主要条件。按照某些国家的法律规定，如卖方交付的货物未按约定的条件包装，或者货物的包装与行业习惯不符，买方有权拒收货物。如果货物虽按约定的方式包装，但与其他货物混杂在一起，买方可以拒收违反规定包装的那部分货物，甚至可以拒收整批货物。由此可见，搞好包装工作和按约定的条件包装，对国际贸易与全球物流的有效开展具有重要的意义。

一、包装在全球物流中的功能

我国《包装通用术语》国家标准中将包装明确定义为"所谓包装是指在流通过程中保护产品、方便储存、促进销售，按一定技术方法而采用的容器、材料及辅助物等的总体名称"。简言之，包装是包装物及包装操作的总称。在现代物流观念形成以前，包装被自然地看成生产的终点，因而它一直是生产领域的活动。包装的设计往往主要从生产终结的要求出发，因而常常不能满足流通的需要。物流研究者认为，包装与物流的关系，比与生产的关系要密切得多，其作为物流始点的意义比作为生产终点的意义也大得多，因此，包装应进入物流系统之中，这是现代物流的一个新观念。我国包装工业的历史不长，但发展迅速，随着包装工业的迅速发展，新的包装技术、包装材料和包装形式不断被开发和应用，尤其是把物流当作一个整体被重视和研究之后，物流对包装又提出了新的、更高的要求。包装为物流的合理化起到了非常重要的作用。如今，包装合理化正在朝着包装尺寸的标准化、包装作业的机械化、包装费用的低额化和包装材料的节约资源化方向发展。

全球物流系统的功能构成因素大都与包装有关，如运输、搬运、储存、保管等都要受

到包装的制约。包装有两个基本的功能:营销和物流。在营销方面,包装可以向顾客提供产品的有关信息,并通过颜色、尺寸等宣传产品。包装犹如一位"无言的销售人员",顾客购买产品通常会受到产品包装的强烈影响,如品牌、颜色和外观等。从物流的角度来说,包装的功能主要是保护商品、方便流通和消费等。现代产品品种繁多,性能和作用千差万别,对包装要求的目的、功能、形态、方式也各不相同,因此对不同的产品宜采用不同的包装形式,以充分发挥包装在全球物流中的功能。包装在全球物流中的功能主要有:

(一)保护商品的功能

由于运输环节多、路线长,装卸条件和各地气候差异较大,销往世界各地的出口商品容易受到外力作用(冲击、跌落、振动、摇摆等)的破坏、环境变化(高温、低温、潮湿闷热、降水等)的影响、生物(霉菌、昆虫、啮齿类动物等)侵入的破坏、化学物质(二氧化硫、氨气、盐酸等)的腐蚀、人为破坏(野蛮装卸、盗窃等)等,因此,全球物流对包装的要求更为严格。据有关资料统计,我国出口商品每年因包装不合格所造成的外汇收入的减少额(如外商退货)约占总收入的10%。

因此,包装对一国能否顺利实现出口贸易有着不可或缺的作用,其在全球物流体系中承担着重要的功能。所以,在全球物流过程中,要求商品的包装要能够承受在装卸、运输、保管等过程中的各种冲击、振动、颠簸、压缩等外力的作用,并能防止因外部环境的影响而使包装物受到破坏和损失,如:防止商品发生化学变化、潮湿、灰尘、昆虫和污染物等的侵害。因此这就要求商品的包装能在一定程度上起到阻隔水分、潮气、溶液、光线及空气中各种有害气体的作用,从而发挥包装对商品的保护功能。

(二)方便流通和消费的功能

包装具有的方便流通的功能主要表现在:商品经过包装后能便于各种装卸、搬运机械的使用,提高了作业的效率;包装的规格尺寸标准化后为集合包装提供了条件,从而极大地提高了装卸效率;合适的包装规格、形状、质量等,有利于提高运输工具仓容的吻合性,方便运输;易于开包,便于重新打包的包装方式,有利于加快验收的速度。并且,产品初级包装后可以通过二次包装成套(例如装进瓦楞箱),然后成组装进拉伸包装纸托盘,最后几个托盘拼装到集装箱中,这就减少了产品搬运的次数。

包装还能使产品更便于使用,从而为顾客的消费提供了方便。如包装能将制造出来的大批量产品,分配为更适合顾客使用的较小的数量份额或达到适合顾客使用的尺寸,更方便消费者的使用;包装件上的标志或标识给可能接触包装的人提供了有关内装产品及其包装的所有重要信息;包装使用清晰的、容易理解的符号(如通用产品编码UPC),以及使用通用的商品包装的各种标志,有利于仓库管理者识别,因而易于存取,易于盘点;此外,还可以用包装的特殊标志提醒可能接触到包装品的人员,内装产品及包装方法的特殊性,起到警告和提示的作用。

(三)营销功能

销售包装的作用是不能忽视的。包装不仅能起到美化商品的作用,还能起到宣传的作用,如精美的包装及合适的外部形态就是一件商品吸引顾客眼球的好广告。调查表明,63%的消费者是根据产品的包装来选购商品的,这就是著名的杜邦定律。另一份资料表明,在一家经营15 000种商品的普通超级市场里,一般选购者大约每分钟浏览300件商品,假设53%的消费者购买活动是属于冲动型的,那么,此时包装的效果就相当于5分钟的电视广告。由此可见,除了应重视商品的内在质量外,还必须注重商品的外在包装。国外对商品包装有所谓的"AIDMA"五原则,A即引起注意或有吸引力;I即进而引起顾客兴趣;D即由产生兴趣再进而引起购买的欲望;M是指商品特点、名称、标志、图案色彩等给人留下必要的印象和记忆,或者使用后还想再买;A即实施购买行动。这就是包装所要达到的目的。我国的商品要在国际市场上具有竞争力,除商品本身质量要过硬外,商品的包装也要有竞争力。在全球物流中,包装也从一个侧面反映了一个国家的经济发展水平,是一国商品化程度的测定仪和风向标。

在目前的国际贸易和全球物流体系中,包装已发展成为集工艺美术、风俗民情、心理学及光电技术等多学科知识的包装装潢设计门类,一方面它起到了更好地宣传、展示产品的作用,另一方面也提高了产品自身的附加值,因此使得包装越发成为各国竞相效仿和发展的一种促销手段,也就日益使其具有了营销功能。

(四)安全功能

全球货运比国内货运要求对产品进行更多的保护,长距离运输及多次搬运增加了货损、迟滞、被盗发生的概率。因此,企业必须更加注重全球化包装的安全性。众所周知,危险品具有易燃、易爆、有毒及放射性等特点,对它们包装得不符合要求,或者使用不当,很容易引发起火、爆炸等事故。我国是危险品大国,全国出口危险品种类达300多种,但在过去一段较长的时间内,由于我国产品包装质量低劣,不能有效保护出口商品,导致在装卸、储存、运输过程中,危险品爆炸、起火等重特大恶性事故时有发生。国际上因危险品的包装安全不过关也屡屡发生一些事故。因此,为了保障国际运输安全,国际海事组织根据联合国的有关规定,制定了《国际海运危险品规则》,并要求从1991年1月1日起在国际上强制执行。虽然近20多年来,我国在海运危险货物时再未发生过由于包装质量问题引起的重大安全运输事故,有效保证了我国对外贸易的持续、健康发展,但对危险品的包装安全意识一刻也不能放松,时刻警惕产品的包装安全尤其是危险品的包装安全是一项非常重要的工作。各大企业要做到使包装为全球贸易的顺利开展,为全球物流的顺畅进行,真正起到保驾护航的安全保障作用。

二、全球物流包装的种类

(一)按包装的形态分类

按包装的形态可以将包装分为个装、内装和外装。个装是指物品按个进行的包装,目的是提高物品的价值和保护物品,方便销售。内装是指包装货物的内部包装,目的是防止水、湿气、光热和冲击碰撞对物品造成的破坏。外装是指货物的外部包装,即将物品放入箱、袋、罐等容器中,或直接捆扎并作上标记、印记等,其目的是便于对物品的运输、装卸和保护。

(二)按包装的作用分类

从包装作用的角度可以将包装分为商业包装和工业包装。商业包装的特点是外形美观,有必要的装潢,主要目的在于促销或便于商品在柜台上零售或提高作业效率。工业包装是在运输、仓储时保护商品和方便操作的包装,其主要作用是实现保护功能、定量功能、便利功能和效率功能。工业包装可以避免货物在搬运过程中的脱落及受到振动或冲击,避免异物的混入和污染,防潮、防水、防锈、防光、防霉变和防虫害。虽然工业包装和商业包装有较大的区别,但是为了实现物流的合理化,工业包装采用与商业包装同样的创意,因此工业包装同时具有商业包装的功能。例如,家电产品包装就呈现出这种趋势。

(三)按包装的方法分类

按照包装的技术方法可以将包装分为防碎包装、防晒包装、防漏包装、防锈包装、缓冲包装、收缩包装、真空包装等。

(四)按包装的材料分类

根据包装物所使用的材料可以将包装分为纸箱包装、木箱包装、金属包装、纸袋包装、玻璃瓶包装、塑料袋包装等。

(五)按包装商品的种类划分

不同的商品对于包装有不同的要求,按照商品的种类可以将包装分为食品包装、药品包装、蔬菜包装、机械包装、危险品包装等。其中对危险品的包装要求是,要有明显的标明有毒的标志;对腐蚀性的商品,要避免商品和包装容器的材质发生化学变化;对于易燃、易爆商品,包装时应注意设置有自动放气的安全阀,当包装容器内达到一定气体压力时能自动放气。

(六)按物品的状态分类

根据物品的形状可以将包装分为液体包装、粉末体包装、颗粒体包装、固体包装等。

三、包装保护操作方法

(一)防震保护

防震包装又称缓冲包装,是指为减轻内装物受到的冲击和振动的力度,保护其免受损坏所采取的一定防护措施的包装。产品从被生产出来到消费者开始使用前要经过一系列的运输、保管、搬运和装卸过程,这些过程都会有力作用在产品之上,为了防止产品遭受损坏,就要设法减小外力的影响。防震包装方法主要有以下 3 种:

1. 全面防震包装方法

全面防震包装方法是指内装物和外包装之间全部用防震材料填满进行防震的包装方法。

2. 部分防震包装方法

对于整体性好的产品和有内装容器的产品,仅在产品或内包装的拐角或局部地方使用防震材料进行衬垫即可。所用包装材料主要有泡沫塑料防震垫、充气型塑料薄膜防震垫和橡胶弹簧等。

3. 悬浮式防震包装方法

对于某些贵重易损的物品,为了有效地保证其在流通过程中不被损坏,外包装容器要比较坚固,然后用绳、带、弹簧等将被装物品悬吊在包装容器内,让内装物被稳定悬吊而不与包装容器发生碰撞,从而减少损坏。此外,还可以采取捆扎及裹紧等方法。

(二)防锈包装

防锈包装主要是指为防止金属材料发生锈蚀而采取的一定防护措施的包装。主要有:

1. 防锈油防锈蚀包装

大气锈蚀是金属表面和空气中的氧、水蒸气及其他腐蚀性气体发生电化学作用的结果。如果使金属表面与引起锈蚀的各种因素隔绝,就可以起到防止金属大气锈蚀的目的。防锈油包装技术就是根据这一原理,用防锈油封装金属制品,要求油层有一定厚度,油层的连续性好,并且涂层完整。

2. 气相防锈包装

气相防锈包装就是用气相缓冲剂(挥发性缓冲剂),在密封包装容器中对金属制品进行防锈处理的技术。气相缓冲剂是一种能减慢或完全停止金属在侵蚀性介质中被破坏过程的物质,在常温下即具有挥发性。它在密封包装容器中挥发出的缓蚀气体很短的时间内就能充满整个包装容器内的每个角落和缝隙,同时吸附在金属制品的表面上,从而起到抑制大气对金属锈蚀的作用。

(三)防霉腐包装

食品和其他有机碳水化合物类货物的表面可能会生长霉菌,在物流过程中如受潮,霉菌可能会大量繁殖,甚至延伸至货物内部,使其腐烂、发霉、变质,因此要采取特别防护措施。防霉变,常采用冷冻包装、真空包装或高温灭菌方法,防止包装内货物发霉;还可使用防霉剂,防霉剂的种类甚多,用于食品的必须选用无毒防霉剂。对于包装机电产品的大型封闭箱,可酌情采取开设通风孔或通风窗等防霉措施。

(四)防虫包装

防虫常用的方法是使用驱虫剂,即在包装中放入有一定毒性和气味的药物,利用药性在包装中挥发出的气体灭杀和驱除各种害虫,常用驱虫剂有萘、樟脑精等;也可采用真空包装、充气包装、脱氧包装等方法,使害虫无生存环境,从而防止虫害。

四、全球商品运输包装的合理化与最新趋势

从现代物流的观点看,包装合理化不单是包装本身合理与否的问题,而是整个物流合理化前提下的包装合理化。第一是追求包装的科学化,第二是推崇绿色包装。

(一)包装的科学化

1. 防止包装不足和包装过剩

由于包装强度不足、包装材料不足等因素所引起的商品在流通过程中发生的损耗不可低估。同时,由于强度设计过高、保护材料选择不当也会引发包装过剩,这一点在发达国家表现得尤为突出。日本的调查结果显示,发达国家包装过剩约在 20% 以上,由此造成的浪费同样不可低估。

2. 采用单元货载尺寸和运输包装系列尺寸

物流系统高效率化的关键在于使单元货载系统化。所谓单元货载系统化是把货物归整成一定数量的单件进行运输,其核心是自始至终采用托盘运输,即从发货至到货后的装卸,全部使用托盘运输方式。为此,针对在物流过程中所用的设施、装置、机具均应引进物流标准概念。

3. 包装大型化

随着交易单位的大型化和物流过程中搬运的机械化,单个包装亦趋于大型化。包装单位大型化可以节省劳力,降低包装成本。与包装单位大型化相对应的是近年来有些国家的批发商店直接把用工业品包装的货物摆在柜台上进行销售,可见对这种大型化包装应给予足够的重视,由此也可以看出包装发展变化的趋势。

4. 包装机械化

包装过去主要是依靠人力作业进行的,进入大量生产、大量消费的时代以后,包装的机械化也就应运而生。包装机械化从逐个包装机械化开始,直到装箱、封口、捆扎等外包装作业完成。此外,还有使用托盘堆码机进行的自动单元化包装,以及用塑料薄膜加固托盘的包装等。在超级市场,预先包装(原包装)业已普及,另外仅从保证卫生的角度考虑,食品包装机械化也是不可缺少的。

(二)倡导绿色物流与推崇绿色包装

绿色物流(Environmental Logistics)是指以降低对环境的污染、减少资源消耗为目标,利用先进物流技术,规划和实施的运输、储存、包装、装卸、流通加工等物流活动。绿色物流的行为主体主要是专业物流企业,同时也涉及有关生产企业和消费者。

随着环境资源恶化程度的加深,对人类生存和发展的威胁越来越大,因此人们对环境的利用和保护越来越重视。现代物流的发展必须优先考虑环境问题,需要从环境的角度对物流体系进行改进,即需要形成一个环境共生型的物流管理系统。这种物流管理系统建立在维护全球环境和可持续发展的基础上,改变了原来发展与物流、消费生活与物流的单向作用关系,在减少物流对环境造成的危害的同时,形成一种能促进经济与消费健康发展的物流系统,即向绿色物流转变。因此,现代物流管理强调全局与长远的利益,强调对环境的全方位关注,体现企业绿色形象,这是一种新的物流管理趋势。

绿色物流的目标不同于一般的物流活动,一般的物流活动主要是为了实现物流企业的盈利、满足顾客的需求、扩大市场占有率等,这些目标最终均是为了实现某一主体的经济利益。而绿色物流的目标是在上述的经济利益目标之外,还追求节约资源、保护环境这一既具有经济属性又具有社会属性的目标。尽管从宏观角度和长远利益来看,节约资源、保护环境与经济利益的目标是一致的,但对某些特定的物流企业来说可能是矛盾的。

推崇绿色包装是倡导绿色物流的一个重要环节。绿色包装是指不会造成环境污染或恶化的商品包装,如采用可降解的包装材料,设计简易的包装,减少一次性包装,提高包装废弃物回收再生利用率,加强绿色包装宣传,等等。当前世界各国的环保意识均日渐增强,特别是一些经济发达国家出于对环保的重视,将容易造成环境污染的包装也列入限制进口之列,而使其成为非关税壁垒的手段之一。例如,德国、意大利均禁止使用PVC做包装材料的商品进口。

20世纪80年代,许多成熟的工业化国家提出了绿色包装的"3R"原则,即减量化(Reduce)、重复使用(Reuse)和再循环(Recycle)。20世纪90年代又提出了"ID"原则,即包装材料应"可降解"(Degradable)。根据上述原则,绿色包装应符合节约材料、资源和能源,废弃物可降解,不致污染环境,对人体健康无害等方面的要求。

随着国际物流量的增大,垃圾公害的问题已被各国提上议事日程。而随着对"资源有限"认识的加深,包装材料的回收利用和再生利用等,包装与社会机制协调的问题正日益突出。因此,在全球物流中应倡导绿色物流和推崇绿色包装理念,包装的资源节约与拆装后的废弃物处理应当和社会系统相适应。今后各国和各大企业应尽可能积极推进包装容器的循环使用,尽可能回收废弃的包装容器并予以再生利用。

(三)逆向物流的选择与实施

逆向物流是指为了资源回收和处理废弃物,在适当的成本下,对原材料、在制品、成品和相关信息从消费点到原始产出点的流动和储存进行规划、执行与管理的过程,其中包括回收品、废弃物和包装材料等的流动。

不同企业对逆向物流有不同的表现:第一,避免单独包装产品而采用大批量运输形式;第二,使用可多次利用的集装箱;第三,将回收物流和正常物流进行整合,把回收物流也看成传统物流的一部分;第四,在市场附近按实际要求包装产品;第五,将需要回收的包装材料送回到供货商处,或重新整理再利用,或送到旧货市场、废品收购站处理。

概括起来,选择和执行逆向物流有以下几点意义:

第一,使社会资源量相对增加。物料资源的总量是有限的,回收利用废旧物料,相当于利用了社会的潜在资源,从而在一定程度上缓解了资源的紧张状况。

第二,利用回收废旧物料比原始性开发具有更好的经济效益。如炼钢要经过采矿、炼铁等一个十分复杂的过程方能成材,如果用废钢代替生铁炼钢,不仅可以节约找矿、采矿、炼铁等一系列生产所耗费的支出,而且冶炼的钢材质量要比生铁做原料好。因此,发达国家十分重视废钢铁的回收利用,将之称为"还原工业"。在发达国家,用废钢铁炼钢的比例一般可在50%—70%,而我国仅有30%左右。

第三,可以节约能源,减少废旧物料对环境的破坏和污染。在我国,由于"三废"污染,每年所造成的经济损失超过 500 亿元,但通过回收利用废旧物料,可以大大减少废旧物料对环境的破坏。据美国工业部门估计,利用废旧物料进行生产,可使一些工业生产造成的空气污染减少 60%—80%,水污染减少 70% 以上。

第四,可以节约时间,加快工业发展速度。例如,利用废钢铁炼钢,可以节约铁矿石、石灰石等原材料的生产时间和运输时间,从而提高生产的效率。

综上所述,废旧物料的回收利用是一项利国利民之举,不仅可以弥补自然资源的不足,而且可以降低生产成本,提高经济效益。

值得重视的是,逆向物流必须形成一套完整的物流供应链,这条物流供应链应该含盖以顾客为始点的逆向物流。为实现其效率最大,这种物流应和配送物流的回程运动一致。换句话说,我们应该规划一个从商店回收物品或包装材料的集货点。回收中心应放在邻近有回收物品或包装材料的顾客区,也就是说,供应链的设计应包括与逆向物流有关的问题,如:掩埋式垃圾场,焚化炉及回收中心的选址,回收物品的运输,运送产品或废品的集装箱的选择,等等。

五、全球商品包装的权衡及包装设计

(一)包装的权衡

1.有效包装投资的收益

在物流决策中,人们通常忽略或不重视包装的恰当性。然而,和所有的物流决策一样,包装对成本和客户服务水平都有影响。从成本的角度来说,假设某公司使用 12cm×12cm×8cm 大小的纸箱,而不是 12cm×12cm×16cm 的纸箱,再假定小箱子的成本不到大箱子的一半,而且小箱子也只要更少的填充材料,这样,如果一年里要使用几百个、几千个、几万个包装纸箱,其节约的成本将会非常可观。在减少成本的同时,由于能让顾客用更少的空间来存放和原先一样多或更多的产品,顾客服务水平也随之提高。由于当前人们很关心包装材料的回收和再次利用,包装日益受到关注,有效的包装投资也一定会给公司带来更多的好处,能在多方面节约公司的资金,具体包括以下几点:

(1)更轻的包装材料能节约运输成本;

(2)包装尺寸的仔细规划能使仓库和运输空间得到更好地利用;

(3)更多的保护性包装能减少损失,减少特殊搬运;

(4)具有环保意识的包装能节约处理废弃物的成本,并能提升公司的形象;

(5)可回收的包装可以节省成本,同时可以减少废物排放量,有利于保护环境。

2.优化包装对全球物流活动的正面效应

优化包装势必要增加包装信息、增强包装保护、提高包装的标准化等,这些虽然需要增加一定的包装成本,但有利于全球物流更顺畅有效地开展,会对全球物流体系的健全和完善产生一些正面效应。

(1)对产品运输而言:①增加包装信息,可以减少运输中的发运延迟,减少对遗失发货的跟踪。②增强包装防护,可以降低货物在运途中被损坏和被偷窃的可能性。③提高包装的标准化,可以减少搬运成本,减少车辆装、卸货的等待时间;能增加对托运人运输方式的选择,减少对特殊运输设备的需求。

(2)对于库存而言,增强包装保护,除了能够减少货物被偷、被损的可能性外,还能减少保险费,并能增加产品的销量,增加产品价值和运送成本。

(3)对于仓储而言:①增加包装信息,可以减少订单填写时间和人工成本;②加强包装保护,可以增加产品的可堆垛性,提高空间利用率;③提高包装的标准化,可以减少物料搬运的成本。

(二)包装的设计

影响全球商品运输包装设计的主要因素有运输方式、运输工具、搬运方式、气候、被盗的可能性、货运费率、关税和客户需求等。

在设计最理想的包装时要考虑些什么?从实际应用方面来看,一个好的包装设计的决定因素包括:①标准化;②价格;③产品或包装的实用性;④安全程度;⑤搬运能力;⑥产品的可包装性。如今,还要考虑再次使用性和可回收性。随着仓库的自动化程度和计算机化程度的提高,高效使用存储空间和传递信息也是非常关键的。企业对这些因素的权重考虑及成本/服务水平的权衡因公司、行业、地理位置的不同而不同。根本的目的就是设计一种包装,使其能对营销和物流系统的所有要素——服务、成本和便利性等进行优化。广义上讲,优良的包装从产品的设计开始,直到包装的分解或重新使用。狭义上讲,包装集中于运输集装箱,同时也涉及内包装或保护物及个别消费者的包装。

包装设计涉及对产品的正确标识,如尺寸、类型和物品编码的地点或通用产品编码,以及其他能确保正确挑选、分拣和发运的包装信息。它还关系到运输的密度和空间利用,为合适的托盘模式和有效存储而设计合适的包装尺寸,并兼顾可堆放性,从而满足仓储的需要。

包装设计还必须考虑总的物流成本,包括运费、物料搬运费、存储费,以及分解、处理包装和装配件或其他产品配制品的最终成本。

包装的物料和生产成本当然也是任何一个包装系统的主要因素,但最优的系统是在最低成本的条件下,能满足我们所有需求的系统。很明显,这涉及很多事情,而不仅仅是简单的设计问题。这意味着,必须对包装进行评价权衡,以求达到一个合理的平衡;必须对基本的生产制造、营销和物流的假设提出质疑,消除无效的需求,而满足有意义的需求;必须根据包装成本和所需求的产品保护,来衡量库存、运输和物料搬运的成本;必须根据分销商和零售商的需求来考虑制造的效率和市场决策;必须乐于在某一领域投入费用,以便在另一个领域带来所迫切需要的利益,由此而获得实实在在的市场优势。

包装的设计应该促进企业在物流效率和效益上达到最优水平。如果企业在经营管理中,没有对包装问题给予足够的关注,其物流将会受到影响。

第三节　全球物流标准化的作用与方法

　　信息技术推动了人类从工业社会过渡到信息社会。随着信息社会的到来,信息资源的开发及信息的生产处理和分配产业,已经成为世界经济增长最快的产业之一,与信息产业不可分割的信息技术标准化,越来越受到人们的重视。物流活动是改变商品/产品的时间和空间效能的活动,它是国民经济生产运转的保障,是人类赖以生存的基础。随着电子商务的发展,人们对物流系统的信息化发展日益迫切。在物流信息系统建设中,通过标准化来实现系统间的数据交换与共享已经成为发展电子商务的必然要求。

一、全球物流标准化概念

　　标准化是对产品、工作、工程、服务等普遍活动规定统一的标准,并且对这个标准进行贯彻实施的过程。标准化的内容,实际上就是经过优选之后的共同规则。为了推行这种共同规则,世界上大多数国家都有标准化组织,如英国的标准化协会(BSI),我国的国家技术监督局等。在国际上,设在日内瓦的国际标准化组织(ISO)负责协调世界范围内的标准问题。

　　国际标准化组织制订的标准很多,其中 ISO9000 系列标准已经成为世界认可的重要国际标准。ISO9000 系列标准是 1987 年国际标准化组织制订颁布的国际通用的"质量管理和质量保证"系列标准,它由 5 个标准组成,即 ISO9000 至 ISO9004,已被认证使用的有 3 个标准,即 ISO9001,ISO9002 和 ISO9003。ISO9000 是用于选择和使用 ISO9001,ISO9002 和 ISO9003 各项标准的指南。ISO9001 是从设计、开发、生产、安装到用户服务的质量保证模式;ISO9002 是生产、安装和服务的质量保证模式;ISO9003 是最终检验和试验的质量保证模式。以上 3 个质量保证标准,可作为质量认证中审核评定企业质量体系的依据。ISO9004 是有关质量管理和质量体系要素的指南,为非合同环境下企业内部质量管理模式。

　　对于物流及其相关的流通企业,更适合在充分考虑需要、风险、费用、利益和使用范围的基础上取得初期设计开发阶段的 ISO9002 认证。首先,ISO9002 是企业能够达到质量管理和质量保证的能力的反映。因为它不仅规范了产品质量检验的认定方法,而且涵盖了整个生产经营过程、服务等质量保证模式的内容;它不仅是产品质量认证,而且能帮助企业建立健全有效的质量体系。其次,当上游企业多数已取得 ISO9002 后,必然要求包装、报关、运输、配送等物流活动也达到相应的质量标准和要求,因此作为供应链中重要环节的物流企业,也应取得 ISO 标准质量体系的认证。最后,物流企业的宗旨是为用户提供优质服务,满足用户要求,而 ISO 系列标准具有系统性、实用性和规范性,能指导用户选购满意的商品,给用户带来信誉和更大的利润,是供方取得需方信任的手段。

　　全球物流标准化是指以全球物流为一个大系统,制订系统内部设施、机械装备、专用工具等各个子系统的技术标准,制订系统内各分领域如包装、装卸、运输、仓储等方面的工作标准;以全球物流大系统为出发点,研究各子系统与分领域中技术标准与工作标准的配合性,按照配合性要求,统一全球物流系统的标准;研究全球物流系统与相关其他系统的配合性,进一步谋求全球物流大系统的标准统一。

二、全球物流标准化的作用

随着全球经济一体化进程的加快,标准化工作所涉及的领域越来越广泛,发挥的作用也越来越大。目前,国际标准的采用已经十分普遍,标准化已成为企业竞争的重要手段。物流标准化的作用主要表现在下列几个方面:

(一)统一各国物流概念

我国的物流发展借鉴了很多国外的经验,但是由于各国对物流的认识并没有统一,造成了各国人士对物流的理解存在偏差。物流的发展不单单是学术问题,更重要的是,要为国民经济服务,创造更多的实际价值。所以,我们要弄清物流的概念问题,并对物流涉及的相关内容达成统一的认识,为加快物流的发展扫清理论上的障碍。

(二)规范物流企业

目前,市场上出现了越来越多的物流企业,其中不乏新生企业和从相关行业转行的企业,层出不穷的物流企业也使物流队伍良莠不齐。物流业整体水平不高,不同程度地存在着市场定位不准确、服务产品不合格、内部结构不合理、运作经营不规范等问题,这些影响了物流业的健康发展。建立与物流业相关的标准,对已进入物流市场和即将进入物流市场的企业进行规范化、标准化管理,是确保物流业稳步发展的需要。

(三)提高物流效率

物流业是一个综合性的行业,它涉及运输、包装、仓储、装卸搬运、流通加工、配送和信息等各个方面。现代物流业是在传统物流行业的基础上发展起来的。由于传统的物流被人为地割裂为很多阶段,而各个阶段间不能很好地衔接和协调,加上信息不能共享,使物流的效率不高。物流标准化是以物流作为一个大系统,强调物流系统与相关其他系统的配合性。

(四)使各国的物流进一步接轨

全球经济一体化的深化,使世界各国的经济日益融合在一起。所以,物流业必须全面接纳先进的思想,运用科学的运作和管理方法,以标准化建设引导世界各国、各地区的物流进一步接轨。

三、全球物流标准化的方法与具体内容

从世界范围来看,针对物流体系的标准化建设,各个国家都还处于初始阶段,在这初始阶段,标准化的重点在于通过制订标准规格尺寸来实现全物流系统的贯通,从而取得提高物流效率的初步成果。

(一)确定物流的基础模数尺寸

基础模数一旦确定,设备的制造、设施的建设、物流系统中各环节的配合协调、物流系

统与其他系统的配合就有所依据。目前 ISO 中央秘书处及欧洲各国基本认定 600mm×400mm 为基础模数尺寸。基础模数尺寸是如何确定的呢？为什么确定 600mm×400mm 为基础模数尺寸呢？主要原因如下：由于物流标准化系统较其他标准系统建立晚，确定基础模数尺寸时主要考虑了目前对物流系统影响最大而又最难改变的事物，即输送设备。ISO 中央秘书处等采取"逆推法"，由输送设备的尺寸来推算最佳的基础模数尺寸。当然，在确定基础模数尺寸时也考虑到了现在已通行的包装模数和已使用的集装设备，并从行为科学的角度研究了人及社会对其的影响。从其与人的关系来看，基础模数尺寸是适合人体操作的最高限尺寸。

（二）确定物流模数尺寸

物流模数尺寸即集装基础模数尺寸。前面已提到，物流标准化的基点应建立在集装的基础之上，因此还要确定集装基础模数尺寸（即最小的集装尺寸）。集装基础模数尺寸可以从 600mm×400mm 开始，按倍数系列推导出来；也可以在满足 600mm×400mm 的基础模数尺寸的前提下，从卡车或大型集装箱的分割系列推导出来。

（三）以分割及组合的方法确定系列尺寸

物流模数作为物流系统各环节的标准化的核心，是形成系列化的基础。依据物流模数进一步确定有关系列的大小及尺寸，再从中选择全部或部分确定为定型的生产制造尺寸，这就完成了某一环节的标准系列制定工作。

由物流模数体系，可以确定各环节系列尺寸。目前，全球物流模数尺寸的标准化正在研究及制定中，但与物流有关的许多设施、设备的标准化大多早已发布，并由相关的专业委员会负责制定新的国际标准。国际标准化组织已建立了与物流有关的技术委员会及技术处，每个技术委员会或技术处都由国际标准化组织指定负责常务工作的秘书处，我国也明确了标准的归口单位。

国际标准化组织对物流标准化工作非常重视，对于物流标准化的重要模数尺寸已大体取得了一致意见。物流标准化的基础和物流标准化首先要拟订的几个基础模数尺寸如下：

（1）物流基础模数尺寸：600mm×400mm。

（2）物流模数尺寸（集装基础模数尺寸）：以 1200mm×1000mm 为主，也允许 1200mm×800mm 及 1100mm×1100mm。

（3）物流基础模数尺寸与集装基础模数尺寸的配合关系。

许多国家都以上述模数尺寸为基准修改本国物流的有关标准，以和国际发展趋势吻合。例如，英、美、加拿大、日本等国都已经放弃国内原来使用的模数尺寸，而改用国际的模数尺寸。日本等一些国家在用 1200mm×1000mm 的模数尺寸系列的同时，还发展了 1100mm×1100mm 正方形的集装模数尺寸，并已形成本国的物流模数系列。

我国虽然尚未从物流系统角度全面开展各环节标准化工作，也尚未研究物流系统的配合性等问题，但是，已经制定了一些分系统的标准。其中，汽车、叉车、吊车等已全部实现了标准化，针对包装模数及包装尺寸、联运平托盘，也制定了国家标准。参照国际标准，我国还制定了运输包装部位的标示方法国家标准。其中，联运平托盘外部尺寸系列规定优先选用两种尺寸,各为:TP2-800mm×1200mm,TP3-1000mm× 1200mm;还可选用的一种尺寸为 TP1-800mm×1000mm。托盘高度基本尺寸为 100mm 与 70mm 两种。

(四)识别与标志标准技术

1. 传统的识别与识别的标准方法

在物流领域,识别标记主要用于货物的运输包装上。传统的标准化,将包装标记分为 3 类,即识别标记、储运指示标记和危险货物标记。

(1)识别标记,包括主要标记、批数与件数号码标记、目的地标记、体积重量标记、输出地标记、附加标记和运输号码标记。

(2)储运指示标记,包括向上标记、防湿防水标记、小心轻放标记、由此起吊标记、由此开启标记、重心点标记、防热标记、防冻标记及其他诸如"切勿用钓""勿近锅炉""请勿斜放、倒置"标记等。

(3)危险货物标记,包括爆炸品标记、氧化剂标记、无毒不燃压缩气体标记、易燃压缩气体标记、有毒压缩气体标记、易燃物品标记、自燃物品标记、遇水燃烧物品标记、有毒品标记、剧毒品标记、腐蚀性物品标记和放射性物品标记等。

在实际工作中遇到危险货物时,可以按我国国家标准《危险货物包装标志》《包装储运指示标志》等为依据进行标记。如果是进行进出口的国际海运,可依据国际标准化组织发布的《国际海运危险品标记》识别。

采用标记的识别方法,最主要的目的是引起人们的注意,对人们的处理起着简明扼要的提示作用,因此标记必须牢固、明显、醒目、简要、方便阅视和标记正确,以便于一问即掌握要领或易于发现错误而及时纠正。传统的标记方法简单、直观。但是,正因为如此,就限制了标志的内容,有许多应标记的项目不能被标记上。标记过于简单,也往往使人难以理解。此外,一般由人来识别标记,往往是出现识别错误造成处置失当的原因,因为人的识别反应速度所限,所以难以对大量、快速、连续运动中的货物做出准确识别。

2. 自动识别与条码标志

"自动识别+条码"是在"人工识别+标志"基础上的一大进步,这种技术使识别速度提高几十倍甚至上百倍,使识别的准确程度几乎是无一失误,是提高效率的重要方法。"自动识别+条码"之所以能广泛实施,关键在于条码的标准化,使自动识别的电子数据可以成为共享的数据。和一般的图记标志不同的是,条码有大得多的数据存储量。条码可以将所有物流信息都包含在内,这是图记标志所不可比拟的。条码的重大缺点是缺乏直观性,只能和自动识别系统配套使用,而无法人工识别,由此,条形码的提示、警示作用则远不如图记的标志。

(五)自动化仓库标准

自动化仓库标准的主要内容有以下几个部分:

1. 名词术语的统一解释

这是自动化仓库的基础标准,统一使用词汇之后,可以避免设计、建造和使用时的

混乱。一般而言,大体应由以下几部分语言组成:

(1)自动化仓库的设施、建筑、设备的统一名称,包括种类、形式、构造、规格、尺寸、性能等。

(2)自动化仓库内部的定位名称,例如日本工业标准(HSB8940)用以下语言定位:

W 方向:与巷道机运行方向垂直的方向;

L 方向:与巷道机运行方向平行的方向;

排:沿 W 方向货位数量定位;

列:沿 L 方向货位数量定位;

层:沿货架高度方向货位数量定位。

(3)操作、运行的指令、术语等。

2.立体自动化仓库的设计通用规则

该通用规则包括适用范围、用语含义解释、货架、堆垛起重机、全装置、尺寸、性能计算、表示方法等。

3.立体自动化仓库安全标准

这部分规定了安全设施、措施、表示符号等方面的标准。例如,防护棚网标准、作业人员安全规则、操作室安全规则、设备自动停止装置、设备异常时的保险措施、紧急停止装置、禁止入内等标识符号等。

4.立体自动化仓库的建筑设计标准

立体自动化仓库的建筑设计标准和一般建筑设计标准的区别在于,前者要根据物流器具的特点确定模数尺寸,标准还包括对面积、高度、层数的确定,对建筑安全、防火、防震的规定,对仓库门、窗尺寸及高度的确定,等等。

案例九　安达尔公司的环球物流

美国安达尔公司的物流对象是高价值的服务器。它承担的任务是,在规定的时间内,将空运公司、货运代理、陆地承运人的优势物流企业组成供应链。从日本的藤津公司位于长野的工厂开始,安达尔公司绕过大半个地球,经历不同的文化理念地区,最终将产品送到 500 强公司客户的手中,在那里把产品包装拆卸,再安装好。这个供应链的过程如下:

从长野的工厂开始,由安达尔公司的进出口人员将产品包装好,无须采取特殊保护性的运输包装,因为从机器离开工厂开始,就一直处于安达尔公司的监护之中。

货物在长野交给日本通运公司,这是供应链里 3 家货运公司的第一家。货物从进入供应链开始,所有供应链上的企业都可以得知货物途中的信息。从长野到成田机场,卡车运输由藤津物流公司承担,第一站到达承运人的室内集装箱仓库,然后装入日本通运公司选定的航空公司的飞机。这一段停留时间不超过 12 小时。安达尔公司事先订好了货物中转次数,飞机一起飞,电子邮件就能通过因特网发送出去,通知下一个接货环节。

　　如果目的地是美国,日本通运公司就要通知安达尔公司在美国的集装箱处理商 BAX 全球公司及地面承运人。当货物还在太平洋上空的时候,日本通运公司就事先向美国海关报送,并提前安装接货设备,一般只需 3 小时。BAX 全球公司选择在离用户最近的机场接到货后,通过电子邮件通知安达尔公司和运输公司,准备下一个环节。

　　BAX 全球公司的货运飞机起飞后,通过电子邮件通知运输公司,再由运输公司通知其车队准备接货。这个运输公司在全球范围配备高科技运输车队,由安装 GPS 的拖车接运。运输公司接到货物,直接送到用户的车间拆卸,在那里有安达尔公司的人员在场监督。在这个运送过程中,运输公司通过 GPS 和电子邮件,向安达尔公司通告交货过程,并每一小时更新一次货物进展情况。运输公司的卡车 GPS,每隔 30 米就能标记新的所在位置。整个运送过程都在严格的监控之下。

复习思考题:

1.流通加工在全球物流中的作用是什么?

2.全球商品流通加工的形式有哪些?

3.常见的不合理流通加工形式有哪些?

4.流通加工合理化的含义是什么? 实现流通加工合理化主要考虑哪些因素?

5.包装在全球物流中的功能有哪些? 全球商品运输包装合理化应注意哪些方面的问题?

6.如何理解绿色包装和逆向物流?

7.优化包装对全球物流活动有何正面效应?

8.全球物流标准化的作用是什么?

9.全球物流标准化的具体方法有哪些?

第三篇
全球物流控制与供应链集成管理

第十章 全球物流管理战略

近几年来，越来越多的企业意识到，市场已经不仅限于国内，而是覆盖了整个世界。随着经济全球化的深入，出现了大批的全球公司。20世纪末以来，物流管理日渐成为企业竞争的优势来源，尤其是在全球市场条件下，以"合理的成本将正确的产品在正确的时间送到正确地点的客户手中"成为有效参与全球竞争的关键。无论是在产业、企业，还是在国民经济的层面上看，确立科学合理的全球物流管理战略均至关重要。本章旨在分析全球物流管理战略背景及其流程、全球物流管理组织结构优化，以及全球物流管理战略的规划与实施。

第一节 全球物流管理战略背景及其流程

一、实施全球物流管理战略的必要性与条件

（一）实施全球物流管理战略的必要性

根据美国物流管理协会定义，全球物流管理指的是为了满足全球范围内的顾客需求，而对产品、服务及相关信息从产地到消费地的流动和储存进行有效计划、执行和控制，最终为客户创造价值。实施全球物流管理战略的必要性在于以下几点：

1. 经济组织的全球扩张

20世纪最令人关注的世界经济现象之一是经济组织的边界扩展到了全球，许多公司在国外都有大片而且不断扩大的市场。譬如，Weber-Stephens是一家在烧烤架及其配件制造领域的领先企业，每年从位于美国的配送中心向澳大利亚和新西兰出口超过15 000只烧烤架；Jabil Circuit, Inc. 是一家为原始设备制造商（OEMs）设计制造电子线路板和系统的企业，年收入达20亿美元，它的工厂遍布美国、苏格兰、巴西、中国、匈牙利、马来西亚、墨西哥和意大利等国，约30%的收入来自北美以外的地区。

2. 企业竞争的时空界限日益模糊

随着经济全球化的深入，竞争已经不仅仅局限在本国本区域范围内了。低成本的进口、外资企业的出现、现有公司的现代化都大大地模糊了竞争的界限。为了在全球范围内获取利润、成本优势，许多公司需要进行全球范围内的运作，进入未曾开发的市场，

减少对已有饱和市场的依赖。有效的全球物流系统可以帮助企业通过有效运作降低成本,并且以保证及时交付和高质量的服务来使公司成为与其他公司有差别的合作者。美国和墨西哥之间每年的贸易额超过 1500 亿美元,其中大约 750 亿美元是从墨西哥输往美国的。美国和加拿大之间每年的贸易总额超过 3200 亿美元,其中大约 1700 亿美元是从加拿大输往美国的。

3. 企业外包、外购业务不断增长

许多公司为了充分利用国外的区位优势,比如,较低的工资劳务成本、较低的原材料成本及较低的管理费用,纷纷把自己的产品生产和原材料采购扩展到全球。如在美国,绝大多数的服装都是在远东生产的。许多公司为了降低自身的固定资本,都在极力寻找强大的国内或国外公司,并把自己的多项业务外包给这些公司。有效率的物流系统是货物和服务及时、低成本移动的保证,再加上对信息流的有效管理,就可以让企业很好地控制分散各处的供应商和顾客了。

4. 跨国公司努力实施全球战略

很多跨国公司都试图在全球范围内寻找合作伙伴,要么建立战略联盟,要么建立合作伙伴关系,或是通过信息技术实现产业链上下游的一体化。对于一家跨国公司来说,在这种经济环境中,可以通过有效的物流系统来扩大其全球战略收益。

(二)完善全球物流管理战略的条件

1. 以全球市场需求为中心

全球物流管理战略力求用定制化的设计、包装、服务满足全球消费者的需求。

2. 快速的产品导入与产品交付

在快捷而合适的时间内,将恰当的产品导入全球市场中,并配送足够量的产品且予以快速交付。

3. 不断扩展、创新服务领域

在交付产品的同时,提供创新、增值的服务(如产品配套服务或 24 小时消费者热线或免费服务电话等)。

4. 不断创新配送渠道

尽量使用层次最少的直接配送系统,将合理的产品以较低的成本快速送达客户手中。

二、全球物流的局限性与全球物流管理战略指导原则

(一)全球物流的局限性

(1)由于距离更远、中间商更多并大量使用相对缓慢的远洋运输,全球化作业的完成周期一般来说更长。

(2)由于库存单位数(SKU)增加、物流单证的流转范围更广、存货储备地点的数目更多,以及使用诸如承运人和仓库经营人等不太发达的服务供应商,使全球物流作业更加复杂。

（3）由于需要广泛传输通信、可供选择的语言及具备随时处理的灵活性，对信息系统的要求提高了。

（4）要努力发展和维持全球化的制造、物流和营销联盟。尽管全球联盟可以提供当地的专业人员和有效的作业技术，但要识别和管理多重的全球联盟，则要付出巨大的努力。全球联盟将通过发展一体化配送和运输网络得到促进。企业通过全球化营销和作业，可以实现持续发展、增加规模经济和提高盈利能力。企业的全球化作业突出了物流的重要性，更强调物流作业的各种要求，因此在进行物流活动前必须制订可行性方案，制订各种物流战略，从而在完成企业的既定目标的前提下，提高决策能力，对各种挑战做出反应。

（二）全球物流管理战略指导原则[①]

1.物流管理战略的制订必须纳入企业总体战略规划中

例如，市值400亿美元的化学品巨人杜邦公司，曾经在100个国家运营的30个主要业务中推行了"全面供应链管理"。这项工作的目的是让公司更多地着眼于市场和消费者，包括化学产品及产品制造中所需物料的及时供货。为了达到这样的目标，物流人员被分派到各个业务单位，帮助组织实施从设施选址到向消费者交付货物的一系列活动。

2.物流部门必须有一个清晰的远景目标

譬如，一家价值80亿美元的全球企业巴克斯特保健公司（Baxter Healthcare Corporation），在20世纪80年代末，开始改进它的物流运作，公司的目标是将原料和产品的处理空间从650万平方英尺提高到900万平方英尺。不仅如此，巴克斯特保健公司还希望将拥有运作设施的城市总数从50个降到40个，将运作设施从91处减少到49处。巴克斯特保健公司以减少成本1500万美元为目标，测算了所有相关的物流成本和服务参数，跟踪了劳动时间的降低、土地使用成本的降低、租赁费用的降低、收入及税收鼓励等参数。

3.进出口管理必须有物流供应链各个环节实行集成管理的保障

在全球主要供应链结构和法规变化的情况下，这一点尤为重要。运输法规的松动使得在美国，以及墨西哥、日本和其他地区，可以使用具有创造性的"门到门"服务和承运商一揽子价格方案。这让货主可以设计和管理它们的供应渠道，在可以接受的成本范围内按照客户的特别需求交付货物。

三、全球物流管理战略流程[②]

全球物流管理战略总体目标在于为每一个国际目标市场开发最优的物流系统，成本/服务分析是全球物流管理不可或缺的一个部分。能够正确识别、评估和应用最优成本/服务组合对组织和客户来说，无论运作局限于国内还是国际，都是非常重要的。国

---

①② 摘编于詹姆士·R.斯托克、道格拉斯·M.兰波特：《战略物流管理》，邵晓峰，等，译.中国财政经济出版社2003年版，第530—534页。

际市场的销售量和成本对较长的反应时间不敏感,但是新技术能够使企业和第三方有能力开发和拓展它们的全球物流能力。

(一)环境分析

(1)每一个国家市场的特点是什么? 每一个市场与其他国家市场的共同点是什么?

(2)为了物流操作或者物流计划,公司是否应当集中于国内市场?

(二)计 划

(1)由谁做出物流决策?

(2)关于物流市场的主要假设是什么? 它们是否有效?

(3)目标市场的客户服务需求是什么?

(4)对于公司来说,能够为每一个目标市场提供的物流系统的特征是什么?

(5)相对于每一个目标市场现有的和潜在的竞争,公司主要的优势和劣势在哪里?

(6)在已经有了各种物流方案及我们对机会、风险和公司能力评价的情况下,我们的目标是什么?

(7)目标市场的损益状况和资金状况如何? 它们对公司的实物分销系统有什么影响?

(三)结 构

为了以最优的途径达到我们的目标,在我们已经有了必要的技能和资源的情况下,我们应当如何构建物流组织?

(四)计划实施

在已经有了目标、结构,并对市场环境进行了评估的情况下,我们如何制订有效的物流运作计划? 特别是针对每一个目标市场,我们应当采取什么样的运输、库存、包装、仓库运作和客户服务战略?

(五)物流计划的控制

我们如何衡量和监控计划的绩效? 应当采取什么样的措施将实际的和预期的效果结合在一起?

第二节　全球物流管理组织结构优化

当物流机能基于全球化运作时,最好的组织形式通常就是计划和控制功能集中,运作功能分散。就组织结构而言,通常由一个中层或高层的管理执行人员负责管理全球物流。当企业以出口或许可贸易的方式进入国际市场时,国内的运作将在公司中起到保持力量平衡的作用。这种情形在企业国际化、全球化的初期是比较正常而合理的。然而,随着国外销售量的上升和利润的增长,企业的全球组成部分将在企业决策制订中的地位日益提升,从而,优化全球物流组织结构就显得至关重要。

一、设计全球物流管理组织的一般原则

当一个企业将其供应链延伸到全球市场时，它将面临如何设计、管理其全球物流组织或机构的问题。习惯的认识趋向于采取分权的方式，把企业的经营决策权分解授予战略事业单位甚至更下一级的部门，这种分权的方法使当地部门拥有很大的决策权，易于管理和提高当地的积极性。但是，当需要整合全球经营战略时，这种以分权为基础的当地决策方式不能协调和整合它们之间的关系。许多全球企业的实践证明，只有通过更大程度的集权才能提高全球物流的整体效率和效益。实际上，对于全球企业来说，在计划和执行企业的全球物流战略时，一直面临如何才能实现总部的全球性决策和局部的当地决策之间的有效平衡问题。虽然由于不同的市场环境、不同的行业特点、不同的企业背景，使得任何人都不可能找到一个对所有企业都有效的解决方法，但是在解决这一问题时仍然具有可以遵循的一般原则（Martin Christopher）。

第一，制订全球物流经营战略，集中管理和协调企业的全球物流活动以便实现在全球范围内的成本最优化。

第二，顾客服务的管理和控制当地化，以便满足当地市场的特定需要，获得和维持竞争优势。

第三，积极采取外部采购或业务外包的方式来加强在全球市场范围内与其他企业的合作。

第四，建立全球物流信息系统是实现全球物流成本最优化和满足当地客户需求的前提条件。

二、全球物流管理组织结构优化及其组织职能

（一）全球物流组织结构优化的背景

1. 全球物流外包的兴起及其对物流组织的影响

现今，全球经营活动的一个重大变化是外包方式的兴起，外包也称外部委托（Outsourcing）。企业外包的范围从原材料、零部件的采购延伸到市场调查、营销渠道、物流等服务作业。外包经营方式是企业把经营资源集中于价值链中具有竞争优势的专长业务，对于其他的业务则采取外购或外包的方式进行，以提高企业竞争力和收益率的经营方式。向企业提供委托服务的单位称为第三方（Third Party），第三方在企业控制成本和提高服务水平方面扮演着重要的角色。企业利用第三方提供的外包服务，实际上也与第三方结成了合作伙伴关系。

在全球经营活动中，利用第三方服务的企业需求正在迅速增加。在物流领域，外包的业务范围从原来的运输业务和仓库保管业务扩展到材料采购、订货接受处理、库存管理、信息系统等几乎所有的物流领域。对于企业来说，通过物流活动的外包，可以把原来作为固定费用的经营资源转化为变动费用，从而以更低的成本获得优质的服务，还可以减少对物流活动的管理，节约管理费用。对于物流业者来说，可以长期扩大物流业务，提高物流设备和人力资源的利用效率，反过来又可把物流规模扩大所带来的规模经

济效益退还给客户。

制订物流外包战略,实施供应链管理,需要企业总部和其海外分公司共同参与和协作。一般的原则是,战略决策由企业总部集中进行,而管理和控制供应商的日常业务、与物流伙伴的日常业务联系最好分散在所在国当地进行。

2. 全球物流客户服务管理趋势

各国市场有各自的特点和特定的市场需要,因此,在企业的全球经营战略指导下,由海外分厂制订当地市场的营销策略和物流管理策略,是实现满足当地消费者的需要、提高客户服务水平的最佳方法。客户服务管理也包括对客户服务需要的管理和对顾客服务结果的控制,而且其管理范围已经扩展到整个订货实现过程。虽然订货实现系统是一个全球性的、集中管理的系统,但并没有削弱当地客户服务管理的重要性,反而对当地客户服务管理提出了更高的要求。客户订货的获得和商品的配送都是由当地的部门来完成的,消费者需求的多样化、个性化要求当地部门进行多品种小批量、多频度小数量的配送作业。

(二)全球物流组织结构优化与职能

为了有效地组织全球物流活动,同时实现成本最小、服务最大的目标,必须建立一个集中决策和相互协作的全球物流组织。例如,由于各国基础设施的差异、外汇汇率的变动、运输距离的长短等,在全球什么地方设立制造工厂、装配工厂、物流仓库、营销据点、货物运输据点、货物集装据点等是关系到全球物流效率高低、效益高低的决定性因素之一。另外,选址决策还对厂房设备等固定资产的投资、对企业的收益和竞争力有长期的影响,因此,企业必须全盘统筹考虑、集中决策。

全球化企业的物流组织结构一般由具有综合计划协调功能的物流管理总部、事业部或生产工厂所属的物流部门和海外分厂的物流部门组成。各个层次的物流组织及其职能如下:

1. 物流管理总部

(1)制订和实施企业的物流政策、物流战略计划和物流教育计划,指导、协商和协调各个事业部的物流活动等。

(2)搜集、整理有关国际运输、物流系统、仓库管理、信息系统等方面的专门知识和技术,并在企业内部介绍和推荐应用。搜集、整理、分析有关全球物流运输状况、全球物流设施、全球物流运输的方式和价格费用等方面的信息情报,设计效率高、经济性好的全球物流运送方式。

(3)了解国际贸易手续和规则,以及各国报关手续和规则等的指导和商谈。

(4)与世界各国的主要物流组织保持联系,建立全球物流网络,负责与全球供应链各个参与方物流部门的联系和协调。

2. 事业部所属的物流部门

负责管理、协调不同产品种类、市场或加工过程中按事业部划分的物流活动。

3. 工厂所属的物流部门

负责全球采购的原材料进厂物流、对应及时生产方式的厂内物流、产品从工厂向世界各国销售的流通物流,即统合工厂的采购、生产、流通中发生的物流活动。

4.海外分厂的物流部门

负责所在国所有有关物流的活动,包括有关产品、原材料等进出口的物流活动。具体来说有:

(1)制订和执行各自国内的物流计划,与物流管理总部和其他海外分厂的物流部门沟通联络。

(2)制成和管理国际贸易等方面需要的文件单据。

(3)具体安排货物的运输方式。

(4)国际运输货物的检查、验收和投保。

(5)与当地政府、公共部门、承运企业、代理公司等建立良好的关系。

第三节　全球物流管理战略的规划与实施

全球公司倾向于在全球市场寻找原材料、零部件,选择适应全球分配的分配中心及关键供应物的集散仓库;并且在获得原材料及分配新产品时能使用当地现有的物流网络,并推广其先进的物流技术和方法。例如,全球公司的典范耐克公司,它通过全球招标采购,在我国台湾地区或东南亚国家生产产品,随后将产品分别运送到欧洲、亚洲的几个仓库,然后就近销售。从本质上说,全球公司为了开发利用新的市场机会,以世界范围为基础,实施更有效的全球物流管理战略,以便在各国、各地区同时达到商业目标。

一、全球竞争特征及区域经济一体化对全球物流管理战略的影响

(一)全球竞争特征

全球物流管理战略从属于全球总体战略,全球公司一般从4个方面设计战略目标,即技术、市场营销、制造和物流,这4个方面必须同时具备,其中物流系统是整个系统运作的基础,是竞争优势的源泉。马丁·克里斯托弗将全球竞争的特征大致归纳为如下几点:①全球公司试图创造一个标准化的、顾客化的市场;②产品的生命周期越来越短,尤其是对高科技产品而言;③越来越多地采取海外制造和利用外国资源制造产品;④市场营销和生产制造的行为和战略倾向于一体化和全球协作。

因此,当公司服务全球市场时,物流系统会变得更复杂,结果导致订货时间延长和存货水平的上升。在当今的竞争环境下,企业更加强调将物流作为一个系统进行管理,尽可能地缩短订货周期。实施全球物流管理战略最重要的一点是了解世界各地客户的服务需求,这是实施有效的制造、市场和后勤战略以满足全球市场需求的先决条件。

(二)区域经济一体化对全球物流管理战略的影响

1.区域经济一体化有利于扫除区域物流障碍

随着区域经济一体化的发展,边界管制逐渐取消,经济政策、货币政策、贸易政策、生产要素流动政策趋向统一,区域经济一体化组织成员方的运输市场开放程度越来越大。因此,物流系统可用更少的设备、更简化的网络分配系统来处理大量的国际货物,使贸易和运输更方便、快速,使许多地区经济贸易集团处于一个更具竞争性的商业环境

中。由此可见,实施全球物流管理战略与经济全球化、区域经济一体化是分不开的。只有扫除区域内物流要素自由流动的障碍,才能发挥各方物流服务优势,实现区域内物流服务的优化配置,促进物流的专业分工、协作,发挥物流的规模经济效益。

2.区域经济一体化有利于全球物流的规划、实施与控制

全球商业环境的改变有利于全球公司通过对全球资源的采购和产品的全球分配来实施全球物流战略。全球物流的计划、实施与控制等方面发生的变化,主要表现在以下几个方面:在船主、承运人、海关之间采取较为广泛、迅速的信息通信系统;提高货物的监控能力以支持全球贸易及物流;重新确定全球市场营销、制造和物流系统。

全球公司将全世界作为"统一市场"来安排其生产和销售,也增加了对全球物流服务提供者的需求,全球物流的使用者和提供者正努力提高效率,并通过合作和创新以创建一个全球范围的物流系统,使更多的公司进入世界贸易领域。

3.区域经济一体化有利于促进企业物流观念的创新

企业的全球战略决定了物流管理部门是如何看待国际作业的。从历史上来看,通常都把国际物流定位成一种例外情况,这意味着将其看作以本国为核心的出口程序,限制考虑可选的来源和供应商。当企业面临来自全球顾客、政府和供应商更多的需求时,愈来愈多的厂商开始接纳无国别观念,这种理念上的变化要求物流经理们更加明确企业的程序、业务和能力。

二、全球物流管理战略规划

在开始构建全球物流系统之前,公司首先需要有一个清晰明确而且协调一致的构建战略。这个战略需要包括以下几个方面:

(一) 全球物流结构策划

在策划全球物流结构的时候必须充分考虑各部门所要行使的职能活动。这些活动关系到公司的整体规模和全球分布,并且要根据各种活动的特性来划分,比如,配送时间、服务方式、劳动力密度和外购资源的比重等。工厂和分销机构的选址要分别接近供应商和客户,这是制订全球策略的主要部分,主要依赖于公司采用的是拉动策略还是推动策略。采用 JIT 服务方式,快速反映生产或其他一些特性构成了公司政策的基础。

(二)全球物流流程优化

管理整个物流流程指的是管理物流流程各项操作的次序。这些操作包括生产计划、进度表、库存控制和运输管理,任何一个环节都会影响到其他环节的进行,因此优化整个流程远比优化单个环节来得重要。

(三)全球物流组织网络构建

为了建立合理的组织网络,首先,公司有必要分清楚自己的核心竞争力与非核心竞争力,并且对没有任何附加价值或附加值低的工作进行外包。其次,是信息技术的广泛运用。公司通过建立信息网络,来帮助管理物流流程中各个环节与公司外部环节的合作。

(四)缔结全球合作伙伴关系

全球公司不可避免地会有许多的合作伙伴或盟友,只有这样才会使公司有可能在全球范围内开展商业活动。对于这些合作伙伴或盟友来说,在一定的工作原则和工作目标下,取得双赢及和谐发展是至关重要的。

三、全球物流管理战略的实施

(一)全球物流价值活动的协调:集中与分散相互结合

1. 协调全球物流价值活动的环境基础:组装工厂的出现及其影响

许多企业尤其是大型跨国公司越来越倾向通过世界不同地方的生产基地,从事共享生产,因而会遇到不同的物流限制和机会。实现生产共享的典型范例是组装工厂或双子工厂的运营,其主要优点在于:公司会在降低制造成本,特别是劳动力成本方面,获得更大的机会。目前,主要有 3 种类型的组装工厂:制造商拥有和运营、规避港公司运营组装类、合同生产和装配组装类。在制造商拥有和运营的情况下,投资公司将拥有组装工厂子公司,并承担所有法律和财务上的风险。在规避港公司经营的情况下,规避港公司提供组装设备、厂房和劳动力,进行跨国运输,承担管理费用,并处理保险和偶然事件;制造商提供原料和部件、工厂设备及制造技术;规避港公司保持对生产制造许多方面的控制,承担有限的金融风险和法律责任。合同生产和装配组装工厂条件下,东道主以许可经营或来料加工的形式根据订货合同为外方公司生产成品,外方公司不承担法律、财务上的风险,这种类型比较普遍,已经在墨西哥、中国、印度等国家和地区大量存在。

组装工厂的运作影响了全球物流价值活动的成本。通常而言,在组装工厂的运作模式下,单证成本、库存成本、采购成本和运输成本比较高,订单处理、包装和仓储成本较低或与国内物流相同。因此,在组装工厂的运作方式下,物流成本可能会升高,但由于制造环节劳动力成本大大降低,公司总成本下降。如上所述,公司在计划建立双子工厂运作方式的时候,必须考虑物流方面的问题。

2. 全球物流价值活动集中运作与分散运作的内涵

全球物流价值活动的集中运作是指以更小的仓储空间为更广泛、更多的客户提供物流服务,从而优化物流资源配置,提高物流效率,降低物流成本。而全球物流价值活动的分散运作是指跨越地理边界的物流合作,或者从多个国家和地区在全球范围内实行配送。一个高度集中运作的物流体系能使经营者很好地控制整个物流系统,可以实现规模经济,促成全球物流战略实施的统一化,但是它缺乏对特定国家、特定市场内顾客需求变化的敏感度。与此相对,运用完全分散化的经营方式,尽管时刻以顾客为中心,但很难统一协调全球范围内的物流战略,对物流系统的控制强度较弱。从前,欧洲的公司往往采取分散运作,在每一个国家和地区都有独立的采购、生产、仓储和运输部门,并且在每一个国家和地区都有一个独立管理的仓库。现在,公司可以在区域一体化和集中运作的基础上,更容易地按照自己的计划管理生产和布局物流系统。

3. 全球物流管理战略主流模式：全球协调，当地管理

全球物流系统不仅范围广泛而且十分复杂。全球物流到底应当集中运作还是分散运作，这是跨国公司面临的一个战略性难题。事实上，随着经济全球化和区域经济一体化的发展，对全球物流价值活动单纯采取当地分散管理或单纯采取总部集中管理的组织管理方法往往不可取，许多公司发现为了获得和维持竞争优势，可以同时进行集中和分散的管理运作模式。这样，它们既控制了全球物流活动，又满足了当地客户的服务需求。即既考虑到物流全球化需要集中管理的一面，又考虑到各地在产品规格、市场特点、消费偏好、文化习俗等方面的差异需要当地分散管理的一面，在全球集中管理和当地分散管理中取得平衡。成功企业的经验是"全球协调，当地管理(Global Coordination and Local Management)"。全球协调，当地管理组织具体职责和功能划分如表 10-1 所示。

表 10-1　全球协调和当地管理组织职责和功能

全球协调	当地管理
优化生产和运输等的全球网络	订货业务和顾客服务管理
建立和管理全球物流信息系统	库存管理与控制
仓库选址	仓库管理与当地配送
外部委托与外部采购决策	顾客效益分析与营销成本控制
国际运输方式与手段决策	和当地营销商沟通与营销管理
综合分析与成本控制	人力资源管理

假如在合理化采购、生产、跨越国界的运输方面可以获得潜在的均衡，那么在物流运作中建立集中的决策机构是很有必要的。许多跨国公司由于受到当地环境的强烈限制，很难追求全球经营的最优化。只有通过集中化的物流活动，企业组织才能实现成本最小化、服务最优化的双重目标。另外，地方市场有其特殊的规律和需求，因此，尽管我们定位于全球战略基础，但也要通过制订地方市场战略来获得重要优势。这一点对客户服务管理尤其适用，因为客户服务要量身定做，而不是仅仅满足共性需求。客户服务管理包括时刻关注服务需求，甚至扩展到从订单到配送的整个管理过程，尽管订单处理系统日益趋于全球化集中管理，但是不断增长的地方客户服务需求将仍然存在。例如，一个食品生产厂商，在欧盟的 25 个国家都设有加工厂和配送中心，现在它决定进行重组，鉴于集中运作可以降低管理和配送成本，所以考虑关闭 25 家配送中心，实行单一区域内统一经营。但是考虑到其他因素，厂商认为建立区域性仓储也是必要的，这意味着分散运作也是必要的。但例如，日常频繁的运输和从单一区域到欧盟边缘角落的运输成本相当高昂，顾客要求商品第二天送达，这也是单一的仓储所面临的一大难题。所以，公司最后决定保留 3 个区域加工厂和配送中心，同时建立欧洲总部进行监管。

(二)第三方物流与全球物流管理战略决策

1. 采用第三方物流服务的效应分析

传统企业往往倾向于由自己来承担所有的业务，但是由于重建和管理供应渠道越来越受到重视，许多公司都在考虑是否在整个物流系统中采用全部或部分的第三方物流服务。第三方物流服务作为自有物流的补充,在物流成本、物流系统绩效、客户满意度和员工士气方面的确能产生一些积极效应。但是,采用第三方物流也会带来一些麻烦和困难,一般有以下几个方面:

(1)第三方物流供应商可能间接控制物流活动;

(2)第三方物流服务水平存在不确定性;

(3)利用第三方物流服务的真实成本不够明确;

(4)工作安全性、数据安全性、公司的专业技术及试图建立新工作关系的难度;

(5)如何解决对第三方员工进行有关本公司业务需求的系统培训的成本问题;

(6)如何协调公司之间的文化差异及统一双方的信息系统;

(7)缺乏明确的绩效衡量标准;

(8)不能满足公司期望和对顾客的需求反应迟钝等。

2. 第三方物流对全球物流管理战略决策的影响

在选择第三方物流时,管理层必须连续监控顾客满意水平。管理层应该清楚,什么是客户最需要的,外部合作是否可以改善客户服务和降低成本,可能由于客户需求和环境变化,某一时间由第三方物流负责的任务需要由公司内部物流来完成。基于同样的原因,原来由内部员工完成的工作可以由第三方来完成。而且这些决定肯定会产生长远的影响。比如,终止与第三方物流的合作从而让公司内部物流来独自完成仓储在某些时候是很困难的。即使第三方物流能够带来很多好处,我们也不能马虎大意,因为,第三方物流会给员工和企业生产带来巨大的影响,这些都可能给管理层改变决策带来困难。

通用汽车公司就采取了极端的措施,即在全球范围内确立为全球工厂提供零部件的独立供应战略。也就是说,通用汽车公司仍然允许它的各个部门单独处理各自的配送。为了改善内部物流渠道,通用汽车公司把全球划分为几个区域,在每个区域与不同的公司签订不同的合同。布林顿航空快递公司负责通用汽车公司北美和欧洲的零部件运输,国际航空快递负责北部和拉丁美洲的零部件运送。零部件在到达生产线之前,可能需要环绕各个大洲。比如,布林顿航空快递公司将生产喷油器的原材料从美国运到奥地利的维也纳配件生产厂,然后,这些配件又被运送到美国或加拿大的成品生产厂。通用汽车公司在亚洲也进行着同样的具有挑战性的工作,亚洲的分销商和制造商之间的配件运送模式与美洲和欧洲的一样复杂。

案例十 RSVP公司与CTS供应链中的战略联盟

尽管战略联盟在企业经营的各个方面都变得更加流行,但结合供应链考虑,有3种类型值得注意,即第三方物流、零售商与供应商联盟、经销商一体化。现通过第三方物流服务的用户和提供商之间的战略联盟的实例,来认识第三方物流是如何推动供应链创新的。

专为高新技术产品设计制造包装材料的RSVP公司,打算向亚洲的计算机零部件与其他高价值产品的制造商出口其包装,问题是公司在亚洲没有设国际销售机构或配送设施。

RSVP公司的解决方案是,利用从事第三方物流服务的Circle贸易服务公司,其母公司CTS起家于国际货运代理业。目前,CTS已从仅提供货运业务成功转型为提供全套供应链服务业务。在和包装材料制造商RSVP订立的合同中说明,CTS从美国采购RSVP公司的产品,真正拥有产品所有权。CTS的货代部门管理产品从美国到泰国的运输,在泰国报关后将货物送至曼谷公司CTS的仓库。在那里进行分拨、拣选和储存,当RSVP公司在曼谷的用户需要包装材料时,给CTS的仓库发出要货单,所需包装材料便会在4小时之内送交用户。

CTS不仅从事海运和储存方面的物流业务,也提供销售支援与地方管理方面的服务。RSVP公司的用户从CTS处收到一张汇总的包括出厂价、运费等物流费用、关税及其他服务费在内的结算清单后向CTS付款,而不是向制造商RSVP公司付款。

这项合同为RSVP公司及其用户带来财务与服务方面的好处。通过售货给CTS,RSVP公司的现金流动大大加快,不需在亚洲设立任何生产设施甚至直销机构,货款很快能回笼,而且用户在当地市场就能直接得到产品。

RSVP公司与CTS的联盟模式,说明了第三方物流提供商怎样才能针对其客户利益而超越传统的物流界限与业务关系,并由此改变传统物流服务商的角色。

在供应链中,到达最终用户的产品在各个环节分别以原材料、零部件、半成品、成品、再加工品的形式存在,并在供应链成员之间发生着物品所有权的转移。传统上,第三方物流提供商并不是供应链的成员,它仅仅为供应链成员提供物流服务,并不拥有物品的所有权,而且,一条供应链可以有多个第三方物流提供商为之服务。虽然高质量的物流服务对保证货物的顺畅流动至关重要,但从商流来看,不同形式的物品能否在成员之间转移下去并到达最终市场,物流提供商是不承担责任的。即使该物品存货在第三方物流公司的仓库里积压,变得陈旧、过时,照样要收取仓储费用;由于客户的原因,货物被运输到错误的地点,物流提供商需要做的,也仅仅是按客户的指令,提供出色的运输服务并收取运输费用,虽然这种出色的服务并不能带来价值。

在该案例中,第三方物流提供商从过去处于客户的产品供应链之外,仅仅提供物流服务发展渗透成为供应链的一员,真正融入客户的实际经营中,通过在库存上投入资金、承受货物过时与损失的风险等行为,进一步超越了常规的第三方物流责任,实现了服务增值。它使第三方物流提供商面临与客户同样的经营风险与机会,与客户紧密结合在一起。目前,为客户提供商务便利,成为第三方物流服务中的一部分,这能使如上述的RSVP公司对其产品做到更有效的反应。所以,那些试图参与到全球市场但渠道和网络受限的企业,也能由此实现可观的供应链利益,这是一种双赢的结局。因此,这种打破常规的物流模式与观念变革了供应链,也推动了供应链的创新。

复习思考题:

1.实施全球物流管理战略的必要性是什么?

2.完善全球物流管理战略的条件是什么?

3.全球物流有何局限性?

4. 简述全球物流管理战略流程。

5. 全球物流外包的兴起对物流组织有何影响？

6. 区域经济一体化对全球物流管理战略的影响如何？

7. 如何协调全球物流价值活动？

8. 第三方物流对全球物流管理战略决策有何影响？

<table>
<tr><td>第十一章</td><td>全球物流客户服务
与战略联盟</td></tr>
</table>

全球物流客户服务是企业参与全球竞争的重要手段和竞争优势的重要源泉,全球物流客户服务水平的高低影响企业全球经营效益的好坏。无论从哪个角度看,为了提高企业的经营效益,强化物流客户服务都是非常必要的,也是富有战略意义的。本章旨在介绍全球物流客户服务及其优化、外包物流与电子商务物流等基本概念和知识,重点分析全球物流客户服务管理与物流战略联盟。

第一节 全球物流客户服务及其优化①

一、全球物流客户服务的重要性及其战略意义

(一)全球物流客户服务的含义

所谓全球物流客户服务,是指一个企业为了便于交易的进行,对全球客户提供的一系列旨在提高其满意度的物流方面的服务,是全球企业总体客户服务的重要组成部分。客户不仅包括个人消费者,还包括各种社会经济组织或机构。客户的重要性对企业来说不言而喻,企业之间争夺客户的竞争正在日趋加剧,谁能够取得客户的信赖,在保留住老客户的基础上不断开发新的客户,谁就掌握了竞争制胜的法宝。因此,如何提高客户的满意度,从而提高客户的忠诚度,成了企业尤其是面向全球市场的企业经营成败的关键。

(二)全球物流客户服务的重要性及其战略意义

1.全球物流客户服务是企业参与全球竞争的重要手段

如何使全球特定市场的客户在众多和自己生产相同或相似产品的其他企业之间选择自己是一个关系到自己生存与发展的大问题。除了价格竞争之外,理性的企业都会把精力集中到自身所提供的产品或服务上,还要包括围绕该产品而进行的客户服务,特别是在全球生产网络背景下,物流服务显得更加重要,例如,备货时间的长短、交货时间能否保证、运输时间的长短、残次品的退换及废弃品回收等。在市场需求日趋多样化、

---

① 本节主要摘编自杨广君:《物流管理》,对外经济贸易大学出版社 2004 年版,第 278—285 页。

个性化的今天,只有提供符合某一客户具体需求的产品和服务,才能取得客户的满意和信赖,其中非常关键的内容就是提供符合客户特定需求的物流服务。

2. 全球物流客户服务是竞争优势的重要源泉

物流客户服务作为企业差异性市场营销战略的重要组成部分,是随着市场结构的转变及市场竞争的加剧而逐渐形成的。在卖方市场的条件下,企业订货量一般都很大,订货周期也比较长,企业对于货物运输的及时性与可靠性要求不是很高。但这种传统物流运作模式已经不能满足现代企业的需求。在经济全球化的今天,市场上竞争性企业的产品的性能与价格都相差不大,因此包括物流在内的客户服务就成为企业实施其差异化营销战略的重要组成部分,也成为竞争优势的重要源泉。谁的客户服务水平更高,或者说更能满足客户的具体需求,谁就能够赢得客户的青睐。很多企业的采购模式已经从大批量、少批次订货转向小批量、多批次订货,而且对于货物运输的及时性与可靠性等因素的要求越来越高。由此可见,全球物流客户服务质量的优劣直接关系到企业在全球竞争中的地位,也影响到跨国公司全球物流战略实施的成功与否。

3. 全球物流客户服务水平的高低影响企业全球经营效益

相关物流实证研究成果表明,企业的销售收入与其所提供的物流服务水平之间存在一定的正相关关系。在全球市场上,如果一个企业的物流客户服务水平很低,而客户又不愿意过多承担特定市场的物流业务时,双方之间的交易就不可能达成。提供物流客户服务在短期内可能会增加客户服务成本(主要是机会成本),但是从长期来看,却能够避免由于原有客户的流失而产生的损失,这里的损失包括伴随着客户的损失而导致的业务量的减少,也包括由于开发新客户而产生的费用。由此可见,无论从哪个角度看,为了提高企业的经营效益,强化物流客户服务都是非常必要的,也是富有战略意义的。

二、影响客户满意程度的因素分析

客户满意程度的高低取决于客户在交易全过程中的心理感受,因此影响客户满意程度的不仅包括产品的质量、价格等因素,而且包括客户服务中的各种因素,即在交易前、交易中和交易后的不同阶段存在的不同的服务因素。

(一)交易前的服务因素

交易前的服务因素是指在交易发生之前,企业为了促使交易的发生而提供的一系列相关服务。这些因素决定产品或服务在潜在客户心灵中的印象好坏,主要包括:客户服务政策说明、客户保证声明、组织结构、系统灵活性和技术服务等。

(二)交易中的服务因素

交易中的服务因素是指在从企业收到客户订单到把产品送到客户手中的这段时间内企业提供的相关服务。这些因素对于客户满意度的影响可以说是至关重要的,它们直接决定着客户服务质量的好坏。这些因素主要包括:按期交货能力、订货周期、订单周转时间、货物周转、系统精度、订货的便捷性、产品的可替代性。其中一个非常重要的物流服务因素就是订单周转时间。所谓订单周转时间是指,从客户发出订单开始,到客户收到所需货物为止的时间。这段时间可以细分为以下几个部分:

1. 订单传递时间

这段时间是指从客户把自己所需产品的订单传递给公司所需的时间。它在很大程度上取决于订单传递的方式。随着现代通信技术的发展,这段时间已经被压缩得越来越短。在一些大型的超市中,销售人员根据商品的销售情况,使用电子订货终端设备,可以使订单信息在瞬间传递给企业。

2. 订单处理时间

企业收到客户的订单后就要对订单进行相关的处理,处理工作包括核对订单、核对库存、更新库存记录等。这一处理过程不仅涉及企业的物流部门,还涉及销售、财务,甚至生产部门。销售部门首先要审核订单中有关货物的合同条款,并对订单进行确认;其次,将订单转交财务部门审核客户的财务状况、信用资质,从而确定相应的信用额度;最后,财务部门审批合格后则将订单传递给库存管理部门进行备货,如果库存缺货的话,还需要把订单传递给生产部门,由生产部门根据订单进行生产。

3. 订单配货时间

订单经过销售部门和财务部门的审批和确认后,就可以转给库存管理人员,由库存管理人员按照订单的要求从仓库中提货,并进行必要的加工和处理,例如贴价签、换促销包装、捆绑销售等。最终将配好的货物集中到仓库的发货点。

4. 生产时间

如果客户订购的货物在仓库里有足够的库存,就可以直接从仓库中配货。但是,如果库存中的货物出现了短缺,或者不符合客户的某些具体要求,那就需要把订单传递给生产部门,由生产部门按照要求进行生产。这种情况下,货物在生产线上的时间就会影响总的订货周转时间。

5. 送货时间

不论货物是来自仓库还是来自生产线,在备好货后就要由运输部门负责装货并运送到客户指定的地点。送货时间的长短在很大程度上取决于所选择的运输工具和运输路线。

(三)交易后的服务因素

交易后的服务因素指在产品运达客户手中之后的相关服务,它和传统意义上的售后服务相比,范围更广些。这些服务因素能够保证客户的满意程度持续下去,对于提高客户的忠实度来说至关重要。它们主要包括:设备安装调试、改装、维修、零部件供应、品质保证,产品追踪服务,客户投诉和退货服务,产品包装回收服务,产品维修期间产品的可替代性等。

三、物流客户服务水平与销售收入及服务成本的相关性分析

(一)物流客户服务水平与销售收入的相互关系

1. 物流客户服务水平与销售收入的总体关系

总体而言,随着企业物流客户服务水平的提高,客户的满意度会随之提高,从而带动企业销售收入的增加。在企业物流客户服务水平很低的情况下,客户的满意度很低,客户与企业之间的业务量也不会很多,随着企业物流客户服务质量的改善,企业的业务量会有所增加,但是在服务水平达到竞争对手的水平之前,这种销售量增加的程度是非常有限的,而且速度很慢;当服务水平达到并超过竞争对手之后,企业的业务量才会有较大增长,此时企业每提高一定的物流客户服务水平,就会带来销售收入的大幅提高;但是因为客户对于物流客户服务的需求是有限的,企业不需要无限度地去提高物流客户服务水平,所以随着物流客户服务水平的不断提高,企业的销售收入不会一直快速增长下去。

2. 不同阶段销售收入相对于物流客户服务水平的弹性分析

在不同阶段,销售收入随物流客户服务水平增加而增长的速度是不同的。借用经济学中弹性的概念,我们可以确定销售收入相对于物流客户服务水平的弹性的概念,即企业的物流客户服务水平每增长一个百分点所带动的销售收入的增长幅度。那么我们可以运用这个弹性概念来描述随着物流客户服务水平的提高企业销售收入的增长情况。从服务水平为零到服务水平增长到竞争企业的水平之前为第一阶段,在这一阶段,销售收入相对于物流客户服务水平是缺乏弹性的,尽管销售收入会随着物流客户服务水平的提高而有所增加,但增加的幅度是非常小的。从达到竞争对手的服务水平到达到客户所需要的服务水平为第二阶段,在这一阶段,销售收入相对于物流客户服务水平是富有弹性的,即服务水平的小幅度提高就会带动销售收入的大幅度增长。超过客户需求的物流客户服务水平之后就是第三阶段了,这一阶段销售收入的服务水平弹性变得非常小,甚至为零,也就是说,企业物流客户服务水平的提高只能带动销售收入的少量增加,甚至不增加。我们可以从图 11-1 清晰地看出这 3 个阶段的区别,其中 A 表示竞争对手的物流客户服务水平,B 表示客户所需要的物流客户服务水平。

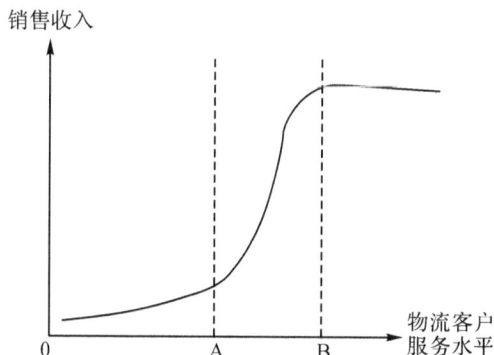

图 11-1　物流客户服务水平与销售收入的关系

(二)物流客户服务水平与服务成本的关系

物流客户服务水平的提高虽然可以提高企业的销售收入,但同时也会增加与物流相关的服务成本。物流客户服务成本简单地说就是企业为了提供物流客户服务所要承担的相关成本,包括物流设备投资的固定成本,物流客户服务运营的变动成本,以及由此所产生的各种相关费用。从企业的角度来看,只要投资购买了运输工具,或是建造了仓库,相应的固定成本就一定会存在。不论企业是否提供物流客户服务,这些成本都无法改变。那么,企业能不能减少这部分的支出呢?答案是肯定的。方法之一就是企业不自己购买卡车、仓库等设施,只是在需要时去租或者借,不过这种方法有一定的局限性,尤其是在企业自身的物流量比较大时,从外界租或者借往往不能满足自己的需求。另外一种比较可行的降低物流固定成本的方法是把自己所要承担的物流客户服务外包出去,即由一些专业的第三方物流公司来负责企业自身的物流业务,从而实现物流客户服务的专业化和规模化的经济优势。

在不考虑企业通过优化管理、提高技术水平等方法使物流客户服务成本整体下降的情况下,不论企业是选择自营物流还是合同物流,物流客户服务水平的提高必然会导致服务成本的上升。而且,我们知道,在物流客户服务水平较低的情况下,企业稍微增加一些物流投入就可以使服务水平有较大程度的提高。而在物流客户服务水平已经很高的情况下,企业若想再提升自己的物流客户服务水平,就要投入大量的资金。特别是在物流客户服务水平高到一定程度的时候,企业无论再怎么增加投入,都不能再使服务水平提高了。

四、物流客户服务的优化

物流客户服务的优化实质就是确定最优的物流客户服务水平。提供有效的物流客户服务必须立足于深刻理解客户对服务的需求的基础上,一旦明确了客户对服务的需求,管理层必须制订合适的客户服务战略,以实现企业长期盈利和收回投资的目标。所谓最优的物流客户服务水平必须能以最低的服务成本为企业留住最有价值的客户。

最优的物流客户服务水平是构建物流系统的前提条件,物流客户服务水平涉及货物的可得性、作业能力和工作质量等。但我们知道物流成本与物流客户服务水平之间存在着"二律背反"现象,就是说,在一般情况下,提供的物流客户服务水平越高,相关的物流成本也就越高。因此,有效的物流作业表现为物流客户服务水平与物流成本之间的均衡关系。

根据前面的分析,我们得出了物流客户服务成本曲线及销售收入—物流客户服务水平曲线。也就是说,我们可以得知在各个不同的物流客户服务水平下企业的销售收入和物流成本。由此我们可以通过数学方法求出使企业利润最大化的最优物流客户服务水平。如果企业的物流部门是独立核算的,根据经济学中最基本的利润最大化的原理,企业的物流部门应该合理地确定物流客户服务水平从而使与物流相关的收入和物流成本之差最大。

如果企业的物流部门不是一个利润中心,那么就不应该把物流部门利润最大化作为企业确定最优服务水平的标准。因为,使物流部门利润最大化的服务水平并不一定就是使企业整个利润最大化的服务水平。在这种情况下,应该从企业整体的角度来确定最优的服务水平,使企业的销售收入与企业总成本之差最大化。但是,我们无法确切地描述出企业的物流成本与总成本之间的关系,而且在不同的行业中,物流成本在企业总成本中的比重也是不一样的。所以,在大多数情况下,企业是首先确定一个客户服务水平,这个客户服务水平应该是满足客户基本要求的物流水平。然后,在保证这个服务水平的基础上,合理配置物流资源,使物流成本最小化。

我们还需要注意一点,不同的客户对物流客户服务的要求是不同的。有些客户对物流客户服务的要求较低,有些客户对物流客户服务的要求很高。例如,日本丰田公司Just-in-time的管理模式就要求其供应商的送货时间精确到分钟。这主要是由于随着现在市场竞争的加剧,企业的订货模式发生了很大的变化。以前大批量、少批次的订货模式已经不能适应现在的经营环境,取而代之的则是小批量、多批次的订货模式。为了满足客户的这种灵活订货的需求,企业需要提供更高水平的物流客户服务,但是随着物流客户服务水平的提高,势必会提高物流客户服务成本,因此如何合理配置服务资源从而有效降低物流客户服务成本成为影响企业经营效益的关键因素。

另外还有一些客户可能更关注产品的质量和价格,而对物流的要求不是很高。这样就又出现了一个问题:对于不同的客户如何采取相应的物流客户服务水平。是对所有的客户一视同仁,还是针对客户的不同需求分别对待?如果是一视同仁,应该把这个统一的服务标准确定在一个什么样的水平?如果是区别对待,企业能够在多大程度上区别对待,企业是否有能力这样做?企业一般的做法是按照客户的重要性进行分类,对于那些非常重要的客户,企业会按照客户的具体要求有针对性地提供相应的物流客户服务;而对于一些不太重要的客户,或者说是对于企业的经营收入影响不大的客户,就可以采取一个统一的服务标准。这样既可以满足重要客户的特殊需求,又可以避免因过度多样化而产生大量的相关费用。

第二节　外包物流与电子商务物流

一、外包物流产生的背景、原因与形式

(一)工商企业由自营物流向外包物流的转变

以前工商企业大多实行自营物流,所谓自营物流是指工商企业为了自己的方便而使用自己的设施和工具来完成的物流。它包括自营运输、自营保管和自营包装等。这样的物流适用于以下 3 种情况:一是企业生产的商品品种多、标准化程度低,实行样品销售困难,从而只能户销合一;二是兼做销售、收款和配送;三是企业的运输量适中,运输量波动较小。除上述 3 种情况外,还使用自营物流,必然导致运输效率低下,物流的综合成本上升,增加城市的交通拥挤程度,浪费能源。自从 20 世纪 80 年代以来,外包已成为商业领域中的一大趋势。企业越来越重视把资源集中在企业的核心竞争能力

上,以便获取最大的投资回报。那些不属于核心能力的辅助性功能则应被弱化或者外包。在供应链管理环境下,企业如何做好资源配置是至关重要的,如果企业想以更低的成本获得比自制更高价值的资源,那么企业就会选择业务外包。因为物流一般被工商企业视为支持与辅助功能,所以它具有外部化业务的候选功能。

多年来,欧美发达国家的物流已不被大多数的制造企业和分销企业视为他们的核心能力,不再作为工商企业直接管理的活动,而常常从外部物流专业公司中采购物流服务,从而实现由自营物流向物流外包的转变。虽有些公司还保留着物流作业功能,但也越来越多地开始由外部合同服务来补充。这些服务采购的方式对公司物流系统的质量和效率具有很大的影响。尤其对于那些业务量呈现季节性变化的公司来讲,外包物流对公司盈利的影响就更为明显。例如,对于一家受季节影响很大的大型零售商来说,若要年复一年地在旺季聘用更多的物流和运输管理人员,到淡季再开除他们则是很困难和低效的。若将物流业务外包,这家零售商就不必担心业务的季节性变化。

(二)企业选择外包物流的原因

1.避免物流设施的投资,集中精力发展核心业务

这一因素在 20 世纪 80 年代成为物流外包的主要因素所在。在企业资源有限的情况下,为取得竞争中的优势地位,企业只掌握核心功能,即把企业知识和技术依赖性强的高增值部分掌握在自己手里,而把其他低增值部门虚拟化。许多企业认为,物流不是它们的主业,使用外部物流合同承包商不仅减少了对物流设施的新投资,而且减少了在仓库与车队上占用的资金,将资金用在更有效率的地方。通过借助外部力量进行组合,其目的就是在竞争中最大效率地利用企业资源。像耐克、可口可乐等企业就是这样经营的,它们没有自己的工厂,把一些劳动密集型的部门虚拟化,并把它们转移到许多劳动成本低的国家进行生产,企业只保留核心的品牌。

2.分担风险

企业可以通过外向资源配置分散由政府、经济、市场、财务等因素产生的风险。因为企业本身的资源是有限的,通过资源外向配置,与外部合作伙伴分担风险,企业可以变得更有柔性,更能适应外部变化的环境。

3.加速企业重组,实现规模效益

企业重组需要花费很长的时间,而且获得效益也需要很长的时间,通过业务外包可以加速企业重组的进程。外部资源配置服务提供者都拥有比本企业更有效、更便宜的完成业务的技术和知识,因而它们可以实现规模效益,并且愿意通过这种方式获利。企业可以通过外部资源配置省却在设备、技术、研究开发上的大额投资。

4.辅助业务运行效率不高、难以管理或失控

当企业内出现一些运行效率不高、难以管理或失控的辅助业务时,需要进行业务外包。值得注意的是,这种方法并不能彻底解决企业的问题,相反这些业务职能可能因在企业外部而更加难以控制。在这种时候,企业必须花时间找出问题的症结所在。

5.使用企业不拥有的资源

如果企业没有有效完成业务所需的资源,而且不能盈利时,企业也会将业务外包。

这是企业业务临时外包的原因之一,但是企业必须同时进行成本/利润分析,确认在长期情况下这种外包是否有利,由此决定是否应该采取外包策略。

6.物流外包可以节约成本和提高服务水平和灵活性

国外文献中描述到,管理学者强调物流外包在成本上的潜在节省,而采购与营销专家则认为成本与服务的重要性相等,许多物流专家则认为对高水平服务的需求是物流外包的主要动力。近年来,成本节约、服务改进和灵活性被学界认为与物流外包决策同等重要。

(三)企业物流外包的形式

1.完全物流外包

完全物流外包是最彻底的物流外包形式。如果企业不具有自营物流的能力,即会采取这种物流业务外包的形式。如果企业具有自营物流的能力,企业进行物流系统的评价时,评价的结果倾向于外包,则企业会关闭自己的物流系统,将所有的物流业务外包给第三方物流供应商。

2.部分物流外包

企业将物流业务分成两大部分,一类是可以自营的业务,一类是非自营业务,企业将非自营业务或者低效的自营业务外包给第三方物流供应商。例如,美国的阳光微软系统公司自己开展物流业务时,顾客们等待交货的时间长达几个星期,最终公司关闭了在全世界的 18 个配送中心,将业务交给联邦快递公司后,配送的效率大大提高。

3.物流系统接管

物流系统接管是企业将物流系统全部卖给或承包给第三方物流供应商,也叫物流社会化。第三方物流供应商接管原企业的物流系统并雇用原企业的员工。

4.物流系统剥离

物流系统剥离是指企业将物流部门分离出去使其成为一个独立的子公司,允许其承担其他企业的物流业务。

5.物流管理外包

物流管理外包是指企业拥有物流设施的产权,将管理职能外包出去。

6.物流战略联盟

企业与第三方物流供应商或其他企业合资,企业保留物流设施的部分产权,并在物流作业中保持参与。同时,第三方物流供应商提供部分资本和专业服务,企业提供某些特色服务,达到资源共享的目的。

二、第三方物流的概念、特点与优势

(一)第三方物流的概念

第三方物流是世界上发达国家广泛流行的物流新概念,国内外有多种理解方式,比较普遍的理解是,第三方物流企业全部或部分物流服务的提供者(Logistic Service Provider)。第三方是相对第一方供应方和第二方需求方而言的,它是通过第一方或第二方,或者与这两方的合作来提供专业化的物流服务。中华人民共和国国家标准(GB/T18354—2001)物流术语中给出了第三方物流的概念:"第三方物流是指由供方与需方以外的物流企业提供物流服务的业务模式。"在某种意义上可以说,它是物流专业化的一种形式。它的基本功能是设计执行及管理商务活动中的物流要求,利用现代物流技术与物流配送网络,依据与第一方(供应商)或第二方(需求者)签订的物流合同,以最低的物流成本,快速、安全、准确地为用户在特定的时间段,按特定的价格提供个性化的系列物流服务。

(二)第三方物流的特点

1.信息网络化

信息流服务于物流,信息技术是第三方物流发展的基础。在物流服务的过程中,信息技术的发展实现了信息实时共享,促进了物流管理的科学化,提高了物流服务的效率。

2.关系合同化

第一,第三方物流是通过合同的形式来规范物流经营者和物流消费者之间的关系。物流经营者根据合同的要求,提供多功能甚至全方位一体化的物流服务,并以合同来管理所有提供的物流服务活动及其过程。第二,第三方物流企业发展物流联盟时也是通过合同的形式来明确各物流联盟参与者之间的关系。

3.功能专业化

第三方物流企业所提供的服务是专业化的服务,对于专门从事物流服务的企业,它的物流设计、物流操作过程、物流管理都应该是专业化的,物流设备和设施都应该是标准化的。

4.服务个性化

不同的物流消费者要求提供不同的物流服务,第三方物流企业根据消费者的要求,提供针对性强的个性化服务和增值服务。

(三)第三方物流企业所具有的优势

1.具有专业水平和相应的物流网络

第三方物流企业积累了针对不同物流市场的专业知识,包括运输、仓储和其他增值服务市场。许多关键信息,如卡车运量、国际通关文件、空运报价和其他信息等,通常是由第三方物流公司收集和处理的。对于第三方物流公司来说,获得这些信息更为经济,因为它们的投资可以分摊到很多的客户头上。对于非物流专业公司来讲,获得这些专长的费用就会非常昂贵。

2.拥有规模经济效益

由于拥有较强大的购买力和货物配载能力,一家第三方物流公司可以从运输公司或其他物流服务商那里得到更为低廉的运输报价,可以从运输商那里大批量购买运输能力,然后集中配载很多客户的货物,从而大幅降低单位运输成本。

3.有助于减少资本投入

通过物流外包,制造企业可以降低对运输设备、仓库和其他物流过程中所必需的投资,从而改善公司的盈利状况,把更多的资金投在公司的核心业务上。许多第三方物流公司在国内外都有良好的运输和分销网络,希望拓展国际市场或其他地区市场以寻求发展的公司,可以借助这些网络进入新的市场。

4.有利于资源优化配置

第三方物流企业还能使企业实现资源优化配置,将有限的人力、财力集中于核心业务上,进行重点研究,发展基本技术,努力开发出新产品参与世界竞争;节省费用、减少资本积压,减少库存,提升企业形象。第三方物流提供者与客户不是竞争对手,而是战略伙伴,它们为客户着想,通过全球性的信息网络使针对客户的供应链管理完全透明化,客户随时可通过 Internet 了解供应链的情况;第三方物流提供者是物流专家,它们利用完备的设施和训练有素的员工对整个供应链实现完全的控制,减少物流的复杂性;它们通过遍布全球的运送网络和服务提供者(分承包方)大大缩短了交货期,帮助客户改进服务,树立自己的品牌形象。第三方物流提供者通过"量体裁衣"式的设计,制订出以客户为导向、低成本高效率的物流方案,为客户在竞争中取胜创造有利条件。

5.具有信息技术优势

许多第三方物流企业与独立的软件供应商结盟或者共同开发内部的信息系统,这使得它们能够最大限度地利用运输和分销网络,有效地进行货物追踪,进行电子交易,生成提高供应链管理效率所必需的报表和进行其他相关的增值服务。因为许多第三方物流企业已在信息技术方面进行了大量的投入,所以可以做到帮助它们的客户搞清楚哪种技术最有用处,如何实施,如何跟得上日新月异的物流管理技术发展。与合适的第三方物流企业合作可以使企业以最低的投入充分享用更好的信息技术。

三、电子商务物流与第三方物流的关系

(一)电子商务的概念及其竞争优势

电子商务,是指利用现代信息技术所进行的商务活动的总称。随着信息技术的发展,以及 Internet 的普及,电子商务从原有的封闭、专用的小规模网络发展成为依托全球化网络的现代商业模式。尤其是自 1992 年起,Internet 的用户在全球呈几何级数、爆炸型的增长态势,以每月 15%的速度递增,平均每 10 分钟就出现一个新的 Web 站点。电子商务带来的不仅是商机和利润,而更多的是商务概念的变革,是经济增长方式的变革,是一种创新活动。目前,不论是发达国家,还是发展中国家,都以前所未有的热情投入电子商务,以达到增强竞争优势的目的。全球性的电子商务必将是 21 世纪商务的主流模式。

电子商务有三大流:信息流、商流和物流。电子商务的运作过程也就是这三大流的流动过程。首先,供应商在网络上发布商品、服务的信息,而客户则从网络上搜索所需要购买的商品的信息。在这一过程中,供应商与客户通过 Internet 进行交互式的信息反馈,客户可以针对所需商品向供应商提出规格、性能、交货时间等方面的要求。当客户与供应商在细节问题上达成一致时,客户填写电子订单,商家收到电子订单后立即向客户发送购物账单,内容包括商品的单价、数量、应付款、税额及运费等;消费者确认后,客户输入电子信用卡号和密码,上述信息加密后发送到电子银行,电子银行检验有效后通知供应商支付有效。上述过程实现了商务的网络效应,但电子商务过程还没有结束。只有等到电子商务交易的实

物送到客户手中时,整个过程才算结束。甚至此时,电子商务还没有最终完成,从事电子商务的企业有时还必须处理退货等问题。客户与供应商之间发生的是信息流,物流企业是客户与供应商之间进行物流活动的中介,而电子银行则是前三者之间电子资金转移的中介。

电子商务的竞争优势集中体现在其高效率、低交易成本的运作上。但通过 Internet 进行商务交易,只能实现信息流和商流,而电子商务的最终成功要依赖于高度发达的现代物流系统。因此,电子商务需要适合其特点的现代物流业的支持。国际上许多从事电子商务的优秀企业,由于具备了适应电子商务需要的物流系统而在网络经济竞争中占据了优势。如 Dell,由于其先进的物流系统,能够对客户的需求做出快速反应,其用于交货、库存等方面的流动资金仅占全部收入的 1.5%。正是由于 Dell 卓越的物流系统管理,其网上销售额每年都以 35% 的增长率增加。一般来说,电子商务的物流系统包括两个网络:一是物流实体网络,指物流企业、物流设施、交通工具、交通枢纽等在地理位置上的合理布局而形成的网络;二是物流信息网络,指物流企业、制造企业、商业企业通过 Internet 等现代信息技术把上述物流实体连接而成的共享信息网。通过信息网可实现运输工具的调配,物流活动的合理安排,以及在途货物的实时查询等功能。

(二)电子商务物流的主要特征

1.供应链管理

在传统的经营模式下,供应商、企业、批发商、零售商及最终用户之间是相互独立的,企业内部各职能部门之间也是各自按照本部门的利益开展生产经营活动的。供应链管理的目的是通过优化提高所有相关过程的速度和确定性,使所有相关过程的净增价值最大化,以求提高组织的运作效率和效益。实行供应链管理可以使供应链中的各成员企业之间的业务关系得到强化,变过去企业与外部组织之间的相互独立关系为紧密合作关系,形成新的命运共同体。供应链管理可以显著提高物流的效率,降低物流成本,大大提高企业的劳动生产率。

2.零库存生产

电子商务的运作一般要求企业通过网络接收订单,随后按照订单要求组织生产,即以需定产。这与传统的"先生产、后推销"的做法完全不同。在传统的经营方式下,无论生产企业、销售企业都必须保证一定的库存,同时还必须承担商品销不出去的风险。电子商务要求企业的物流运作必须符合零库存生产的需要。

零库存生产源自英文"Just In Time",即"准时制生产",意指供应者将原材料、零部件以用户所需的数量、在所需要的时间送到特定的生产线。零库存生产是在电子商务条件下对生产阶段物流的新的要求。它的目的是使生产过程中的原材料、零部件、半成品及制成品能高效率地在生产的各个环节中流动,缩短物质实体在生产过程中的停留时间,并杜绝产生物品库存积压、短缺和浪费现象。

零库存生产要求企业的每一个生产环节都必须从下一环节的需求时间、数量、结构出发来组织好均衡生产、供应和流通,并且无论是生产者、供应商还是物流企业或零售商都应对各自的下游客户做精确的需求预测。电子商务既为零库存生产创造了条件,也要求企业通过零库存生产来产生效益。

1997 年,英国主要的零售商已控制了 94％ 的配送(从配送中心到商店),其中将近 47％ 的配送是外包出去的。零售供应链企业的"快速反应"压力,导致了运送的频率增加和订单规模减小。信息技术的发展已使企业对合同物流作业的监控与企业自身管理物流非常相近。这也迫使供应商必须加大利用外部物流供应商的力度,以分享服务的形式减少成本。在某些行业,如汽车和电子行业,对第三方集运服务的需求也类似,在这些行业原材料"零库存"供应已广泛开展。国际物流方面也有类似的物流服务外部化趋势。荷兰国际配送协会的调查表明,三分之二的美国、日本、韩国等企业的欧洲配送中心是由第三方物流公司管理的。

3. 信息化和高技术化

物流的信息化是电子商务物流的基本要求,没有物流的信息化,要做到物流的高效运作是不可能的。企业信息化是开展电子商务的基础,物流信息化是企业信息化的重要组成部分。物流信息化表现为物流信息的商品化、物流信息收集的数据化和代码化、物流信息处理的电子化和计算机化、物流信息传递的标准化和实时化、物流信息储存的数字化等。物流信息化的实现,能更好地协调生产与销售、运输、储存等各环节的均衡关系,对优化供货程序、缩短物流时间及降低库存都具有十分重要的意义。物流的信息化必须由物流的高技术化做保证。物流的高技术化是指在物流系统应用现代技术,实现物流处理的自动化与智能化。目前,物流领域应用的高技术主要有以下几种:条码技术、电子数据交换技术等。

4. 物流服务的多功能化与社会化

电子商务的发展要求物流企业提供全方位的服务,既包括仓储、运输服务,还包括配货、分发和各种客户需要的配套服务,使物流成为连接生产企业与最终用户的重要环节。也就是说,要把物流的各个环节连接起来作为一个完整的系统进行统筹协调、合理规划,使物流服务的功能多样化,更好地满足客户的要求。

随着电子商务的发展,物流服务的社会化趋势也越来越明显。在传统的经营方式下,无论是实力雄厚的大企业,还是三五十人的小企业,一般都由企业自身承担物流职能,但往往导致物流的高成本和低效率。而在电子商务的条件下,特别是对小企业来说,在网上订购、网上支付实现后,最关键的问题就是物流配送,如果完全依靠自己的能力来承担肯定是力不从心的,特别是面对跨地区、甚至跨国界的用户时,将显得束手无策。因此,物流的社会化将是适应电子商务发展的一个十分重要的趋势。

(三)电子商务与第三方物流的关系

1. 电子商务的发展离不开现代物流,而第三方物流是现代物流发展的必然结果

电子商务的任何一笔交易过程和传统商务过程一样,都包含着几种基本的"流",即信息流、商流、资金流、技术流和物流。物流虽然只是电子商务中的一个环节,但它的作用是很重要的。其主要体现在:物流是商品最终价值的实现过程;在整个电子商务交易活动中,物流是以商流的后续者和服务者的姿态出现的,没有物流,商流活动将是一纸空文;合理的、现代化的物流可以降低成本,优化库存结构,减少资金占用,缩短生产周期,保证生产的顺利进行。

2. 电子商务的发展推动了第三方物流的发展

电子商务的出现,使供应链的环节减少了,大量的商店将消失,代替它们的是按区域合理分布的配送中心和物流中心。电子商务的出现,推动了产业的重组,产业重组导致社会产业逐渐划分成两类,一类是实业,包括制造业和物流业;一类是信息产业。在实业中,物流业的功能会逐渐强化。这是因为,在电子商务环境下,消费者在网上的虚拟商店购物,现实的商店和银行的功能将逐渐被弱化,而物流公司的任务会越来越重。用户在网上的虚拟商店购物,并在网上支付,信息流和资金流的运作过程很快就能完成,剩下的工作就只有实物的物流处理了,此时物流中心成了所有企业和供应商针对用户的唯一供应者,可见,物流中心的作用越来越突出。

四、跨境电子商务物流业务流程、运营方式及存在的问题[①]

(一)跨境电商的概念

跨境电商(Cross-Border E-Business)是对跨境电子商务的简称,是指分属不同关境的交易主体(个人或企业),通过电子商务平台达成交易、进行支付结算,并通过跨境物流送达商品、完成交易的一种国际商业活动。

(二)跨境电商中的国际物流业务流程

经济全球化背景下的国际物流经营主体总是试图采用现代物流技术,利用国际化的物流网络,选择最佳的方式与路径,以最低的费用和最小的风险,实现货物在国际的流动与交换。优质、高效的国际物流服务是实现跨境电商可持续发展的重要保障,跨境电商效率的提升也对全球物流服务系统提出了更高要求。一般而言,跨境电商发展背景下的国际物流业务大致经历如图 11-2 所示的流程。

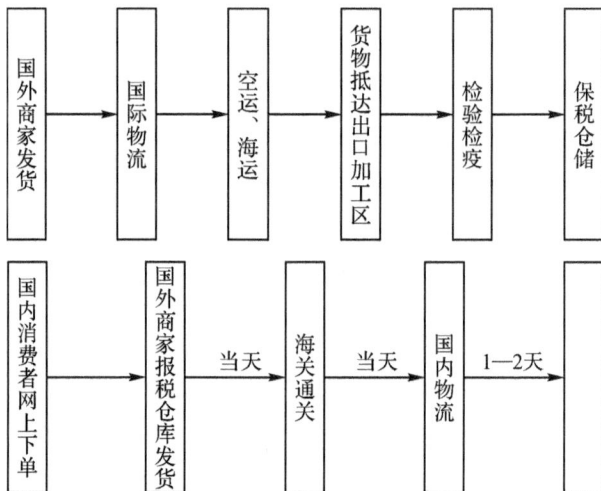

图 11-2　跨境电商发展背景下的国际物流业务流程

---

① 此部分摘编自庞燕:《跨境电商环境下国际物流模式研究》,《中国流通经济》2015 年第 10 期,第 15—20 页。

(三)跨境电子商务物流主要运营方式

目前,跨境电商主要包括跨境 B2B、跨境 B2C 等不同类型。以跨境 B2C 电子商务物流为例,主要存在以下 4 种运营方式。

1. 国际小额邮包和国际快递

国际小额邮包是指中国邮政小包、中国香港邮政小包和新加坡邮政小包等,特点是便宜,但运输时间长。国际快递有 DHL 和 EMS 等,其特点是成本高。这两种物流方式最为传统和简单,且是中小规模企业选择最多的国际物流方式。

2. 海外仓

海外仓主要是指卖家先将货物存储到海外仓库(靠近出口国的境内),然后根据订单情况进行货物的分拣、包装及规模化递送。这种方式虽然运输成本低、效率高,但投资成本和运营成本都较高。

3. 跨境专线物流

跨境专线物流主要是指以航空包舱方式将货物运送到境外目的地(国),再通过专业的第三方物流公司完成至目的地(国)的配送。这种方式虽然具有较好的规模效应,降低了国际物流成本,但在国内的揽货市场空间有限,在国际物流服务市场有待进一步扩展。

4. 聚货后规模化运输

该方式分为外贸企业集货运输和外贸企业联盟集货运输。外贸企业集货运输是指先通过企业自建的跨境电商平台出售商品,海外客户下单后,订单信息被传递给商家;商家接收到客户订单后,将海外客户订单中的货物(商品)运送至国内的专业性仓储管理公司,紧接着,专业性仓储管理公司按照相应规则对货物(商品)进行分类整理,再将货物(商品)交由第三方物流服务商运输配送至客户处。外贸企业联盟集货运输,主要是指在搭建 B2C 战略联盟的基础上,成立外贸物流共同运输与配送中心,以实现资源共享与规模效应。

(四)跨境电商物流管理存在的问题

1. 跨境物流配送成本高,交货时间长

一方面,跨境物流行业的发展需要承担跨境税费、网络技术建设费用及快递费等,从而导致配送成本居高不下;另一方面,国际快递往往都是集中发货,这种发货形式需要花费较长时间且易出现货物丢失等情况,申请退款服务与处理退款服务耗时也较长,导致有时会发生商家货币和时间成本上升,用户消费体验效果大打折扣的现象。

2. 跨境物流配送信息不对称

由于国内外的物流信息发展技术存在一定的差距,产品配送信息无法与实际配送流程相匹配,物流配送资源不能实现有效整合,往往会影响跨境电商企业的盈利。

3. 跨境物流通关困难

在商业利益的驱动下,跨境电商的卖家往往会逃避相关国家监管制度,故意报低商品的实际价格,以间接消减产品的运送成本,或者人为降低商品品质。在这种情况下,海关将会扣留相关商品,从而导致跨境物流企业无法在规定的时间内将产品运送给客户,进而被用户投诉,企业声誉大受损害。

4.跨境电商物流人才缺乏

从根本上看,跨境电商物流行业的健康发展必须依托具有国际视野的优秀管理人才。当务之急,我国必须加快培养兼具电子商务、国际贸易、国际物流、供应链管理等专业理论知识和应用能力的复合型跨境电商物流人才,健全知识型和技能型人才跨越式培养机制。

总而言之,跨境电商与跨境物流相辅相成,二者相互影响、相互制约。只有不断完善跨境电商物流运营方式与商业的模式创新,持续提高全球物流服务质量和服务响应能力,才能更好地促进跨境电商可持续发展。现今,跨境电商企业亟待努力提升全球物流与供应链管理能力,积极应对数字贸易的新挑战。

第三节　全球物流客户服务管理与物流战略联盟

一、供应链中的伙伴关系及战略联盟的建立

(一) 伙伴关系的理论背景

在传统的流通体系中,物流机能的承担是有明确分工的,即零售业通过批发业向厂商购入商品,厂商不承担商品输送、保管职能,同时零售商本身也不从事这些活动,而是委托批发商代为办理。如今传统体制被打破,不同的企业(厂商、批发商和零售商)都在进行各自的物流革新,实现物流服务的差别化。例如,大规模零售商通过自己的物流中心从事商品的调达或进、发货业务,这样批发商就不再像原来那样向零售店铺直接配送,而是根据零售商的指示,将商品配送到物流中心。对批发商来讲,不仅原来的物流机能无法发挥,产生资源闲置,而且由于零售商的物流中心需要征收一定的保管、处理费用,从而又加大了批发商在经济上的负担。与此同时,随着零售商物流系统朝着"规模经济"的方向发展,厂商的物流机能无法得到充分发挥,特别是对一些大型厂商而言,它们都拥有较完善的物流体系和设施,如果这些系统不能充分发挥作用,势必影响生产商的利益,增加机会损失。所以,如今,先进的物流企业不但与同产业的其他企业竞争,而且还与流通渠道中相联结的不同产业领域的交易对手竞争,各经济主体在构筑自己富有效率的物流体系的同时,无疑会造成经济主体间的利益冲突。因此,作为企业物流发展的新方向,且为了弥合流通渠道中企业间的矛盾,探索一种新的联盟型或合作型的物流体系有着重要的意义。通过这种合作型的物流体系来实现原来不可能达到的物流效率,创造的成果由各参与企业共同分享。显然,这种新型的物流体系使原来流通渠道上企业与物流的对立走向企业与物流经营的共生,实行供应链的战略管理。

供应链管理的核心观念就是强调企业间整合,但在现有的供应链关系中,在上下游间,并未明显存在主导厂商,而各个厂商之间也各自拥有独立的数据库,物流以外的信息流动相当有限。随着供应链管理集成化的发展,以伙伴关系为导向的供应链关系将

占主流地位。在这个供应链里,所有厂商不分上下游,共享同一个数据库,取用不同的资料,并将自己所获得的信息反馈给这个共享数据库,使信息链接具有互动能力。

(二)供应链中的伙伴关系

伙伴关系指的是企业之间基于共同的远景通过团结合作、共同创造价值的方法建立起来的一种恒久的新型关系。伙伴关系之所以引人注目,与其说是它脱离了传统的游戏规则,不如说是新角色给合伙组织间带来的巨大影响和冲击。仅在美国,伙伴关系已产生可观的回报,包括生产力的进步、成本的降低,以及新市场的创造等。而在全球,这场变革则逐渐改变了多国籍企业的经营方式,使众多大企业的交易模式发生根本上的转变,包括重新明确采购的意义、对重要客户销售方式的改变等。

1.供应商数量的压缩

过去数年间,企业正在不断摒弃传统上以交易为基础的买卖关系,并大幅减少供应商的数量,企图通过维持与少而精的供应商的持久合作,取代原先庞大复杂的供应体系。福特汽车公司把其供应商数目从5万多家压缩到5000家左右,缩减比例高达90%。很多供应商正在流失他们的客户,有些被拒之门外的供应商及其销售人员百思不得其解,究竟自己做错了什么?

其实显而易见的是,供应商的客户也面临着同样的压力,包括:技术成本趋于下降、信息获取容易、全球市场的爆炸性成长和商品的普及。这都加剧了市场竞争并逐渐侵蚀了它们的利润基础。企业与竞争者之间的差别越来越小,就必须寻找新的竞争优势与利润源泉,此时企业不得不转向其他可能找到新竞争力的层面。以前,问题的答案似乎集中在企业内部程式的改善上,现在,这方面的潜力逐渐趋于枯竭,企业没有太多的"赘肉"可减了。

所以,对于供应商来讲,特别是那些直接牵涉销售的员工需要清楚,曾经视为销售成功的条件——好产品加上有技巧的销售人员,现在已变得落后。今天,客户正加速减少供应商的数量,它们只愿意和少数经过精挑细选的供应商打交道。可惜,多数供应商并未真正认识到这种潜在的威胁。

2.生产力重心的转移

过去,直到现在,仍有不少企业把生产力改善的途径局限在组织内部,它们的方法大抵不出削减费用、减少管理层、重新设计流程、改善信息系统或日常办公的自动化等方面,它们很少眼光向外,突破组织界限,以实现组织界限的跨越,去寻求经营改善之道。

当内部改善的成本越来越大而收效甚微的时候,企业开始向外寻求良方。于是,有的企业采取强硬手段,无情地进行"大裁军",削减供应商数目以强化供应基础,然后,按大额采购的优势逼迫供应商去降低成本。比如,通用汽车公司就以在汽车业界向供应商施压而出名。表面看来,这种恐吓手段在初始阶段似乎奏效,能大大降低采购成本,但以压榨供应商来获益的策略难以持久。一方面,不成比例地剥夺供应商的利益,导致供应商忠诚的丧失与信任的降低。另一方面,在供不应求时这种流失的危害尚不明显,可一旦行情逆转,生产原料供应商会转向通用汽车的竞争对手。

所以,具有新思维的采购经理认为,旧形态下以交易为基础的采购程序不再具有生产效率,公平合理地对待供应商才是较合乎成本效益的选择,即买卖双方需要超越交易的关系,从原本着重短利的关系转向更有利、更稳固的合作伙伴关系。当结为伙伴的企业能够持续地追求更低的成本与更多的新价值时,它们也创造了一种传统交易形态无法匹敌的优势。

伙伴关系使得供应商和客户都能在各自的市场中具备长期的竞争优势,它们渐渐团结于这种更有效率和效益的商业关系中。供应链的成员在获得长期合同的同时,能以更灵活通畅的渠道与地位提供具有竞争力的产品给客户,客户也得以将产品以更快、更便宜的方式销售出去。

(三)战略联盟的建立

1.为什么需要战略联盟

在集成化的供应链网络结构中,一个组织的产出是另一个组织的生产资料,而且很多企业不只是经营单一产品或服务,从而,很多情况下,一些人或组织是你的客户,而另一些人或组织又是你的供应商。甚至,某些供应商可能成为你激烈的竞争对手,如果再考虑到网络成员间的财务往来,那问题就更复杂了。如今在汽车、电子、航空、IT 等行业,从"供应商的供应商到用户的用户"已经构成了盘根错节,像意大利面条一样复杂的网络。像自然生态网络一样,所有成员都希望能长久地生存下去,这样一来,必须维持网络的生存,然而为了让网络生存下去,单个组织可能会牺牲,因此在自由的市场竞争中,很少有这种超网络的能力。从某种意义上讲,最终的消费者是最重要的,但在复杂的供应链中,为了让消费者完全满意可能会使我们的组织面临生存的威胁。可见,复杂的商业经营模式已成为企业继续生存或发展的必要条件,但同时,信息、财务、管理等方面的资源却日益匮乏。因此,通过极其有效的方式获取特定的资源与技术十分重要。通常,一个企业可以选择内部行为、并购、临时性交易、战略联盟等 4 种方式来获取优势,其中前 3 种方式不能获取长期的战略优势,但通过战略联盟一般能达到这一目的。

战略联盟是两个或多个经济实体为了实现特定的战略目标而采取的任何股权或非股权形式的共担风险、共享利益的联合行动。战略联盟成员之间也许有正式的协议,也许只是口头承诺。战略联盟不同于企业间的购并行为,购并意味着投入大量资金,全盘接纳对方企业的各类资产,操作复杂,风险很大。联盟企业之间很少为了控制或监督对方履行义务,联盟企业之间也很少交换股份,"合则聚,不合则散"是战略联盟的基本规则。战略联盟要求联盟成员站在公司整体战略高度上,审视公司及伙伴现在和未来的发展。在发达国家,同一行业中出现企业联盟的案例俯拾即是,而且联盟的形式也多种多样。有在产品技术开发、制定标准方面合作的,有互相注资彼此参股的,甚至还有通过兼并合二为一的。这类联盟的目的很明确,为的是降低成本,开拓更大的市场,以"竞争中的合作"来获取双赢的结果,并最终为市场提供更好的产品。联盟的出发点和结果,都围绕着高层,突出消费者的需求和利益,这就是战略联盟——在合作中竞争。例如,在 20 世纪 80 年代中期,摩托罗拉开始进入日本的移动电话市场时,由于日本市场存在大量正式与非正式的贸易壁垒,摩托罗拉举步维艰。到 1987 年,它与东芝联盟制造微处理器,并由东芝提供市场营销帮助,此举大大提高了摩托罗拉在日本的地位,并最终获准进入日本的移动通信市场,成功地打破了进入日本市场的贸易壁垒。

而通用汽车公司和福特汽车公司也宣布投入数百亿美元的巨资,以建立覆盖全球的庞大的计算机采购网络。这一网络系统可以在全球范围内及时找到价格最低、质量最好、离生产基地最近的供应商,从而使其采购成本大大降低。甚至日本丰田汽车公司也在考虑加盟通用福特汽车公司的集中采购网络。

战略联盟并不强调伙伴之间的全面相容性,它所重视的是相互之间某些经营资源的共同运用,对相容性的要求是部分的、有选择的。根据不同的选择,企业间可以组成各种不同类型的合作联盟,其具有灵活、快速、经济等特点。当然,战略联盟之间也会形成新的竞争关系,这样,原本单个企业之间的竞争就会发展为不同企业组团或不同供应链之间的竞争。因此,战略联盟的出现只会改变竞争的形式,使竞争更加理性和良性,而不会消灭竞争,甚至有可能使竞争更趋激烈。作为一种企业发展策略,战略联盟和其他战略一样,有成功的诱惑,也有失败的风险。这就要求企业谨慎选择联盟伙伴,灵活应对各种变化,避免联盟的目标和战略与企业相冲突,最终达到通过战略联盟改善、增强企业竞争实力的目的。

2. 战略联盟的实施步骤

美国学者戴维·雷等人考察了一些企业战略联盟,结果发现,有效的战略联盟在建立过程中非常注意以下 3 个阶段的实施步骤。

(1)寻找合适的联盟伙伴阶段。企业在联合与合作之前,首先要明确战略目标,并据此来找或接受能帮助实现战略意图、弥补战略缺口的合作伙伴。这是一项艰巨的任务,它需要高级管理层了解双方在一定时间里的目的和战略。一个合适的联盟伙伴具有能够带来本企业所渴望的技术、技能、知识风险分担和进入新市场的机会等优势。同时还要注意,文化上相容、相似的企业比有较大文化差异的企业更适合成为企业的合作伙伴。

(2)联盟的设计和谈判阶段。一个成功的联盟设计不仅考虑到以交叉许可安排、联合开发、合资经营、股权共享等联盟方式,还要关注厂址选择、成本分摊、市场份额获得等细节及对知识创新、技术协同等细节。企业的高级管理层还应就联盟的共同目标与主要的中层经理和技术专家进行沟通。另外,由于联盟伙伴之间往往存在着既合作又竞争的双重关系,则彼此应对合作的具体过程和结果进行谨慎细心的谈判,摒弃偏见,求同存异,增强信任。

(3)联盟的实施和控制阶段。战略联盟的最终目的是通过联盟提高企业自身的竞争能力。联盟内的企业应该把通过联盟向对方学习作为一项战略任务,最大限度地、尽快地将联盟的成果转化为自己的竞争优势。联盟往往需要各成员企业进行双向信息流动,每个参加联盟的企业都应该贡献出必要的信息供对方分享,从而提高联盟的成功率。同时,企业要合理控制信息流动,保护自身的竞争优势,防止对方得到自身应予以保护的关键信息,做出有损自己的行为,因为联盟伙伴极有可能成为将来的主要竞争对手。

二、物流战略联盟的决策

(一)物流战略联盟在物流外包中的地位

物流战略联盟实为物流外包的一种形式。不同企业的物流水平是不一样的,对物流服务的需求迥然不同,因此不同企业在物流领域与其他企业的合作程度也不会千篇一律。一般而言,企业间的物流合作存在 3 种模式:一是交易物流,即物流供给方向物流需求方一次性有偿提供任何形式的物流服务,比如运输、包装、分拣、配送等;二是合同物流,即利用现代物流技术与物流配送网络,依据与供应商或需求者签订的物流合同,提供专业化的系列物流服务,狭义上说就是 TPL,广义上说也包括物流系统接管、物流管理外包;三是共享物流系统的战略联盟。其中,交易物流建立在独立交易的基础之上,合同物流建立在长期的协议基础之上,战略联盟建立在共同的利益、共同的价值取向、共同的目标和共同的企业战略的基础之上。从目前的情况来看,从交易物流、合同物流到物流战略联盟,复杂性越来越大,可能性越来越小。具体如图 11-3 所示。

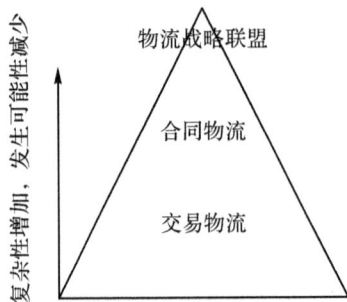

图 11-3 物流外包关系

(二)物流战略联盟的决策机制

我们这里所说的物流战略联盟的决策,是指一个企业在处理物流业务时是选择自营物流还是选择外包物流?如果选择外包物流,那么在交易物流、合同物流、物流战略联盟之间又如何决策呢?这关键取决于下列两个因素:物流对企业成功的关键程度与企业管理物流的能力。

1. 自营物流

如果物流对于企业很重要,企业对客户服务要求高,物流成本占总成本的比重大,且已经有高素质的人员,物流管理能力较强,那么该企业就不应将物流活动外包出去,而应当自营。沃尔玛就是这样的公司,其对供应渠道的管理非常出色。

2. 外包物流

如果物流对企业的重要程度较低,企业物流水平及物流管理能力也较差,此时企业就应该选择外包物流,以降低物流成本。如某城市医疗保健中心是一家拥有 1000 张床位的社区医院,它有自己的车队和司机,负责接送病人往返于医院大楼进行诊断和治疗。车辆和司机的使用率很低,很少超过工作日可使用时间的 50%。鉴于医疗系统的成本压力,又由于医院的服务领域通常都是交叉的,如果该保健中心在保持区内一定运输服务水平的前提下,与其他医院共享这些运输资源,则必定会产生良好的经济效益,同时其他医院也可以避免重复建议。

3.寻找强有力的合作关系或成为合作关系的领导

如果物流是企业战略的核心,但企业物流管理能力很低,那么寻找物流合作企业将带来很多好处。好的合作伙伴在公司现有的、甚至还未进入的市场上拥有物流设施,可以向企业提供自营物流无法获得的运输服务及专业化的管理。相反,如果公司的物流活动不那么重要,但是由专业人员管理,且物流管理能力很强,那么该公司就会主动寻找需要物流服务的伙伴,通过共享物流系统提高货物流量,实现规模经济效益,降低企业的成本。而这种企业的目标伙伴就应该是处于图 11-4 中左上方的那类公司。

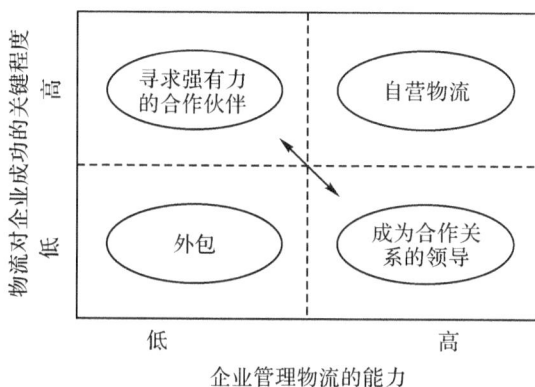

图 11-4 物流活动经营形式选择

4.物流战略联盟

尽管战略联盟在企业经营的各个方面都变得更加流行,但结合供应链考虑,有 3 种类型值得注意,即第三方物流、零售商与供应商联盟、经销商一体化。如果一家企业在运输设备、仓库、存货、订单处理系统、物流技术及物流管理人员方面投资很多,但物流管理能力较低,物流对其的重要程度也不高,它就会考虑是否应该和其他企业建立物流战略联盟以降低自己的成本。反之,企业就可能寻找其他伙伴来合作经营物流,这个伙伴应该有富余的物流运作能力、在某市场占据战略性地理位置,且具有理想的技术和卓越的管理能力。当然,企业本身也应该具有一定的技术和能力为对方所需要。那些不期望建设高水平物流管理部门的企业就会寻求一个具有较强物流能力的战略伙伴来加强自己的竞争地位。建立一个物流战略联盟会使成员都受益,但为什么物流战略联盟仍然为数不多呢?原因在于当供应链合并时,潜在的合作伙伴有所顾虑。这些顾虑主要包括:担心失去对物流渠道的控制能力;无法判断是否进行了充分的检查和平衡,以使合作伙伴满意;很难判断与现有物流成本相比,联盟是否突破了成本约束;难以衡量自营物流所获得的收益,尤其是当合作伙伴对物流系统享有一定所有权时;合作各方相互信任不够,不知道这种信任、忠诚、合作的关系如何实现;等等。尽管如此,物流战略联盟的潜在利益仍会驱动管理人员继续尝试使其运转的新方法。

譬如某国内电器、电力转换设备制造商对其创建的物流系统(特别是信息操作系统)颇引以为豪。该企业年销售额为 15 亿美元,有 9 个生产厂,并通过 8 个仓库和分销点向全国分销产品。由于物流成本的压力,这家公司不得不寻找一个伙伴来共享其分销系统。分销渠道货流量的增加不仅提高了客户服务质量水平,而且降低了成本。该公司与欧洲一家工业品制造公司结成战略联盟,在美国这家欧洲公司的年销售额约为2.5亿美元,有两家工厂生产产品,并有一定进口量作为补充。两个伙伴之间的合作首先是在美国加州地区国内工厂之间共用仓库,国内工厂就可以收回某些固定的仓储成本,从而提高在加州市场运输设备的利用率。来自欧洲的伙伴轻易地进入了从前尤其难以充分进入的加州市场,而且与其他方式相比,形成物流战略联盟这一方式中的仓储和配送成本相对要低。

案例十一　浙江聚贸电子商务有限公司的全产业链 B2B 跨境电商生态网络[①]

一、企业发展背景

2016 年 6 月 16 日,以"共享经济、互联互通"为主题的首届跨境电子商务国际论坛在北京举行。在这场集聚了多国前政要、驻华使节、国际商会领导、全球知名金融机构高管及行业知名企业高管的盛会上,浙江聚贸电子商务有限公司(后文简称"聚贸")以其独到的模式和抢眼的表现,成了各大媒体争相采访的焦点。在论坛举行当天,聚贸与13 个 G20 国家、国内 8 个省份相关政府部门及多家国内外知名企业达成合作,可谓收获颇丰。聚贸董事长陆宏翔在论坛上表示,截至 2016 年年底,聚贸将与超过 120 个国家达成合作,并覆盖全国所有省份。

聚贸以"服务实体经济、振兴中国制造"为使命,凭借在大宗商品和供应链领域 20多年的丰富经验,开创了全品类全产业链生态化电商平台模式。到目前为止,聚贸是全球首家、也是唯一一家全品类大宗商品及工业全产业链跨境电商平台,其经营范围包括:矿产、金属、能源、化工、农产品等原材料;工业与制造业产品;消费品、食品等全品类实体经济产品;金融、物流、加工、技术、咨询、认证等现代服务经济产品。作为新商业文明的践行者与倡导者,聚贸借助互联网优化商业合作,重塑商业文明。具体而言,聚贸通过国家馆、省馆及品牌馆等三大线上特色馆整合全球优质资源,为入驻平台的工业制造业企业提供全产业链服务,进而推动中国优秀产业集群与全球优质供应商、服务商的高效对接,帮助企业从根本上提升竞争力,且为入驻企业提供来自全球的一流服务和全方位的转型升级支持,实现互利共赢。

二、全品类全产业链 B2B 跨境电商生态网络的构建

(一)踏上"工业 B2B 跨境电商"旅途

发展跨境电商对于全球资源的整合、跨境合作的开展、产业结构的优化、中国过剩

---

①　此案例节选自浙江大学马述忠工作室网络平台公开发布的资料(作者:余燕春、马述忠、王子越、濮方清)。

产能的化解提供了有效途径和新的发展空间。近几年,我国跨境电商行业突飞猛进,交易额不断增长,各类跨境平台企业及通过平台开展外贸的商家数量逐步增多。从2014年开始,消费品跨境电商平台迅速兴起,并显示出强劲的发展势头。与消费品电商平台的火热发展相比,大宗商品和工业领域的这种颠覆和变革就显得逊色许多。随着中国经济增速放缓,全球对大宗商品和工业品的需求也有所降低,产品价格不断下跌。自2012年以来,包括大宗商品在内的中国工业制造业,普遍陷入产能过剩的困境,行业从卖方市场变为买方市场。2014、2015两年对大宗商品市场和中国工业制造业而言,更是不折不扣的"熊年"。越来越多的迹象表明,市场供需结构已然发生了根本性的逆转,供应量不断增加,需求却逐渐萎缩,这其中隐藏着金融市场动荡不安的风险,以及对中国等新兴国家经济体遭受通货紧缩的担忧。另外,受国内行业集中度低、企业融资困难、企业恶性竞争等多种因素影响,我国工业制造业面临资金缺乏、利润微薄、品质偏低三大难题,以致在国际市场上没有定价权。并且长期以来,我国大宗商品与工业的制造业存在的组织体系和交易方式发展不充分、缺乏有效的商品风险管理手段等劣势,导致我国工业企业在国际竞争中长期处于不利地位。

"市场的问题就是聚贸的机会。"陆宏翔常挂在嘴边的一句话。在世界经济与互联网联系越来越紧密的情况下,传统外贸模式正逐步丧失竞争力,跨境电商成了经济增长的新引擎。对于大宗商品和工业制造业领域来说,发展跨境电商有很多机遇。首先,在经济新常态背景下,各行业步入买方市场阶段,买家的话语权增强,这在大宗和工业品领域也较为强烈地表现出来。人们希望以更透明、更高效的方式,找到更便宜、更优质的产品和服务,而传统的信息、交易方式难以满足上述需求,这为跨境电商的发展带来了契机;其次,大宗工业品和制造业产品的标准化程度较高,十分有利于与电子商务进行融合,定位全球则有助于融入全球市场,看清国际市场局势;再者,在"中国制造2025"和"工业4.0"[1]背景下,帮助企业把握住跨境电商的机遇,能够解决中国制造业的诸多"痛点",帮助"中国制造"实现转型升级,促进中国与世界各国开展全方位、多层次的经贸合作;最后,小规模跨境B2C正逐渐趋于饱和,未来真正的跨境电商交易量是由B2B业务产生的,2016年的"408税改"(即针对进口零售跨境电商的税收调整政策)也印证了B2B模式才是发展的主力军,而大宗商品、工业品巨大的规模及其和工业用途将其电商模式限定为B2B,从而助推了跨境电商的发展。"电商国八条"[2]提出的"推动传统商贸流通企业发展电子商务,研究完善能源、化工、钢铁、林业等行业电子商务平台规范发展的相关措施"对发展工业制造业B2B来说,更可谓是下了场"及时雨"。

在经济形势转变及传统贸易模式逐步被淘汰的背景下,把当下中国制造业企业的困惑看在眼里的聚贸决定跳出传统外贸的原有格局,打破地域局限,定位全球,打造工业B2B跨境电商平台,开启全新的旅程。聚贸团队在大宗商品和供应链领域有20多

---

① "中国制造2025"是指我国实施制造强国战略的第一个十年行动纲领;"工业4.0"是指以智能制造为核心的第四次工业革命。

② "电商国八条"是对2015年5月发布的《国务院关于大力发展电子商务加快培育经济新动力的意见》的简称。

年的跨境合作实践,相关经验和资源丰富,这为平台的发展打下了良好的基础。通过经验总结和融合创新,聚贸建立起合法、安全、开放的 B2B 跨境电商平台,一方面可以助力实体经济转型升级,另一方面则可以通过让各种形态和类型的经济互联互通,提高运作效率,达成和谐共生、互利共赢的目标。

(二)瞄准"全品类和工业全产业链"

站在"互联网+"的风口上,越来越多的大宗商品和工业品电商从消费品电商的蓬勃发展中嗅到了商机。近两年来,随着工业制造业 B2B 电商平台的出现,越来越多的互联网人将目光投向了这个此前并不太受关注的领域。其中,最具代表的便是"找 X 网"形式的垂直类电商,包括找钢网、找油网、找塑料网、找化工网、找煤网、找浆纸网等。这些电商平台专注于做某一品类的商品,大多针对国内市场。当前,这些电商平台的盈利模式已经开始有所转变,它们不仅通过免费撮合交易聚集了海量上下游商家,并且凭借迅速增长的订单量深度挖掘交易行为、交易记录,基于大数据分析延伸出仓储、采购、销售、物流、供应链金融等全产业链的增值服务。一些传统大宗行业企业,如中石化、宝钢等,都建立了自己的独立电商平台。另外,有一些企业不满足于国内的"触网",像国烨网、宝钢等都已开始试水跨境电商。

平台类型的定位对跨境电商而言具有重要意义。聚贸在深刻分析区域化、垂直化电商平台后,决定打破品类和区域限制,放眼全球,并不局限于大宗商品领域,而是定位做全品类全产业链跨境电商。平台定位是聚贸区别于普通 B2B 电商的核心,也是聚贸的一大特色所在。现有跨境电商平台多集中于经营产业链上单个环节的产品,如消费品或是作为工业原料的大宗商品。而聚贸除了经营全品类产品,更是覆盖了从工业上游到下游的整个产业链,并重点集聚工业中上游企业。许多人惊讶于聚贸"大而全"的布局,但陆宏翔认为,在电商行业,全品类全产业链跨境电商领域目前还属于一片蓝海(意即未知的市场空间),蕴藏着无限的潜力和机遇。

在聚贸看来,和垂直类电商相比,做综合类和全产业链平台的优势主要体现在业务模式和资源整合两个方面。首先,全品类和全产业链工业跨境电商的抗风险能力比较强,这类风险包括政策变动、价格波动等,而全产业链的定位更具灵活性,多种商品的经营可以实现多元化,从而有效地分散市场冲击风险。其次,全球资源整合的优势。聚贸独树一帜的全球全品类定位和工业全产业链思维能够整合各方资源,汇集优质的制造业企业和服务商,实现上、中、下游的企业与各合作方的互联互通和优势互补,达成互利共赢的局面。这将形成庞大的产业集群,从而不断扩大经营规模、提高效率、积累优势,加大与全球各国企业的谈判筹码,提升议价能力,为中国企业,尤其是工业中、上游企业,获得质优价廉的原材料,同时提升中国工业制造业企业在全球价值链中的地位。最后,通过整合产业链上的各个环节,聚贸能够更好地控制供需,管理好中间流程和分销,降低交易成本,提高整个产业链的运作效能,进一步提升企业竞争力。

(三)面临经营难题

全品类和工业全产业链定位为聚贸创造了诸多优势,也使得聚贸独具特色。政策的便利与丰富的经验给聚贸的发展带来了机遇,发展相对成熟的一般消费品跨境电商也可以为它提供大量可借鉴的经验。但是，事物的两面性使然，与优势和机遇并存的还有困难和挑战。

一方面，由于大宗商品、工业品等商品本身的特性与一般消费品有着较大区别，一般消费品能够快速和互联网融合的优势、经验难以在大宗商品领域得到发挥。首先，与在 B2C 平台交易的消费品不同，面向大宗商品和工业品的 B2B 平台交易的金额很大，少则十多万元，多则数千万元，这是行业的天然属性决定的，而买卖双方对交易资金往来要求极高，例如跨行结算、税票一致、及时到账、当日提现、支付无限额等；其次，大宗商品和工业品的重量及数量都十分庞大，如钢铁、煤等，一般都是"吨"级别以上的，因此完备的仓储物流体系显得尤为关键，跨区域运输和电子化物流体系的支持非常重要，同时物态各异的商品也对包装提出了较高的要求；再者，对于一般消费品来说，由于买卖双方参与者和中间环节众多，同样商品的线上价格相较于在实体店的价格具有明显优势，而大宗行业和工业品领域的情况恰恰相反，它的参与用户相对少，且多为企业，销售渠道扁平化，中间成本占比小，价格相对透明，像普通消费品电商那样通过降低销售成本获取竞争优势的战略难以实施；最后，大宗商品和工业品的价格波动幅度大，风险管控机制相对复杂，信用体系建设更加需要得到重视。

另一方面，垂直类大宗电商平台往往能够针对某个行业做全面深入的研究，充分挖掘这一行业的特色和潜力，最大限度地发挥自身优势，为企业提供更加精准、合适的服务，做深、做细该行业。而全品类和全产业链跨境电商涉及的产品品类和环节众多，对运作能力、经验和魄力都会有更高的要求，加之聚贸的经营范围涵盖了不同品类和环节，其全球化定位需要整合世界范围内的优质资源，因此需要投入大量的资金和精力，要牢牢把握不同商品的具体特征，并且要时刻关注相关行业情况，以便及时准确地对战略和管理手段做出调整。这样一个"大而全"的系统工程也给企业的管理工作带来了极大的挑战。

聚贸清醒地意识到，由于大宗商品及工业品本身的特性，一般消费品的电商经验难以简单地被复制到工业跨境电商上。当前，许多传统大宗和工业贸易企业已经形成相对稳定的供应链格局，因此跨境电商平台上企业数量的积累及平台的推广不是一蹴而就的，其完善会是一个循序渐进的过程。同时，全品类和工业全产业链跨境电商平台的定位给聚贸在资源整合、运作能力及统筹管理方面带来了挑战。因此，如何经营好这样一个跨境电商平台，成了摆在陆宏翔和整个聚贸经营团队面前的难题。于是，公司内部就此展开了深入的思考和反复的讨论，与此同时也不断学习相关知识，并研究和借鉴成熟平台的经验。

（四）构建"电商生态圈"

如何应对难点，寻求解决方案，聚贸有自己独到的思路和方式。电商平台的运营过程中总是少不了对"买流量"的探讨。陆宏翔认为，只有通过切实解决客户的痛点，才能赢得真正有效的客户，因此他在最初构架聚贸的时候，就把客户定位为"有实力的制造企业"。此外，在大宗行业 20 多年的实践使陆宏翔对中国制造业面临的问题有着非常深刻的理解，他认为平台仅拥有电商 1.0 的信息发布和 2.0 的中介撮合功能已远远不够，随着 B2B 3.0 时代的到来，结合实体经济自身的特点，升级为提供"互联网＋实体经济"的全方位服务并帮助实体经济发展的电商才具有生命力。

经过深思熟虑，聚贸决定建立起一个合法、安全、开放的生态圈，将中国企业、全球大宗商品供应商、金融机构、物流机构、政府监管部门纳入其中。依托自上而下的系统建构方式，聚贸与全球各国的相关政府部门紧密合作，共同吸引诚信、合法的优质企业入驻，并与全球一流的金融机构、权威认证公司和保险公司合作，保证支付、产品质量及交易的安全。通过生态化战略，聚贸不仅"撮合"了各行业企业进行交易，更汇集了各方优质力量，整合全球银行、保险、基金等金融机构，日本、德国等先进制造强国的专业机构，以及全球高端服务机构，让中国工业制造业享受到来自全球的一流服务和全方位的转型升级支持。在此基础上，聚贸可以集合大量制造业企业的庞大采购订单，在国际市场集中采购以降低采购成本，积极推动人民币国际结算；同时也可以为大量优秀的中国制造业产品进行统一国际推广，进而提升"中国制造"的利润水平，避免恶性竞争。

聚贸生态圈的建设不仅高度贴合大宗商品和工业品的特点，为工业企业提供全方位服务，还能够很好地承载全品类和全产业链这样的大格局规划，促成整个产业链内的经济体、产业群、供应商、企业形成统一的经济共同体与利益共同体，使整个系统运作更具效率，从而节省成本，拓展市场，提升企业竞争力和国际地位，创造更多机遇和发展空间。

举例来说，资金是企业运行的血液，中国制造业"贫血"的情况大致分为以下几种：银企信息不对称，导致融资难、融资慢；融资渠道狭窄，导致融资成本高；原材料采购过程中资金占用比例过高，影响企业现金流及整个资金链的畅通。聚贸通过与银行、保险业的合作，为中国制造业企业提供大宗商品供应链基金、制造业扶持基金、票据池基金、期现套保宝基金、产业基金等一系列金融产品，并为工业和制造业企业量身定制便捷、灵活的供应链金融[①]解决方案。与聚贸合作的金融机构，通过建立完整的客户资料收集、资信调查核实及要案管理、信用风险防范等制度流程，对供应链上下游客户进行全方位信用管理，促进其与供应链核心企业建立长期战略协同关系，从而提升整条供应链的竞争能力。处在供应链上的企业一旦获得聚贸平台的支持，也就获得了融资支撑，进而激活了整根"链条"的运转。

支付是电商生态链的核心纽带，也是打造交易闭环的关键所在。对经营大宗商品和工业品的工业企业而言，巨大的交易额使其对资金的安全性、到账速度要求更高，大额支付是其发展中不可回避的问题。在这一领域，聚贸整合了多家国内外权威的大额资金在线支付平台，平台用户可享受"零手续费、零保证金"的高效、安全支付体验。与国内外支付机构的合作可以为大宗商品及工业全产业链的线上交易提供专业的第三方支付服务，切实保障信用和资金安全，有效防范风险，进而帮助买卖双方顺利完成整个交易流程，实现无缝对接，为客户提供高效率及高响应速度的供应链。

在物流、仓储方面，聚贸选择和行业内知名的专业企业合作以保证服务质量。针对

---

① 供应链金融是金融机构或金融平台运用供应链管理理念与方法为关联企业提供金融服务，通常是围绕核心企业对上下游中小企业的资金流和物流予以管理。

跨境商品,需要进行水路、公路、铁路运输,主要分为三段,第一段是远洋物流,第二段是国内物流,第三段是直接配送至客户处的物流。国际运价方面,集中订单可以获得优惠的价格;国内段方面,聚贸通过制订全面的方案以降低成本;最后一段则是结合物联网信息技术实现高效、实时和安全的配送。

为规范产品和企业管理,改善交易中的诚信缺失和信息不透明等问题,聚贸会先与相关企业进行前期沟通,了解产品、价值观等各方面的契合度,积极引进国内外知名的认证机构,在产品质量检测、供应商管理、平台注册用户及合作商资质认证等领域开展战略合作,同时通过集中大量优秀的中国制造业产品,严格把控质量,引入保险机制,统一进行国际推广,进而提高"中国制造"的销售价格,帮助中国企业提升总体利润水平,避免恶性竞争和反倾销调查。

另外,聚贸面向全球各国、国内各省推出了国家馆、省馆、品牌馆三大线上特色馆,加快生态圈的建设。通过与高端服务业国家、制造业国家和优质原材料输出国家等三类国家的合作,聚贸为世界各国、国内各省及全球优质企业提供全面的服务与支持,全方位展示各国、国内各省和全球优质企业的品牌形象,帮助优势产业、优质企业和产品对接庞大的中国市场和国际市场,拓宽销售渠道,同时助力各国、国内各省及全球优质企业的优质项目在全球范围内招商引资。

三、聚贸的未来

从 2015 年 3 月成立到现在,聚贸这个新生儿在不断成长。2015 年,聚贸的交易额突破 1000 亿元。在聚贸的计划中,公司的盈利点在于集中采购服务、集中推广服务及六大服务体系中,公司也将马上开始 A 轮融资,为平台发展注入资金活力。在全球范围内,聚贸已与 G20 成员国、"一带一路"沿线国家及与中国签订自由贸易协定的国家等 70 多个全球主要经济体达成了合作,共同推进相关国家的聚贸国家馆建设。截至目前,聚贸已成功上线了中国、美国、德国、英国、法国、加拿大、俄罗斯、韩国、日本等 23 个国家的国家馆,另有大批国家馆正在加速建设中,并将于近期逐步上线。2016 年年底,将有超过 100 个国家入驻聚贸。

除庞大的资源整合系统外,聚贸为吸引全球高端人才也做了大量的工作。2016年,聚贸对既有组织结构和人才结构进行了优化,并面向全球发起了新一轮的高端人才招募。在聚贸的蓝图中,将在全球设立北美、南美、欧洲、亚洲、非洲、大洋洲等六大国际中心,并将在美国硅谷、英国伦敦、德国法兰克福、中国香港等全球重要区域中心大量招募优秀人才。在国内,聚贸将设立华东、华南、华北、西南、西北等五大区域中心,覆盖服务全国各省份。同时,聚贸还将根据北京、上海、广东等不同区域的人才结构特点,进行区域化的人才库建设,为自身的飞速发展做好人才储备。

四、结束语

随着全球经济与互联网之间的融合越来越紧密,中国经济重要的"动脉血"——实体经济的互联网化及中国工业制造业的转型升级成为关注热点。聚贸,是浙江作为互联网大省在跨境电商平台建设中又一个具有典型意义的落地案例。在"互联网+"、"一带一路"倡议、"中国制造2025"的政策支持与经济形势变动、制造业亟须转型的大背景下,聚贸紧密结合大宗商品和工业制造业的产业特点,依托20多年的丰富经验,确立了全品类全产业链跨境电商平台的定位。在机遇和困难挑战并存的情况下,聚贸升级为全方位服务商,逐渐探索出工业全产业链B2B跨境电商的生态化模式道路。未来,聚贸模式也将成为B2B跨境电商领域的经典案例,直面挑战,笃定前行,与世界一道共谋发展,这是聚贸的坚定信念,也是千万工业制造业企业的共同愿景。

复习思考题:

1. 全球物流客户服务的重要性及其战略意义如何?

2. 物流客户服务水平与服务成本的关系怎样?

3. 企业物流外包的形式有哪些?

4. 第三方物流有何特点与优势?

5. 电子商务与第三方物流的关系如何?

6. 物流战略联盟在物流外包中有何地位?

<table>
<tr><td>第十二章</td><td>全球物流绩效评价与
供应链集成管理</td></tr>
</table>

　　全球物流控制是全球物流管理的核心职能之一，全球物流绩效评价是实施全球物流控制的重要途径和手段。全球物流绩效评价必须以全球物流能力的考核为核心，以供应链管理成本和最终客户满意度、忠诚度分析为基础。全球物流绩效评价体系包括全球物流企业绩效评价、物流部门绩效评价、供应链管理能力评价。本章旨在介绍全球物流绩效评价体系、现代供应链与供应链管理思想，以及供应链管理系统和技术，重点分析供应链集成与供应链网络结构，探究供应链集成管理模式。

第一节　全球物流绩效评价体系概论

　　为了及时了解全球物流系统的效益与业绩，企业应该定期及时进行物流绩效评价。开展物流绩效评价能够正确判断企业的物流水平，提高物流效率，从而增加企业的整体效益。全球物流绩效评价是全球物流管理周期的终点，也是下一个物流管理阶段的起点。

　　一、全球物流绩效评价的概念、基本原则和全球物流绩效评价体系的基本要素

（一）全球物流绩效评价的概念

　　所谓全球物流绩效评价是从全球物流战略高度，在会计和财务管理的基础上，运用统计学、计量经济学和运筹学等方法，采用特定的科学的指标体系，根据统一的评价标准，按照一定的程序，通过定量和定性分析相结合的方法，对企业在一定经营期间内的物流服务水平、物流效率、物流效益等做出客观、公正和准确的综合评判，从而预测全球物流的未来发展前景、有效实施物流控制的行为手段或措施。

　　企业物流绩效评价可以较系统地剖析物流企业经营发展中的问题，全面分析判断企业的经营状况，促使企业克服短期行为，将近期利益与营运发展结合起来；促使企业不仅看到自身的实际水平及在同行业中的位置，并引导企业按照市场需求预测确定自己的发展战略。

(二)全球物流绩效评价的基本原则

1.客观公正、科学合理的原则

在进行全球物流绩效评价时要坚持定量与定性相结合,建立科学、适用、规范的评价指标体系及标准,避免主观武断,要以客观的立场评价优劣,以公平的态度评价得失,以合理的方法评价业绩,以严密的计算评价效益。

2.及时、可靠原则

为了科学预测物流发展的前景,对全球物流活动予以合理控制与协调,必须及时了解全球物流系统运营的效益与业绩,因此企业进行全球物流绩效评价时应该力求及时、可靠。当然评价绩效,数据是最佳的衡量工具,如果没有真实的基准数据,再及时的评价也是不可靠的。

3.多层次、多渠道、全方位评价的原则

多方搜集信息,实行多层次、多渠道、全方位评价。在实际操作中,企业要综合运用上级考核、同级评价、下级评价、职员评价等多种形式。

4.规范化、制度化的评价原则

企业必须制定科学合理的绩效评价制度,并且明确评价的原则、程序、方法、内容及标准,将正式评价与非正式评价相结合,形成制度化管理。

(三)全球物流绩效评价体系的基本要素

从一般意义上说,企业绩效评价体系属于企业管理控制系统的重要组成部分,它与行为控制系统、人事控制系统共同构成一个有机的企业控制系统。因此全球物流绩效评价体系在全球物流管理控制系统中占有重要的地位。一个有效的绩效评价体系主要由以下几个基本要素构成:

1.物流绩效评价对象

全球物流绩效评价体系的评价对象:一是全球物流企业或部门,对于全球物流而言,主要是全球物流服务商或跨国工商企业物流部门;二是各种层次的物流管理者。对全球物流服务商或跨国工商企业物流部门的评价关系到企业或部门是否扩张、维持、重组、收缩、转向或退出物流业务领域;对物流管理者的评价事关其奖惩、升降和调动。

2.物流绩效评价目标

全球物流绩效评价体系的目标是整个绩效评价运行的指南和灵魂。全球物流绩效评价目标在于有效控制全球物流活动、大力提高全球物流系统运行效率、优化全球物流服务。

3.物流绩效评价指标

这是全球物流绩效评价体系的关键因素。评价指标有财务方面的,如投资报酬率、物流利润率;也有非财务方面的,如物流服务水平、订单处理时间、送货准确率等。

4.物流绩效评价标准

评价标准是判断评价对象绩效优劣的基准,全球物流绩效评价标准取决于评价目标,也就是说,关键要看物流运作和物流绩效是否符合全球物流管理的预期目标。

5.物流绩效评价方法

有了全球物流绩效评价指标和评价标准,还需要采用一定的物流绩效评价方法对物流绩效评价指标和物流绩效评价标准进行实际运用。如果没有科学、合理的评价方法,就难以保证评价结果的公正。

6.物流绩效评价分析报告

评价分析报告旨在通过将物流绩效评价对象的评价指标数值状况与预先确定的评价标准进行比较,通过差异分析,找出产生差异的原因、责任及影响,得出被评价企业物流绩效优劣的结论。

二、全球物流绩效评价体系

评价指标是绩效评价的基础,任何绩效评价行为都要使用一定的指标来进行。全球物流绩效评价指标体系是指为实现全球物流绩效评价宗旨而构思的由一系列反映全球物流业务的相关指标组成的系统结构。这类指标有定性的,有定量的,也有定性定量相结合的。一个优秀的全球物流绩效评价指标体系可以使高层决策者判断全球物流服务活动的获利性,及时发现尚未控制的领域,有效地配置物流资源和评价物流管理者的业绩。

(一)全球物流成本率

考核全球物流服务商或成为利润中心的跨国公司物流部门的成本,必须直接与产品或销售部门挂钩,考核产品或销售部门所发生的物流成本。全球物流成本率是评价全球物流绩效最直接的指标,其公式如下:

全球物流成本率=年全球物流成本总额÷年全球销售额×100%。

值得注意的是,科学合理的全球物流成本应该以全球物流活动为基础,所有与完成物流功能有关的成本都要囊括其中。但事实上,现行企业统计时,没有标准的物流成本统计和物流成本划分,物流成本主要包括运输成本和配送成本,很多隐性的物流成本被不合理地划入生产成本和销售成本。

(二)库存周转率

库存周转率是评价物流企业购入存货、入库保管、销售发货等环节的管理状况的综合性指标,分析本指标的目的在于促使物流企业保证经营连续性。

库存周转率=年销售量÷平均库存水平×100%。

式中平均库存水平是指库存年初数与年末库存数之和的平均值,即平均库存=(库存年初数+库存年末数)÷2。

库存周转率在反映库存周转速度及库存占用水平的同时,也反映物流企业运营状况。一般情况下,该指标越高,表示物流企业运营状况越好,产品销售情况越好,库存占用水平越低,有较高的流动性,库存转换为现金或应收账款的速度越快,变现能力越强。

(三)全球物流客户服务水平

全球物流客户服务水平是衡量全球物流系统为客户创造的时间和地点效用能力的

尺度。客户服务水平决定了企业能否留住现有客户及吸引新客户。全球客户服务水平直接影响着物流企业的全球物流市场份额和物流总成本,并最终影响企业的盈利能力。因此,在全球物流系统的设计和运作中,全球物流客户服务是至关重要的环节。

(四)物流客户投诉次数及客户投诉处理能力

物流客户投诉次数是衡量物流客户服务优劣的一个重要指标,成熟的物流企业一般都具备细致周到的服务和良好的客户投诉协调与处理机制。譬如家乐福为了使客户服务更加精细、更加规范,经过长期的积累与探索形成了一套卓有成效的客户投诉协调与处理机制:80%的客户口头投诉能通过客户服务专员在现场快速解决,其他将在第二天的店长会议上处理;卖场内设有客户意见箱,客户书面意见由客户服务专员每日汇总后转呈给各部门解决,并由客户服务专员电话回复给客户;客户服务专员将投诉事件进行档案化管理,进行整理、归纳、分析、评估,提出投诉处理准则和建议,制订和执行针对客户服务的改进措施。[①] 对于物流企业而言,常见的客户投诉是承运商在和客户交接过程中服务不能到位。

(五)无误交货率

物流企业发货前必须根据客户的订单反复审核所发货物是否符合客户的要求,能否保证正确按照客户的订单来交货是客户最关心的问题之一,如果不能按照顾客的订单发货,企业物流服务形象将大打折扣。反映订单与交货一致性的主要作业指标是无误交货率,其公式如下:

无误交货率=一年内准确按照客户订单发货次数÷一年内发货总次数×100%。

因此,全球物流企业必须在各个配送中心设立订单管理员专门从源头上跟踪和保证订单的传输和准确性,降低订单的出错概率,从而努力提高物流客户服务水平。

(六)交货及时率

交货及时率=年准时送达货物数量÷年送货总量×100%。

(七)货物破损率

在货物的装卸过程中经常会发生货物破损,在出货高峰期,通常会由于装卸力量不足而导致发货速度慢和破损率居高不下。一般用货物破损率来衡量在为客户配送货物的过程中货物的破损情况,其公式如下:

货物破损率=年破损货物价值÷年发送货物总价值×100%。

这个指标一般最高限值是5%,出货高峰期配送中心可租用叉车来降低破损率,提高装卸率。

三、全球物流绩效评价的方法

在当今激烈竞争的全球物流市场环境中,物流绩效评价必须涵盖财务面和非财务面。一个完善的物流绩效评价制度可以帮助物流管理者了解企业将达到什么样的目

---

① 吴锦峰:《零售企业精细化管理实证研究》,《商业时代》,2005年第3期,第21—22页。

标,如何实现这个目标,因此现今的物流绩效评价制度必须考虑整个评价目标与策略的全面性能,而不仅仅是个别部门的财务指标。只有这样,方能实现企业的物流目标,并将企业的物流目标和策略转化为绩效评价的方法。

(一)常见的物流绩效评价方法

1.排队评价法

所谓排队评价法是以物流绩效为基础对物流评价对象进行排队比较,评出不同级别。例如,对 5 个较具可比性的配送中心或物流中心或物流仓库进行比较,评出优秀、优良、中等、较差和最差 5 个级别。排队法简便、应用广泛,但不是按既定的物流绩效评价标准进行打分,缺乏可信度和精确度,而且很难真正鉴别评价对象之间的差别。

2.等级评价法

所谓等级评价法是首先确定全球物流评价项目及影响因素,然后针对每个评价项目制定出具体的评价标准及要求,并按其重要程度设置权重和评分标准,分值按绩效优劣从高到低打出,最后把各项得分汇总,总评分越高,物流绩效就越好。这种评价方法比较科学,但是评价工作量大而繁重,而且权重不易设置。

(二)独特的"全方位绩效看板"评价方法

1."全方位绩效看板"评价法产生的背景与优点

传统财务性绩效评价过分重视净利润率,而忽视顾客、职员、运营风险、作业工序与控制等对物流企业或部门正常运营和长远获利能力有重大影响的因素。美国哈佛大学商学院罗伯特·卡普莱教授于 1990 年提出的"全方位绩效看板"评价法整合了传统财务性绩效评价的功能,并兼顾到对企业长期竞争能力与未来成长具有重大影响的其他因素。有效的绩效评价方法必须是一个系列的管理过程,这样方能实现企业管理目标。"全方位绩效看板"评价法正是从这点出发,将企业战略目标转变成有条理的企业绩效评价方式。利用"全方位绩效看板"评价法控制企业,就如飞行员驾驶飞机,"看板"就是机舱内的仪表盘,飞机要顺利飞行,到达目的地,必须注意仪表盘上的所有数据,如飞行高度、速度、航向、存油、外部环境等,这样才能平安准确地将飞机开往目的地。同样道理,一个企业要持续向着长期发展目标前进,必须重视企业运营中的多层面因素并加以整合,才能达到预期目标。"全方位绩效看板"正是将企业整体目标化为"仪表盘"上的各种数据的方法,不仅可让管理者对企业现状一目了然,更重要的是可以控制整个企业的发展方向。

"全方位绩效看板"评价法可以说是一种全面的管理制度,其使公司在作业程序、客户服务及市场开发方面有突破性的改进。"全方位绩效看板"评价法具有以下优点:①涵盖企业整体的发展目标;②维持现有的竞争优势;③维持全体职工高度的竞争意识;④提供不断改进的渠道;⑤维持公司现有的运营优势。

2."全方位绩效看板"评价因素

(1)财务层面因素。财务层面涵盖了传统的绩效评价方式,但是财务层面的评价因素并非唯一的或最重要的,它只是企业整体发展战略中不可忽视的要素中的一部分。

全球物流管理战略往往立足于长期发展和获取利润的能力上,并非只盯着近期的利润。

(2)客户层面因素。"全方位绩效看板"要求企业始终站在客户的立场上,来评价企业经营活动中主要包括时间、成本、质量、服务等与客户直接相关的指标,这些指标应该从与客户直接接触的部门经理那里开始。值得提醒的是,价格并不是争取客户的唯一要素,诸如订货、配送、检验、分拣等非价格因素有时更加重要,是全球物流绩效评价的关键所在。

(3)内部层面因素。为了提高全球客户满意度与忠诚度,全球物流企业还需要在内部作业流程决策与实施等问题上下功夫。换言之,就是要将那些能增进企业整体目标的单位、部门或工作群体等作为绩效评价的重要部分,将其现实绩效与评价标准进行比较和分析。

(4)革新与学习层面的因素。客户层面和内部层面的评价主要针对全球物流现有竞争能力,而革新与学习层面强调的是全球物流企业的不断创新,并能保持其竞争能力与未来的发展势头。因此无论是管理阶层还是基层职员都必须不断地学习,不断地获取知识,追求终身教育;不停地推出新的服务和产品,并且迅速有效地占领市场;对新科技的学习和运用,会不断地减少运营成本,并有利于找到新增附加值的机会;等等。总之,面临多变的运营环境和市场需求,全球物流企业或部门必须经常改变其目标及策略,以求不断创新和成长。

3."全方位绩效看板"评价法的实施步骤

"全方位绩效看板"评价法的实施步骤因企业不同的市场状况、经营策略与战略、竞争环境而不同。通用的"全方位绩效看板"评价方法有下列步骤:

(1)预备。首先将与实施绩效评价相关的客户、销售渠道、配送、设备及财务等要素综合考虑,设计出适当的绩效看板。

(2)访问记录。向每一位高级管理人员了解企业内部情况及背景,作为规划企业发展战略的参考。同时还要找出影响企业成功的重要因素有哪些。

(3)研讨会。召集由企业高级管理人员组成的绩效评价小组成员,开会研究、讨论绩效看板的流程,并提出评价标准。

(4)第二次访问记录。再次深入访问相关人员,根据研讨会的结论,结合访问意见,完成初步绩效看板的设计。

(5)第二次研讨会。召集企业高、中级管理人员及其部分下属一起研究讨论绩效评价的目标及策略,并完成试验性的绩效看板的设计。

(6)第三次研讨会。召开由企业高级管理人员组成的绩效评价小组会议,研究讨论目标及评价方法,并取得一致意见,确定初步行动及从计划到完成目标的程序。

(7)完成。在上述访问记录及研讨的基础上不断改进,完成"全方位绩效看板"的设计,并在"全方位绩效看板"下建立企业的资料库及资信系统,完成针对高层与低层的评价标准。

(8)定期检查。根据每季度或每月高层管理人员及部门经理的讨论意见及建议,不断改进"全方位绩效看板"所显示的咨询信息,以完成公司的评价目标。

第二节　现代供应链与供应链管理思想

一、现代供应链的地位、概念及其特征

(一)现代供应链的地位

21世纪的市场竞争将不是企业和企业之间的竞争,而是供应链和供应链之间的竞争,任何一个企业只有与别的企业结成供应链才有可能取得竞争的主动权。像宝洁、惠普、戴尔和沃尔玛等许多著名企业的成功实践证明,一个协调一致、紧密一体化的供应链是企业竞争力的关键。

20世纪70年代是以企业关注质量为特征的10年,在此期间,企业对全面质量管理和零缺陷之类的技术明显有着浓厚兴趣。在20世纪80年代,质量不再是竞争力的一个来源,它成为一种基本要求,没有质量,企业就无法生存。然后,竞争的重点转到了生产效益,诸如精益生产、JIT和零库存生产开始形成。在20世纪90年代,多数企业能够应用上述制造技术从它们的作业中"挤出多余的脂肪"。继续发展下去,多数企业了解到最大的机会出现在制造工厂的围墙外面,竞争领域逐步转到全球供应链的管理上。许多与供应链管理相关的问题越来越受到人们的关注,譬如物料从何而来? 在哪里加工或转化它们? 利用什么分销渠道? 怎样和你的供应商、客户建立牢固的关系? 如何从你的最终消费者那里获得直接的信息? 应该利用什么物流体系? 怎样协调全球性的信息流? 如何为供应链中的伙伴建立激励机制来优化整体绩效?

(二)现代供应链概念的形成

早期的观点认为,供应链是制造企业的一个内部过程,它是指把从企业外部采购的原材料和零部件,通过生产转换和销售等活动,再传递给零售商和用户的一个过程。这一定义局限于企业的内部操作层上,注重企业自身的资源利用,而且供应链中的各企业独立运作,忽略了与外部供应链成员企业的联系,往往造成企业间的目标冲突。后来相关专家注意到了企业与其他企业的联系,注意到了供应链的外部环境,认为供应链应是一个通过链接不同企业的制造、组装、分销、零售等环节,并将原材料转换成产品,再送到最终用户处的转换过程。这是更大范围、更为系统的概念。例如,美国的史迪文斯认为,通过增值过程和分销渠道控制从供应商的供应商到用户的用户的流就是供应链,它开始于供应的原点,结束于消费的终点。

现代供应链的概念更加注重围绕核心企业的网链关系,如核心企业与供应商、供应商的供应商乃至与一切前向的关系,与用户、用户的用户及一切后向的关系。此时,人们对供应链的认识形成了一个网链的概念,像丰田、耐克、尼桑、麦当劳和苹果等企业的供应链管理都是从网链的角度来实施的。哈理森(Harrison)进而将供应链定义为:供应链是执行采购原材料的任务,将它们转换为中间产品和成品,并且将成品销售给用户的功能网链。这些概念同时强调供应链的战略伙伴关系是很重要的,通过建立战略伙伴关系,可以与重要的供应商和用户更有效地开展工作。

我国 2001 年发布实施的《物流术语》国家标准(GB/T18354—2001)对供应链的定义是,生产及流通过程中,涉及将产品或服务提供给最终用户活动的上游与下游企业所形成的网链结构。美国供应链协会认为,供应链是目前国际上广泛使用的一个术语,涉及从供应商的供应商到客户的最终产品生产与交付的一切努力。

通常,一条完整的供应链包括供应商、制造商、分销商、第三方物流企业、零售商及消费者,任何一个企业都必然处于某条供应链当中。以服装厂为例,它所处的供应链向上经过纺织厂而延伸到纤维制造厂,向下经过批发商和专卖店而延伸到客户,当然,供应链中也可能包括第三方物流企业。在供应链中不仅有商品的流动,还有相关的物流、信息流和资金流。

综上所述,我们给出一个现代供应链的定义:供应链是围绕核心企业,通过对信息流、物流、资金流的控制,从采购原材料开始,制成中间产品及最终产品,最后由销售网络把产品送到消费者手中的将供应商、制造商、分销商、零售商、最终用户连成一个整体的网链结构模式。

(三)现代供应链的特征

根据供应链的定义可以看出,供应链是一个网链结构(如图 12-1 所示),由围绕核心企业的供应商、供应商的供应商、用户和用户的用户组成。一个企业是一个节点,节点企业和节点企业之间是一种需求与供应关系。现代供应链主要具有以下特性:

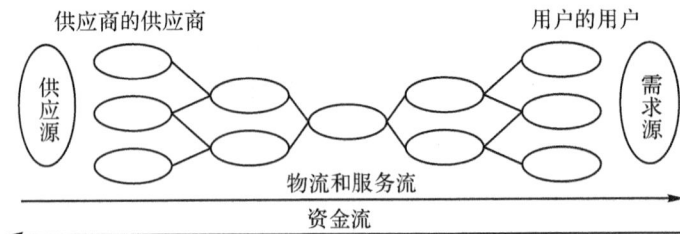

图 12-1 供应链的一般结构

1. 复杂性

因为供应链节点企业组成的跨度(层次)不同,供应链往往由多个、多类型甚至多国企业构成,所以供应链结构模式比一般单个企业的结构模式更为复杂。

2. 动态性

因企业战略和市场需求的变化,供应链中节点企业的需求会动态地更新,这就使得供应链具有明显的动态性。

3. 面向用户需求

供应链的形成、存在、重构,都是基于一定的市场需求而发生的,并且在供应链的运作过程中,用户的需求拉动是供应链中信息流、产品/服务流、资金流运作的驱动源。

4. 交叉性

节点企业可以既是这个供应链的成员,同时又是另一个供应链的成员,众多的供应链形成交叉结构,增加了协调管理的难度。

二、"二战"以后供应链管理思想的演变

(一)供应链管理的内涵

供应链管理是一种集成的管理思想和方法,包含对由客户、供应商、制造商与分销商组成的网络中物料、信息和流动资金的管理。成功的供应链管理就是要把所有这些活动整合为一个无缝的过程。对供应链管理的定义可谓见仁见智,但在一定程度上都集成了供应链和增值链的内容。例如,伊文斯(Evens)认为,供应链管理是通过前馈的信息流和反馈的物料流及信息流,将供应商、制造商、分销商、零售商,直到最终用户连成一个整体的管理模式。菲利浦(Phillip)则认为,供应链管理不是供应商管理的别称,而是一种新的管理策略,它把不同企业集成起来以增加整个供应链的效率,注重企业之间的合作。美国供应链协会认为,供应链管理包括贯穿于整个渠道来管理供应与需求、原材料与零部件采购、制造与装配、仓储与存货跟踪、订单录入与管理、分销,以及向客户交货。全球供应论坛对供应链管理的定义是:供应链管理是包括从最终用户一直到初始供应商的向客户提供增值的产品、服务和信息的业务流程的一体化。这里的业务流程实际上包括了两个相向的流程组合:一是从最终用户到初始供应商的市场需求信息的逆流而上的传导过程;二是从初始供应商向最终用户的顺流而下且不断增值的产品和服务的传递过程。供应链管理就是对这两个核心业务流程实施的一体化运作。

《物流术语》(2001)将供应链管理定义为:利用计算机网络技术全面规划供应链中的商流、物流、信息流、资金流等,并进行计划、组织、协调与控制。

(二)"二战"以后供应链管理思想的演变

学术界一般认为,从早期的物流管理发展到供应链管理共经历了仓储与运输管理、总成本管理、物流管理一体化、供应链管理 4 个阶段,每个阶段的管理重点与组织设计各有不同。具体见表 12-1。

表 12-1　供应链管理的演变阶段

阶段	管理重点	组织设计
仓储与运输管理阶段	作业绩效	功能分散
总成本管理阶段	作业成本与顾客服务优化	功能集中
物流管理一体化阶段	物流规划	物流功能整合
供应链管理阶段	供应链远景目标与方向	虚拟组织市场共存

1.仓储与运输管理阶段:1945—1960 年

本阶段是储存、运输和采购等功能分离,各自单独经营的阶段。就仓储业而言,这段时间的业务主要是储存货物。在此期间,许多工厂都造了仓库,但生产率不高。仓库多为封闭型、储存型,通常可称为"储备仓库"。

2.总成本管理阶段:1960—1980 年

本阶段的特点是部分功能集成,例如采购与物料控制、库存控制功能结合成物料管

理,送货与分拣、拣选等结合成配送。但集成只限于某几种功能,并未扩展到全部物流活动。本阶段的仓储业发生了重大变化,能满足越来越多的生产需要。货物周转越来越快,储存期越来越短,仓库由储备型转向流通型。此外,随着科学技术的发展和连锁经营的出现与兴起,企业对物流的要求也发生了变化。本阶段提出了配送的概念,出现了配送中心。

3. 物流管理一体化阶段:1980—1990 年

本阶段的特点是企业内部的物流一体化,把物流各项功能集中起来,当作一个系统进行管理。以前的物流管理多为分项管理,把采购、运输、配送、储存、包装、订单处理、库存控制等物流功能割裂开来,各自为政。结果各部分都力图使自己的成本最小化,却忽略了整个物流系统的总成本,忽视了各要素之间的相互作用。事实上,各部分的优化并不能保证整个系统的最优化,因为物流的各部分存在冲突。例如,为了降低运输成本而增加仓库数量必然会增加在物流设施设备上的投资;降低库存数量能减少库存占用资金、节省仓储费用,却可能降低顾客服务水平。发展到本阶段后,企业物流管理的目标不再是使哪一种功能的成本最小,而是要通过所有功能之间的平衡降低企业整个物流系统的总成本,或者在一定的顾客服务水平上使物流成本合理化。同时,企业管理者愈发认识到物流在企业经营中的重要地位,学术界也提出了"战略物流管理"的概念。

4. 供应链管理阶段:1990 年至今

本阶段的特点是供应链管理的兴起。20 世纪 90 年代以来,随着企业界物流管理实践的深入,大家开始认识到产品的竞争力并非由一个企业决定,而是由产品的供应链决定。以前,企业尽量把物流成本转嫁给供应链上下游的企业,这样或许会降低某个企业的物流成本,但它好比把钱从一个口袋放入另一个口袋,钱的总数并没有发生变化,同样,物流成本的转移无法减少整个供应链的物流成本,最终仍要反映在商品售价上。由于产品竞争力未见提高,最后受害的仍将是供应链中的所有企业,牺牲供应链伙伴的利益以谋求自身利益的做法是不可取的。于是,有战略眼光的企业便开始寻求一种变通方法,转向实施供应链管理,与供应链伙伴进行物流协作,共同寻求降低物流成本、改善物流服务的途径。到了本阶段后,企业已不再把目光局限在企业内部的物流系统,而把供应链当作一个系统,把物流管理延伸到企业外部。

三、供应链管理的实施和策划

(一)供应链管理基本方针的确定

所谓基本方针是指在满足最终客户需求(如零售店头进货等)的基础上如何构筑供应链,以及与什么样的企业形成合作关系。在基本方针确立阶段,最为重要的问题是整个供应链由谁来主导。另外还要确定,各参与方如厂商、批发商和零售商各自承担什么职责。在明确职责时,一个重要的问题是主导者的主导权究竟是什么,它能否成为统一整个供应链的关键要素。如果主导权模糊不清,不仅无助于计划、设计的制订与实施,同时也无法维系整个供应链的运转,无法建立起强有力的管理组织。所以说,主导者和主导权的确立是进行供应链管理的前提条件。

(二)绘制"供应链物流图",找出需要改进的问题

在供应链管理中,对物流现状的分析不是针对一个企业而言,而是针对供应链整个商品流动过程的情况的,即商品在各部门、各企业的滞留时间及在库情况。彻底查明从最初供应商开始到最终客户为止整个供应链存在的问题,并实现流通。整体改善的方法主要是绘制"供应链物流图"。在"供应链物流图"中考察的问题大致有:供应的滞留时间有多长、商品在各部门的滞留时间有多长、中心仓库及站头在库是否过多、从客户服务的角度考虑批发在库是否过多、流通全过程的物流时间是否过长,以及在库配置方面(即在哪个企业的哪个仓库如何配置库存才能更好地为最终用户提供高质量的服务)等问题。

通过"供应链物流图"能很清楚地知晓商品在整个流通过程中的问题与不足。然而,需要进一步指出的是,分析"供应链物流图",考察物流状况,发现、找出问题不能仅仅局限于纵向思维,也需要从横断面来考察,这就要运用定点超越(Benchmarking)分析法。定点超越是进行市场营销战略规划的一种重要手段与方法,它是指通过对比本企业与同产业中先进企业或其他产业先进企业在战略设定、计划、实施和控制上的差异,找出本企业的不足与具体差距,并以此作为企业进一步发展超越的目标的一种战略分析方法。这种方法也同样适用于供应链分析,即通过对比先进企业的"供应链物流图",找出本企业在供应链不同阶段的物流时间、在库上的问题,将其作为物流系统改善的方向。

(三)制订供应链管理计划

1. 明确管理范围

明确供应链管理范围就是要明确供应链管理纵向和横向的领域。纵向领域是指从供应商到零售商的合作对象的选择,即对于某个企业供应链来讲,是否需要厂商、批发商或零售商的加盟,或者说,本供应链的薄弱环节在什么位置,需要强化的经济主体是哪种类型,等等。相对而言,纵向领域较易确定,比较复杂、具有难度的是横向领域的确定。横向领域涉及流通各环节交易主体的类型、幅度和数量,如零售商是否需要从系列化向非系列化发展,或者从专业店向综合店发展,供应链中的厂商应该是固定的还是竞争开放式的问题。显然,这些要素对于供应链长期绩效能产生深远影响,因而需要慎重考虑。

2. 确定管理战略

管理战略主要涉及本企业供应链与其他供应链的竞争方法和预期目标。

3. 确定合作领域和变革领域

可能的合作领域包括物流活动,运输,库存,物流管理(组织、控制等),流通加工,低成本生产,商品企划,物流网与信息搜集等。变革领域主要包括:自动补充发货系统(VMI),店头改进建议,共同型商品开发,自有品牌(PB)商品开发,多频度、小单位、全过程型物流,共同配送,持续商品补充,等等。

(四)消除供应链间的瓶颈,明确企业活动的规则

第一,供应链中各合作成员要通过信息公开、计划共有、业务共同化等制度的建设,积极地为合作方提供利益。这是供应链制度建设中至关重要的一点。销售、出货、在库信息的非公开往往是供应链的瓶颈,也是合作经营难以开展的主要因素。第二,合作成员间的风险分担对消除供应链瓶颈具有积极意义。随着JIT生产体系的普及及多频度、小单位配送的发展,如何消除由此给零部件供应商和批发商带来的成本上升、风险增大的问题,需要引起重视。只有正确解决了风险分担问题,才能提高供应链物流效率,取得超越企业、部门界限的合作性利益;相反,一味把风险转嫁出去,只会增加供应链的不稳定。

(五)供应链管理制度建设的路径和机构

构筑一定的制度框架和装置是保障供应链管理顺利进行的基础与前提条件。众所周知,从制度经济学的角度看,经济绩效是在一定的制度框架内产生,没有完善的制度装置,将无法保证经济绩效的稳定实现。同样,要发挥供应链在渠道全过程中的优势,实现流通体系的最优化,必须确定供应链建设中相应的路径和机构。

从具体实施的情况来看,建立用计算机连接的能够反映物流、信息流的综合系统是供应链管理必不可少的条件(见图12-2),亦即在POS信息系统基础上确立各种计划和进货流程。也正因为如此,VAN和EDI的导入、从供应到最终客户全过程的货物追踪系统和各成员间的沟通系统的建立成为供应链构造的重要内容。

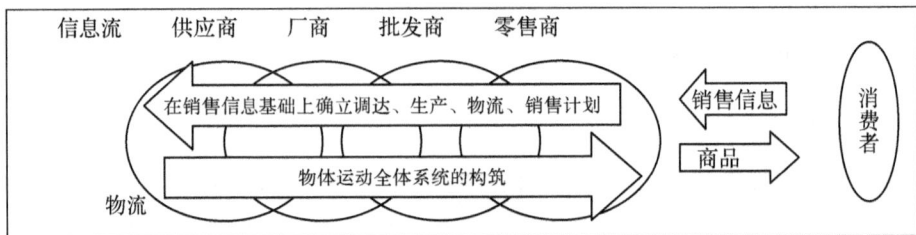

图 12-2　供应链的系统设计

从管理机构的设立来讲,各自分散的物流、信息流管理显然不适应供应链管理全过程、整体性的要求,要实现信息的高度集约化,提高决策的判断力,并灵活应对市场变化,必须改变原来垂直型的组织机构,建立兼自律与灵活性于一体的网络合作型中间组织。因此,在供应链建设中,往往可以看到厂商、批发商、零售商通过合作或合资的形式来建立共同的物流管理机构。

第三节　供应链管理系统和技术

一、快速反应(Quick Response,QR)系统

(一)快速反应系统出现的背景

从20世纪70年代后期开始,美国纺织服装的进口量急剧增加,到80年代初期,进

口服装商品的销售量大约占到纺织服装行业总销售量的 40%。针对这种情况,美国纺织服装企业一方面要求政府和国会采取措施阻止纺织品的大量进口,另一方面通过设备更新来提高企业的生产率。但是,即使这样,廉价进口纺织品的市场占有率仍在不断上升,而本地生产的纺织品市场占有率却在连续下降。为此,一些主要的经销商成立了"用国货为荣委员会"(Crafted with Pride in USA Council)。委员会一方面通过媒体宣传国产纺织品的优点,开展共同的销售促进活动;另一方面,委托零售业咨询企业 Kurt Salmon 从事提高竞争力的调查。Kurt Salmon 在经过大量充分的调查后指出,虽然纺织品产业供应链各环节的企业都十分注重提高各自的经营效率,但是整个供应链全体的效率却并不高。为此,Kurt Salmon 建议零售业者和纺织服装生产厂家合作,共享信息资源,建立一个快速反应系统来实现销售额的增长,投资回报率和客户服务的最优化,库存量、商品缺货、商品风险和减价最小化的目标。

(二)快速反应成功的条件

Blackburn(1991)在对美国纺织服装业快速反应研究的基础上总结出快速反应成功的 4 个条件。

1. 必须开发和应用现代信息处理技术

这是成功进行快速反应活动的前提条件。这些信息技术有商品条形码技术、物流条形码技术(SCM)、电子订货系统(EOS)、POS 数据读取系统、EDI 系统、预先发货清单技术(ASN)、电子支付系统(EFT)、生产厂家管理的库存方式(VMI)、连续补充库存方式(CRP)等。

2. 必须改变传统的经营方式,革新企业的经营意识和组织

改变传统的经营方式和革新企业的经营意识与组织具体表现在以下 5 个方面:

(1)企业不能局限于依靠本企业独自的力量来提高经营效率的传统经营意识,要树立通过与供应链各方建立合作伙伴关系、努力利用各方资源来提高经营效率的现代经营意识。

(2)零售商在垂直型快速反应系统中起主导作用,零售店铺是垂直型快速反应系统的起始点。

(3)在垂直型快速反应系统内部,通过 POS 数据等销售信息和成本信息的相互公开和交换,来提高各个企业的经营效率。

(4)明确垂直型快速反应系统内各个企业之间的分工协作范围和形式,消除重复作业,建立有效的分工协作框架。

(5)必须改变传统的事务作业的方式,通过利用信息技术实现事务作业的无纸化和自动化。

3. 必须与供应链各方建立战略伙伴关系

与供应链各方建立战略伙伴关系具体包括以下两个方面内容:一是积极寻找和发现战略合作伙伴;二是在合作伙伴之间建立分工和协作关系。合作的目标定为削减库存、避免缺货现象的发生、降低商品风险、避免大幅度降价现象发生、减少作业人员和简化事务性作业等。同时,必须改变传统的对企业商业信息保密的做法,要将销售信息、库存信息、生产信息、成本信息等与合作伙伴交流分享,并在此基础上,要求各方在一起发现问题、分析问题和解决问题。

4.供应方必须缩短生产周期,降低商品库存

具体来说,供应方应努力做到:①缩短商品的生产周期(Cycle Time);②进行多品种、少批量生产和多频度、小数量配送,降低零售商的库存水平,提高顾客服务水平;③在商品实际需要将要发生时采用 JIT 生产方式组织生产,减少供应商自身的库存水平。

(三)快速反应系统的效果与原因

Blackburn 研究的结果显示:零售商在应用快速反应系统后,销售额大幅度增加,商品周转率大幅度提高,需求预测误差大幅度减少。应用快速反应系统后之所以有这样的效果,其原因是:

1.销售额的大幅度增加

应用快速反应系统可以降低经营成本,从而能降低销售价格,增加销售;伴随着商品库存风险的减小,商品以低价位定价,增加销售;能避免缺货现象,从而避免销售的机会损失;易于确定畅销商品,能保证畅销品的品种齐全,实现连续供应,增加销售。

2.商品周转率的大幅度提高

应用快速反应系统可以减少商品库存量,并保证畅销商品的正常库存量,加快商品周转。

3.需求预测误差大幅度减少

应用快速反应系统可及时获得销售信息,把握畅销商品和滞销商品,同时通过多频度、小数量送货方式,实现实需型进货(零售店需要的时候才进货),这样使需求预测误差减小。值得一提的是,虽然应用快速反应系统的初衷是对抗进口商品,但是实际上并没有出现这样的结果。相反,随着竞争的全球化和企业经营的全球化,快速反应系统管理迅速在各国企业界扩展。其间,航空运输为国际上的快速反应提供了保障。现在,快速反应方法成为零售商实现竞争优势的工具。同时,随着零售商和供应商结成战略联盟,竞争方式也从企业与企业间的竞争转变为战略联盟与战略联盟之间的竞争。

二、效率型消费者反应(ECR)系统

(一)效率型消费者反应系统出现的背景

在 20 世纪 60 年代和 70 年代,美国日杂百货业的竞争主要是在生产厂商之间展开的。竞争的重心是品牌、商品、经销渠道和大量的广告及促销,在零售商和生产厂家的交易关系中生产厂家占据支配地位。进入 80 年代特别是到了 90 年代以后,在零售商和生产厂家的交易关系中,零售商开始占据主导地位,竞争的重心转向流通中心、商家自有品牌(PB)、供应链效率和 POS 系统。同时在供应链内部,零售商和生产厂家之间为取得供应链主导权的控制,同时为商家自有品牌(PB)和厂家品牌(NB)占据零售店铺货架空间的份额展开激烈的竞争,这种竞争使得在供应链的各个环节间的成本不断转移,导致供应链整体的成本上升,而且容易牺牲力量较弱一方的利益。

在这期间,从零售商的角度来看,随着新的零售业态如仓储商店、折扣店的大量涌现,使得它们能以相当低的价格销售商品,从而使日杂百货业的竞争更趋激烈。在这种状况下,许多传统超市开始寻找应对这种竞争方式的新管理方法。从生产厂家的角度来看,由于日杂百货商品的技术含量不高,大量无实质性差别的新商品被投入市场,使生产厂家之间的竞争趋同化。生产厂家为了获得销售渠道,通常采用直接或间接的降价方式作为向零售商促销的主要手段,这种方式往往会牺牲厂家自身的利益。所以,如果生产商能与供应链中的零售商结成更为紧密的联盟,将不仅有利于零售业的发展,同时也符合生产厂家自身的利益。

另外,从消费者的角度来看,过度竞争往往会使企业在竞争时忽视消费者的需求。通常消费者要求的是商品的高质量、新鲜度、服务水平和提供在合理价格基础上的多种选择。然而,许多企业往往不是通过提高商品质量、服务和在合理价格基础上的多种选择来满足消费者,而是通过大量的诱导型广告和广泛的促销活动来吸引消费者转换品牌,同时通过提供大量有非实质性变化的商品供消费者选择。这样消费者不能得到他们需要的商品和服务,他们得到的往往是高价、眼花缭乱和不甚满意的商品。对应于这种状况,客观上要求企业从消费者的需求出发,提供能满足消费者需求的商品和服务。

在上述背景下,美国食品市场营销协会(US Food Marketing Institute,FMI)联合包括 COCA-COLA,P&G,Safe-Way Store 在内的 16 家企业与流通咨询企业 Kurt Salmon Associates 一起组成研究小组,对食品业的供应链进行调查、总结和分析,于 1993 年 1 月提出了改进该行业供应链管理的详细报告。在该报告中,研究小组系统地提出效率型消费者反应(Efficient Consumer Response,ECR)的概念和体系。经过美国食品市场营销协会的大力宣传,ECR 的概念被零售商和制造商所接纳并被广泛地应用于实践。

(二)ECR 的定义和特征

1. ECR 的定义

ECR 是指一个生产厂家、批发商和零售商等供应链成员各方相互协调和合作,以更好、更快、更低的成本满足消费者需要为目的的供应链管理系统。ECR 的优势在于供应链各方为了提高消费者满意度这个共同的目标进行合作,分享信息和诀窍。ECR 是一种把以前处于分离状态的供应链联系在一起来满足消费者需要的工具。

2. ECR 的特征

(1)管理意识的创新。传统的产销双方的交易关系是一种此消彼长的对立型关系,即交易各方以对自己有利的买卖条件进行交易。简单地说,是一种赢—输型(Win-Lose)关系。ECR 要求产销双方的交易关系是一种合作伙伴关系,即交易各方通过相互协调合作,实现以低的成本向消费者提供更高价值服务的目标。简单地说,是一种双赢型(Win-Win)关系。

(2)供应链整体协调。传统流通活动缺乏效率的主要原因在于厂家、批发商和零售商之间存在企业间联系的非效率性和企业内采购、生产、销售和物流等部门或职能之间存在部门间联系的非效率性。传统的组织是以部门或职能为中心进行经营活动的,以各个部门或职能的效益最大化为目标。这样虽然能够提高各个部门或职能的效率,但容易引起部门或职能间的摩擦。同样,传统的业务流程中各个企业以各自企业的效益最大化为目标,这样虽然能够提高各个企业的经营效率,但容易引起企业间的利益摩擦。ECR 要求各部门、各职能及各企业之间进行跨部门、跨职能和跨企业的管理和协调,使商品流和信息流在企业内和供应链内顺畅地流动。

(3)涉及范围广。既然 ECR 要求对供应链整体进行管理和协调,ECR 所涉及的范围必然包括与零售业、批发业和制造业等相关的多个行业。为了最大限度地发挥 ECR 所具有的优势,必须对关联的行业进行分析研究,对组成供应链的各类企业进行管理和协调。

(三)ECR 系统的技术要素

1.营销技术

在 ECR 系统中采用的营销技术主要是商品类别管理(Category Management)和店铺空间管理(Space Management)。

(1)商品类别管理是以商品类别为管理单位,寻求整个商品类别全体收益最大化。具体来说,企业对经营的所有商品按类别进行分类,确定或评价每一个类别商品的功能、作用,收益性、成长性等指标,在此基础上,结合考虑各类商品的库存水平和货架展示等因素,制订商品品种计划,对整个商品类别进行管理,以便在提高消费者服务水平的同时增加企业的销售额和收益。例如,企业把某类商品设定为吸引顾客的商品,把另一类商品设定为增加企业收益的商品,努力做到在满足顾客需要的同时兼顾企业的利益。商品类别管理的基础是对商品进行分类,分类的标准、各类商品功能和作用的设定依企业的使命和目标的不同而不同。但是原则上,商品不应该以是否方便企业来进行分类,而应该以客户的需要和客户的购买方法来进行分类。

(2)店铺空间管理是对店铺的空间安排、各类商品的展示比例、商品在货架上的布置等进行最优化管理。在 ECR 系统中,店铺空间管理和商品类别管理同时进行、相互作用。在综合店铺管理中,店铺对所有类别的商品进行货架展示面积的分配,对每个类别下的不同品种的商品进行货架展示面积分配和展示布置,以便提高单位营业面积的销售额和单位营业面积的收益率。

2.物流技术

ECR 系统要求及时配送和顺畅流动,实现这一要求的方法有连续库存补充计划、自动订货、预先发货通知、厂家管理库存、交叉配送、店铺直送等。

(1)连续库存补充计划(Continuous Replenishment Program,CRP)利用及时准确的 POS 数据确定销售出去的商品数量,根据零售商或批发商的库存信息和预先规定的库存补充程序确定发货补充数量和发送时间。同时,以小批量、多频度方式进行连续配送,补充零售店铺的库存,提高库存周转率,缩短交纳周期、时间。

(2)自动订货(Computer Assisted Ordering,CAO)是基于库存和需求信息利用计算机进行自动订货的系统。

(3)预先发货通知(Advanced Shipping Notice,ASN)是生产厂家或者批发商在发货时利用电子通信网络提前向零售商传送货物的明细清单。这样零售商事前可以做好货物进货准备工作,同时可以省去货物数据的输入作业,提高商品检验作业的效率。

(4)厂家管理库存(Vender Managed Inventory,VMI)是生产厂家等上游企业对零售商等下游企业的流通库存进行的管理和控制。具体来说,生产厂家基于零售商的销售、库存等信息,判断零售商的库存是否需要补充。如果需要补充的话,厂家管理库存系统会自动向本企业的物流中心发出发货指令,补充零售商的库存。VMI 方法包括POS、CAO、ASN 和 CRP 等技术。在采用 VMI 的情况下,虽然零售商的商品库存决策主导权由作为供应商的生产厂家把握,但是,在店铺的空间安排、商品货架布置等店铺空间管理方面的决策仍然由零售商主导。

(5)交叉配送(Cross Docking,CD)是指在零售商的流通中心,把来自各个供应商的货物按发送店铺迅速进行分拣装车,向各个店铺发货。在交叉配送的情况下,流通中心是一个具有分拣装运功能的通过型中心,利用它有利于缩短交纳周期、减少库存、提高库存周转率,从而节约成本。

(6)店铺直送(Direct Store Delivery,DSD)方式是指商品不经过流通配送中心,直接由生产厂家运送到店铺的运送方式。采用店铺直送方式可以保持商品的新鲜度,减少商品运输破损,缩短交纳周期和时间。

3. 信息技术

ECR 系统应用的主要信息技术有电子数据交换(Electronic Data Interchange,EDI)和销售时点信息(Point Of Sale,POS)。

(1)ECR 系统的一个重要信息技术是 EDI。信息技术最大的作用之一是实现事务作业的无纸化或电子化,即利用 EDI 在供应链企业间传送交换订货发货清单、价格变化信息、付款通知单等文书单据。例如,厂家在发货的同时预先把产品清单发送给零售商,这样零售商在商品到货时,便可用扫描仪自动读取商品包装上的物流条形码获得进货的实际数据,并自动地与预先到达的商品清单进行比较。因此,使用 EDI 可以提高事务作业效率。另外,可以利用 EDI 在供应链企业间传送交换销售时点数据、库存信息、新产品开发信息和市场预测信息等直接与经营有关的信息。

(2)ECR 系统的另一个重要信息技术是 POS。对零售商来说,通过对店铺收银台自动读取的 POS 数据进行整理分析,可以掌握消费者的购买动向,找出畅销商品和滞销商品,做好商品类别管理;可以通过 POS 数据做好库存管理、订货管理等工作。对生产厂家来说,通过 EDI 利用及时准确的 POS 数据,可以把握消费者需要,制订生产计划,开发新产品,还可以把 POS 数据和 EOS 数据结合起来分析把握零售商的库存水平,进行生产厂家的库存管理。现在,许多零售企业把 POS 数据和顾客卡(Customer Card)、点数卡(Point Card)等结合起来使用。通过顾客卡,可以知道某个顾客每次在什么时间、购买了什么商品、金额多少,以及到目前为止总共购买了哪些商品、总金额是多少。对通过顾客卡获得的数据进行分析,可以了解客户的购买行为,发现不同层次顾客的需要,做好商品促销等方面的工作。

4. 组织革新技术

应用 ECR 系统不仅需要供应链的每一个组成成员紧密协调和合作,还需要每一个企业内部各个部门间紧密协调和合作，因此，想要成功地应用 ECR 系统，需要对企业的组织体系进行革新。在企业内部的组织革新方面，需要把采购、生产、物流、销售等按职能划分的组织形式改变为以商品流程为基本职能的横断形组织形式。具体来讲，是把企业经营的所有商品按类别划分，对应每一个商品类别设立一个管理团队，以这些管理团队为核心构成新的组织形式。在这种组织形式中给每一个商品类别管理团队设定经营目标（如顾客满意度、收益水平、成长率等），同时在采购、品种选择、库存补充、价格设定和促销等方面赋予相应的权限。

在组成供应链的企业间需要建立双赢型的合作伙伴关系。具体来讲，厂家和零售商都需要在各自企业内部建立以商品类别为管理单位的组织。这样双方相同商品类别的管理团队就可聚集在一起，讨论从材料采购、生产计划到销售状况、消费者动向的有关该商品类别的全盘管理问题。另外，还需要在企业间进行信息交换和信息分享。当然，这种合作伙伴关系的建立有赖于企业最高决策层的支持。

我们在前面已经谈到 ECR 是供应链各方推进真诚合作来实现客户满意和实现基于各方利益的整体效益最大化的过程，这就引申出下面一个问题：由供应链全体协调合作所产生的利益如何在各个企业之间进行分配。为了解决这个问题，需要搞清楚什么活动带来多少效益，什么活动耗费多少成本。为此，需要把按部门和产品区分的成本计算方式改变为基于活动的成本（Activity Based Costing，ABC）计算方式。基于活动的成本计算方式于 20 世纪 80 年代后期在美国开始使用，它把成本按活动进行分摊，确定每个活动在各个产品上的分配，以此为基础计算出产品的成本。同时，进行基于活动的管理（Activity Based Management，ABM），即改进活动内容，排除不需要的、无效率的活动，从而减少成本。

第四节　供应链集成与供应链网络结构

一、供应链集成管理的困难与重要性[①]

供应链管理是一个自 20 世纪 80 年代后期开始流行和使用的管理术语，对它的实际含义的理解在学术界存在许多混淆和分歧，很多人将其看成物流管理的同义词。美国物流管理委员会于 1986 年将供应链管理定义为包括客户和供应商在内的企业以外的物流。根据物流管理委员会的定义，物流总是代理着供应链的导向，从原产地到消费地。那为什么还会有混淆？可能是因为物流既是企业内部的职能模块，也是波及跨越供应链的材料和信息流管理的一个更大的概念。因而，供应链集成管理从跨越供应链的集成物流活动，被重新确认为集成和管理供应链的关键业务过程。基于供应链集成管理和物流的区别，美国物流管理委员会于 1998 年修订了物流的定义，即物流管理仅仅是供应链集成管理的一个组成部分。物流管理是供应链管理的一部

---

① 詹姆士·R.斯托克，道格拉斯·M.兰波特：《战略物流管理》，邵晓峰，等，译.中国财政经济出版社 2003 年版，第 50—53 页。

分,它是指对从原产地到消费地的高效的货物流和货物储存、服务及相关信息进行计划、实施和控制,以满足客户的需要。事实上,供应链管理的内涵要远远比物流管理的内涵广泛。供应链管理是对从最终用户直到原始供应商的关键业务流程的集成,它为客户和其他有关者提供价值增值的产品、服务和信息。供应链管理强调对客户关系、客户服务、需求、订单履行、制造流程、采购、产品开发和商业化、回收等关键业务流程进行管理。

可见,管理整个供应链是非常困难和具有挑战性的任务,甚至管理从原产地到消费地的物流,也是说起来容易,而实际做起来却非常困难的事。如果你真的要管理所有直至原产地的供应商和所有直到消费地的产品和服务的话,你将面对巨大的挑战。或许你会更容易地理解管理者为什么想要管理直至消费地的供应链,因为无论是谁,只要和最终用户发生关系,就会在供应链中拥有权力。英特尔通过让计算机制造商在它们的电脑上贴上标有"Intel inside"的标签创造了和最终用户之间的关系。这直接影响到计算机制造商更换芯片供应商的能力。

二、供应链集成化的基本环节

我们应该从集成化的角度研究供应链管理模式。集成化供应链管理就是把企业内部及节点企业之间的各种业务看作一个整体功能过程,通过信息、制造和现代管理技术,将企业生产经营过程中各要素有机地集成,从而对物流、信息流、资金流、技术流等进行有效的控制和协调。集成化供应链管理可将企业内部的供应链与企业外部的供应链有机地集成起来进行管理,达到全局动态最优目标,以适应在新的竞争环境下市场对生产和管理过程提出高质量、高柔性和低成本的要求。供应链集成化一般经历以下环节。

(一)信息集成

信息集成是更广泛的供应链集成化的基础,涉及供应链成员之间信息和知识的共享。它们共享需求信息、存货情况、生产能力计划、生产进度、促销计划、需求预测和装运进度等,甚至成员间也进行协调预测和补充供货。成员企业若要协调它们的物料、信息和资金的流动,必须随时掌握那些反映其真实的供应链情况的信息。没有信息的集成,从整个供应链的一体化中获得利益是很难的。

信息集成的第一步是供应链成员共享由需求驱动的信息。事实上,一些人更愿意把供应链管理称作"需求链管理",强调供应链中的所有活动必须以客户的实际需要为基础,客户订单最终影响着需求链中的一切运作。第二步是供应链成员的知识交换,这显然是一种更深入的关系,需要成员之间较高程度的信任,而非简单的数据共享。譬如,知识交换是沃尔玛与 Warner-Lamber 在医药保健品的预测及补货上进行合作的基础。沃尔玛通过与客户的相互沟通及拥有的 POS 数据,往往在地方消费参数选择上的知识水平很高。医药保健品企业了解它们生产的药品的特性,并能够利用外部数据,如天气预报,来帮助设计需求模式。双方通过提供它们各自的知识并密切合作,来决定适当的补货计划。

(二)决策权的协调与业务流程重组

随着信息与知识的适当共享,供应链成员将朝着一体化方向进一步发展。它们试图通过决策权的协调与业务流程重组,使决策权、业务运作和资源向处于最适宜地位的供应链成员转移。

1. 决策权的协调

在决策权的协调上,成员不仅需要以信息集成为基础,也需要高度的信任与配合。一个供应链成员有时可能在决策制订上比另一成员处于更好的位置,如果那项决策从一个成员委托给另外一个成员,将提高整个供应链的效率。例如,一个过去开发了自己的补充供货计划的企业为了自身利益,可以选择放弃决策权,允许供应商来补充供货。因为供应商对产品、整个市场和预测技术有丰富知识,可能在进行补充供货上会做得更好。

2. 业务流程重组

为了提高整个供应链的效率,公司必须进行业务流程重组。企业也可把它们实际开展的工作转移出去,个人计算机业提供了业务流程重组的一个好的实例。传统上,由制造商完成产品最后成形工作,并存储成品,分销商和转售商向制造商订购产品,然后储存起来,最终客户与渠道接触并从渠道中得到产品。时至今日,这种传统的供应链结构有了许多变化,现在,个人计算机制造商允许分销商去做最后的产品成形工作,并为消费者进行测试。由于消费者网上直接购物方式的普及,以及制造商逐渐承担传统上由分销商和零售商扮演的履行订货角色,加快了工作重组的速度。对于分销商和零售商来说,它们将不得不重新定义自己在新的供应链中的作用。

(三)组织关系的连接

通过企业自己的信息集成与协调无法确保整个供应链的一体化,因此组织上各构成部分也需要适当的调整。没有企业之间的紧密组织关系,一体化无法完成。供应链伙伴需要确定并维系它们的沟通渠道,无论那些渠道是 EDI、Internet,还是联络小组或书面材料。

组织关系的连接从贯穿于供应链中使用的适当的绩效衡量标准开始。在组织内部绩效衡量标准一体化的同时,供应链成员的绩效评价也需要贯穿链中,并得到详细说明、整合与监控。当企业变得更加一体化时,传统的内部绩效衡量标准逐渐显得不相适应。首先,使用纯粹的内部衡量标准,企业之间的接口活动可能由于隔阂而失败,因为成员也许都不会积极地衡量那些活动的绩效。供应链伙伴成员都应为共同的绩效衡量标准负责。这种一体化水平需要集成信息系统对一组扩大的绩效衡量标准进行跟踪,并使这些标准能容纳更多的供应链成员。扩大的绩效衡量标准必须伴随着激励方式的适当调整,风险、成本和回报的共享机制必须能够给成员以激励,以使它们来参与并保持供应链集成化的活动。这样,一个供应链成员可以对另一成员的某些绩效衡量标准负责。同样,也可能有一些共同的绩效衡量标准需要众多的组织一起负责,这种延伸的绩效评价促进了更密切的合作与协调。其次,当企业开始共享信息、交换信息和委托决策权时,把一项活动完全确定为企业内部的是极其困难的。最后,供应链中的组织可以为一个目标而同心协力,当然,前提是众多成员有结盟的动机和意愿。联盟的建立需要相应的机制,以保证和一体化努力相关联的风险与利益得到公正的分担。

从信息、协调和组织方面进行的供应链集成化决定了正在编织的供应链网络的处境。随着一体化的相应建立,成员的职责可能根据客户需求的变化而发生动态的转变。此时,伙伴们能够在进入和退出网络的同时,最低限度地减少网络的破裂与成本。这种进化的网络可以实现更高的效率和获得更快的反应能力。

三、供应链的网络结构①

有关供应链集成管理研究文献的一个主要不足是相关作者总是假设每个人都知道谁是供应链的成员,很少有人尝试去识别具体的供应链成员、需要集成的关键过程,或者管理层应该做些什么来成功地管理供应链。管理供应链的一个关键因素是清楚地知道和了解供应链的网络结构是如何构成的。企业网络结构的3个主要结构性因素是供应链的成员、网络的结构性维度和跨越供应链的不同类型的流程连接。

(一)供应链的成员

当要决定网络结构时,必须找出谁是供应链的成员。将所有类型的成员包括进来,可能导致整个网络变得高度复杂,因为一级级叠加起来的成员总数可能会很大。在大多数情况下,集成及管理跨越供应链的所有成员之间的所有流程连接会起到相反作用。关键在于精选出一些基本原则,以决定哪些成员对企业的成功最为重要,从而应该给予管理上的关注和为其分配更多资源。根据谁参与了各种营销流程,包括产品、名称、支付、信息和促销流程,营销渠道研究者可以识别渠道成员。每种流程包括相关的成员,例如银行是支付流,广告代理是促销流,渠道研究者曾经寻求将所有参与营销流程的成员包括进来,而不管每个成员在多大程度上影响到向最终客户或其他相关者所提供的价值。供应链成员包括从原产地到消费地,核心企业通过供应商或客户直接或间接地与之相互作用的所有企业和组织。不过,为了使非常复杂的网络更加容易管理,有必要区分主要成员和辅助成员。

1. 主要成员

供应链的主要成员是指在供应链上所有那些自主管理的企业或战略业务单位。在特定的客户或市场产生特定输出的业务流程中,这些企业实际上执行着运营或管理职能。

2. 辅助成员

供应链的辅助成员是指那些仅仅为供应链主要成员提供资源、知识、公共设施或资产的企业。例如,辅助企业包括出租卡车给制造商的代理商,贷款给零售商的银行,提供仓库空间的房屋业主及供应生产设备、打印营销宣传册或提供临时秘书工作的企业。

---

① 詹姆士·R. 斯托克,道格拉斯·M. 兰波特:《战略物流管理》,邵晓峰,等,译. 中国财政经济出版社 2003 年版,第58—62 页。

这些供应链成员现在和将来都支持着主要成员,对企业和供应链来说,资源、知识、公共设施或资产的提供者是重要的贡献者,但是在为最终用户将输入转变为输出的增值过程中,它们并不直接参与任何活动。

应该指出的是,主要成员和辅助成员之间的区别并不是在所有情况下都很明显。不过,这一区别提供了合理的管理简化方法,并且抓住了谁应该被认为是供应链的关键成员这一本质方面。区分成员类型的方法有点类似于波特(Porter)在他的"价值链"框架中区分增值和辅助活动的方法。

(二)供应链网络的结构维度

在说明、分析和管理供应链时,供应链网络的 3 个结构维度是必不可少的,即水平结构、垂直结构及核心企业离供应链终点的水平位置。水平结构指的是跨越供应链层次的数目。供应链可以很长,有数不清的层次;或者很短,只有很少几个层次。垂直结构指的是每个层次中所出现的供应商/客户的数量。一个企业可以有很窄的垂直结构,每个层次只有几家企业;或者很宽的垂直结构,每个层次有许多家供应商或很多客户。核心企业离供应链终点的水平位置是企业在供应链中的水平位置。一个企业可以位于初始供应源或其附近,位于最终的客户或其附近,或位于供应链两端之间的某个位置。

这些结构维度可能有不同的组合。例如,供应商一头很长、很窄的网络结构可以和客户那头的短、宽的结构组合。增加或减少供应商或客户的数目将会影响供应链的结构。当企业从拥有多个供应商转向只有单一的供应源时,供应链的结构会变得更窄。外包物流、制造、营销或产品开发活动,是另一个可能改变供应链结构的决策事例,这可能增加供应链的长度和宽度,同时影响核心企业在供应链网络中的水平位置。

从每个企业的角度看,供应链都是不同的,因为每个企业的管理者都将自己的企业看作核心企业,因此对成员关系和网络结构的观点就会随之而变。所以,被感知到的供应链网络结构的随意性很大。然而,因为每个企业都是其他企业的供应链的成员之一,所以,所有管理者理解企业之间的相互作用和观点就显得极为重要。

(三)供应链业务流程连接的类型

集成和管理贯穿整个供应链的所有业务流程连接通常是不恰当的。因为集成的驱动因素是依情况而定的,会随着流程连接的不同而变化,集成的水平也会根据连接的不同随着时间而变化。因此,有一些连接比其他连接更为关键。因此,企业在进行供应链集成管理时的一项关键任务是在跨越供应链的不同业务流程连接之间分配稀缺的资源。在供应链的成员之间可识别出 4 种基本不同类型的业务流程连接。

1. 受管理的流程连接

受管理的流程连接是指核心企业认为是重要的、需要进行集成和管理的连接。这可能需要和供应链的其他成员企业相互合作。

2. 受监控的流程连接

与受管理的流程连接相比,受监控的流程连接对核心企业而言,不那么关键,然而这些连接在其他成员企业之间得到适当的集成和不定期管理,对核心企业来说却是很重要的。因此,核心企业仅需按必要的频率,监控或审核每个流程连接是如何得到集成和管理的即可。

3. 不受管理的流程连接

不受管理的流程连接是指核心企业不参与,或是其重要性不足以让核心企业花费资源进行监控的连接。换句话说,核心企业要么完全信任其他成员能够妥善管理这些流程连接,要么由于资源有限,任其自身发展。例如,一个制造商拥有多家纸板运输箱供应商,通常制造商不会选择集成和管理从纸板供应商之上到树木种植供应商的那些连接。制造商想要确定可靠的供应,但并不认为集成和管理纸板供应商之上级数的供应商的连接是必要的。

4. 非成员流程连接

管理者了解到,他们的供应链会受到其他相连接的供应链所做出的决策的影响。例如,核心企业的某个供应商也是企业的主要竞争对手的供应商。这种供应链结构可能影响到以供应商为核心企业的产品开发过程的人力资源分配状况,或在产品短缺时的供应状况,或机密信息的保护。由此导致我们提出了第4种类型的业务连接,即非成员流程连接。非成员流程连接是指核心企业的供应链成员和非成员之间的流程连接。非成员流程连接不被看作是核心企业供应链结构中的连接,但是它们能够而且经常会影响核心企业及其供应链的绩效表现。

基于上述情况,企业如何对1级以上的连接进行严格的集成和管理,是有所不同的。在一些情况下,为了实现特定的供应链目标,比如产品可供性、质量的改进及供应链总成本的降低,企业通过或围绕其他成员或连接而展开工作。例如,新西兰的一家番茄酱制造商开展番茄研究,目的是开发能提供无籽、大个头番茄的秧苗,随后制造商向它的签约种植户提供幼苗以确保产出的质量。由于种植户规模往往较小,制造商就和设备、化肥、化学品等供应商洽谈合同,鼓励农户们用合同价格采购原材料和机械设备。这样就在不牺牲种植户的利润和经济实力的情况下,获得了更高的原材料质量和更低的价格。

在几个实例中,企业发现,在紧要时刻,管理第1层以上的供应商相当重要。有一个例子涉及制造半导体的某种材料,制造商向6个第1层次的供应商购买该种材料。然而,当发生短缺时,企业才了解到所有这6个第1层次供应商都从同一个第2层次供应商那里采购。这表明,该企业和第2层次供应商之间的关系才是至关重要的。

第五节　供应链集成管理模式与运作机制

一、供应链集成管理模式

(一)集成化供应链管理的一般模式

集成化供应链管理的核心是由顾客化需求、集成化计划、业务流程重组、面向对象的过程控制,组成第一个控制回路(作业回路);由顾客化策略、信息共享、调整适应性、创造性团队,组成第二个回路(策略回路);在作业回路的每个作业形成各自相应的作业性能评价与提高回路(性能评价回路)。供应链管理正是围绕这 3 个回路展开,形成相互协调的一个整体。

根据集成化思想,集成化供应链管理模式如图 12-3 所示。调整适应性—业务重组回路中主要涉及供需合作关系、战略伙伴关系、(重建)精细化策略等。面向对象的过程控制—创造性团队回路中主要涉及面向对象的集成化生产计划与控制策略、基于价值增值的多级库存控制理论、资源约束理论在供应链中的应用、质量保证体系、群体决策理论等。顾客化需求—顾客化策略回路中主要涉及的内容包括:满意策略与用户满意评价理论、面向顾客化的产品决策理论研究、供应链的柔性敏捷化策略等。信息共享—同步化计划回路中主要涉及的内容包括:JIT 供销一体化策略、供应链的信息组织与集成、并行化经营策略。

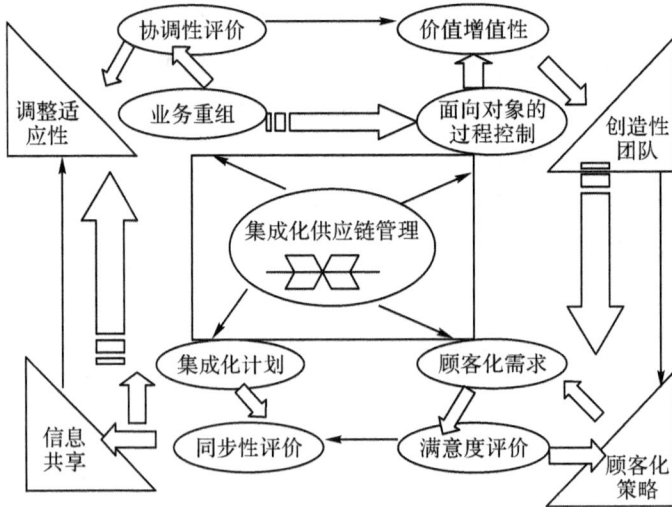

图 12-3　集成化供应链管理模式

(二)供应链集成管理的步骤

企业从传统管理模式转向集成化供应链管理模式,一般要经过 5 个阶段,包括从最低层次的基础建设到最高层次的集成化供应链动态联盟,各个阶段的不同之处主要体现在组织结构、管理核心、计划与控制系统、应用的信息技术等方面,其步骤如图 12-4 所示。

1. 阶段 1:基础建设

这一阶段是在原有企业供应链的基础上分析、总结企业现状,分析企业内部影响供应链管理的阻力和有利之处,同时分析外部市场环境,分析和评价市场的特征,最后相应完善企业的供应链。

处于这一阶段的企业主要采用短期计划,出现困难时需要一个一个解决。虽然企业强调办公自动化,但这种环境往往导致整个供应链的效率低下,同时也增加了企业对供应和需求变化影响的敏感度。

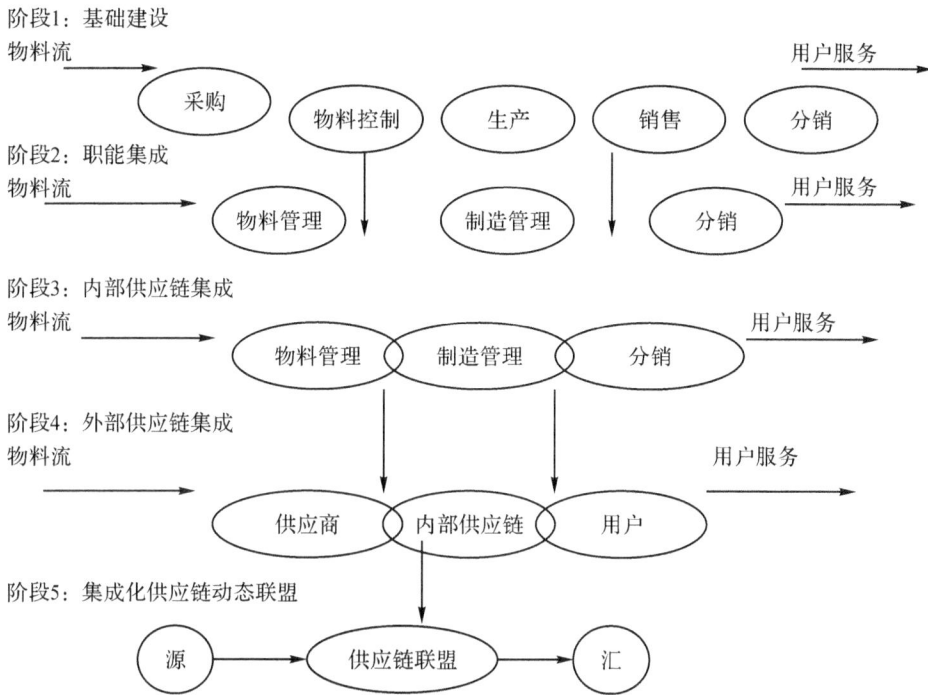

图 12-4　集成化供应链管理实施步骤

2. 阶段 2：职能集成

职能集成阶段集中于处理企业内部的物流，企业围绕核心职能对物流实施集成化管理，对组织实行业务流程重构，实现职能部门的优化集成，通常可以建立交叉职能小组，参与计划和执行项目，以提高职能部门之间的合作，克服这一阶段可能存在的困难可以很好地处理用户订单的问题。职能集成强调满足用户的需求。事实上，用户需求在今天已经成为驱动企业生产的主要动力，而成本则在其次，但这样往往导致第二阶段的生产、运输、库存等成本的增加。

在集成化供应链管理的第二阶段一般采用 MRP 系统进行计划和控制，分销的基础设施通常也没有与制造有效连接。由于用户的需求得不到确切的理解，计划不准确和业务失误，所以在第二阶段要采用有效的预测技术和工具对用户的需求做出较为准确的预测、计划和控制。

但是，以上采用的各项技术之间、各项业务流程之间、技术与业务流程之间都缺乏集成，库存和浪费等问题仍可能困扰企业。

3. 阶段 3：内部供应链集成

这一阶段要实现企业直接控制的领域的集成，要实现企业内部供应链与外部供应链中供应商和用户管理部分的集成，形成内部集成化供应链。集成的输出是集成化的计划和控制系统。为了支持企业内部集成化供应链管理，主要采用供应链计划（Supply Chain Planning，SCP）和 ERP 系统来实施集成化计划和控制。这两种信息技术都是基于客户/服务体系在企业内部集成中的应用。有效的 SCP 集成了企业所有的主要计划和决策业务，包括：需求预测、库存计划、资源配置、设备管理、优化路径，以及基于能力约束的生产计划和作业计划、物料和能力计划、采购计划等。ERP 系统集成了企业业务流程中主要的执行职能,包括:订单管理、财务管理、库存管理、生产制造管理、采购等。SCP 和 ERP 通过基于事件的集成技术联结在一起。

本阶段企业管理的核心是内部集成化供应链管理的效率问题,主要考虑在优化资源、能力的基础上,以最低的成本和最快的速度生产最好的产品,快速满足用户的需求,以提高企业反应能力和效率,这对于生产多品种或提供多种服务的企业来说意义更大。在第二阶段需构建新的交叉职能业务流程,以逐步取代传统的职能模块,以用户需求和高质量的预测信息驱动整个企业供应链的运作。因满足用户需求而导致的高服务成本是此阶段管理的主要问题。

这一阶段可以采用 ERP 系统、MRPII 系统管理物料,运用 JIT 等技术支持物料计划的执行,JIT 的应用可以使企业缩短市场反应时间、降低库存水平和减少浪费。在这个阶段,企业可以考虑同步化的需求管理,将用户的需求与制造计划和供应商的物料流同步化,减少不增值的业务。同时,企业可以通过广泛的信息网络(而不是大量的库存)来获得巨大的利润。

4. 阶段 4:外部供应链集成

实现集成化供应链管理的关键在于第四阶段,将企业内部供应链与外部的供应商和用户集成起来,形成一个集成化供应网链。而与主要供应商和用户建立良好的合作伙伴关系,即所谓的供应链合作关系(Supply Chain Partnership),是集成化供应链管理的关键之关键。

此阶段企业要特别注重战略伙伴关系管理,管理的焦点要以面向供应商和用户取代面向产品,增加与主要供应商和用户的联系,增进相互之间的了解(产品、工艺、组织、企业文化等),相互之间保持一定的一致性,实现信息共享等,企业通过为用户提供与竞争者不同的产品/服务或增值的信息而获利。供应商管理库存(Vendor Management Inventory,VMI)和共同计划预测与库存补充(Collaborative Planning Foresting and Replenishment,CPFR)的应用就是企业转向改善、建立良好的合作伙伴关系的典型例子。通过建立良好的合作伙伴关系,企业就可以很好地与用户、供应商和服务提供商实现集成和合作,共同在预测、产品设计、生产、运输计划和竞争策略等方面设计与控制整个供应链的动作。对于主要用户,企业一般建立以客户为核心的小组,这样的小组具有不同职能领域的功能,从而为主要客户提供更好的针对性服务。

处于这个阶段的企业,生产系统必须具备更高的柔性,以提高对用户需求的反应能力和加快反应速度。企业必须根据不同用户的需求,既能按订单生产(Make-To-Order),按订单组装、包装(Assemble or Package-To-Order),又能按备货方式生产(Make-To-Stock),这种根据用户不同需求对资源进行不同的优化配置的策略称为动态用户约束点策略。延迟技术(Postponement)可以很好地实现以上策略。延迟技术强调企业产品生产加工到一定阶段后,等收到用户订单以后,根据用户的不同要求完成产品的最后加工、组装,这样企业的生产就具有了很高的柔性。

为了达到与外部供应链的集成,企业必须采用适当的信息技术为企业内部的信息系统提供与外部供应链节点企业的良好接口,达到信息共享和信息交互,达到相互操作的一致性。这些都需要采用 Internet 信息技术。

本阶段企业采用销售点驱动的同步化、集成化的计划和控制系统。它集成了用户订购数据和合作开发计划、基于约束的动态供应计划、生产计划等功能,以保证整个供应链中的成员同步进行供应链管理。

5. 阶段 5:集成化供应链动态联盟

完成以上 4 个阶段的集成,就构成了一个网链化的企业结构,我们称之为供应链共同体,它的战略核心及发展目标是占据市场的领导地位。为了达到这一目标,随着市场竞争的加剧,供应链共同体必将成为一个动态的网链结构,以适应市场变化,在柔性、速度、革新、知识等方面,不能适应供应链需求的企业将从供应链联盟中被淘汰。供应链从而成为一个能快速重构的动态组织结构,即集成化供应链动态联盟。企业能通过网络商务软件等技术集成在一起以满足用户的需求,一旦客户的需求消失,它也将随之解体。而当另一需求出现时,这样的一个组织结构又由新的企业动态地重新组成。在这样的环境中求生存,企业如何成为一个能及时、快速满足用户需求的供应商,是企业生存、发展的关键。

集成化供应链动态联盟是基于一定的市场需求,根据共同的目标而组成的,通过实时信息共享来实现集成。其主要应用的信息技术是 Internet/Intranet 的集成,同步化的、扩展的供应链计划和控制系统是主要的工具,基于 Internet 的电子商务取代传统的商务手段。这是供应链管理发展的必然趋势。

二、供应链集成管理的运作机制

供应链管理实际上是一种基于"竞争—合作—协调"机制的、以分布企业集成和分布作业协调为保证的新的企业运作模式。考查一个供应链的成长过程时,我们不仅应该看到供应链成员企业有形的力量在壮大,更应该看到企业无形的能量在升华,因此供应链的成长过程既是一种几何(组织)生长过程,也是一种能量的集聚过程和思想文化的变迁过程。

供应链的成长过程体现在企业在市场竞争中的成熟与发展之中,通过供应链管理的合作机制(Cooperation Mechanism)、决策机制(Decision Mechanism)、激励机制(Encourage Mechanism)和自律机制(Benchmarking)等来实现满足顾客需求、使顾客满意及留住顾客等功能目标,从而实现供应链管理的最终目标:社会目标(满足社会就业需求)、经济目标(创造最佳利益)和环境目标(保持生态与环境平衡)的合一(如图12-5所示),这可以说是对供应链管理思想的哲学概括。

(一)合作机制

供应链合作机制体现了战略伙伴关系和企业内外资源的集成与优化利用。基于这种企业环境的产品制造过程,从产品的研究开发到投放市场,周期大大缩短,而且顾客导向化(Customization)程度更高,模块化、简单化产品和标准化组件,使企业在多变的市场中的柔性和敏捷性显著增强,虚拟制造与动态联盟提高了业务外包策略的利用程度。同时,利用合作机制后,企业集成的范围扩展了,从原来的中低层次的内部业务流程重组上升到企业间的协作,这是一种更高级别的企业集成模式。在这种企业关系中,市场竞争策略最明显的变化就是转变成为基于时间的竞争（Time-based）和价值链（Value Chain）及价值让渡系统的管理或基于价值的供应链管理。

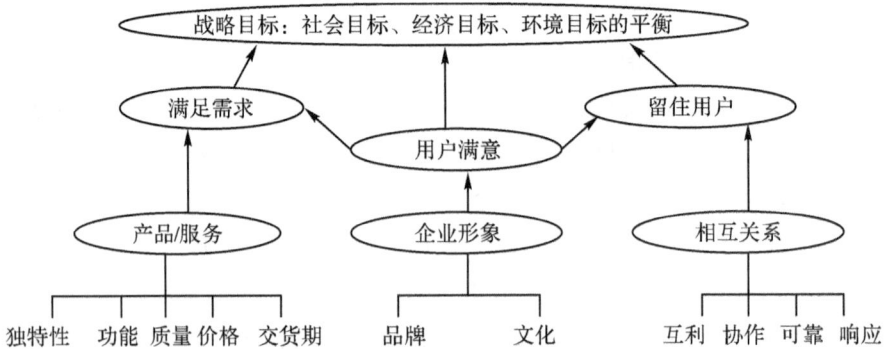

图 12-5　集成化供应链管理的运作机制

(二)决策机制

由于供应链企业决策信息的来源不再仅限于单一的企业内部，而是在开放的信息网络环境下，不断进行信息交换和共享，达到供应链上各成员企业同步化、集成化计划与控制的目的，而且随着 Internet/Intranet 发展成为新的企业决策支持系统，企业的决策模式将会产生很大变化，因此处于供应链中的任何企业的决策模式应该是基于 Internet/Intranet 的开放性信息环境下的群体决策模式。

(三)激励机制

缺乏均衡一致的供应链管理业绩评价指标和评价方法是目前供应链管理研究的弱点和导致供应链管理实践效率不高的一个主要问题。为了掌握供应链管理技术，企业必须建立健全业绩评价和激励机制，使我们知道供应链管理思想在哪些方面、多大程度上给予企业改进和提高，以推动企业管理工作不断完善，也使得供应链管理能够沿着正确的轨道与方向发展，真正成为能为企业管理者乐于接受和实践的新的管理模式。

(四)自律机制

自律机制要求供应链企业向行业的领头企业或最具竞争力的竞争对手看齐，不断对产品、服务和供应链业绩进行评价，并不断改进，以使企业能保持自己的竞争力和持续发展态度。自律机制主要包括企业内部的自律、对比竞争对手的自律、对比同行企业的自律和对比领头企业的自律。企业通过推行自律机制，可以降低成本，增加利润和销售量，更好地了解竞争对手，提高客户满意度，增加信誉，同时企业内部部门之间的业绩差距也可以得到缩小，从而提高企业的整体竞争力。

案例十二　可口可乐公司的供应链管理策略

经过百年风雨，可口可乐公司仍以其品牌闻名遐迩，雄踞碳酸饮料行业之首。除了独特的饮料经营方式，可口可乐公司还有什么秘密竞争性武器呢？从可口可乐公司的成长历程，考察其供应链管理策略，便可了解其发展奥秘。

一、特许合同方式的供应链管理策略

直到20世纪80年代初,可口可乐公司仍然采取特许合同方式管理着供应链,这条供应链由浓缩制造商、装瓶商、经销商、零售商和消费者所组成,形成一个由可口可乐公司控制浓缩制造,其他链节根据市场进行调控的供应链管理策略。在这一管理策略下,企业的竞争实力与竞争环境达到了完美结合,造就了"可口可乐"这一知名品牌。

在企业发展的起步和成长阶段,一般商家的做法是通过自身销售渠道和营销网络,打开产品销路,扩大市场份额,但前提是企业资金雄厚和有大笔资金的投入,若资金不足,则会影响企业的市场竞争力和企业的成长速度。可口可乐公司经过深思熟虑,没有采用这种其他企业惯用的经营套路,而是将企业定位于广告商和浓缩制造商,通过特许合同的方式,以固定的浓缩液供货价格和区域独家经营的方式,将销售的权限授予装瓶商,借助装瓶商的企业家才能,建立销售渠道和营销网络,把可口可乐公司的饮料送到千家万户。这种特许合同的经营方式是可口可乐公司的战略经营选择,有了这种抉择,可口可乐公司把有限的资金用在刀刃上,成为出色的广告商,将产品推向市场。事实上,即使到了今天,可口可乐公司的广告仍然相当出色。

有了这种战略定位,可口可乐公司不遗余力地发展起1200家装瓶商,这些装瓶商为可口可乐公司占领市场,立下汗马功劳,为可口可乐公司销售网络的建设,节约了大量资金,正是有了装瓶商的密切合作,可口可乐公司才得以轻装上阵,迅速成长,成为软饮料市场的领导者。

二、控股经营方式的供应链管理策略

随着饮料市场竞争的加剧,竞争格局发生了微妙的变化,以百事可乐公司为代表的竞争对手,采取了咄咄逼人的竞争策略。一方面在新的饮料细分市场,如在连锁店、饭店等领域取得了竞争优势,另一方面它们设法蚕食可口可乐公司的传统市场,竞争态势对可口可乐公司的发展极为不利。在这种情形下,可口可乐公司只有奋起反击,才能夺回失去的市场份额,扭转销售增长缓慢的局面。

面对不利竞争局面,可口可乐公司所采取的策略是向装瓶商施加压力,要求其加快对现代化生产过程的投入,以强化可口可乐公司的市场竞争地位。但装瓶商也有自己的如意算盘,他们认为饮料市场已趋于饱和,是回收资金而不是增加投资的时候。由于有长期合同作为后盾,并控制着可口可乐公司的营销网络,又锁定了可口可乐公司产品的进货成本,对任何改变现状的举措,装瓶商要么否决,要么怀疑而不积极配合。就这样,可口可乐公司的战略意图受到了重挫,供应链的管理面临严峻挑战。

为了改变这种被动局面,可口可乐公司利用其开发的新品种——高糖玉米浓缩液上市的契机,同装瓶商展开了艰难的谈判。一方面,如果新品种能够顺利替代原有浓缩液,就可以为可口可乐公司节约20%的生产成本,但可口可乐公司不是独享其成,而是与装瓶商分享获利机会,条件是装瓶商同意修改合同条款,并在部分条款上做出让步,这样在调整供应链管理方面,可口可乐公司就有更大的回旋余地。另一方面,可口可乐公司通过特许权回购,购买控股的方式和提供中介与融资的策略,对装瓶商的经营活动施加影响,使装瓶商接受可口可乐公司的管理理念,支持可口可乐公司的供应链管理战略。而那些不愿意接受可口可乐公司所提条件的装瓶商,因得不到可口可乐公司在融资和管理资源方面的支持,随着市场竞争的加剧而江河日下。

但是,对装瓶商绝对控股的策略,又使得可口可乐公司提高了企业的资本密集程度,扩大了企业的资产规模,增加了企业的经营风险。这样,改变企业资本结构,并能控制供应链管理的需求,又摆在了企业面前。

三、持股方式的供应链管理策略

企业的经营目标是股东财富最大化,但供应链中的不同链节,其盈利能力是有差别的,大量资金投入获利能力不强的链节,将导致股东收益下降。此时,改善企业资本结构,就成了可口可乐公司必须做出的抉择。

在供应链管理上,可口可乐公司可谓游刃有余。为了对付众多曾经为可口可乐公司开拓市场立过功勋的小型装瓶商,企业在采用特许权回购的收购战略之后,面临的是如何将"烫手的山芋"转手出去。在经过精心策划和充分准备之后,可口可乐企业成立了装瓶商控股股份企业,由其控制装瓶商的经营活动,通过装瓶商控股股份企业,可口可乐公司可以实现对整个供应链的战略调控,这只是可口可乐公司剥离绝对控股权战略计划的第一步。

在成立装瓶商控股股份企业后,可口可乐公司根据资本市场发展情况,审时度势,抓住有利时机,让装瓶商控股股份企业上市交易,利用资本市场,将51%的控股权转手出货,保留49%的相对控股权。通过这一系列的策略选择,最终实现企业资本结构改善、资本密集程度下降的目的。

有了国内供应链管理的成功经验,并成为国内饮料市场的领导者之后,可口可乐公司修正了战略目标,它要成为全球知名的跨国企业。早在"二战"期间,可口可乐公司就伴随着美军漂洋过海来到欧洲。国际饮料市场的巨大潜力吸引着可口可乐公司,在这些陌生而又新鲜的市场上,可口可乐公司有着悠久的历史,只是企业的销售渠道不畅,没有较完善的经营网点因而迟迟不能进攻到位。销售渠道和网点建设同国内一样,需要大量资金,国际营销环境又不同于美国国内营销环境,可口可乐公司的人意识到,可口可乐公司只有融入当地文化和环境中,与当地文化打成一片,才能减少经营风险。穿旧鞋走新路,是再好不过的进攻策略了,就这样,可口可乐公司又使出了在美国国内惯用的招数,与国外大型骨干装瓶商密切合作,由可口可乐公司控制广告宣传和浓缩液的生产,由装瓶商为其所在地区或国家提供可乐饮料。随着时间的推移,在全球饮料市场上可口可乐公司以控股或持股收购装瓶商的模式,再现了在美国国内市场上供应链管理那大获成功的一幕。

四、可口可乐公司供应链管理策略的启示

管理供应链的企业要有核心竞争力和秘密武器,否则对供应链的管理和影响就会显得苍白无力,更不会有什么战略构想和调整。可口可乐公司的核心竞争力就在于它的秘密配方、知名品牌和管理资源的与众不同。企业不可能在所有链节上都有竞争优

势,只有同其他企业实现优势互补,才能在效率和规模经营上取得成效。当可口可乐公司还处于起步和成长阶段的时候,借助于装瓶商的力量,建立营销渠道,为其节约了大笔资金。同时,可口可乐公司控制着广告宣传,实现了规模效应,这两方面的有效结合,使可口可乐公司以较低的成本运行着营销网络。

供应链管理要有接口管理技术,对接口的管理直接关系到企业经营战略设想和实施能否有效实现。针对不同的营销环境,可口可乐公司采用了不同的接口管理策略,在起步与成长阶段,企业以长期合同的方式对接口进行管理;在成熟阶段,则通过收购装瓶商的方式管理接口;之后,根据经营环境的变化,再剥离装瓶商,实现企业的战略意图。

供应链管理调整要始终围绕"以客户为中心"展开。当市场领先地位客户开始受到威胁时,可口可乐公司敏锐地感觉到饮料市场的悄然变化,以客户为中心的管理理念要求可口可乐公司将销售渠道重心由传统的家庭零售店转向大型区域性超级市场连锁店。但这需要大笔资金投入,装瓶商不愿意这么做,可口可乐公司采取收购装瓶商的策略,对供应链进行了卓有成效的调整。

合作竞争是供应链管理的主旋律,合作是供应链管理的精髓,是达到双赢的基础。在供应链上,不同的企业要扮演不同的角色,建立彼此间的长期伙伴关系。可口可乐公司以长期合同、控股或持股的方式管理供应链,就是致力于建立长期的伙伴关系,有了这种长期伙伴关系,就可以提高供应链的生产力和附加值,改善供应链的获利能力。可口可乐公司就是通过一套严格的供应链管理制度和服务规范,执行对装瓶商、经销商、零售商各个环节的服务和监控;通过定期审查各经销商和零售商,搜集有关产品的信息,并根据审查结果和反馈情况指导经销商、零售商的经营服务,获得合作竞争的优势。

复习思考题:

1. 全球物流绩效评价的基本原则是什么?

2. 全球物流绩效评价体系的基本要素有哪些?

3. 全球物流绩效评价体系包括哪些指标?

4. "全方位绩效看板"评价因素有哪些?

5. "二战"以后供应链管理思想是如何演变的?

6. ECR 有何特征?

7. 供应链集成具有哪些基本环节?

8. 供应链业务流程连接的类型有哪些?

9. 供应链集成管理的步骤有哪些?

10. 如何理解供应链集成管理的运作机制?

主要参考文献

［1］BEAMON B M. Designing the green supply chain［J］. Logistics Information of Management,1999,12(4):332-342.

［2］JAMES R,STOCK D M L.战略物流管理［M］.北京:中国财政经济出版社,2003.

［3］KENTER N G.全球物流管理:新千年的竞争优势［M］.北京:人民邮电出版社,2002.

［4］MARTIN C.物流与供应链管理:降低成本与改善服务的战略［M］.北京:电子工业出版社,2003.

［5］MICHAEL E P. The Competitive advantage of nations［M］. New York:The Free Press,1990.

［6］RECHARD N,RAFAEL R. From value chain to value constellation:designing interactive strategy［J］. Harvard Business Review,1993,71(4):65-77.

［7］DANIEL V R G,LUK N,VAN W. The reverse supply chain［J］. Harvard Business Review,2002(2):1-26.

［8］陈代芬.国际物流报关实务［M］.北京:人民交通出版社,2001.

［9］陈太广.国际物流实务［M］.北京:对外经济贸易大学出版社,2008.

［10］崔爱平.国际物流与货运代理运作［M］.上海:复旦大学出版社,2013.

［11］崔介何.电子商务物流［M］.北京:中国物资出版社,2002.

［12］大卫·波维特.价值网［M］.北京:人民邮电出版社,2000.

［13］戴维·泰勒.全球物流与供应链管理案例［M］.北京:中信出版社,2003.

［14］丁立言,张铎.国际物流学［M］.北京:清华大学出版社,2000.

［15］范静,秦霖.跨国公司全球物流策略［J］.商业研究,2004(17):153-155.

［16］宫下,国生,孙前进.物流的发展阶段和国际物流系统［J］.中国流通经济,2003(9):6-9.

［17］郭宝宏.经济全球化与发展中国家的发展［M］.北京:经济管理出版社,2003.

［18］黄福华,谷汉文.我国物流产业发展的经济学分析［J］.财贸经济,2005(2):79-81.

［19］黄清煌,宋震.全球物流价值链下我国物流企业战略选择［J］.物流技术,2012,31(3):65-67.

［20］霍佳震,马秀波,朱琳婕等.集成化供应链绩效评价体系及应用［M］.北京:清华大学出版社,2005.

［21］蒋元涛. 国际物流学［M］. 广州：中山大学出版社，2008.

［22］金真，唐浩. 现代物流：新的经济增长点［M］. 北京：中国物资出版社，2002.

［23］乐美龙. 国际物流［M］. 上海：上海交通大学出版社，2012.

［24］雷达，于春海. 走近经济全球化［M］. 北京：中国财政经济出版社，2001.

［25］李华敏. 国际物流学［M］. 上海：上海财经大学出版社，2007.

［26］李怀政，蔡惠光. 现代物流对我国经济增长的作用实证分析［J］. 江苏商论，2007
（11）：59-60.

［27］李怀政，王学军. 论物流管理与集成化供应链的融合［J］. 江苏商论，2004（8）：
58-59.

［28］李怀政. 物流与生态环境的相互影响和作用机理［J］. 江苏商论，2008（12）：53-55.

［29］李怀政. 浙江经济增长与物流：基于误差修正模型的分析［J］. 天津商业大学学报，
2008（6）：12-15.

［30］李怀政. 浙江省生态物流研究［M］. 北京：中国物资出版社，2008.

［31］李怀政，仲向平，鲍观明. 加入 WTO 以后中国零售业态的合理变迁［J］. 商业经
济与管理，2001（10）：18-21.（中国人民大学复印报刊资料《商贸经济》2002 年第 3
期全文转载）

［32］李怀政，宋文娟. 现代物流的环境效应分析：以浙江为例［J］. 江苏商论，2009（9）：
73-75.

［33］李怀政. WTO 后时代大型外资零售企业对华投资取向及其精细管理模式的启示
［J］. 商场现代化，2006（25）：1-2.

［34］李怀政. 全球生产网络背景下我国制造业产业链提升战略［J］. 管理现代化，2005
（1）：4-6，10.

［35］李怀政. 我国服务贸易国际竞争力现状及国家竞争优势战略［J］. 国际贸易问题，
2003（2）：52-57.

［36］李怀政. 我国零售业对外开放与零售业态创新［J］. 商业经济文荟，2002（2）：52-55.

［37］李怀政. 我国三大贸易伙伴对华实施贸易救济的比较与思考［J］. 国际贸易问题，
2004（4）：32-35.

［38］李怀政. 物流商业价值的发掘与物流理论发展轨迹述评［J］. 商业经济与管理，2004
（7）：14-17.（中国人民大学复印报刊资料《商贸经济》2004 年第 11 期全文转载）

［39］李怀政. 现代物流理论的兴起与发展路径研究［J］. 科技进步与对策，2004（11）：
73-75.

［40］李怀政. 中国服务贸易结构与竞争力的国际比较研究［J］. 商业经济与管理，2002
（12）：17-20.（中国人民大学复印报刊资料《外贸经济、国际贸易》2003 年第 3 期
全文转载）

［41］李怀政. 绿色贸易［M］. 北京：中国环境出版社，2017.

［42］李怀政. 贸易扩张中的环境规制［M］. 北京：经济科学出版社，2012.

［43］李怀政. 我国制造业中小企业在跨国公司全球产业链中的价值定位［J］. 国际贸易
问题，2005（6）：120-123.

[44] 刘小卉. 国际物流学[M]. 上海:上海财经大学出版社,2018.

[45] 柳林,詹放. 国际物流管理[M]. 成都:西南交通大学出版社,2006.

[46] 罗艳. 国际物流单证实务[M]. 北京:中国商务出版社,2014.

[47] 骆温平. 物流与供应链管理[M]. 北京:电子工业出版社,2002.

[48] 吕红. 全球物流及中国区域经济竞争力的提高[J]. 学术交流,2004(6):43-46.

[49] 毛禹忠. 国际物流配送和网络系统[M]. 杭州:浙江大学出版社,2013.

[50] 牟旭东,陈健. 物流:第三利润源泉[M]. 上海:上海远东出版社,2002.

[51] 牛鱼龙. 世界物流经典案例[M]. 深圳:海天出版社,2003.

[52] 庞燕. 跨境电商环境下国际物流模式研究[J]. 中国流通经济,2015,29(10):15-20.

[53] 日本综合研究所. 供应链管理[M]. 北京:中信出版社,2001.

[54] 散襄军. 国际物流系统运作研究[J]. 南开管理评论,2002(2):67-70.

[55] 史成东,李辉,郭福利. 国际物流学[M]. 北京:北京理工大学出版社,2016.

[56] 宋华,胡左浩. 现代物流与供应链管理[M]. 北京:经济管理出版社,2002.

[57] 苏士哲. 英汉物流管理辞典[M]. 北京:清华大学出版社,2001.

[58] 孙明贵. 物流管理学[M]. 北京:电子工业出版社,2002.

[59] 汤浅和夫. 供应链下的物流管理[M]. 深圳:海天出版社,2002.

[60] 汤宇卿. 国际物流中心规划探析——以义乌市浙中国际物流中心规划为例[J]. 城市规划汇刊,2002(2):10-13.

[61] 王成. 现代物流管理实务与案例[M]. 北京:企业管理出版社,2001.

[62] 王成金,李国旗. 国际物流企业进入中国的路径及空间网络[J]. 人文地理,2016,31(4):72-79.

[63] 王春艳. 国际物流学[M]. 大连:大连海事大学出版社,2009.

[64] 王国才. 基于多式联运的国际物流运作模式研究[J]. 中国流通经济,2003(5):20-22.

[65] 王任祥. 国际物流(第4版)[M]. 杭州:浙江大学出版社,2013.

[66] 王时晖. 国际物流管理[M]. 天津:天津大学出版社,2012.

[67] 王淑云. 现代物流:英汉对照[M]. 北京:人民交通出版社,2002.

[68] 王晓东,胡瑞娟. 现代物流管理[M]. 北京:对外经济贸易大学出版社,2001.

[69] 王晓明,周敬祥. 基于 RFID 技术的全球物流跟踪信息平台规划设计[J]. 水运工程,2010(12):42-46.

[70] 王耀中,张亚斌. 新编国际贸易学[M]. 长沙:湖南大学出版社,2001.

[71] 王志乐. 跨国公司在华发展新趋势[M]. 北京:新华出版社,2003.

[72] 翁心刚. 区域性国际物流信息平台构建研究[J]. 中国流通经济,2011,25(12):26-30.

[73] 吴海平,宣国良. 价值链系统构造及其管理演进[J]. 外国经济与管理,2003(3):19-23.

[74] 夏文汇. 现代物流管理[M]. 重庆:重庆大学出版社,2002.

[75] 肖红,陈旭娜. VMI 在中国的发展与应用——日本近铁国际物流公司实施 VMI 案例研究[J]. 商业经济与管理,2007(11):20-25.

［76］徐勇谋,杨海民,郭湖斌.国际物流管理［M］.杭州:化学工业出版社,2004.

［77］徐勇谋.国际物流［M］.上海:上海财经大学出版社,2005.

［78］杨广君.物流管理［M］.北京:对外经济贸易大学出版社,2004.

［79］杨霞芳.国际物流管理［M］.上海:同济大学出版社,2004.

［80］杨长春,顾永才.国际物流［M］.北京:首都经济贸易大学出版社,2003.

［81］杨长春.论国际贸易与国际物流的关系［J］.国际贸易,2007(10):28-31.

［82］杨志刚.国际货运物流实务、法规与案例［M］.杭州:化学工业出版社,2003.

［83］姚新超.国际贸易运输［M］.北京:对外经济贸易大学出版社,2003.

［84］于淼,何艳.国际贸易［M］.北京:经济科学出版社,2003.

［85］张海燕,吕明哲.国际物流［M］.沈阳:东北财经大学出版社,2010.

［86］张继焦.价值链管理［M］.北京:中国物价出版社,2001.

［87］张平,李怀政,我国发展生态物流的困境及其制度改进［J］.江苏商论,2009(12):68-70.(中国人民大学复印报刊资料《物流管理》2010年第3期全文转载)

［88］张清,杜扬.国际物流与货运代理［M］.北京:机械工业出版社,2003.

［89］张涛,文新三.企业绩效评价研究［M］.北京:经济科学出版社,2002.

［90］张瑗,魏际刚.全球物流业形势与中国物流业发展［J］.中国流通经济,2009(10):30-33.

［91］赵春明.国际贸易学［M］.北京:石油工业出版社,2003.

［92］赵立斌.国际物流网络与跨国公司生产网络的嵌入性研究——基于服务流程模块化的视角［J］.商业经济与管理,2013(2):15-24.

［93］赵林度.物流与供应链管理:理论与实务［M］.北京:机械工业出版社,2003.

［94］周正柱.我国保税区国际物流发展现状、问题及对策［J］.经济纵横,2007(12):5-8.

［95］王晓明,周敬祥.基于RFID技术的全球物流跟踪信息平台规划设计［J］.水运工程,2010(12):42-46.

［96］王美英.基于云计算的国际物流分销综合服务平台构建［J］.商业时代,2014(35):29-31.

［97］庞燕.跨境电商环境下国际物流模式研究［J］.中国流通经济,2015(10):15-20.